D1727502

SCHÄFFER
POESCHEL

Keith Goffin/Ursula Koners

Hidden Needs

Versteckte Kundenbedürfnisse entdecken und in Produkte umsetzen

2011
Schäffer-Poeschel Verlag Stuttgart

Die Originalausgabe »Identifying Hidden Needs« ist 2010 bei Palgrave/Macmillan in England erschienen (ISBN 978-0-230-21976-2).

Bibliografische Information der Deutschen Nationalbibliothek
Die Deutsche Nationalbibliothek verzeichnet diese Publikation in der Deutschen Nationalbibliografie; detaillierte bibliografische Daten sind im Internet über http://dnb.d-nb.de abrufbar.

Gedruckt auf chlorfrei gebleichtem, säurefreiem und alterungsbeständigem Papier

ISBN 978-3-7910-2538-4

www.schaeffer-poeschel.de
info@schaeffer-poeschel.de

Einbandgestaltung: Willy Löffelhardt/Melanie Frasch (Bild: Shutterstock, Inc.™)
Satz: Claudia Wild, Konstanz
Druck und Bindung: CPI – Ebner & Spiegel, Ulm

Printed in Germany
September 2011

Schäffer-Poeschel Verlag Stuttgart
Ein Tochterunternehmen der Verlagsgruppe Handelsblatt

Vorwort

Marketing ist das, was du tust, wenn dein Produkt schlecht ist.

Edwin Land
Erfinder der Polaroid-Kamera.

Dieses Buch sollten Sie besser nicht an ihre Wettbewerber weitergeben. Es wurde für Experten im Bereich Produktentwicklung geschrieben, genauer noch für diejenigen unter diesen Experten, die mit marginalen Produktanpassungen nicht zufrieden sind und endlich einmal bahnbrechende Produkte und Dienstleistungen entwickeln möchten.

Während unserer bisherigen beruflichen Laufbahn hatten wir beide sehr viel mit Marktforschung und der Entwicklung neuer Produkte zu tun: Keith bei Hewlett-Packard mit medizinischen Produkten, Ursula bei Daimler, Ravensburger und zuletzt Siedle in drei ganz unterschiedlichen Branchen. Die große Bandbreite der Projekte, bei denen wir mitgearbeitet haben, sowohl in den genannten Firmen als auch in unserer Beratungsarbeit, bedeutet gleichzeitig, dass wir fundierte Erfahrung und laufende Anwendungskenntnis all der Techniken haben, die wir in diesem Buch beschreiben. Viele der von uns genannten Beispiele stammen aus unserer eigenen Forschungstätigkeit. Jede Technik, die wir in diesem Buch präsentieren, wird mit einem ganz bestimmten Ziel beschrieben und erläutert – nämlich Firmen dabei zu helfen, die Hidden Needs ihrer Kunden zu identifizieren. Sobald diese dann tatsächlich identifiziert sind, müssen die Firmen all ihre Kreativität einsetzen, um wirklich innovative Lösungen hervorbringen zu können. Im Gegensatz zum oben stehenden Zitat von Edwin Land, glauben wir nämlich, dass Marketing (oder um genauer zu sein Marktforschung) das ist, was man gut beherrschen muss, um sicherzugehen, dass ein Produkt oder eine Dienstleistung gut ist. Viel Glück also Ihnen allen bei der großen Herausforderung, die Hidden Needs aufzudecken und bahnbrechende Produkte und Dienstleistungen daraus zu generieren!

Keith Goffin und Ursula Koners,
Cranfield und Markdorf im Juli 2011

Danke

Durch unsere Tätigkeit in Forschung und Lehre sind wir sehr oft in der glücklichen Lage, Kontakt zu außergewöhnlichen Studenten, Firmen und Managern zu bekommen. Wir profitieren ganz enorm von diesem Austausch und von den Ideen, die daraus resultieren. Dieses Buch basiert teilweise auf einem neuen Kurs mit dem Thema Marktforschung, der im Jahr 2003 für MBA-Studenten in Stuttgart entwickelt wurde. Außerdem sind viele Ideen aus unseren Beratungs- und Studentenprojekten mit eingeflossen. Einige unserer MBA-Studenten haben mit uns bei Hidden Needs-Projekten zusammengearbeitet und somit auch Material für dieses Buch geliefert: vielen Dank an Ricardo Gandolfo, Jim Gould, Thomas Klatte, Hector Martinez, Anoop Nair, Amol Pargaonkar, Alejo Ribalta und Gary Smith.

Sehr viele Manager haben uns mit großer Begeisterung bei unseren Fallbeispielen unterstützt. Ein herzliches Dankeschön geht an: Craig Bongart (Sample U), Kate Blandford (Kate Blandford Consulting Ltd.), Louise Burns (Bentley Motors Limited), Vorapant Chotikapanich (Cobra International), David Deal (Sample U), Dr. Peter Elvekjær (Grundfos), Massimo Fumarola (Fiat-Iveco), Johann Gessler (Audi), Julian Glyn-Owen (Boxer), Angelique Green (Boxer), Tomáš Hejkal (Telefónica O2 Czech Republic, a.s.), David Humphries (PDD), Ryan Jones (P&G, Geneva), Markus Kurz (Bosch Packaging), Martina Lovčíková (Telefónica O2 Czech Republic, a.s.), Roberto Lucci (Lucci Orlandini Design), Werner Mayer (Bosch Packaging), Liam Mifsud (Equant), Vernon Mortensen (Unconventional Films), Thomas Müller (Deutsche Telekom AG), Günther Nubert (Nubert electronic GmbH), Paolo Orlandini (Lucci Orlandini Design), Kiran Parmar (Bentley Motors Limited), Michael Senger (Sample U), Klaus Schreiber (Bosch Packaging), Roland Spiegler (Nubert electronic GmbH), Chris Towns (Clarks) und Klaus Ullherr (Bosch Packaging).

Um sicherzugehen, dass das Buch auch für Praktiker interessant ist, haben zwei Manager Entwürfe der einzelnen Kapitel und Fallbeispiele des englischen Originals kritisch geprüft. Deshalb vielen Dank an Dr. Ceri Batchelder (BITECIC Ltd) und Dr. Neil Stainton (Reckitt Benckiser), deren Hilfe unbezahlbar war. Außerdem möchten wir uns ganz herzlich bei Dr. Fred Lemke (Strathclyde University) bedanken, der uns erste Versionen von zwei Kapiteln dieses Buches und mehrere Fallstudien zur Verfügung gestellt hat.

Glücklicherweise haben wir sehr hilfsbereite Kollegen in Cranfield, die bei der Vorbereitung und Kommentierung von Lehrveranstaltungen geholfen haben, mit uns Forschungsprojekte durchführten und auch bei der Erstellung des englischen Originals an vielen Stellen geholfen haben. Danke an Dr. David Baxter, Professor Rick Mitchell, Dr. Marek Szwejczewski und Dr. Chris van der Hoven. Die Koordination der vielen Änderungen in den verschiedenen Versionen war eine große Herausforderung, deshalb sind wir ganz besonders Maggie Neale (Cranfield) dankbar, die genau diese Herausforderung für uns gemeistert hat.

Last but not least ein herzliches Dankeschön an Frank Katzenmayer und Adelheid Fleischer vom Schaeffer-Poeschel Verlag. Nicht nur für die Geduld beim Warten auf die Übersetzung des englischen Originals, sondern auch für die freundliche und kooperative Zusammenarbeit und das ehrliche Interesse am Inhalt unseres Buches.

Inhaltsverzeichnis

Übersicht der Fallbeispiele

Jedes Kapitel beinhaltet mehrere kurze Fallbeispiele, um zu demonstrieren wie die Techniken in der Praxis eingesetzt werden und welchen praktischen Nutzen die Theorien und Konzepte haben. Insgesamt enthält das Buch 50 Fallbeispiele, von denen die meisten auf Projekten basieren, in die wir persönlich eingebunden waren. Andere beziehen sich auf unsere Interviews mit Managern, die bemerkenswerte Ergebnisse vorweisen konnten.

Aus der Tabelle wird ersichtlich, dass die Hidden-Needs-Analyse immer noch hauptsächlich im Bereich der industriellen Fertigung eingesetzt wird (oft für B2C-Produkte). Allerdings realisieren die Unternehmen der Dienstleistungsindustrie ebenfalls mehr und mehr, wie wichtig es ist, ein tiefes Verständnis der Kundenbedürfnisse zu haben.

Kapitel	Fallbeispiel Nr.	Sektor	Land oder Region	Organisation	Art der Produkte bzw. Dienstleistungen	B2B/B2C	Seite
1	**Das Thema Hidden Needs**						
	1.1	Produzierende Industrie	UK/Europa	Clarks	Wanderschuhe	B2C	11
	1.2	Produzierende Industrie	USA	Skyline Product Inc	Spielwaren	B2C	12
	1.3	Dienst-leistungen	UK/Europa	Equant	IT	B2B	13
	1.4	Produzierende Industrie	Thailand	Cobra	Surfbretter	B2C	14
	1.5	Produzierende Industrie	USA	Universitäre Forschung	IT zu Hause	B2C	20
2	**Umfragen und Interviews**						
	2.1	Dienst-leistungen	Mexiko	Apotheken	Pharmazie	B2C	35
	2.2	Produzierende Industrie	UK	Bentley	Automobil	B2C	38
	2.3	Dienst-leistungen	Tschechische Republik	Telefonica O2	Telekommunikation	B2B/B2C	42
	2.4	Dienst-leistungen	Deutschland	Deutsche Telekom	Telekommunikation	B2B/B2C	44
	2.5	Dienst-leistungen	Schottland	Universitäre Forschung	Internetnutzung	B2C	50

Kapitel	Fallbeispiel Nr.	Sektor	Land oder Region	Organisation	Art der Produkte bzw. Dienstleistungen	B2B/B2C	Seite
	2.6	Dienstleistungen	UK	Universitäre Forschung	3G Mobile Banking	B2C	52
3	**Fokusgruppen und ihre Variationen**						
	3.1	Dienstleistungen	USA	Weatherchem	Marktforschung	B2C	60
	3.2	Produzierende Industrie	Deutschland	Ravensburger Spieleverlag	Spiele und Puzzles	B2C	62
	3.3	Produzierende Industrie	USA/Weltweit	Maxwell House	Löslicher Kaffee	B2C	68
	3.4	Produzierende Industrie	Deutschland	Dr. Oetker	Lebensmittel	B2C	72
	3.5	Produzierende Industrie	USA	Coca-Cola	Getränke	B2C	74
	3.6	Handel	USA	Target	Produkte für Studenten	B2C	76
4	**Ethnographische Marktforschung**						
	4.1	Produzierende Industrie	Japan	Nokia	Mobiltelefone	B2C	86
	4.2	Produzierende Industrie	USA	Astra Zeneca	Pharmazie	B2C	88
	4.3	Produzierende Industrie	USA	Panasonic	Lady Shaver	B2C	94
	4.4	Dienstleistungen	Italien	Lucci Orlandini Design	Produktdesign	B2B/B2C	99
	4.5	Handel	Ägypten	Sainsbury's	Supermärkte	B2C	109
5	**Beispiel: Forschung zum Thema Lagerorganisation**						
	5.1	Produzierende Industrie	UK/USA	Smith & Nephew	Medizinische Geräte	B2B	125
	5.2	Produzierende Industrie	Europa	Lagertechnik	Lagerausstattung	B2B	129
6	**Repertory Grid-Analyse**						
	6.1	Dienstleistungen	Österreich/ Schweiz/ Neuseeland	Nationale Tourismusbehörde	Tourismus	B2C	143
	6.2	Dienstleistungen	Malaysia	Malaysia	Malaysia Airlines	B2B	151
	6.3	Dienstleistungen	UK	Fascia Mania	Gebäuderenovierung	B2C	154

Kapitel	Fallbeispiel Nr.	Sektor	Land oder Region	Organisation	Art der Produkte bzw. Dienst-leistungen	B2B/B2C	Seite
	9.5	Produzierende Industrie	Dänemark/ Europa	Grundfos	Umwälzpumpen	B2B	239
10	**Verankerung der Hidden-Needs-Philosophie in der Unternehmenskultur**						
	10.1	Produzierende Industrie	Deutschland	Bosch Packaging	Pharmazie-ausrüstung	B2B	244
	10.2	Produzierende Industrie	USA	Black & Decker	Kleinmaschinen	B2B	252
	10.3	Produzierende Industrie	Deutschland	Audi	Automobil	B2C	253
	10.4	Produzierende Industrie	USA	Whirlpool	Weiße Ware	B2C	256

Die Autoren

Keith Goffin BSc (Dunelm), MSc, PhD

Professor für Innovation und Produktentwicklung, Cranfield School of Management, UK (http://www.som.cranfield.ac.uk/som)

Keith Goffin studierte Physik und Anthropologie an der Universität von Durham und beendete das Studium im Jahre 1977 mit Auszeichnung. Danach ging er an die Aberdeen University und erhielt dort einen Master of Science in medizinischer Physik. Er arbeitete insgesamt 14 Jahre für die Medizingerätesparte von Hewlett-Packard (HP), und zwar zunächst als Ingenieur in der Produktentwicklung. Danach sammelte er fundierte Erfahrungen in den Bereichen Marktforschung, internationales Marketing und führte beispielsweise die Defibrillatoren von HP innerhalb von einem Jahr von einem Marktanteil von 5 Prozent zur Position des Marktführers. Parallel zu seinen beruflichen Aufgaben begann er ein nebenberufliches Promotionsstudium in Cranfield. Die Ergebnisse seiner Doktorarbeit zum Thema Kundenservice wurden bei Ford, NCR und HP umgesetzt. 1991 wurde er Manager für das Produktmarketing bei HP und konzentrierte sich dabei auf die Entwicklung des Marktes für Intensivmedizin in Asien, bevor er 1994 ganz zur Cranfield University wechselte.

In Cranfield hält Keith Goffin nicht nur Vorlesungen für MBA-Studenten, sondern auch Seminare für Manager und entwickelte mehrere neue Kurse zum Innovationsmanagement. Darüber hinaus lehrt er regelmäßig an anderen Schulen, z. B. Bocconi University, EM-Lyon, Mannheim Business School, Technische Universität Hamburg-Harburg und die Stockholm School of Economics. Von 2002-2004 war er Academic Dean am Stuttgart Institute of Management and Technology.

Seine aktuellen Forschungsschwerpunkte sind Innovationsführerschaft, das F & E-Wissensmanagement und die Hidden-Needs-Analyse. Er hat bisher zwei Bücher, zwölf Berichte und mehr als neunzig Artikel in wissenschaftlichen Journals und Magazinen veröffentlicht, darunter im *Journal of Product Innovation Management* und dem *International Journal of Operations and Production Management*. Neben seiner Arbeit an den Universitäten ist er regelmäßig als Berater für Innovationsmanagement bei Firmen wie Agilent Technologies, Bosch, Kellogg's, HSBC Bank, BOC Gases, Rank-Xerox, Sony und Heidelberger Druckmaschinen tätig. Derzeit führt er drei detaillierte vertrauliche Hidden-Needs-Projekte mit großen Firmen durch.

Ursula Koners, BA (Hons), Diplom-Betriebswirtin (FH), PhD

Managerin des Instituts für Familienunternehmen an der Zeppelin University in Friedrichshafen (www.zeppelin-university.de) und Visiting Research Fellow an der Cranfield School of Management. (http://www.som.cranfield.ac.uk/som)

Ursula Koners studierte zunächst Europäische Betriebswirtschaft in Reutlingen und London und schloss dieses Studium sowohl als Betriebwirtin (FH) als auch mit dem Bachelor of Arts (Hons) 1996 ab. Ihre ersten Berufsjahre verbrachte sie in der Abteilung für Projektmanagement im Bereich Forschung & Technologie der damaligen Daimler-Benz AG, wo sie mehrere von der EU geförderte Forschungsprojekte im Gebiet Telematik betreute. Zu diesem Zeitpunkt arbeitete sie auch eng mit dem Institut für Technologiemanagement an der Hochschule St. Gallen zusammen. Von 1999 bis 2006 sammelte sie fundierte internationale Erfahrungen bei der Ravensburger Spieleverlag GmbH, unter anderem als kaufmännische Leitung der Tochtergesellschaft in England, bei Projekteinsätzen in Frankreich und beim Aufbau der Tochtergesellschaft in Spanien.

Neben ihrer beruflichen Tätigkeit in der Industrie begann Ursula Koners ein Promotionsstudium an der Cranfield School of Management über das Management von Wissen und Lernprozessen in der Produktentwicklung mit dem Schwerpunkt auf implizitem Wissen in Produktentwicklungsteams und erhielt ihren Doktortitel im Jahre 2006. Die Ergebnisse ihrer Arbeit haben nicht nur Preise gewonnen, sondern sind auch schon breit publiziert worden, beispielsweise in ausgezeichneten Journals wie dem *Journal of Product Innovation Management* und dem *International Journal of Operations & Production Management.*

Von 2007 bis 2010 war Ursula Koners persönliche Referentin der Geschäftsführerin sowie Mitglied des Führungskreises bei der Firma S. Siedle & Söhne Telefon- und Telegrafenwerke OHG in Furtwangen, bevor sie im Jahre 2011 die Stelle als Institutsmanagerin des Friedrichshafener Instituts für Familienunternehmen und Programmdirektorin eines berufsbegleitenden Masters an der Zeppelin University in Friedrichshafen übernahm. Sie ist Visiting Research Fellow an der Cranfield School of Management. Zusammen mit Keith Goffin hält sie regelmäßig Vorlesungen zu Innovationsmanagement bei MBA-Kursen in Deutschland und Italien und betreut regelmäßig Diplomarbeiten von Bachelor und Executive MBA-Studenten.

1 Das Thema Hidden Needs

Wir glauben nicht an Marktforschung für ein Produkt, das die Öffentlichkeit noch nicht kennt.
Akio Morita, Sony[1]

Einführung

Viele neue Produkte entpuppen sich nach der Markteinführung als Enttäuschung. Tatsächlich sind es sogar viel zu viele, und zwar ganz unabhängig davon, ob es sich um industrielle Produkte oder Dienstleistungsprodukte handelt. Wenn wir von einer Enttäuschung sprechen, meinen wir damit, dass diese neuen Produkte es nicht schaffen, Kunden zu begeistern oder die Verkaufszahlen und Marktanteile zu erzielen, die die Unternehmen zu Beginn der Produktentwicklung angestrebt hatten. Untersuchungen haben ergeben, dass der Hauptgrund dafür darin liegt, dass die neuen Produkte den bereits existierenden Produkten zu sehr ähneln. Neue Produkte, die man schlecht differenzieren kann, erregen also nicht die Aufmerksamkeit der Verbraucher. Allerdings sind fehlende Unterscheidungsmerkmale bei neuen Produkten nur ein Symptom. Die eigentliche Ursache des Problems ist ein eingeschränktes Verständnis der wirklichen Bedürfnisse der Kunden. Deshalb müssen Unternehmen eine radikal andere Vorgehensweise wählen, wenn sie die wirklichen Bedürfnisse ihrer Kunden identifizieren und verstehen möchten – und genau diese innovativen Wege in der Marktforschung behandelt dieses Buch. Ganz spezifisch dreht es sich um die Frage, wie ein Unternehmen die *Hidden Needs* – also die versteckten Bedürfnisse – seiner Kunden aufdecken und somit verstehen lernen kann.

Die Art und Weise, wie führende Unternehmen ihren Kunden »zuhören«, ändert sich spätestens, wenn sie bemerken, dass Endverbraucher oft nicht in der Lage sind, ihre Bedürfnisse auszudrücken, und dass Kundenumfragen und Fokusgruppen selten zu wirklich revolutionären Produktideen führen. Der Sony Walkman ist ein gutes Beispiel für ein neues Produkt, das auf einem tiefen Verständnis über die Hidden Needs der Kunden beruht, und eben nicht auf traditioneller Marktforschung. Wir wollen damit nicht behaupten, dass Marktforschung an sich schlecht ist. Es ist vielmehr die Art und Weise, wie sie gemacht wird, die aus unserer Sicht in vielen Unternehmen komplett überdacht werden sollte.

Für dieses Buch haben wir eine ganze Reihe von Marktforschungstechniken zusammengestellt, die sehr viel tiefer gehen als die Methoden der traditionellen Marktforschung. Letztere basiert ja oftmals auf zwei Methoden – Umfragen und Fokusgruppen. Unseren Ansatz nennen wir dagegen *Hidden-Needs-Analyse (HNA)* und die dazugehörigen Techniken und Methoden heißen *Repertory-Grid-Analyse*, *Ethnographische Marktforschung* (inklusive *Systematischer Beobachtung* und *Kontextinterviews*) sowie *Einbindung der Anwender* wie zum Beispiel die *Lead-User-Technik*.

Diese Techniken ermöglichen es uns, die Hidden Needs zu verstehen – also die tief liegenden Bedürfnisse, die Kunden nicht ausdrücken können und vermutlich selbst noch nicht einmal bewusst erkannt haben. Wenn Produkte und Dienstleistungen Aspekte enthalten, die diese versteckten Bedürfnisse befriedigen, werden Kunden sowohl überrascht als auch erfreut sein. Jede einzelne neue Marktforschungstechnik, die in diesem Buch beschrieben wird, hat spezifische Vorteile, aber insbesondere in Kombination miteinander entfalten sie ihre Wirkung. Es ist nicht weitläufig bekannt, aber die treibende Kraft hinter manch einer bahnbrechenden Produktidee von Firmen wie Bosch, Clarks Schuhe und Whirlpool war ein neuer Ansatz in der Marktforschung dieser Unternehmen, der das Ziel hatte, die eigenen Kunden wirklich zu verstehen.

Dieses Buch ist für Praktiker geschrieben, die im Bereich Produktentwicklung tätig sind, aber auch für MBAs und andere Studenten, die sich mit dem Thema Innovation beschäftigen. Die Inhalte sind relevant für Abteilungen wie Marketing, Design oder Forschung & Entwicklung, egal ob in industriell geprägten Unternehmen oder im Dienstleistungsbereich. Es erläutert den Bedarf für neue Ansätze in der Marktforschung und die Wege, wie die passenden Techniken ausgewählt und angewendet werden können. Außerdem diskutieren wir, warum Unternehmen ein tieferes und damit besseres Verständnis für die Bedürfnisse ihrer Kunden brauchen, und warum gerade diese Aufgabe niemals an eine externe Marktforschungsagentur vergeben werden sollte. Auch wenn viele Beratungsfirmen innovative Ansätze haben, um die Bedürfnisse von Kunden zu verstehen, sollte der Prozess, Verständnis für die eigenen Kunden zu entwickeln, immer als Kernkompetenz erkannt und behandelt werden. Es gibt bestimmte Funktionen, die sie vielleicht outsourcen möchten, aber die eigenen Kunden zu verstehen, sollte keine davon sein.

In diesem Kapitel:

- diskutieren wir, weshalb schlechte Marktforschung zu Flops führen kann,
- erklären wir die Terminologie Hidden Needs,
- führen wir in die Philosophie ein, die hinter Hidden Needs steckt und erläutern die Techniken, die man hierfür einsetzen kann,
- betonen wir die Wichtigkeit, ethische Aspekte in der Marktforschung zu beachten,
- diskutieren wir, wie verschiedene Techniken in Kombination verwendet werden können und
- beschreiben wir den Stil, das Ziel und die Struktur dieses Buches.

1.1 Produktflops und Marktforschung

Produktflops sind ein wichtiges Thema für viele Unernehmen. Eine Studie hat herausgefunden, dass 34 Prozent von neu entwickelten Produkten nicht ihre vorher gesetzten Ziele[2] erreichen, während andere Studien diese Zahl sogar auf 90 Prozent heraufgesetzt haben.[3] Wie eingangs erwähnt, versagen viele neue Produkte und Dienstleistungen, weil der Kunde sie nicht unterscheiden kann. Um dieses Phänomen zu verstehen, rät uns die japanische Qualitätsphilosophie, die Frage »warum?« mehrmals zu stellen.[4] In Abbildung 1.1 wird gezeigt, wie eine solche Warum-Analyse die zugrunde liegenden Probleme eines Produktflops identifizieren kann.

Auch die Arbeit von Professor Bob Cooper von der McMaster Universität in Kanada hat gezeigt, dass 98 Prozent der Produkte, die Manager als »überlegen und unterscheidbar« empfunden haben, erfolgreich waren, während nur 18 Prozent der soge-

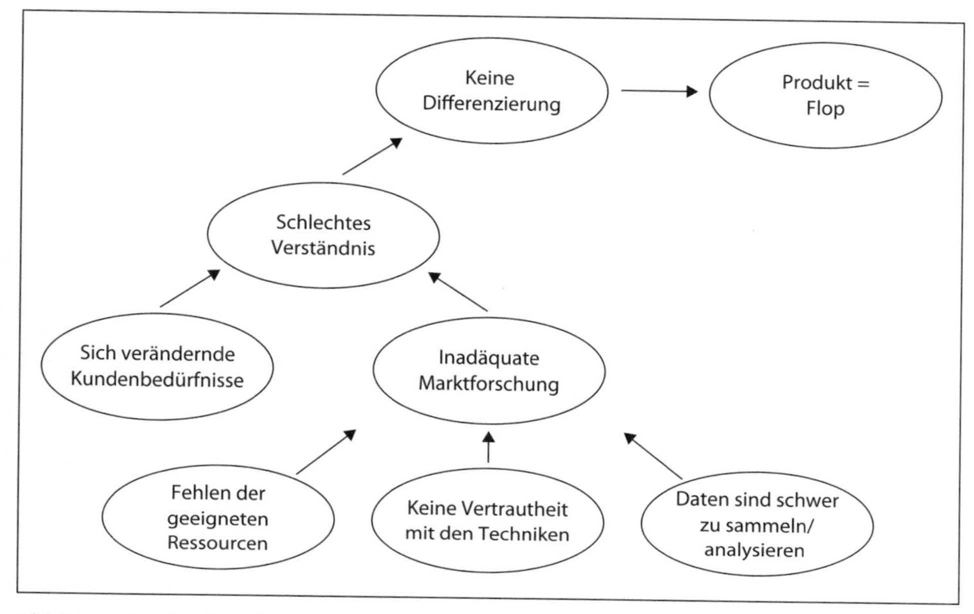

Abbildung 1.1: Analyse der verursachenden Faktoren von Produktflops

nannten »me-too«-Produkte überlebten.[5] Also ist Differenzierung sicherlich ein Schlüssel, aber wir müssen das Thema noch genauer beleuchten.

Meistens sind Produkte schwer zu differenzieren, weil die Bedürfnisse der Kunden mehr schlecht als recht verstanden werden. Dieses Problem ist sehr weit verbreitet. Viele Firmen besitzen kein adäquates Verständnis ihrer Kunden und Anwender, und wenige haben das tiefe Verständnis, um bahnbrechende Produkte zu entwickeln. Warum ist das so? Der Hauptgrund liegt darin, dass sich die Anforderungen der Kunden schnell verändern und in der Marktforschung unpassende – die *traditionellen* – Methoden angewendet werden. Eine Umfrage unter 70 finnischen Firmen, die Investitionsgüter produzieren, hat gezeigt, dass weiter entwickelte Methoden in der Marktforschung nur selten angewendet werden: 58 Prozent der Befragten setzen gar keine spezielle Technik und 27 Prozent nur eine einzige ein.[6] In der Regel benutzen Firmen keine innovativen Ansätze in der Marktforschung, weil ihnen die notwendigen Ressourcen fehlen, weil ihre Organisationen sich mit den neuen Techniken zu wenig auskennen, oder sie denken, die Daten seien schwer zu sammeln und zu analysieren. Solche Bedenken sind für die Anwendung der neuen Methoden eine große Hürde und wir werden Lösungen zu diesen Themen später behandeln (siehe Kapitel 10). Zunächst gehen wir auf die sich verändernden Bedürfnisse von Kunden und die Nachteile der traditionellen Techniken in der Marktforschung detailliert ein.

1.1.1 Wechselnde Kunden und Kundenbedürfnisse

Die Herausforderung, die Bedürfnisse von Kunden verstehen zu können, wird noch gesteigert, weil die Erwartungen in vielen Märkten ständig wechseln, und als Konsequenz daraus die Geschäftsmodelle oft auch gravierend geändert werden müssen.

Die demographische Entwicklung für die nächsten fünfzig Jahre zeigt, dass sich viele neue Märkte entwickeln werden. Die älter werdende Bevölkerung in Westeuropa wird z. B. andere Bedürfnisse haben. Die Größe und der Charakter vieler Märkte werden sich verändern: Die Nachfrage nach Gesundheitsvorsorge wird extrem steigen, weil aber die arbeitende Bevölkerung prozentual in vielen Ländern zurückgeht, wird die Finanzierung der Gesundheitssysteme unter starken Druck gesetzt. Es werden also zahlreiche Billigprodukte und Billigdienstleistungen im Gesundheitsbereich nachgefragt. Andere Märkte wie Südostasien bestehen heute fast nur aus jungen Konsumenten mit speziellen Zielen und dadurch auch anderen Produktbedürfnissen. Wenn die Einkommen in den neu industrialisierten Ländern steigen, entwickelt sich der Bedarf für bestimmte Produkte und Dienstleistungen. Die Firma Whirlpool hat z. B. vor kurzem die »Ideale« herausgebracht, die weltweit billigste automatische Waschmaschine, die man in Brasilien und China für umgerechnet etwa 150 Dollar kaufen kann.[7] Die Firmen, welche die Bedürfnisse der Kunden in den sich entwickelnden Märkten sehr genau identifizieren können, werden also einen großen Vorteil haben. Passende Produkte und Dienstleistungen sind dann aber vielleicht etwas weniger »high-tech« und haben auch weniger Anwendungsmöglichkeiten als ihre westlichen Gegenpole. In vielen Märkten zeigt das Wissen um die Bedürfnisse der Kunden, welche Teilaspekte eines Produkts oder einer Dienstleistung zwingend sind bzw. welche Aspekte zwar Kosten und Komplexität, aber nur sehr wenig zusätzlichen Nutzen bringen.[8]

Ein besseres Verständnis der Kundenbedürfnisse kann dazu führen, dass Unternehmen ein fundamental anderes Geschäftsmodell entwickeln. Das Geschäftsmodell von Fluggesellschaften hat sich z. B. innerhalb der letzten 15 Jahre grundlegend geändert. Billig-Fluglinien wie Ryainair und Easyjet haben die Regeln im Luftverkehr neu formuliert. Daraufhin sind die Preise in den Keller gefallen. Alles dank eines Servicekonzepts ohne Firlefanz, dem Anfliegen von Flughäfen mit niedrigen Gebühren, aber auch von verbesserten Geschäftsprozessen (z. B. einer verbesserten Ausnutzung des Flugzeuges). Es ist vielleicht weniger komfortabel, mit einer Billig-Fluglinie zu reisen, aber der Preis hat den Markt für sehr viel mehr Reisende erschwinglich gemacht. Wenn der Preis stimmt, sind Kunden durchaus auch bereit, Kompromisse einzugehen. Die Technik der Conjoint-Analyse ist eine Methode mit der Zusammenhänge zwischen Aspekten wie Service und Preis herausgefunden werden, indem man mehrere Kombinationen vergleicht. Allerdings ist die Art und Weise, wie die Conjoint-Analyse angewendet wird, oft grenzwertig, weil die Faktoren, die verglichen werden, oft nicht vom Kunden kommen (in späteren Kapiteln zeigen wir, wie diese Faktoren herausgefiltert werden sollten).

Wenn sich die Kunden verändern, bedeutet dies auch, dass traditionelle Marktsegmente aufgesplittet werden, und Firmen ihre jeweilige Produktpalette entsprechend anpassen müssen. Automobilhersteller in den USA steuern heute zum Beispiel über fünfzehn Kernsegmente an, während es in den späten 1960er Jahren gerade einmal fünf waren. Vergleichen Sie das mit dem Markt, den die Produkte von Henry Ford angesprochen haben! Hinzu kommt, dass Kunden zusätzlichen Druck für umweltfreundliche Produkte und Dienstleistungen ausüben. So wie sich die Kunden ständig ändern, sollten auch wir die Ansätze ändern, um die Kunden zu verstehen.

1.1.2 Traditionelle Marktforschung

Die traditionelle Marktforschung verwendet hauptsächlich Umfragen und Fokusgruppen. Dabei basieren die Fragen typischerweise auf bereits vorhandenem Wissen über bekannte Produkte, Märkte und Kunden. Wenn die Stichprobe für eine Umfrage ausgewählt wird, versuchen Firmen i. d. R. eine repräsentative Gruppe von Kunden oder Nutzern zu identifizieren, deren Antworten wegweisend für den Gesamtmarkt oder wenigstens für ein Marktsegment sein werden. Dabei sollte beachtet werden, dass in manchen Märkten Kunden und Nutzer unterschiedliche Personen sind. Hinzu kommt, dass die Kaufentscheidung manchmal nicht von einer einzelnen Person, sondern von einer sogenannten Entscheidungsinstanz gefällt wird – und diese kann aus mehreren Personen bestehen. Besonders in Business-to-Business (B2B)-Märkten kann diese Entscheidungsinstanz recht komplex sein, weil die Entscheider unterschiedliche Anforderungen und Bedürfnisse haben.

Der wichtigste Bestandteil im Werkzeugkasten eines traditionellen Marktforschers – die *Umfrage* – hat verschiedene Nachteile. Kunden und Nutzer finden es oft schwierig, ihre Bedürfnisse zu artikulieren. Direkte Fragen zu stellen, hilft bei diesem Problem nicht wirklich. Wir sehen oft Fragebögen, die so schlecht vorbereitet sind, dass sie keine verlässlichen Antworten generieren können. Auch das für den Entwurf eines effektiven Fragebogens notwendige Wissen wird oft unterschätzt. Hinzu kommt, dass die niedrige Rücklaufquote immer ein großes Problem ist. Wie viele Fragebögen füllen *Sie* z. B. aus und wie viele schicken *Sie* zurück? Vermutlich nicht viele. Allmählich merken viele Firmen, dass Umfragen immer schwerer durchzuführen sind und selbst die neuen Varianten mit dem Internet verbessern die Qualität der Antworten nicht automatisch.

Die zweite traditionelle Marktforschungsmethode ist die *Fokusgruppe*. Fokusgruppen sind kleine Kunden- oder Nutzergruppen, die genug Wissen über ein spezifisches Thema haben, um dies in Bezug auf ein Produkt oder eine Dienstleistung zu diskutieren.[9] In der Regel werden diese Gruppen an einen neutralen Ort eingeladen, das Thema der Diskussion wird vorgestellt und oft stehen visuelle Beispiele für die Diskussion zur Verfügung. Die Diskussion selbst wird mit einer breit angelegten Frage des Moderators eingeleitet, und der Moderator sorgt auch dafür, dass die Teilnehmer gleichberechtigt an der Diskussion partizipieren und alle gewünschten Themen diskutiert werden. Fokusgruppen mischen Interviewtechniken mit Beobachtung (wobei die Marktforscher oft hinter einem spanischen Spiegel versteckt sind), und auch Video-Aufnahmen können genutzt werden. Sobald die Daten gesammelt sind, führt eine detaillierte Analyse zu einer Liste von Produktattributen, die von den Kunden gewünscht wird. Die Mehrheit der Marketingmanager bestätigt allerdings, dass Ideen aus Fokusgruppen in der Regel nicht aufregend sind und Produkte, die auf diesen Ideen basieren nur inkrementelle Innovationen darstellen (und somit nicht vom Wettbewerb differenziert werden können).

»Kunden beschreiben die von ihnen gewünschten Lösungen oft in endlosen Fokusgruppen und Umfragen ... Wie traurig ist es dann, wenn das Produkt oder die Dienstleistung endlich eingeführt wird – und die einzige Reaktion des Marktes ist ein widerhallender Flop.«[10] Grund dafür sind die verschiedenen Nachteile von Fokusgruppen. Zunächst einmal findet die Diskussion außerhalb der normalen Umgebung der Kunden statt, das heißt eine ganze Reihe von Hinweisen, von denen Produktdesigner lernen können, fehlt völlig. Da die Diskussion in Fokusgruppen nicht direkt mit einer Kaufentscheidung zusammenhängt, ist auch die Bedeutung von Aussagen zur Kaufentscheidung zweifelhaft: »Wenn ein Kunde nach einem Produkt greift ... ist das der einzige Zeitpunkt und der einzige Ort, wo die wirkliche Kaufabsicht bzw. die Motivation zum Kauf definiert und klar ausgedrückt wird.«[11]

Zweitens sind Fokusgruppen generell nicht repräsentativ. Drittens ist der Inhalt der Diskussion automatisch durch das eingeschränkte Wissen der Teilnehmer über neue Produkte und die Ausgestaltung von Dienstleistungen limitiert. Daraus folgt, dass Fokusgruppen zu inkrementellen Verbesserungen führen und nicht zu bahnbrechenden Neuerungen, die sich das Management erhofft hat.[12] Die Harvard Business School hat die Situation wie folgt umschrieben: »Fokusgruppen haben enormes Potenzial, aber nicht so, wie sie von den meisten Firmen benutzt werden.«[13]

Obwohl beide Methoden ihre Nachteile haben, sind Umfragen und Fokusgruppen immer noch wertvolle Marktforschungstechniken, vorausgesetzt sie werden mit einer Anzahl von Techniken kombiniert, die tiefere Einblicke und auch eine Validierung der Resultate untereinander erlauben. Genau dies ist die Philosophie hinter der Hidden-Needs-Analyse, die immer eine Kombination der Techniken benützt. Die Bedeutung von neuen Ansätzen, um Kunden zu verstehen, ist auch im Dienstleistungssektor wichtig.[14] Zudem muss betont werden, dass »traditionelle Marktforschung und Entwicklungsansätze sich als besonders ungeeignet für bahnbrechende neue Produkte erwiesen haben.«[15]

1.2 Hidden Needs – eine Annäherung

1.2.1 Definition

Hidden Needs sind Themen und Probleme, mit denen Kunden konfrontiert sind, von denen sie aber selbst noch nichts ahnen. Sobald diese Hidden Needs vom Produktdesign aufgegriffen werden, sind die Kunden sowohl überrascht als auch hoch erfreut. Deshalb wurde bereits mehrfach betont, dass Hidden Needs Bedürfnisse sind, die »viele Kunden als wichtig erkennen, wenn sie das Endprodukt sehen, aber nicht fähig sind, diese im Vorfeld der Produktentwicklung zu artikulieren.[16]«

1.2.2 Ausprägungen von Kundenbedürfnissen

In Abbildung 1.2 wird deutlich, dass die Kundenbedürfnisse, die anhand von Marktforschung identifiziert werden, sowohl *bekannte Bedürfnisse* als auch *unerfüllte Bedürfnisse* bis hin zu *versteckten Bedürfnissen* umfassen. Bekannte Bedürfnisse sind, wie der Name schon sagt, allgemein bekannt und werden bereits von bestehenden Produkten und Dienstleistungen abgedeckt, während die versteckten Bedürfnisse unsere *Hidden Needs* sind, die von den existierenden Produkten und Dienstleistungen noch nicht abgedeckt werden. Grundsätzlich sollten die Bedürfnisse und Themen, die durch die Marktforschung identifiziert werden, als Probleme gesehen werden, die einer geeigneten Lösung bedürfen. Procter & Gamble zum Beispiel sieht Markteinblicke als »wissenschaftliche Probleme, die es zu lösen gilt.[17]« Diese Sichtweise ist unserer Meinung nach korrekt, allerdings mit der Einschränkung, dass Lösungen nicht nur wissenschaftlich gesucht werden sollten, weil Innovation auch von zahlreichen anderen Quellen kommen kann und soll. Deshalb betrachtet die Hidden-Needs-Analyse die identifizierten Probleme (oder das Verständnis der Aufgaben, die ein Kunde erledigen muss) als Startpunkt und nimmt diese als Herausforderung an. Produktentwicklungsteams müssen in der Folge daraus Lösungen erarbeiten. Diese Lösungen basieren auf Wissenschaft, Technologie, Marketing, Dienstleistungen oder anderen Aspekten, die das Team erarbeiten kann. Diese Herangehensweise unterscheidet sich grundsätzlich vom Ansatz des Brainstorming, den viele Organisationen wählen. Deshalb entwickeln auch viele Mitarbeiter Ideen für Produktkonzepte, ohne vorher ein tiefes Verständnis für den Markt zu haben. Interne Teams, die Produktkonzepte ohne echten Input aus dem Markt entwickeln, sind aber nicht effektiv, denn diese Teams basieren ihre Ideen auf das gegenwärtige Denken. Werden Produktkonzepte auf Hidden Needs basiert, bedeutet das gleichzeitig, auch ganz bewusst mit der konventionellen Denkweise zu brechen.

	Kategorie	**Erklärung**	**Kommentare/Kano-Terminologie**
1.	Bekannte Bedürfnisse/ *Known Needs*	Kundenbedürfnisse, die seit einiger Zeit bekannt sind und in der Industrie zum Allgemeinwissen gehören. Bedürfnisse, die bereits von vorhandenen Produkten und Dienstleistungen abgedeckt werden.	Entweder Basismerkmale oder Leistungsmerkmale. Durch die Analyse von Konkurrenzprodukten leicht zu identifizieren. Bekannte Bedürfnisse sind oft die Grundlage für Umfragen zur Kundenzufriedenheit mit bereits existierenden Produkten und Dienstleistungen.
2.	Unerfüllte Bedürfnisse/ *Unmet Needs*	Bedürfnisse, die bekannt sind und von den Kunden genannt werden. Bedürfnisse, die momentan noch nicht von aktuellen Produkten und Dienstleistungen abgedeckt werden.	Leistungsmerkmale haben immer eine unerfüllte Komponente.
3.	Versteckte Bedürfnisse/ *Hidden Needs* (auch als latente Bedürfnisse bekannt)	Bedürfnisse, die bisher noch nicht identifiziert wurden, weder von der Marktforschung noch von den Kunden selbst.	Begeisterungsmerkmale, die selten von Kunden direkt geäußert werden. Diese Bedürfnisse geben Firmen die Möglichkeit, Produkte und Dienstleistungen zu entwickeln, die sich stark von bereits bestehenden differenzieren.

Abbildung 1.2: Ausprägungen von Kundenbedürfnissen

1.2.3 Erkenntnisse aus dem Kano-Modell

Ein nützliches Modell für das Verständnis der Kundenbedürfnisse stammt von Professor Noriaki Kano. Sein ursprünglicher Artikel wurde 1984 in Japanisch publiziert, später aber auch ins Englische übersetzt.[18] Abbildung 1.3 zeigt Kanos Klassifizierung in schematischer Form. Die horizontale Achse zeigt den Grad der Implementierung einer Produkteigenschaft und die vertikale Achse zeigt die damit einhergehende Kundenzufriedenheit: Kano identifizierte drei Kategorien von Produkteigenschaften (oder Eigenschaften von Dienstleistungen) und ihren Einfluss auf die Kundenzufriedenheit).[19]

1. Basismerkmale: Ohne diese Attribute wäre ein Produkt oder eine Dienstleistung schlicht und einfach inakzeptabel für die Kunden. Die Kunden betrachten diese Merkmale als Grundvoraussetzung und würden sie wahrscheinlich nicht einmal äußern, wenn sie direkt über ihre Bedürfnisse befragt werden würden. Zum Beispiel müssen Autos ohne Probleme den Motor starten und Fenster haben, die freie Sicht gewährleisten. Solche Produktmerkmale werden heutzutage als selbstverständlich angesehen (obwohl dies nicht immer der Fall war) und würde man diese Grundbedürfnisse nicht erfüllen, hätte man automatisch unzufriedene Kunden. Allerdings wird die Kundenzufriedenheit nicht automatisch erhöht, wenn man Basismerkmale verbessert, die dann über die Grundbedürfnisse hinausgehen.
2. Leistungsmerkmale: Dies sind Eigenschaften, die dem Kunden echten Mehrwert schaffen, das heißt je mehr Leistung, desto besser. Typische Beispiele sind der Benzinverbrauch bei einem Auto, die Batterielaufzeit bei einem Handy oder verlässliche und stetig steigende Dividenden bei Aktien. Bei vielen Produkten sind auch die einfache Bedienbarkeit oder die Verlässlichkeit der Funktion wichtige Leistungsmerkmale.
3. Begeisterungsmerkmale: Diese Eigenschaften sind Marktneuheiten und bewirken unverzüglich eine hohe Kundenzufriedenheit. Sie geben zusätzlichen, unerwarteten Nutzen und können als weitaus attraktiver bewertet werden als die zusätzlichen Vorteile, die sie tatsächlich bringen. Kunden werden wahrscheinlich nicht nach solchen Eigenschaften fragen, weil sie normalerweise nicht Teil der bekannten Produkte sind. Doch wenn sie angeboten werden, sind die Kunden angenehm überrascht. Ein aktuelles Beispiel eines ausgefallen Bedürfnisses ist eine Eigenschaft des iPhone, bei dem das Display automatisch vom Hochformat zum Querformat wechselt, sobald man das Produkt dreht.

Die drei Merkmale folgen verschiedenen Kurven, welche die Auswirkungen auf die Kunden illustrieren. Ein erfolgreiches Produkt muss eine passende Kombination von Basismerkmalen, Leistungsmerkmalen und Begeisterungsmerkmalen haben. Ein ausreichendes Maß an Basismerkmalen ist wichtig, muss aber von einer attraktiven Anzahl von Leistungsmerkmalen ergänzt werden und, wenn möglich, auch von Begeisterungsmerkmalen. Die Erfüllung der Begeisterungsmerkmale ist oft Voraussetzung dafür, Marktanteile gewinnen zu können.

Um herauszufinden, in welche der drei Kano-Kategorien eine Produkteigenschaft gehört, werden Kunden (mit einem Fragebogen) befragt, wie sie über eine spürbare Erhöhung oder Reduzierung einer bestimmten Eigenschaft denken (bzw. über die Einführung oder Abschaffung einer bestimmten Eigenschaft, siehe auch Kapitel 2). Das Kano-Modell ist hilfreich, weil es Produktentwicklungsteams dazu zwingt, aus Sicht der Kunden darüber nachzudenken, welche Eigenschaften Begeisterung bewirken könnten. Zudem erinnert es uns daran, dass die endlose Steigerung von Basismerkmalen Zeitverschwendung ist.

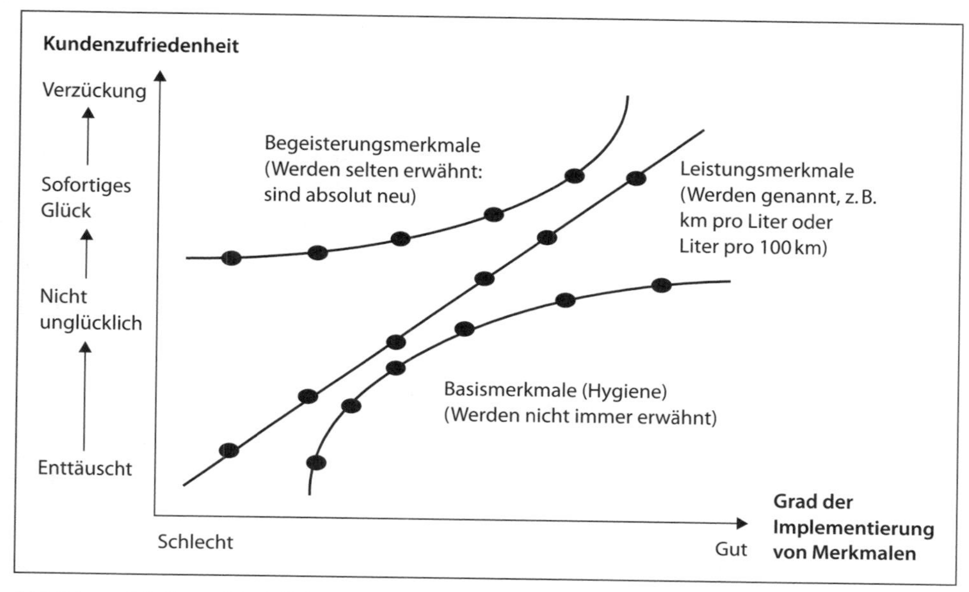

Abbildung 1.3: Kano-Modell der Produkt-(oder Dienstleistungs-)Eigenschaften

1.3 Die Philosophie der Hidden Needs

Die Philosophie der Hidden-Needs-Analyse basiert auf vier Grundsätzen:

1. Traditionelle Marktforschung, die nur Umfragen und Fokusgruppen benützt, ist ineffektiv und führt nur selten zu aufregenden neuen Produkten oder Dienstleistungen.
2. Neuere Marktforschungstechniken sollten in Kombination mit den traditionellen Techniken angewendet werden. Damit werden ein tieferes Verständnis und verlässlichere Ergebnisse erreicht.
3. Markterkenntnisse werden als Kundenproblem, Thema oder kultureller Aspekt formuliert, für die dann spezifische Lösungen (bahnbrechende Produkte und Dienstleistungen) entwickelt werden.
4. Um wirklich bahnbrechende Produkte und Dienstleistungen zu entwickeln, ist die richtige Organisationskultur zwingende Voraussetzung.

Die Verhaltenswissenschaften Psychologie und Anthropologie helfen uns zu verstehen, wie Individuen denken, wie sie miteinander interagieren und wie soziale Systeme funktionieren. Deshalb sind es Techniken der Sozialwissenschaften, die immer mehr Einzug in die Marktforschung halten und uns verstehen helfen, wie Kunden denken und handeln. Allerdings werden diese Ansätze von den meisten Verantwortlichen im Marketing und in der Produktentwicklung nicht richtig verstanden, unter anderem auch weil sie auf den Universitäten nur selten Marketingkurse belegt haben.[20]

1.3.1 »Neue« Techniken

Da sich die Hidden-Needs-Analyse noch in der Entwicklung befindet, gibt es keine generell akzeptierte Liste der »neuen« Techniken in der Marktforschung und auch die Terminologie gibt manchmal Anlass für Verwirrung. Die wichtigsten Techniken, die in wegweisender Marktforschung verwendet werden, sind:

- ethnographische Marktforschung (beinhaltet auch Systematische Beobachtung und Kontextinterviews),
- Repertory-Grid-Analyse und
- Einbindung der Anwender (beinhaltet Projektion, Communities der Kunden und die sogenannte Lead-User-Technik)

Einige dieser Techniken sind nicht wirklich »neu« im wörtlichen Sinne – zum Beispiel hat das Instrument der Beobachtung in der Ethnographie eine lange Tradition und auch die Repertory Grids wurden in den 1960er Jahren entwickelt. Die Anwendung dieser Techniken in der Marktforschung ist jedoch relativ neu und – resultierend daraus – bei vielen Verantwortlichen im Marketing noch nicht bekannt. Jede Technik hat ihre Vor- und Nachteile, aber diese können ausgeglichen werden, indem man die Techniken kombiniert anwendet. Durch den Vergleich der Daten, die aus den verschiedenen Techniken generiert wurden (sogenannte *Triangulation*) erreicht man eine größere Validität der Ergebnisse. Im Folgenden werden wir eine kurze Einführung in jede genannte Technik geben. Danach wird erläutert, wie sie zusammengeführt werden können.

1.3.2 Ethnographische Marktforschung – Systematische Beobachtung

Systematische Beobachtung bedeutet nicht einfach nur Kunden zu beobachten. Es bedarf vor allem zunächst eines ganz klaren Kodierungsschemas. Dieses Schema ist eine Liste von verschiedenen Aspekten, die der Beobachter bewusst sucht, z. B. die Umgebung, in der die Beobachtung durchgeführt wird, und die Reaktion, die mit der Körpersprache deutlich wird. Systematische Beobachtung ist eine sehr effektive Technik, wenn man sie professionell durchführt. In den letzten Jahren haben einige führende Marktforschungsunternehmen Anthropologen (Ethnographen) als Beobachter eingestellt, weil professionelle Beobachtung mehr beinhaltet als den Ansatz »Fliege an der Wand«, der von vielen Reality-Serien im Fernsehen benutzt wird. Ethnographen beobachten auf vielen Ebenen gleichzeitig. Sie finden z. B. Hinweise auf versteckte Kundenbedürfnisse, indem sie die Körpersprache, räumliche Signale und andere subtile Gesten beobachten. All dies würde von Amateuren nicht bemerkt werden. Der Gebrauch von Videokameras erleichtert die Beobachtung, weil die Analyse quasi *off-line* durchgeführt werden kann (nachdem die Beobachtung der Geschehnisse beendet ist und wenn der Forscher genügend Zeit hat, eine detaillierte Analyse durchzuführen). Wir haben in Deutschland mit einer Geschäftseinheit der Robert Bosch AG zusammengearbeitet, die wesentliche Teile für Produktionslinien entwirft und herstellt. Durch die genaue Beobachtung der Bandarbeiter ihrer Kunden hat Bosch sehr viel tiefere Einblicke in die Produktbedürfnisse bekommen als durch Interviews mit den Produktionsmanagern. Ähnlich wertvolle Einblicke konnten Ethnographen gewinnen, die für Clarks Schuhe gearbeitet haben. Sie haben in Sportgeschäften beobachtet, wie Einkäufe von Wanderschuhen getätigt werden und konnten so die Produktcharakteristiken identifizieren, die das Kaufverhalten bei Wanderschuhen stark beeinflussen (siehe auch Fallbeispiel 1.1).

Fallbeispiel 1.1

Clarks – These Boots are (Really) Made for Walking[21]

Seit über 175 Jahren sind Schuhe von Clarks für Qualität und Komfort bekannt. Vor einigen Jahren beobachtete die Firma, dass der Markt für Freizeitschuhe sehr groß war und starke Zuwachsraten hatte. Clarks beschloss einen damals für sie neuen Markt zu erschließen: den für Wanderschuhe. Da sie kein detailliertes Wissen über die Bedürfnisse der potenziellen Kunden in diesem Markt hatten, arbeiteten sie sehr eng mit PDD zusammen, einer Marktforschungsberatung aus London. Der Produktmanager Chris Towns erläutert, »ich musste die Kaufgewohnheiten, aber auch die Anwendung und die Erwartungen unserer neuen Kunden verstehen. Die Motivation der Wanderer kann man nur erahnen, wenn man versucht, sie vom eigenen Schreibtisch aus zu verstehen«.

PDD sind auf ethnographische Studien spezialisiert. Sie führten Kontextinterviews mit Wanderern in Nationalparks durch, besuchten Wanderer zu Hause, die in Wanderclubs aktiv sind und beobachteten Kunden beim Kauf von Wanderschuhen. Die Ergebnisse dieser Marktforschung gaben Clarks die Möglichkeit, ihre Marktsegmente klar zu definieren und die Prioritäten der Kunden innerhalb dieser Segmente zu verstehen. Aspekte wie »Komfort«, »Passgenauigkeit« und »Sicherheit« wurden während der Interviews schnell als wichtige Produkteigenschaften identifiziert. Es waren dann aber die Kontextinterviews in den Nationalparks, die es dem Designteam ermöglichten, die wahre Bedeutung hinter jedem dieser Begriffe zu verstehen und Produktmerkmale zu entwickeln, die diesen entsprechen.

Zudem wurde z. B. in Sportläden beobachtet, dass die Kunden die Zunge der Schuhe sorgfältig abtasteten, bevor sie die Schuhe anzogen. Dadurch wurde klar, dass die Zunge ein Teil der Wanderschuhe war, die sehr eng mit dem Begriff Komfort in Verbindung gebracht wird. Dieser Hinweis führte dazu, dass das Clarks-Team eine besonders gut gepolsterte Zunge für das Endprodukt entwickelt hatte. Die Produktreihe »Active« von Clarks Wanderschuhen wurde sehr gut von Hobby- aber auch professionellen Wanderern aufgenommen und verkauft sich entsprechend gut.

1.3.3 Ethnographische Marktforschung – Kontextinterviews

Kontextinterviews werden im persönlichen Umfeld des Kunden durchgeführt. In der Regel verwendet man semi-strukturierte Fragen in Verbindung mit Beobachtung, um verstehen zu können, in welchen Situationen bestimmte Produkte benützt werden. Zunächst werden die vorbereiteten Fragen dazu verwendet, Hintergrundinformationen über die Kunden zu sammeln. Danach zielen die Fragen darauf ab, das Verhalten bzw. die Tätigkeiten der Kunden zu beschreiben. Typische Fragen sind zum Beispiel: »Können Sie bitte beschreiben, was Sie gerade tun?« und »Wann ist das notwendig?«. Diese Art von Fragen resultiert in qualitativen Daten über die Produktnutzung, die man nicht allein durch Beobachtung einer einzelnen Person hätte generieren können. In der Regel werden auch hier Videoaufnahmen genutzt. Kontextinterviews sind besonders hilfreich, um zu verstehen, wie ein Kunde sich fühlt, während er eine Dienstleistung in Anspruch nimmt. Gleichzeitig können Verbesserungsideen gesammelt werden.

Die Londoner Beratungsfirma WhatIF! erleichterte Kontextinterviews für die Hersteller von Konsumprodukten, indem sie mit allen Anwohnern einer (sehr langen) Straße in Birmingham grundsätzliche Interviewbereitschaft verhandelt hat. Alle Häuser in »der Straße« können kurzfristig besucht werden und viele Produktmanager konnten somit bereits die Anwendung ihrer Produkte im echten Leben beobachten und gleichzeitig Fragen stellen.

Intel, der Microchip-Gigant, hat mehrere Projekte, die Kontextinterviews benützen und beschäftigt in Oregon außerdem ein Team von Ethnographen, Soziologen und Verhaltenswissenschaftlern.[22] Dieses Team sollte unter anderem herausfinden, ob es Bedarf für ein Gerät gibt, mit dem Eltern die außerschulischen Aktivitäten ihrer Kinder im Blick behalten können. Obwohl ein solches Produkt in vielen westlichen Ländern Anwendung finden kann, zeigte die Untersuchung der sozialen Faktoren, dass in China kein Bedarf herrscht, weil Familien in der Mehrzahl lediglich ein Kind haben. Intel nutzt solche Kenntnisse über die sozialen Hintergründe der Produktnutzung nun regelmäßig (siehe auch Fallbeispiel 1.2 für einen ethnographischen Marktforschungsansatz).

Fallbeispiel 1.2

Skyline Products Inc. – kinderleichte Marktforschung[23]

Skyline Products ist eine amerikanische Firma, die Spielwaren erfindet und entwickelt. Die Firma organisiert sechswöchige Spielgruppen, in denen Kinder und Eltern die Möglichkeit haben, jede Woche einige Stunden mit den neuen Spielsachen zu spielen. Inzwischen ist die Teilnahme an diesen Spielgruppen so begehrt, dass die Eltern sogar dafür zahlen, dass ihr Kind teilnehmen darf!

Die Marktforscher von Skyline wenden verschiedene Prinzipien der ethnographischen Marktforschung an. Zunächst sind sie wortwörtlich Teil der Spielgruppe und beobachten alles, indem sie völlig in dem aufgehen, was gerade passiert. Sie stellen einige einfache offene Fragen in den Kontextinterviews. Manche Kinder antworten sehr direkt, andere sind schüchtern und kommentieren die Erlebnisse vielleicht erst auf dem Heimweg. Werden die Antworten bei den Kontextinterviews notiert, achten die Forscher nicht nur auf das, was gesagt wird. Sie beachten auch andere Hinweise, wie z. B. den Gesichtsausdruck der Eltern und Kinder, die Nähe des Kindes zum Spielzeug, die Größe des Spielzeugs im Vergleich zur Kinderhand und so weiter. Die Daten der Spielgruppen werden außerdem ganz bewusst auf Widersprüche geprüft: z. B. wenn Kinder sagen, dass die Farbe unwichtig ist und man jedoch ganz klar beobachtet, dass die Farbe bei der Auswahl des Spielzeugs eindeutig eine Rolle spielt. Die Daten aus den Spielgruppen werden auch mit den Erkenntnissen der Heimfahrt vergleichen, denn die Forscher fragen in der Regel nach, ob sie zusammen mit der Familie nach Hause fahren dürfen.

Es gibt mehrere Dinge, die man vom Fallbeispiel Skyline mitnehmen kann. Offensichtlich sind ethische Aspekte in der Marktforschung mit Kindern sehr wichtig und eine solche Untersuchung sollte sehr sorgfältig vorbereitet werden. Die Forscher von Skyline vertiefen sich persönlich in das Thema, nutzen verschiedene Datenquellen und suchen Widersprüche in den Daten.

Repertory-Grid-Analyse

Die Repertory-Grid-Analyse wurde ursprünglich von Psychologen entwickelt, um die sogenannten individuellen *kognitiven Maps* zu ergründen – eine zweidimensionale Darstellungsweise, wie Individuen denken. Repertory Grid benützt indirekte Fragen, die Kunden dabei helfen, ihre Erfahrungen mit existierenden Produkten und Dienstleistungen zu vergleichen. Mit der Technik werden neue Produktideen entwickelt und die versteckten Bedürfnisse von Kunden entdeckt. Zu den Firmen, die Repertory-Grid-Analysen in ihrer Marktforschung nutzen, gehören zum Beispiel Beiersdorf, Hewlett-Packard und Equant (siehe Fallbeispiel 1.3). Alle haben erfolgreich versteckte Kundenbedürfnisse, sogenannte Hidden Needs, entdeckt.

Fallbeispiel 1.3

Equant – Repertory Grids in der Praxis

Eine Firma, die Repertory Grids erfolgreich angewendet hat, ist Equant, der weltgrößte Lieferant für Datennetzwerke. Equant bietet Design, Integration, Wartung und Service von Netzwerken in mehr als 180 Ländern an. Die Firma hat immer großen Wert darauf gelegt, sich auf den Kundennutzen zu konzentrieren und schaute sich regelmäßig die Ergebnisse der Umfragen zur Kundenzufriedenheit an bzw. verglich deren Ergebnisse mit denen des Wettbewerbs. Obwohl diese Umfragen nützliche Vergleichszahlen lieferten, bemerkte Equant recht schnell, dass sie nicht die Kriterien beinhalteten, die aus Sicht der Kunden am wichtigsten waren.

Im Jahr 1996 bot die Firma Equant eine exzellente Netzwerkleistung und weltweite Service-Erreichbarkeit. Logischerweise bekamen sie also in den Umfragen bessere Noten als ihre Wettbewerber und dies hätte schnell zu Selbstzufriedenheit führen können. Deshalb startete sie ein Projekt, mit dem sie herausfinden wollte, ob es Aspekte beim Thema Servicequalität gibt, die für die Kunden wichtig sind, von der Umfrage jedoch nicht erfasst wurden. Liam Mifsud, Business Support Manager bei Equant, entwickelte dafür Repertory-Grid-Interviews und führte diese auch durch. Durch die Anwendung dieser Technik, konnten die Befragten (IT-Direktoren und Managern) zahlreiche Kriterien für Servicequalität identifizieren (sehr viel mehr als die, die in der Umfrage behandelt wurden). Die Ergebnisse haben gezeigt, dass die Kundenwahrnehmung der Servicequalität nicht nur von technischen Kennzahlen abhängt (wie z. B. Erreichbarkeit oder Netzwerkleistung). Equant schaffte es, zehn neue Kriterien zu identifizieren, auf deren Basis ihre Leistung beurteilt werden sollte. Zum Beispiel betonten Kunden auch die nicht quantifizierbaren Teile der Servicequalität wie die Flexibilität und den Pragmatismus der Teams, die einen Kunden betreuen, oder die Qualität und die Kompetenz der Wartungsmannschaft. »Somit bekamen wir wertvolle Einblicke und ein neues Verständnis für die wechselnden Bedürfnisse unserer Kunden«, bestätigte Mifsud.

Einbindung der Anwender – Lead-User-Technik

Es gibt einige innovative Ansätze, um Kunden in den Produktentwicklungsprozess einzubinden. Der wichtigste ist die sogenannte Lead-User-Technik. Kunden in extremen Anwendungsfeldern werden beobachtet und gefragt, wie sie die Produkte nutzen. Das klassische Beispiel sind viele Innovationen, die für die Formel 1 entwickelt werden, und später für den generellen Einsatz in Fahrzeugen genutzt werden können. In manchen technischen Situationen, verändern auch die Kunden selbst ein Standardprodukt, um es ihren speziellen Bedürfnissen anzupassen. Dabei ist es besonders wichtig, herauszufinden, wie die Erfahrungen der Lead-User auf den generellen Markt angewendet werden können: Hierfür werden oft Arbeitsgruppen und Prototypen genutzt. Sowohl 3M als auch Texas Instruments nutzen regelmäßig die Lead-User-Technik (siehe auch Fallbeispiel 1.4).

Fallbeispiel 1.4

Cobra, Thailand – Führungsqualität und Windsurfingbretter[24]
Cobra International wurde 1985 gegründet, sitzt in Chonburi, Thailand, und produziert Windsurfing- und Surfbretter sowie eine Reihe von anderen Geräten für den Freizeitsport. Cobras Strategie konzentrierte sich immer auf Qualität, Technologie und eine starke Kundenorientierung. Cobra setzt professionelle Techniken im Qualitätsmanagement ein, legt großen Wert auf kontinuierliche Qualität und ist der einzige Hersteller in der Branche mit einer ISO 9001:2000 Zertifizierung. Das ist einer der Gründe, warum sie Weltmarktführer wurden, mit mehr als 50 Prozent Marktanteil als OEM (original equipment manufacturer)-Hersteller, der die wichtigsten Marken beliefert. Surfbretter müssen enormen Belastungen standhalten, weil Top-Surfer ihre Bretter bis zu sieben Meter hohen Wellen entgegenstellen. Damit Bretter hergestellt werden, die solchen Kräften standhalten, benötigt man nicht nur eine gute Produktionstechnik, sondern auch detailliertes Technologie-Know-how z. B. über Fiberglas. »Cobra feilt unermüdlich an der Kombination von Methoden und Materialien«, sagt Pierre Olivier Schnerb, Vice President of Technology. »Zum Beispiel hat die Cobra TufliteÒ-Technologie die Erkenntnisse des Windsurfens auf das Surfen übertragen.«
Das dritte Element der Strategie resultiert aus der Tatsache, dass die Angestellten der Firma genaue Kenntnisse über die Sportart haben, für die sie die Ausrüstung herstellen. Der Australier Kym Thompson war mehr als 30 Jahre lang ein Surfchampion. Parallel dazu hat er über 30 Jahre lang die Qualitätsstandards der Surfbrettherstellung als Cobras Produktionschef professionell verbessert. Viele andere Angestellte sind aktive Sportler und bringen ihre Produkt- und Designideen in der Firma ein. Selbst Anwender und Nutzer zu sein, hat Cobra dabei geholfen, Top-Entwürfe zu entwickeln und sehr enge Verbindungen zu fast allen wichtigen Sportmarken auszubauen.
Der Gründer und momentane Präsident Vorapant Chotikapanich hält Innovation für überlebenswichtig für die Wettbewerbsfähigkeit der Firma und nutzt jede Gelegenheit, dies auch zu betonen. Um innovativ zu bleiben, gibt er Angestellten die Möglichkeit, Produkte zu gestalten, auszuprobieren und über sie zu entscheiden. »Ich sorge dafür, dass sie genug Unterstützung aus der Führungsmannschaft haben, aber ich lege auch Wert darauf, dass frische Ideen schnell umgesetzt werden«, sagt Chotikapanich. Er sieht die Innovation in seiner Organisation als Schlüsselrolle. »Wir sind momentan gemäß der Technologie organisiert, nicht wie die Industrie. Zum Beispiel produziert der Werkzeugbereich alles vom Windsurfingbrett bis hin zu Wakeboards und Kiteboards. Es ist wichtig, unsere technische Kompetenz auf alle Produkte zu übertragen. Wir ergänzen unsere eigenen Fähigkeiten auch mit einem Netzwerk von Kunden, Lieferanten und Designern.« Mit der Unterstützung von Chotikapanich, hat Cobra vor kurzem das vorhandene Wissen über Materialien und Fertigung genutzt, um neue Märkte anzugreifen. Das sind nicht nur verwandte Märkte in der Sportausstattung wie Kayaks oder Kanus, sondern auch völlig neue Marktsegemente wie zum Beispiel Automobilzulieferteile, die ebenfalls Cobras Material und Prozesskenntnisse anwenden.

1.4 Ethische Aspekte

Denjenigen, die traditionelle oder neue Techniken in der Marktforschung anwenden, müssen wir auch eine gut gemeinte Ermahnung geben. Marktforschung sollte immer in ethisch einwandfreier Art und Weise durchgeführt werden. Forscher müssen immer absoluten Respekt gegenüber den Befragten zeigen. Besondere Vorsicht ist geboten, sobald Kinder oder Mitglieder einer Minderheit untersucht werden, oder wenn Methoden angewandt werden, die potenziell die Privatsphäre der Befragten betreffen (zum Beispiel wenn Kunden in ihrem eigenen Haus zur Beobachtung besucht werden). Vorzugeben, ein normaler Bürger zu sein und versteckt Marktforschung zu betreiben, ist ethisch nicht korrekt und wird normalerweise auch bemerkt (denn Menschen haben in der Regel ein Gespür dafür, wenn sie beobachtet werden).

Ethische Aspekte sollten unbedingt durchdacht werden, *bevor* die Untersuchung beginnt, und die entsprechende Erlaubnis sollte auch vorher angefordert werden. Wir empfehlen deshalb, dass die Forscher die ethischen Richtlinien beachten, die von mehreren professionellen Verbänden zur Verfügung gestellt wurden[25].

1.5 Anwendung und Kombination der Techniken

1.5.1 Erfolgreiche Anwendungsbeispiele

Während der letzten fünfzehn Jahre gab es eine Reihe von Fallbeispielen, bei denen Firmen erfolgreich die neuen Marktforschungsmethoden angewandt haben. Abbildung 1.4 gibt einen Überblick über die Beispiele aus der Literatur. Bemerkenswerte Erfolge sind zum Beispiel die Entwicklung neuer Lebensmittelprodukte (um die Bedürfnisse von asiatischen Arbeitern oder »on the go« Familien zu erfüllen) und eine neue Art der Vermarktung für PC-Laufwerke von Iomega. Die Techniken sind aber nicht nur für Konsumgüter nützlich – neue Operationsvorhänge und Produktionsausrüstungen haben auch davon profitiert.

Die Geschichte der Verhaltenswissenschaften und deren Anwendung auf industrielle Probleme wurde detailliert in einem interessanten Buch von Susan Squires und Brayn Byrne beschrieben[26]. Es geht bis in die 1920er Jahre zurück, als Psychologen zum ersten Mal versucht haben zu verstehen, welche Aufnahmefähigkeit Autofahrer haben und die ersten Anthropologen in einem Industrieumfeld gearbeitet haben. Andere Industriepsychologen untersuchten die Motivation zur Arbeit. Daraus stammt unter anderem die berühmte Hawthorne-Studie, welche die Fließbandproduktivität beeinflussenden Faktoren untersucht. Während des zweiten Weltkriegs betraten die Sozialwissenschafter zum ersten Mal das Reich des Produktdesigns, wo sie die *menschlichen* Faktoren untersuchten, wie zum Beispiel die Verbesserung des Layouts von Flugzeugcockpits.

Verhaltensorientierte Ansätze spielen weiterhin eine wichtige Rolle im Produktdesign, besonders hinsichtlich Ergonomie und Bedienbarkeit. Rank-Xerox zum Beispiel stellte im Jahr 1979 einen promovierten Anthropologen ein, um der Firma bei der Konstruktion von Maschinen zu helfen, die schneller von Büroangestellten verstanden werden können. Die Konzentration auf die Schnittstelle zwischen Nutzer und Produkt ist geblieben, aber während der letzten zwanzig Jahre wurden die Sozialwissenschaften nicht nur genutzt, um zu verstehen, wie Produkte benutzt werden, sondern auch um die echten Bedürfnisse der Kunden zu identifizieren. Heutzutage sind die sozialwissenschaftlichen Methoden in der Marktforschung gleichbedeutend und Teil des Designs der Schnittstelle zwischen Produkt und Anwender. Allerdings haben die Techniken in Bezug auf die Identifikation der verstecken Bedürfnisse vielleicht ihren größten Mehrwert. Einem Artikel aus dem Harvard-Business-Review ist zu entnehmen: »das Suchen von neuen Chancen und technischen Möglichkeiten, generiert ohne Zweifel den größten Wert. Dummerweise wird das von Managern am wenigsten verstanden[27]«.

Technik	Firmen, die diese Technik bekanntermaßen anwenden	Spezielles Anwendungsgebiet (falls bekannt)
Systematische Beobachtung (beinhaltet Video-Ethnographie)	■ Arm und Hammer, USA, 1960er Jahre	■ Beobachtung der typischen Verwendung von Backpulver
	■ Sony, 1970er Jahre	■ Regelmäßige Beobachtung von Menschen, als Gegenpol zur formellen Marktforschung.
	■ Rank Xerox, USA, 1980er Jahre	■ Beobachtung der typischen Probleme, die Anwender mit Kopierern haben, um Maschinen mit einfacher Handhabung zu entwickeln.
	■ NCR, USA, 1990er Jahre	■ Beobachtung von Menschen, die ATMs benutzen, um deren Design zu verbessern.
	■ Unilever, 1990er	■ Beobachtung von asiatischen Arbeitern beim Kauf von Nachmittags-Snacks, daraufhin wurde eine neue Suppe entwickelt.
	■ Iomega, USA, circa 2000	■ Fotografieren und anschließende Analyse von Wohnungen und Büros, um die Bedürfnisse der Datenspeicherung zu verstehen.
	■ Clarks Schuhe, UK, 2001	■ Verständnis über den Kaufprozess von Wanderschuhen verbessern (siehe Fallbeispiel 1.1)
	■ Intel, USA, 2001	■ Anthropologische Expeditionen, um verschiedene Kundengruppen zu verstehen.
	■ Vodafone, Europa, 2004	■ Fotografieren und Analyse der Inhalte von 5000 Damenhandtaschen, als Teil einer Designstudie für ein neues Mobiltelefon.
Kontext-interviews	■ General Mills, USA, circa 1995	■ Studie, wie Konsumenten und ihre Kinder frühstücken. Führte zu »Go-Gurt«, einem Joghurt aus der Tube, das man ohne Löffel essen kann.
	■ Microsoft, USA, circa 2000	■ Anwendung von Technik in der Umgebung des Anwenders verstehen, um die Anwenderperspektive bezüglich Software Design zu verstehen.
	■ Whirlpool, USA, circa 2000	■ Bewertung des Namens für ein Luxusbad – wurde geprüft, indem man die Anwender nach den Gefühlen während eines langen entspannten Bads befragte.
	■ Clarks Schuhe, UK, 2001	■ Bedürfnisse der Nutzer, beobachtet in Umgebungen wie dem Lake District, UK
Repertory Grid	■ Hewlett-Packard, Anfang 1990er	■ Identifikation von wichtigen Designaspekten bei medizinischer Ausrüstung
	■ Bosch, Deutschland, 2002	■ Verständnis der Anwendersicht bei Produktionslinienausstattung

Technik	Firmen, die diese Technik bekanntermaßen anwenden	Spezielles Anwendungsgebiet (falls bekannt)
Lead-User	■ 3M, USA, 1990er	■ Design von OP-Vorhängen, in dem man sich auf die Hygieneprobleme von Krankenhäusern in Entwicklungsländern konzentriert hat.
	■ Hilti, Schweiz, 1990er	■ Design von Befestigungsteilen
	■ Contacta UK, 2005	■ Entwicklung eines ständigen Dialogs mit Kunden – in diesem Fall Hörgeräteträger.
Empathie	■ Ford, UK, 1990er	■ Produktdesigner trugen dicke »Michelin-Mann«-Anzüge, um die Probleme von älteren Fahrern zu simulieren, wenn diese in ihr Auto einsteigen.

Abbildung 1.4: Anwendung der neuen Techniken zur Identifikation von versteckten Bedürfnissen[28]

1.5.2 Umfrageergebnisse zur Anwendung

Wenn man sich hinsichtlich der Anwendung der neuen Techniken in der Marktforschung auf die publizierten Fälle beschränkt, hat man automatisch das Problem, dass selbstverständlich nur die Erfolgsgeschichten bekannt gemacht werden. Somit kann man nicht auf die generelle Anwendung hochrechnen. Deshalb bräuchte man hierzu verlässliche Umfragen. Ein Autor hat angemerkt, dass die Anwendung von ethnographischen Techniken in der Marktforschung geradezu »explodiert« ist[29], aber nach unserer Praxiserfahrung hält sich die Anwendungshäufigkeit noch sehr in Grenzen, und es gibt teilweise große Hürden innerhalb der Firmen, die die neuen Techniken sozusagen ausbremsen. In einer Umfrage unter 36 führenden Firmen in Großbritannien[30] wurde deutlich, dass der Großteil der Marktforschung immer noch stark mit Kundenbesuchen (86 Prozent), Umfragen (64 Prozent) und Fokusgruppen (50 Pro-

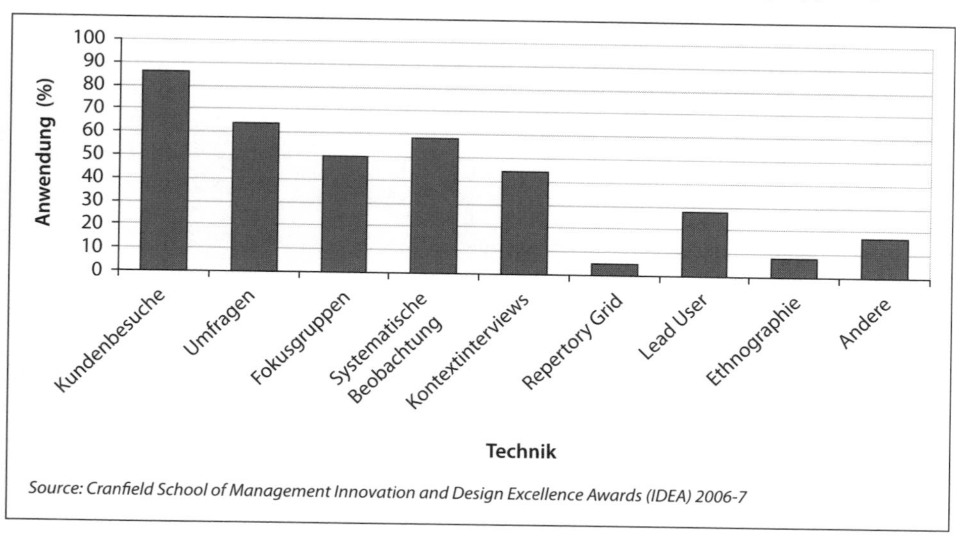

Abbildung 1.5: Anwendung der neuen Techniken in Firmen aus Großbritannien

zent) arbeitet. Obwohl fast 60 Prozent berichteten, dass sie »Systematische Beobachtung« anwenden, wurde nach Besuchen in diesen Firmen klar, dass nur informelle Beobachtungen ohne ganzheitliche Anwendung der ethnographischen Grundsätze (wird nur von 8 Prozent der Firmen eingesetzt – siehe Abbildung 1.5) genutzt wird.

Abbildung 1.6 zeigt die Ergebnisse einer nützlichen Studie von Professor Robert Cooper (bekannt durch das Stage-Gate® Modell). Bei einer Umfrage unter 160 US-Firmen schaute er sich die Anwendung von verschiedenen Methoden zur Ideenfindung und deren gefühlte Wirksamkeit (auf einer Skala von 1 für schlecht bis 10 für exzellent) an. Interessanterweise waren die Methoden der »Open Innovation« (dargestellt als Quadrate, die u. a. Dinge wie Ideenwettbewerbe oder externe Einreicher von Ideen beinhalten) alle in der unteren linken Ecke des Diagramms zu finden – sie sind weder weit verbreitet noch wird ihre Effektivität sehr hoch eingeschätzt. Die Ergebnisse zeigen, dass Ethnographie als die beste Methode eingestuft, aber nur von ca. 15 Prozent der Firmen eingesetzt wird. Lead-User-Techniken und Fokusgruppen sind beide sehr weit verbreitet und geschätzt, wobei andere Methoden (dargestellt als Dreiecke) wie zum Beispiel der Einsatz von *Disruptive Technologies* oder *Peripheral Vision*[31] etwas schlechter eingeschätzt werden. Die zwei Einschränkungen der Abbildung sind, dass der Nutzen der Methoden nur von den Managern selbst eingestuft wurde, anstatt die Methoden an sich systematisch zu vergleichen, und die Untersuchung hat nicht geprüft, ob verschiedene Methoden in Kombination angewandt wurden.

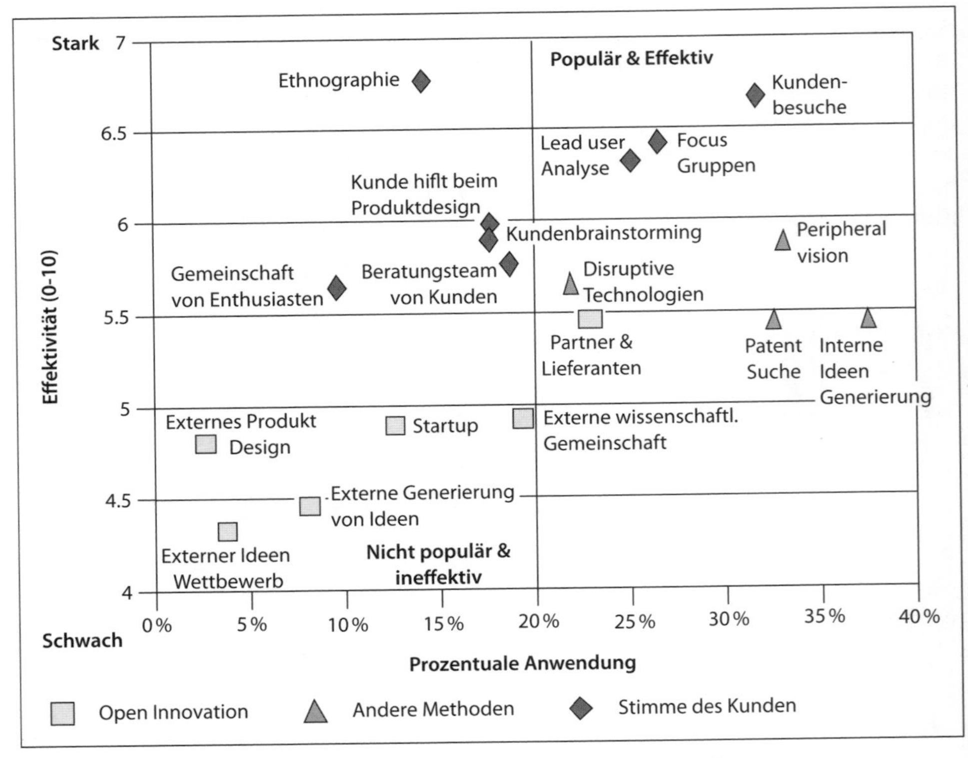

Abbildung 1.6: Anwendung und gefühlter Nutzen der Methoden (US)[32]

1.5.3 Kombination der Techniken

In Abbildung 1.7 wird gezeigt, wie die Techniken kombiniert werden sollten. Sie zeigt, dass effektive Marktforschung traditionelle Umfragen und Fokusgruppen mit Techniken wie Beobachtung, Repertory Grid und Lead-Usern kombiniert. Die Auswahl der anzuwendenden Techniken hängt vom Ziel der Untersuchung ab. Auf jeden Fall verringert die Kombination von mehreren Techniken die Nachteile der jeweils einzelnen.

Sobald die passende Kombination der Marktforschungstechniken ausgewählt wurde, kann die Sammlung der Daten und die Analyse starten. Dabei hilft die Triangulation der Daten, um Ergebnisse mit einer höheren Validität zu erhalten. Das Ergebnis der Datenanalyse ist normalerweise ein tiefes Verständnis der Probleme, Themen und Bedürfnisse (insbesondere der versteckten Bedürfnisse) der Kunden (oder Anwender).

Die Bedürfnisse, die in der Marktforschung ermittelt werden, sollten als Probleme und Themengebiete angesehen werden, für die geeignete Lösungen entwickelt werden müssen (siehe Fallbeispiel 1.5). Dies ist auch der grundsätzliche Unterschied zur traditionellen Vorgehensweise in der Marktforschung, wo das Ziel fast immer darin besteht, die Meinungen von Kunden zu geeigneten Produkteigenschaften direkt abzufragen. Die Hidden-Needs-Analyse nimmt die identifizierten Probleme (oder ein Verständnis über die Aufgabe, die ein Kunde zu tun hat) als Ausgangspunkt und präsentiert diese als Herausforderung an Produktentwicklungsteams, die dann über Lösungen nachdenken. Typischerweise wird von Firmen die Brainstorming-Technik angewandt, um Ideen für neue Produkte zu entwickeln. Im Gegensatz dazu, konzentriert sich die Hidden-Needs-Analyse darauf, die Probleme von Kunden zu lösen, die durch die Hinterfragung der Marktforschung identifiziert wurden. Um diesen Prozess

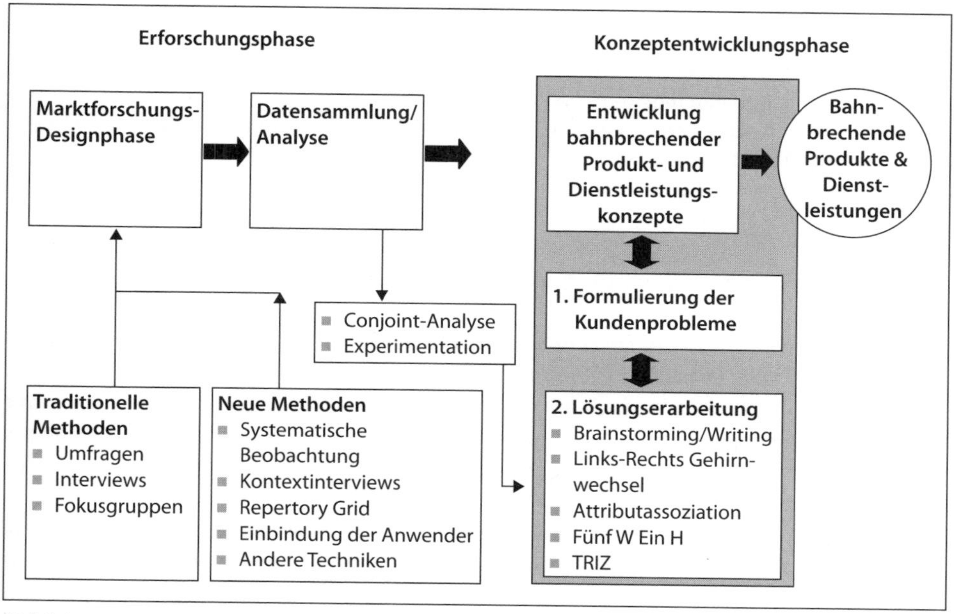

Abbildung 1.7: Anwendung verschiedener Techniken in Kombination

zu unterstützen, können Techniken wie zum Beispiel die *Attribut-Assoziation* genutzt werden (wo jedes Attribut eines bestehenden Produkts oder einer Dienstleistung angeschaut wird und Ideen für dessen Modifikation erörtert werden, und zwar immer vor dem Hintergrund der Kundenprobleme). Die dadurch entwickelten Attribute der neuen Produkte oder der neuen Dienstleistung können dann mit potenziellen Kunden mit Hilfe von *Experimenten* (zum Beispiel *Rapid Prototyping*) getestet werden. In ähnlicher Form können die Vorlieben von Kunden, und die Kompromisse, die sie eingehen würden (zum Beispiel zwischen Produkteigenschaften und Preis) mit einer *Conjoint-Analyse* besser verstanden werden. Der Prozess, Produkteigenschaften zu entwickeln, die Kundenprobleme lösen, ist sehr komplex und kann durch die Anwendung von *TRIZ* beschleunigt werden. Dieses Akronym stammt aus dem Russischen und steht für *Theorie der kreativen Problemlösung*. Man betrachtet, wie ähnliche Probleme in der Vergangenheit gelöst und dann in Patenten dokumentiert wurden.

Fallbeispiel 1.5

Das Haus der Zukunft[33]

Jeder kennt den großen Einfluss der Informationstechnologie auf unser Leben, aber nur Wenigen ist bewusst, dass dieser Einfluss zuhause immer stärker wird. Ethnographische Marktforschung, mit Fokus auf die kulturellen Aspekte ist wunderbar dafür geeignet, solche Veränderungen detailliert zu skizzieren.

Im Rahmen eines Projektes, bei dem die Anwendung von IT zuhause untersucht werden sollte, besuchten Forscher 50 Familien in den USA und verwendeten dabei systematische Beobachtung, Kontexinterviews sowie Fotografien. Diese Daten wurden dann mit Ergebnissen von Fokusgruppen, Kundentagebüchern und Umfragen ergänzt, um ein vollständiges Bild zu erhalten. Die Studie zeigte, dass die technischen Verbesserungen der PCs nicht gleichermaßen von guten Lösungen bei Haushaltsgeräten und Druckern begleitet wurde. Dies führte zu einigen Ideen für neue Möbel, wie zum Beispiel einem »Tandem-Stuhl«, mit dem Eltern zusammen mit ihrem Kind am Computer arbeiten können. Aber auch die tieferen kulturellen Einblicke der Studie waren interessant. Die Art wie das Zuhause gesehen wird, ändert sich. Es ist nicht mehr »nur« ein physischer Raum oder ein »sozialer Raum« für Familien, sondern auch ein »technischer Raum«. Diese Änderungen sind wichtig für Architekten, Innenarchitekten und PC-Designer und ermöglichen zahlreiche, neue Produkte, jedoch nur jenen Firmen, die es verstehen, aus dem Wissen über die versteckten Bedürfnisse auch Schlüsse zu ziehen.

1.5.4 Anwendung der Techniken in der Produktentwicklung

Jede Innovation muss verschiedene Phasen durchleben, bevor sie kommerziell genutzt werden kann. Dies trifft für alle Arten der Innovation zu – egal ob es sich um ein neues Produkt oder eine neue Dienstleistung handelt. Alle Innovationen starten mit der Sammlung von Ideen, und der darauf folgende Weg von der Implementierung bis zum wirtschaftlichen Erfolg kann sehr lang sein. Hinzu kommt, dass viele Ideen unter den Tisch fallen.

Abbildung 1.8 zeigt die typischen Phasen einer Innovation, mit einem »Funnel« (Filter + Tunnel) von Ideen, die von einem Unternehmen generiert und gesammelt werden. Hierfür werden innovative Ansätze in der Marktforschung benötigt, »um Ideen zu generieren, die den Kunden helfen, die jeweiligen Aufgaben schnell und

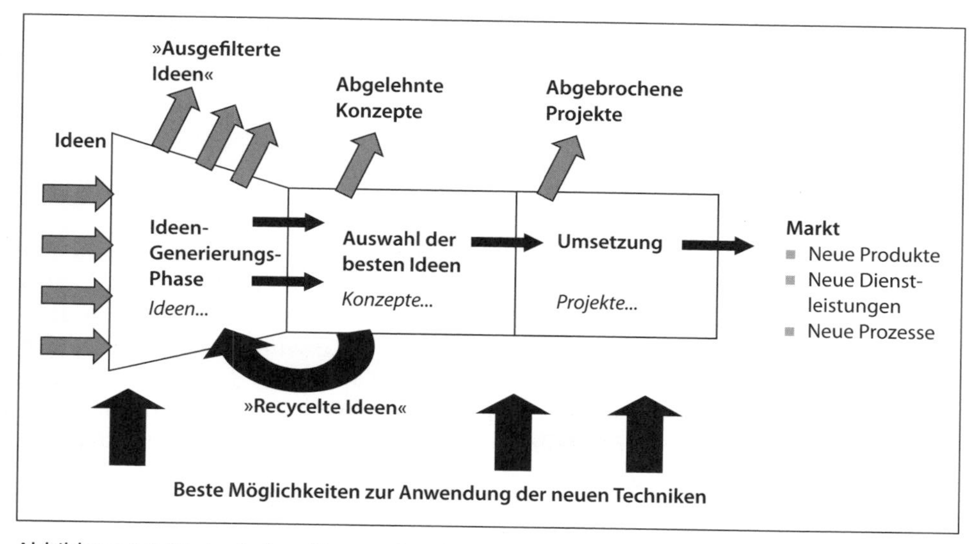

Abbildung 1.8: Die typischen Phasen einer Innovation (»Der Entwicklungs-Funnel«)[34]

effektiv zu erledigen«[35]. Manche Ideen werden schnell aussortiert, während andere weiter fortschreiten und zu sogenannten Konzepten weiterentwickelt werden. Die ursprüngliche Idee kann entweder von einem kleinen Team aus verschiedenen Geschäftsbereichen in Teilzeit während weniger Wochen zu einem Konzept entwickelt werden, oder bei komplexen Ideen kann der Prozess einer Konzeptentwicklung auch bedeutend länger gehen. In der Konzeptphase wird eine Idee für ein neues Produkt oder eine neue Dienstleistung schon so weit fortgeschritten sein, dass einige Fragen wie die Größe des potenziellen Marktes und erste Ansätze zum Design bereits betrachtet wurden (auch wenn diese Fragen zu diesem Zeitpunkt noch nicht sehr detailliert beantwortet werden). Ebenso werden in der Konzeptphase bereits Ideen für neue Prozesse analysiert, um herauszufinden, welche Investitionen nötig sind und wie diese amortisiert werden können. Normalerweise trifft das Management die Entscheidung darüber, welche Konzepte als Projekt weiter bearbeitet werden (in der Implementierungsphase), auch wenn die Art und Weise, wie bestimmte Konzepte für die Entwicklung selektiert werden, von vielen Mitarbeitern nicht als transparent empfunden wird.

Wie in der Abbildung 1.8 dargestellt, gibt es drei Bereiche, in die verhaltenswissenschaftliche Techniken besonderen Mehrwert zur Produktentwicklung einbringen können (siehe die Pfeile mit der Beschriftung »Möglichkeit zur Anwendung der neuen Techniken«). Zunächst bei der Identifikation der versteckten Kundenbedürfnisse, für die passende Lösungen (das heißt Produktkonzepte) erarbeitet werden können, indem zum Beispiel die verfügbaren Technologien betrachtet werden. Der nächste Bereich in dem sozialwissenschaftliche Methoden nützlich sind, sind die menschlichen Faktoren beim Design des Produktservice (beim Design von neuen Dienstleistungen wird die Sicht der Kunden oft zu wenig beachtet). Schlussendlich ist auch ein tiefes Verständnis des Kaufverhaltens sehr hilfreich, wenn man die Vermarktung eines neuen Produkts oder einer neuen Dienstleistung plant.

Die neuen Techniken bieten die Möglichkeit, die Marktforschung zu verbessern und sie werden normalerweise in Kombination genutzt, oft mit traditionellen Fokusgruppen und Umfragen.

1.6 Die Gliederung des Buches

Dieses Buch ist in drei Teile gegliedert. Teil 1 besteht aus drei Kapiteln, die sich mit der Notwendigkeit der Identifikation von Hidden Needs und wichtigen (aber oft übersehenen) Eigenschaften der zwei wichtigsten traditionellen Methoden der Marktforschung beschäftigen – Umfragen und Fokusgruppen. Teil 2 beinhaltet neue Methoden der Marktforschung, mit einem eigenen Kapitel für jede wichtige Methode. Teil 3 diskutiert wie die Ergebnisse der verschiedenen Techniken kombiniert werden können, um erfolgreiche Konzepte für bahnbrechende Produkte und Dienstleistungen zu erhalten. Abbildung 1.9 zeigt die Beziehung zwischen dem Prozess der Produktentwicklung und den Kapiteln dieses Buches.

TEIL 1: Einführung und traditionelle Methoden der Marktforschung

Kapitel 1: Einführung in die Hidden Needs der Kunden. Dieses Kapitel erläutert die Notwendigkeit für neue Methoden in der Marktforschung sowie die Risiken, sich ausschließlich auf Umfragen und Fokusgruppen zu verlassen.

Kapitel 2: Umfragen und Interviews. Hier erläutern wir die Anwendung von Umfragen und Interviews in der Marktforschung und die richtige Formulierung der entsprechenden Fragen. Wir behandeln sowohl *direkte* als auch *indirekte* Fragen (wobei auch die Projektion und der Gebrauch von Metaphern betrachtet wird).

Kapitel 3: Fokusgruppen und ihre Variationen. Fokusgruppen sind sehr verbreitet, aber sie müssen richtig angewandt werden. Wir erläutern, wann und wie sie effektiv eingesetzt werden können und betrachten außerdem die verschiedenen Variationen der Technik.

TEIL 2: Neue Methoden der Marktforschung

Kapitel 4: Ethnographische Marktforschung. Endverbraucher dabei zu beobachten, wie sie Produkte anwenden oder Dienstleistungen in Anspruch nehmen, kann einen ausgezeichneten Einblick in ihre Verhaltensweisen und Bedürfnisse geben. Obwohl die Idee, Kunden zu beobachten, an sich nicht neu ist, werden systematische Ansätze gebraucht, die auf Ethnographie basieren, um die Effektivität dieser Methode zu verbessern. In diesem Kapitel diskutieren wir die Geschichte der Ethnographie, wie sie in der Marktforschung angewandt wird und wie die Ergebnisse analysiert werden können.

Kapitel 5: Beispiel: Forschung zum Thema Lagerorganisation. In diesem Kapitel erläutern wir, wie die Konzepte aus Kapitel 4 in einem echten Marktforschungsprojekt angewandt wurden. Thema des Marktforschungsprojektes war die Ermittlung von neuen Möglichkeiten für Lagerhausprozesse.

Kapitel 6: Repertory-Grid-Technik. Diese Technik stammt aus der Psychologie – eine Wissenschaft die erforscht, wie wir Menschen denken. Wir erläutern, wie diese Technik eingesetzt werden kann, um zu verstehen, wie Kunden denken. Repertory-Grid ist besonders dazu geeignet, Kunden dabei zu helfen, ihre Hidden Needs auszudrücken.

Kapitel 7: Einbindung der Anwender. In diesem Kapitel betrachten wir einige Techniken, die durch enge Einbindung von Anwendern und Kunden, Hidden Needs erkennbar machen. Ganz spezifisch gehen wir auf die Themen *Lead-User, Virtuelle Communities, Crowdsourcing* und *Rapid Prototyping* ein.

Kapitel 8: Conjoint-Analyse. Diese Technik erlaubt uns zu verstehen, wie Kunden ihre Kaufentscheidungen treffen. Die Kompromisse, die sie zum Beispiel zwischen dem Preis und der Ausstattung einer Produktpalette auf dem Markt machen, helfen uns, bessere Entscheidungen im Bereich Produktdesign zu treffen.

TEIL 3: Design bahnbrechender Produkte

Kapitel 9: Kombination der Techniken – Design bahnbrechender Produkte. Dieses Kapitel erklärt zunächst einmal wie die Hidden-Needs-Analyse Einblick in Kundenprobleme geben kann. Die Herausforderung ist, geschickte Lösungen für diese Probleme zu identifizieren. Ein Erfolg versprechender Weg ist, innerhalb des Produktentwicklungsteams mit Vertretern aus verschiedenen Bereichen darüber zu reflektieren, wie das neue Produkt oder die neue Dienstleistung die geforderten Vorteile bringen kann.

Kapitel 10: Organisationskultur für Hidden Needs. Wenn man neue Wege in der Marktforschung und der Produktentwicklung geht, kann es spürbare Hürden innerhalb der Organisation geben. Dieses Kapitel präsentiert zuerst ein detailliertes Fallbeispiel von der Bosch Packaging Technology. Im Folgenden wird diskutiert, was aus

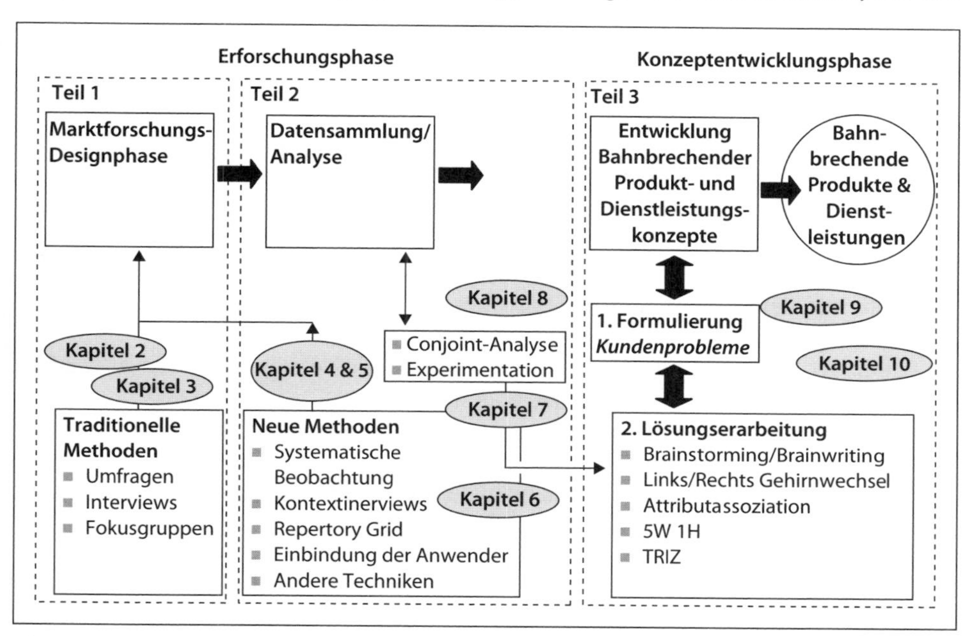

Abbildung 1.9: Entwicklung bahnbrechender Produkte und die Kapitel dieses Buches

diesem Fallbeispiel gelernt werden kann und wie die Hürden innerhalb einer Organisation überwunden werden können, um schlussendlich bahnbrechende Produkte zu generieren.

Struktur der Kapitel

Jedes Kapitel basiert auf einem sehr einfachen Schema:

- Eine bestimmte Marktforschungstechnik wird diskutiert. Diese Diskussion beinhaltet den geschichtlichen Hintergrund, Vor- und Nachteile sowie wichtige Aspekte, die bei der Anwendung dieser Technik beachtet werden sollten.
- Die Erläuterungen der Techniken sind mit passenden Beispielen ergänzt, etwa vier oder fünf kurze Fallbeispiele (Mini-Fallstudien) pro Kapitel. Diese wurden ausgewählt, um zu illustrieren, wie Firmen die verschiedenen Techniken in der Marktforschung angewandt haben.
- Wichtige Begriffe im Zusammenhang mit der Hidden-Needs-Analyse werden in der Regel zuerst kursiv geschrieben und danach erläutert.
- Eine Zusammenfassung rekapituliert die wichtigsten Punkte und gibt außerdem einige Empfehlungen für die Praxis.
- Zwei oder drei kurz kommentierte Empfehlungen für weitergehende Literatur – entweder Bücher oder Artikel – werden denjenigen Lesern vorgestellt, die sich mit den Themen dieses Buches tiefergehend beschäftigen wollen.
- Die Quellenangaben sind jeweils am Ende der Kapitel zu finden, und zwar in der Reihenfolge, wie sie im Buch erwähnt werden.
- In manchen Kapiteln beziehen wir uns auf wichtige Instrumente zur Datensammlung und Datenanalyse (zum Beispiel, Formblätter für die Sammlung von Daten bei Interviews). Diese sind in den jeweiligen Anhängen zu finden.

1.7 Zusammenfassung

Der Nachteil der traditionellen Marktforschung ist, dass sie leider nur das allgemein verfügbare Wissen darstellt. In Diskussionen mit Unternehmen benutzen wir hier immer die Analogie eines Eisbergs: Sorgen Sie dafür, dass Ihre Marktforschung Ihnen Erkenntnisse bringt, die Sie auch unter die Wasserkante schauen lässt, denn die Masse der Produktideen ist typischerweise darunter versteckt.

Dieses Kapitel hat deutlich gemacht, dass:

- viele neue Produkte und Dienstleistungen am Markt versagen, weil sie sich kaum von bestehenden Produkten unterscheiden.
- Der Grund für die vielen Flops ist, dass man sich oft zu sehr auf Umfragen und Fokusgruppen verlässt und somit die Kunden nur schlecht versteht.
- Die sich neu entwickelnden Techniken in der Marktforschung basieren größtenteils auf den Verhaltenswissenschaften, und erlauben dadurch die Identifikation der Hidden Needs von Kunden.
- Die wichtigsten neuen Techniken sind die ethnographische Marktforschung (inklusive systematischer Beobachtung und Kontextinterviews), Repertory-Grid-Analyse und die Einbindung der Kunden (wie zum Beispiel die Lead-User-Technik).

Jede hat ihre Vor- und Nachteile, so dass ihre Kombination die besten Ergebnisse verspricht.

In Kapitel 2 betrachten wir das Instrument der Umfrage und wie dieses Instrument in Kombination mit den neueren Ansätzen weiterhin wertvoll sein kann.

Empfehlungen für die Praxis

- Finden Sie heraus, wie die Ideen für neue Produkte und Dienstleistungen in Ihrem Unternehmen typischerweise generiert werden und suchen Sie nach Möglichkeiten, diesen Prozess zu verbessern.
- Prüfen Sie genau, mit welchen Marktforschungstechniken sich Ihre Marketingabteilung auskennt und wie die Hidden-Needs-Analyse in Ihrer nächsten Produktentwicklung eingesetzt werden könnte.
- Sorgen Sie dafür, dass die Fähigkeit, Ihre Kunden zu verstehen, in Ihrer Firma als Kernkompetenz gesehen und auch so behandelt wird.

1.8 Weiterführende Literatur

1. Squires, S./Byrne, B. (eds.): *Creating Breakthrough Ideas: The Collaboration of Anthropologists and Designers in the Product Development Industry.* Bergin/Garvey: Westport Connecticut, USA, 2002, ISBN 0-89789-682-3.
   Exzellentes Buch, wie Erkenntnisse der Sozialwissenschaften die Produktentwicklung beeinflusst haben. Weniger Details über die Techniken an sich.
2. Leonard-Barton, D./Rayport, J. F.: ›Spark Innovation through Empathic Design‹. *Harvard Business Review*, Vol. 75, No. 6, November-Dezember 1997, S. 102–113. Guter Artikel, wie die Beobachtung von Kunden gute Ideen für Bedürfnisse identifizieren kann. Für diese Bedürfnisse können dann Lösungen kreativ gesucht werden, allerdings gibt der Artikel wenig Details preis, wie die Ergebnisse der Beobachtungen analysiert werden sollten.

1.9 Quellenverzeichnis und Notizen

1 Gill, G. K.: ›Sony Corporation: Workstation Division‹. *Harvard Business School.* Case Study 9-690-031 (1989).
2 Balachandra, R./Friar, J. H.: ›Factors for Success in R&D Projects and New Product Innovation: A Contextual Framework‹. *IEEE Trans. on Engineering Management.* Vol. 44, No. 3, August 1997, S. 276–287.
3 Cooper, R. G./Kleinschmidt, E. J.: ›Major New Products: What Distinguishes the Winners in the Chemical Industry?‹. *Journal of Product Innovation Management.* Vol. 10, No. 2, März 1993, S. 90–111.
4 Ohno, T.: *Toyota Production System: Beyond Large-scale Production.* Productivity Press, USA, 1995, ISBN: 0915299143.
5 Cooper, R. G.: *Product Leadership: Creating and Launching Superior New Products.* Reading, Mass: Perseus Books, 1998, ISBN 0-7382-0010-7.
6 Kärkkainen, H./Piippo, P./Puumalainen, K./Tuominen, M.: ›Assessment of Hidden and Future Customer Needs in Finnish Business-to-Business Companies‹. *R&D Management.* Vol. 31, No. 4, 2001, S. 391–407.
7 Jordan, M./Karp, J.: ›Whirlpool Launches Affordable Washer in Brazil and China‹. *The Wall Street Journal Europe.* Dienstag, 9. Dezember 2003, S. A8.
8 Rust, R. T./Thompson, D. V./Hamilton, R. W. ›Defeating Feature Fatigue‹. *Harvard Business Review.* Vol. 84, No. 2, Februar 2006, S. 98–107.

9 Green, P. E./Tull, D. S./Albaum, G.: *Research for Marketing Decisions*, (London, UK: Prentice-Hall International, 1988), ISBN 0-13-774217-7.
10 Ulwick, A. W.: ›Turn Customer Input into Innovation‹. *Harvard Business Review*. Vol. 80, No. 1, Januar 2002, S. 91–97.
11 Sorensen, J.: ›The Eye on the Shelf: Point-of-Purchase Research‹. *Marketing News*. Vol. 33, No. 1, 4. Januar 1999, S. 4.
12 *A.a.O.*
13 Sandberg, K. D.: ›Focus on the Benefits‹ *Harvard Management Communication Newsletter*. Vol. 5, No. 4, 2002, S. 3–4.
14 Magnusson, P. R./Matthing, J./Kristensson, P.: ›Managing Service Involvement in Service Innovation: Experiments with Innovating End Users‹. *Journal of Service Research*. Vol. 6, No. 2, November 2003, S. 111–124.
15 Deszca, G./Munro, H./Noori, H.: ›Developing Breakthrough Products: Challenges and Options for Market Assessment‹. *Journal of Operations Management*. Vol. 17, No. 6, 1999, S. 613.
16 Ulrich, K. T./Eppinger, S. D.: *Product Design and Development*. McGraw-Hill: Boston, Mass. 2. Aufl., 2000, ISBN 0-07-229647-X.
17 Huston, L./Sakkab, N.: ›Connect and Develop: Inside Proctor and Gamble's New Model for Innovation‹. *Harvard Business Review*. Vol. 84, No. 3, März 2006, S. 62.
18 Kano, N./Saraku, N./Takahashi, F./Tsuji, S.: ›Attractive Quality and Must-be Quality‹, in: J. Hromi, D., (ed.): *The Best on Quality*, Vol. 7, Ch 10, ASQC, Milwaukee, 1996, S. 165–186.
19 Matzler, K./Hinterhuber, H.: ›How to make product development projects more successful by integrating Kano's model of customer satisfaction into Quality function deployment.‹ *Technovation*. Vol. 18, 1998 S. 25–38.
20 Fellman, M. W.: ›Breaking Tradition‹. *Marketing Research*. Vol. 11, No. 3, 1999, S. 20–24.
21 Basiert auf Diskussionen mit Chris Towns von Clarks und Towns, C. und Humphries, D., ›Breaking New Ground in Customer Behavioural Research: Experience from Clarks/PDD‹. *Product Development Management Association UK & Ireland Conference*. London, 2001.
22 Rosier, B.: ›From the Dreams of Children to the Future of Technology‹ *The Independent on Sunday*. UK, 15. Juli 2001, S. 8.
23 Macht, J. D.: ›The New Market Research‹. *Inc. Magazine*. Juli 1998, Vol. 20, No. 10, S. 86–94.
24 Fallbeispiel basiert auf Dokumenten der Firma, einem Interview sowie Korrespondenz mit Cobra Managern im Mai 2004 und Januar 2009.
25 Hilfreiche Richtlinien zu ethischen Fragen in der Marktforschung: – Market Research Society (see http://www.mrs.org.uk/standards/codeconduct.) – American Marketing Association (see http://www.marketingpower.com/) – The British Psychological Society (see http://www.bps.org.uk/the-society/code-of-conduct/)
26 Squires, S./Byrne, B. (eds.): *Creating Breakthrough Ideas: The Collaboration of Anthropologists and Designers in the Product Development Industry*. Bergin and Garvey: Westport Connecticut, USA, 2002, ISBN 0-89789-682-3.
27 Meyer, C./Ruggles, R.: ›Search Parties‹. *Harvard Business Review*. Vol. 80, No. 8, August 2002, S. 14–15.
28 Obwohl die Liste nicht allumfassend ist, beinhaltet die Tabelle Beispiele aus folgenden Quellen:
- Christensen, C. M./Cook, S./Hall, T.: ›Marketing Malpractice: The Cause and the Cure‹. *Harvard Business Review*. Vol. 83, No. 12, Dezember 2005, S. 74–83.
- Fellman, M. W.: *op. cit.*
- Goffin, K.: ›Understanding Customers' Views: A Practical Example of the Use of Repertory Grid Technique‹. *Management Research News*. Vol. 17, No. 7/8, 1994, S. 17–28.
- Leonard-Barton, D./Rayport, J. F.: *op. cit.*
- McFarland, J.: ›Margaret Mead Meets Consumer Fieldwork‹ *Harvard Management Update* Vol. 6, No. 8, August 2001, S. 5–6.
- Squires, S./Byrne, B.: *op. cit.*

29 Fellman, M. W.: ›Breaking Tradition‹. *Marketing Research*. Vol. 11, No. 3, 1999, S. 20–24.
30 Goffin, K./Szwejczewski, M.: ›Keep a Close Eye on the Market‹. *Management Focus*. Cranfield School of Management, 2009, S. 17–19.

31 Für Details siehe Goffin, K./Mitchell, R. *Innovation Management: Strategy and Implementation Using the Pentathlon Framework.* Palgrave MacMillan Academic Publishers, 2. Aufl., März 2010, ISBN 978-0-230-20582-6.

32 Basiert auf Abbildung 2 (Seite 15) in: Cooper, R. G./Edgett, S. J.: ›Ideation for Product Innovation: What are the Best Methods?‹. *PDMA Visions Magazine*. Vol. XXXII, No. 1, März 2008, S. 12–17. Benutzung mit Zustimmung des Copyright-Inhabers.

33 Venkatesh, A.: ›The Home of the Future: An Ethnographic Study of New Information Technologies in the Home‹. *Advances in Consumer Research*. Vol. XXVIII, 2001, S. 88–96.

34 Die Idee die Phasen einer Innovation mit einem Funnel (Filter + Tunnel) zu vergleichen, geht zurück auf: Majaro, S.: *The Creative Gap*. (London: Longman, 1988), ISBN 0-85121-196-8.

35 Christensen, C. M./Cook, S./Hall, T.: *op. cit.*

2 Umfragen und Interviews

Ein Forscher, der Umfragen durchführt, befragt Menschen mit einem schriftlichen Fragebogen … oder während eines Interviews und notiert die Antworten. Der Forscher manipuliert weder die Situation noch die Umgebung, es werden einfach nur Fragen beantwortet.[1]

Einführung

Umfragen sind eine klassische Methode in der Marktforschung. Und weil sie allgegenwärtig sind, wurde sicherlich jeder von uns schon irgendwann einmal gebeten, an einer Umfrage teilzunehmen. Das Formulieren von Fragen ist sehr schwierig und daraus folgt, dass viele Fragebögen so schlecht formuliert und entworfen sind, dass die Antworten nur sehr wenig Relevanz haben. Deshalb ist es für Marktforscher unumgänglich, die Durchführung von Umfragen perfekt zu beherrschen. Obwohl es für Kunden sicher schwierig ist, direkte Fragen zu ihren zukünftigen Produktanforderungen zu beantworten, bilden Umfragen und Interviews immer noch das Herzstück der Marktforschung. Und sie sind eine wichtige Ergänzung zu den neueren Methoden, um Hidden Needs identifizieren zu können.

Es gibt hauptsächlich zwei Arten von Umfragen: Interviews (persönliche oder telefonische) und Fragebögen (papiergebunden auf dem Postweg oder online über das Internet). Dieses Kapitel erläutert die wichtigsten Aspekte für den Entwurf und die Durchführung von Umfragen und Interviews:

- die Geschichte von Umfragen und Interviews,
- die Anwendung der Technik,
- die Analyse der Umfrageergebnisse,
- die gegebenen Einschränkungen der Technik sowie
- die Umfragen- und Interviewvarianten.

2.1 Die Geschichte der Umfragen und Interviews

Umfragen werden schon seit Generationen durchgeführt. Die wahrscheinlich erste große Umfrage – ein Zensus (also eine Umfrage der gesamten Bevölkerung) – wurde von den Römern durchgeführt. Zur Zeit von Jesus Christus Geburt, berichtet der Evangelist Lukas: »Es begab sich aber in jenen Tagen, dass ein Erlass des Kaisers Augustus erging, den ganzen Erdkreis aufzeichnen zu lassen … Auch Josef zog von Galiläa … mit Maria seiner Verlobten, die schwanger war …«[2]

Im Verlauf der Jahrhunderte gibt es einige Referenzen für die Sammlung von Zensusdaten. Beispielsweise wurde von Wilhelm dem Eroberer in England im Jahre 1086 eine groß angelegte Umfrage durchgeführt. Die Ergebnisse dieser Umfrage sollten die Besitzverhältnisse von Grund und Boden klären, Steuern berechnen und die Anzahl der Einwohner erheben, die fähig wären das Land zu verteidigen. Die Ergebnisse wurden im sogenannten *Domesday Book* festgehalten, das im Nationalarchiv in London aufbewahrt wird. Neben den Umfragen aus administrativen Gründen, führte die Entwicklung der Sozialwissenschaften dazu, auch Daten über die Lebensführung verschiedener Menschen zu sammeln. Charles Booth wird als einer der Begründer von sozialwissenschaftlichen Umfragen angesehen. In seinem monumentalen 17-bändigen Werk *Labour and Life of the People of London*[3] versuchte er, Daten von allen Bewohnern Londons zusammenzutragen. Nationalregierungen sammeln noch heutzutage gelegentlich Daten von allen Bürgern. Sozialwissenschaftler hingegen ziehen ihre Schlussfolgerungen normalerweise aus kleineren Stichproben und schließen daraus auf die Charakteristiken der gesamten Bevölkerung.

Seit dem frühen 19. Jahrhundert wurden in den USA Meinungsumfragen durchgeführt. Während der Präsidentschaftswahlkämpfe haben Zeitungen diese Umfragen oft finanziell unterstützt, um exklusive Reportagen drucken zu können. Aber die theoretische Grundlage der Umfragetechnik war noch nicht gut entwickelt und es war noch nicht klar, wie die Datenanalyse und die Interpretation der Ergebnisse vorgenommen werden sollten. Während der Präsidentschaftswahl von 1936 wurden zum Beispiel zwei umfassende, miteinander konkurrierende Umfragen durchgeführt. Die eine wurde von *The Literary Digest* gesponsert, einem Wochenmagazin, das die öffentliche Meinung zur damaligen Zeit stark prägte.[4] Für die Umfrage wurden Leser des Magazins, Autobesitzer und Haushalte mit Telefonanschluss ausgewählt. Ungefähr zwei Millionen Antworten wurden gesammelt und laut den Ergebnissen hatte Alf Landon einen haushohen Vorsprung. Das *American Institute of Public Opinion*, das vom Politikwissenschaftler George Horace Gallup gegründet wurde, führte eine alternative Umfrage durch, die Franklin D. Roosevelt richtigerweise als Gewinner vorhersagte. Später wurde die Umfrage als *Gallup Poll* bezeichnet, weil Gallups Umfragen auf einer verhältnismäßig kleinen Stichprobe beruhten, die allerdings sehr sorgfältig ausgewählt war und somit die gesamte wahlberechtigte Bevölkerung repräsentierte. Roosevelt gewann die Wahl. Der Fehler im Ansatz von Literary Digest war, dass die eigenen Leser, Autobesitzer und Haushalte mit Telefonen eine nicht-repräsentative Stichprobe der Bevölkerung darstellten.

Im Jahr 1948 wiederholte sich die Geschichte in einer anderen US-Präsidentschaftskampagne, in der die Kandidaten Thomas Dewey und Harry Truman hießen. Aufgrund einer großangelegten Umfrage, war die Schlagzeile der ersten Ausgabe der *Chicago Daily Tribune* »Dewey schlägt Truman«.[5] Truman – der tatsächliche Gewinner – wurde an diesem Morgen fotografiert, als er triumphierend eine Ausgabe der Zeitung mit der fehlerhaften Schlagzeile nach oben hält. Wiederum hatte eine falsche Stichprobe zu den falschen Schlussfolgerungen geführt – die Zeitung hatte die Schlagzeile aufgrund einer Telefonumfrage formuliert, und damals hatten nur Familien mit einem sehr hohen Einkommen einen eigenen Telefonanschluss.

In den 1930er Jahren begann die Marktforschung, verstärkt wissenschaftlich geprägte Techniken anzuwenden.[6] Dabei wurden sowohl der Entwurf eines guten Fragebogens als auch die Stichprobe (Auswahl von befragten Menschen aus der gesamten Bevölkerung) als essentiell angesehen. Die Umfragetechniken haben sich in den letzten 50 Jahren erheblich verbessert, der Entwurf der Fragen und passende Stichproben sind jedoch weiterhin der Schlüssel zu erfolgreichen Ergebnissen.

Der geschichtliche Rückblick hat bisher nur direkte Fragetechniken berücksichtigt. In den 1880er und 1890er Jahren bemerkten Psychologen, dass Patienten ihre eigenen Emotionen verleugnen und somit ihre Antworten zu direkten Fragen nicht verlässlich sind. Vor allem die Arbeit von Sigmund Freud (1856–1939) bereitete das Feld für die Psychoanalyse und die Suche danach, wie unbewusste oder unterdrückte Gedanken offengelegt werden können. Bei der Projektionstechnik sollen die Befragten beschreiben, was sie in einem visuellen Stimulus, wie z. B. einem Tintenfleck sehen. Ihre Antworten »projektieren« Spuren ihrer Persönlichkeit, oder Gedanken,[7] und die Technik ist eng verbunden mit Freuds Begriff der Paranoia.[8]

In der Marktforschung wurde die Technik der Projektion erstmalig in den 1940er[9] Jahren angewendet – eine sehr bekannte Studie stammt aus dem Jahr 1950.[10] In dieser Studie wurden zwei beinahe identische Einkaufslisten als Stimuli benutzt (auf der einen Liste stand »löslicher Kaffee« und auf der anderen »Filterkaffee«). Anhand dieser Listen wurden Hausfrauen gebeten, die Charakteristiken der Person zu beschreiben, die eine solche Liste aufstellt. Die Befragten gaben daraufhin an, dass die Einkaufsliste mit dem löslichen Kaffee von einer »faulen« und »unordentlichen« Hausfrau käme, die mit dem Filterkaffee aber von einer »guten« und »sparsamen« Hausfrau sei.[11] Heute untersuchen Marktforschungsagenturen mit Projektion emotionale Reaktionen auf Produkte und Marken. Allerdings muss an dieser Stelle auch angemerkt werden, dass Projektion oft sehr unstrukturiert eingesetzt wird, und ihr Wert in der Marktforschung ernsthaft hinterfragt wurde.[12]

Die meisten Marktforschungsinterviews verlassen sich auf die Antworten der Befragten. Gleichzeitig wird jedoch behauptet, dass zwei Drittel der sozial relevanten Informationen non-verbal ausgetauscht werden.[13] Die *Zaltman Metaphor Elicitation Technique* (ZMET) ist eine Interviewtechnik, die analysiert, wie Menschen Metaphern einsetzen, ein häufiges Vorgehen in unserer alltäglichen Sprache. [14] ZMET entlockt die Metaphern durch indirekte Fragen und erforscht unterbewusste Gedanken und Verhaltensweisen.[15] Im Jahre 1995 war sie die erste Marktforschungsmethode, die in den USA[16] patentiert wurde, und man sagt, dass sie »wirklich einen Teil des Bewusstseins von Verbrauchern berührt, die man mit keiner anderen Technik, die ich kenne, erreichen kann«.[17]

Umfragen und Interviews haben sich erheblich weiterentwickelt. Heutzutage gibt es anspruchsvolle Ansätze für die Bestimmung der Stichproben und die Formulierung der Fragen. Setzt man Umfragen und Interviews in Kombination mit anderen Methoden ein, sind sie unersetzliche Werkzeuge für Marktforscher.

2.2 Anwendung der Technik

Für die erfolgreiche Anwendung von Umfragen ist insbesondere die *Vorbereitungsphase* von großer Bedeutung. Diese Phase beinhaltet die Festlegung der Forschungsziele und die Formulierung der Fragen. Bei der Vorbereitung von Umfragen werden generell sehr viele Fehler gemacht, deshalb gehen wir auf die Vorbereitung in diesem Kapitel besonders detailliert ein. Sobald die Vorbereitung abgeschlossen ist, beginnt die eigentliche *Administrationsphase* mit einem *Pilottest*, um sicherzugehen, dass die Umfrage (also der Fragebogen oder die Interviewrichtlinie) in der Praxis funktioniert, bevor die gesamte Datensammlung beginnt. In der *Analysephase* muss darauf geachtet werden, dass die Umfrage zu passenden und verlässlichen Antworten auf alle Fragen führt. Darüber hinaus wird bei der Analyse interpretiert, welche Erkenntnisse man über die Stichprobe und die Allgemeinheit gewonnen hat.

2.2.1 Vorbereitung

Die umfassende Vorbereitung einer Umfrage beinhaltet fünf Aspekte:

- die eindeutige Klärung der *Ziele*, indem zunächst reflektiert wird, was bereits bekannt ist und ob es noch Wissenslücken gibt, die gefüllt werden müssen,
- die Auswahl der passenden *Methoden* für die *Datensammlung*,
- die Entscheidung über den *Inhalt* der Umfragen und die *Formulierung* der Fragen.
- der Entwurf des *Layouts* des Fragebogens,
- die Festlegung der Stichprobe, das heißt die Definition der *Zielgruppe* und die *Stichprobenauswahl* (also die Menschen, die aus dieser Zielgruppe tatsächlich befragt werden).

Klärung der Forschungsziele

Bevor im Rahmen wissenschaftlicher Forschung eine Umfrage durchgeführt wird, sollte eine sorgfältige *Literaturrecherche* erfolgen (was wurde bereits zu diesem Thema publiziert?). Genau diese Recherche führt den Forscher dann auch zu den Forschungsfragen. Die Literaturrecherche ist ein Prozess, der erfahrungsgemäß einige Zeit in Anspruch nimmt. Firmen neigen jedoch oft eher dazu, ihre Fragebögen schnell zu entwickeln, obwohl es sehr wichtig ist, zunächst herauszufinden, was zu einem bestimmten Thema schon an anderer Stelle publiziert wurde. Deshalb sollten beispielsweise Fallstudien, Wirtschaftsmagazine oder auch Marktforschungsberichte und Ähnliches durchforstet werden – sie können Ideenlieferant sein sowohl für den Markt, der untersucht werden soll, als auch für die Art der Fragen, die gestellt werden. Viele Firmen lassen diesen Schritt aus, weil sie schlicht und einfach gar nicht wissen, was bereits veröffentlicht wurde. Mit Hilfe des Internets ist die Suche nach relevanten Informationen bedeutend einfacher geworden, auch wenn einige Marktforschungsberichte natürlich auch weiterhin gekauft werden müssen.

Auswahl der Methode für die Datensammlung

Bei der Entwicklung einer Umfrage muss der Forscher entscheiden, wie die Daten gesammelt werden sollen. Grundsätzlich stehen Interviews und Fragebögen als zwei Alternativen zur Auswahl – beide können auf verschiedene Art und Weise durchgeführt werden.

Interviews können unter vier Augen, per Video (wie z. B. Skype), oder telefonisch durchgeführt werden. Erfahrene Interviewer können sehr viele Hinweise aus Interviews ziehen, die persönlich und unter vier Augen durchgeführt werden, wie z. B. spezielle *linguistische Signale* (der Tonfall der Stimme) und die Körpersprache (non-verbale Kommunikation, die oft spezifisch für eine bestimmte Kultur ist). Findet das Interview in der Umgebung des Befragten statt, also des Kunden oder des Anwenders, sprechen wir von sogenannten *Kontextinterviews* (siehe Kapitel 4), und der Forscher kann auch zur physischen Umgebung gezielt Fragen stellen. Die Durchführung von Interviews über Video ist eine schnelle und kosteneffektive Methode, um Interviewpartner befragen zu können, die geographisch sehr weit verstreut sind – und auch die Körpersprache kann zumindest teilweise beobachtet werden.

Bei Interviews, die persönlich, über Video oder per Telefon durchgeführt werden, bestimmt der sogenannte *rhetorische Funnel* die Frageführung. Dieser »beginnt mit einer allgemeinen Frage und wird dann schrittweise spezifischer bis zum eigentlich wichtigen spezifischen Punkt« [18]. Dieser Ansatz erlaubt dem Interviewer *ad hoc* auf Antworten des Befragten zu reagieren und ihn zu bitten, bestimmte Antworten noch genauer auszuführen und zu erläutern. Solche »Nachbohrfragen« sollten im Voraus im Rahmen der *semi-strukturierten Fragen* vorbereitet werden. Normalerweise sind die Befragten bei einem Interview unter vier Augen eher gewillt, mehr Zeit für das Interview zu investieren, und zwar bis zu maximal 60 Minuten. Im Vergleich dazu: Das Ausfüllen eines Fragebogens sollte nicht länger als 15 bis 30 Minuten in Anspruch nehmen. Außerdem kann es sinnvoll sein, Manager zu befragen, die zum fraglichen Thema eine Art Expertenwissen besitzen.[19] In diesem Fall wird von Managern allerdings oft die Frage gestellt, ob nicht eine Gruppe von Managern zusammen befragt werden könnte, um Zeit zu sparen. Allerdings spart in diesem Fall nicht der befragte Manager Zeit, sondern nur der Forscher, denn für die einzelne Person ist das Interview immer noch 60 Minuten lang. Falls also das Ziel der Untersuchung nicht unbedingt dazu dienen soll, die Dynamik eines Teams zu erforschen, empfehlen wir individuelle Einzelinterviews, weil dadurch weder Gruppenzwang noch Gruppendenken auftreten können.[20]

An dieser Stelle auch noch eine Warnung zu Interviews generell: Forscher müssen ausgebildet werden, um Fragen in einer neutralen und objektiven Art und Weise zu stellen und auch um gute Zuhörer zu werden.

Fragebögen werden hauptsächlich postalisch oder über das Internet abgewickelt. Der Versand von Textnachrichten an Mobilfunknummern ist in Asien zwar sehr beliebt, hat aber den Nachteil, dass nur sehr wenige Fragen gestellt werden können. Leider ist die Rücklaufquote von postalischen Umfragen notorisch gering, aber kleine Dinge wie das zur Verfügung stellen eines Antwortumschlags, der Versand von Erinnerungsschreiben und so weiter kann hier bereits helfen.[21] Umfragen über das Internet generieren zwar oft sehr viele Antworten, aber man muss immer sehr genau prüfen, ob die Antworten wirklich von typischen Verbrauchern stammen. Eine Möglichkeit, um potenzielle Befragungsteilnehmer zu überzeugen, an einer Umfrage teilzunehmen, ist die persönliche Abwicklung der Befragung. Diese Methode wird normalerweise in Einkaufszentren oder Wartehallen von Flughäfen genutzt, wo Forscher Reisende direkt ansprechen und die Fragebögen bereits auf einem Clipboard dabei haben. In Amerika wird dieser Ansatz *Shopping-Mall*-Forschung genannt. Der Vorteil von persönlich durchgeführten Umfragen ist, dass zu Beginn zunächst geprüft wird, ob der Befragte überhaupt zur Zielgruppe der Studie gehört, und zwar durch sogenannte Qualifizierungsfragen. Zum Beispiel: »Sind Sie Mitglied eines Frequent-Flyer-Programms?« Der zweite Vorteil ist, dass offene Themen sofort geklärt werden können, sodass es z. B. weniger häufig vorkommt, dass eine Frage im Fragebogen einfach übersprungen wird. Wird ein Fragebogen also persönlich abgewickelt, haben die Befragten eher das Gefühl, befragt zu werden (und nicht nur einen Fragebogen auszufüllen), obwohl die Fragen sich ganz strikt an den Fragebogen halten, und der Forscher nur die Antworten festhält bzw. sicherstellt, dass die Daten komplett sind. Werden für eine Untersuchung mehrere Forscher eingesetzt, müssen diese natürlich geschult sein, damit die Datenkonsistenz gewährleistet bleibt.

Abbildung 2.1 zeigt die wichtigsten Faktoren, die bei der Auswahl der Datensammlungsmethode beachten werden müssen: die Abwicklung der Datensammlung ist auf der horizontalen Achse (*unpersönlich* bis *persönlich*), und die Art der zu sammelnden Daten auf der vertikalen Achse (*qualitativ* bis *quantitativ*) dargestellt. Die verschiede-

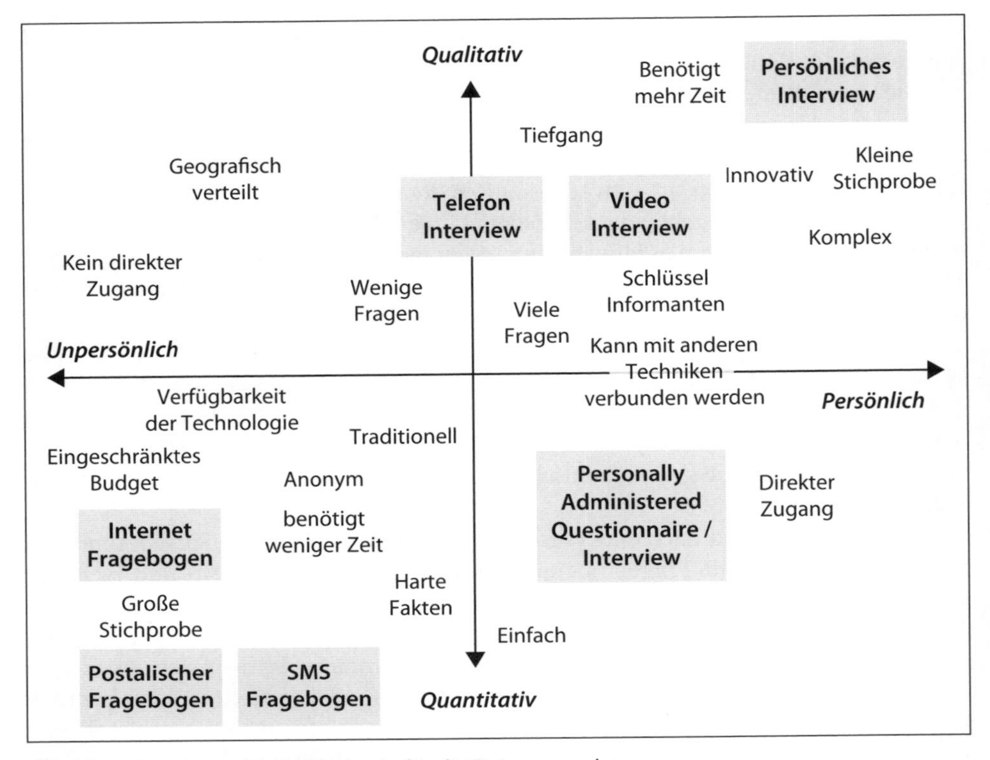

Abbildung 2.1: Auswahl der Methode für die Datensammlung

nen Arten der Umfragen sind grau schattiert dargestellt, die dazugehörenden Rahmenbedingungen sind in kleiner schwarzer Schrift abgebildet. Obwohl jede Umfrage in fast jeder Umgebung durchgeführt werden kann, zeigt die Abbildung, welche Art der Umfrage besonders gut in einem gegebenen Umfeld funktioniert. Falls zum Beispiel nur wenige Fragen an eine geographisch weit verstreute Zielgruppe gestellt werden müssen, bietet sich das Telefoninterview als beste Methode an. Persönliche Interviews unter vier Augen sind unter Umständen noch besser, vorausgesetzt die notwendige Zeit, Ressourcen und persönlicher Zugang sind vorhanden.

Auswahl der Fragekategorien

Die Abbildung 2.2 zeigt drei Kategorien von Fragen, die in einer Umfrage eingesetzt werden können: Fragen zur *Demografie*, Fragen zu *Haltungen* bzw. *Einstellungen* und Fragen zu *Verhaltensweisen*. Bei manchen Umfragen wird nur eine Kategorie eingesetzt, beispielweise wenn die Dame an der Supermarktkasse nur nach der Postleitzahl, also einer demografischen Kennzahl fragt. Bei den meisten Umfragen werden jedoch alle drei Kategorien eingesetzt, so dass die Haltungs- und Verhaltensfragen in Kombination mit den demografischen Fragen analysiert werden können (siehe Fallbeispiel 2.1).

Kategorie	**Erklärung**	**Beispielfrage**	**Ziel der Frage**
Demografie	Der persönliche Hintergrund der Befragten	Welches ist Ihr höchster Schulabschluss?	■ Analyse von Segmenten anhand von Alter, Geschlecht, Ausbildungsniveau, sozialer Schicht usw. ■ Prüfen, ob der Befragte repräsentativ für die Stichprobe ist.
Haltung und Einstellung	Die persönliche Wahrnehmung und Meinung des Befragten zu verschiedenen Themen.	Was ist Ihre Meinung zu …?	■ Verstehen der Wahrnehmung von Produkten, Dienstleistungen, Einkaufserlebnissen, usw.
Verhalten	Daten zur Häufigkeit und Art und Weise, wie bestimmte Tätigkeiten durchgeführt werden.	Wie oft machen Sie …?	■ Messen von Produktnutzung, Einkaufshäufigkeit, Anzahl von Krankenhausbesuchen, Anzahl von Urlaubstagen im Ausland pro Jahr usw.

Abbildung 2.2: Fragekategorien bei Umfragen

Fallbeispiel 2.1

Mexikanische Medikamente – Demografie, Einstellungen und Verhaltensweisen[22]
Eine bedeutende Anzahl von US-Bürgern kauft ihre Medikamente in Mexiko ein. Damit diese Entwicklung untersucht werden konnte, führten Forscher der American Healthcare im Jahr 2001 eine Umfrage durch. Die Umfrage bestand aus einem Fragebogen, der selbst ausgefüllt werden musste und Fragen aus drei Kategorien enthielt: »Demografie« (acht Fragen, z. B. zum Alter, Krankenversicherung usw.), »Verhalten« (14 Fragen, z. B. »Wie viele Medikamente haben Sie gekauft?«, »Wie oft kaufen Sie Medikamente in Mexiko?«) und »Informationen zur Einstellung« (zwei Fragen, z. B. »Haben Sie Medikamente in Mexico gekauft weil – kreuzen Sie alles an, was zutrifft –, Sie keine Versicherung haben, Sie nicht zum Arzt gehen wollen, Sie billiger sind, usw.«).
Innerhalb einer Woche wurden in einer mexikanischen Apotheke 103 Käufer angesprochen, davon waren 100 damit einverstanden, an der Umfrage teilzunehmen. Aufgrund der Ergebnisse ermittelten die Forscher das Alter der Kunden (18 bis 81 Jahre, Durchschnittsalter 50 Jahre), das Geschlecht (66 Prozent Frauen) und ihre Staatsangehörigkeit (95 Prozent US-Bürger). Die Verhaltensdaten identifizierten die Produkte, die gekauft wurden und die gesundheitliche Konstitution der Befragten. Die Ergebnisse zeigten, dass der Hauptgrund für den Medikamentenkauf in Mexiko der geringe Preis war (66,7 Prozent), gefolgt von fehlender Versicherung (17,1 Prozent) und dem Wunsch, nicht zum Arzt gehen zu müssen (12,4 Prozent).

Formulierung der Fragen

Der letzte Teil der Vorbereitungsphase ist die Formulierung der Fragen. Sie beinhaltet die *Auswahl*, die *Formulierung* und die Festlegung der *Reihenfolge der Fragen*.

Es gibt drei mögliche Arten von Fragen: *geschlossene*, *semi-strukturierte* und *offene* Fragen. Mit *geschlossenen Fragen* wird die Wahrnehmung der Befragten untersucht, sobald man ihnen alternative Antworten gibt oder ihnen eine *Likert*-(numerische) Skala zu Verfügung stellt. Die Abbildung 2.3 zeigt zwei geschlossene Fragen. Die Befragten können angeben, ob Sie »zustimmen« oder »nicht zustimmen«, oder sie

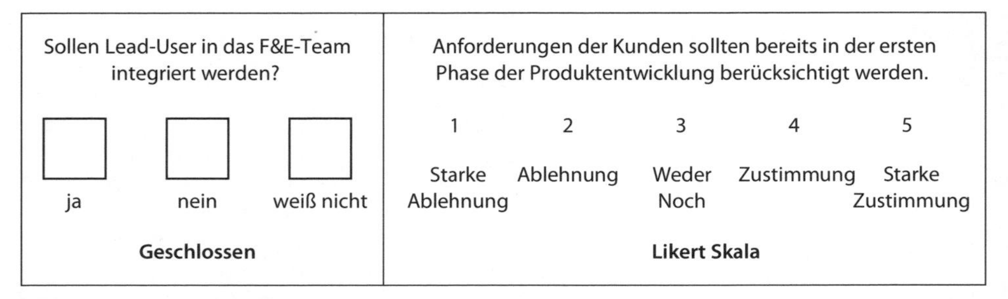

Abbildung 2.3: Fragen, die Zustimmung oder Ablehnung ausdrücken

können mit »weiß nicht« (oder »weder noch« auf der Likert-Skala) antworten. Wenn die Likert-Skala eine ungerade Anzahl von Antwortmöglichkeiten hat (beispielsweise 1 bis 5), können die Befragten immer die mittlere Option als »sichere« Antwort wählen, weil dies quasi einem »weiß nicht« entspricht. Deshalb bevorzugen viele Forscher eine gerade Anzahl von Optionen, weil diese den Befragten dazu zwingt, entweder seine »Zustimmung« oder seine »Abneigung« zu bekunden. Die Anzahl der Punkte, die auf der Likert-Skala zur Verfügung steht, hängt stark vom Wissenstand der Befragten ab. Fragt man beispielsweise in einer Studie nach der Leistung eines Autos, finden Autofanatiker eine Skala von 1 bis 5 als viel zu klein, während andere, für die ein Auto reines Fortbewegungsmittel ist, eine Skala von 1 bis 5 als genau passend empfinden.

Den Befragten können auch mehrere Optionen als Antwortmöglichkeit gegeben werden. Dies ist der ideale Ansatz, um Präferenzen herauszufiltern. Allerdings müssen die Optionen von den Forschern sehr bewusst ausgewählt werden, weil unpassende Optionen zu einer Frustration bei den Befragten und zu falschen Antworten führen. Abbildung 2.4 zeigt einige Beispiele von Multiple-Choice-Fragen, aber auch Beispiele von Fragen zur »Rangfolge« bzw. »Bewertung«. Bei den Fragen auf der linken Seite können die Befragten die am besten passenden Antworten aussuchen. Bei der Option »andere (bitte spezifizieren)« gibt es für die Befragten außerdem die Möglichkeit, eine Antwort zu geben, die das Forschungsteam evtl. selbst nicht kannte. Bei den Fragen auf der rechten Seite, können die Befragten die Quellen auf einer Skala von 1 bis 6 einstufen. Allerdings sind solche Reihenfolgen schwer zu analysieren, darauf gehen wir in diesem Kapitel später noch genauer ein.

Falls sich Forscher nicht sicher sind, welche Antworten gegeben werden könnten, oder wenn ein Maximum an Flexibilität benötigt wird, sind offene Fragen besser geeignet (siehe hierzu Abbildung 2.5). Offene Fragen geben den Befragten entweder einen »fixen und engen Umfang«, wie links dargestellt, oder einen »freien und breiten Umfang«, wie rechts dargestellt. Wird ein breiter Umfang angeboten, erlaubt dieser den Befragten, ihre Meinungen zum Ausdruck zu bringen, sodass Originaldaten gesammelt werden.[23] Der Nachteil von offenen Fragen ist, dass die Befragten zögerlich sein könnten, detaillierte Antworten zu geben oder aber nicht in der Lage sind, ihre Ansichten klar zu artikulieren. Weil die Antworten bei offenen Fragen nicht standardisiert sind, kommt außerdem erschwerend hinzu, dass die Forscher ausreichend Zeit für die Codierung und Analyse einkalkulieren müssen (auch dies wird im Verlauf des Kapitels noch genauer diskutiert).

Welche Quelle hat den größten innovativen Einfluss auf ein Produktdesignprojekt? (bitte die passende Antwort ankreuzen) oder **Welche Quellen haben den größten innovativen Einfluss auf ein Produktdesignprojekt?** (bitte wählen Sie drei Quellen aus) ☐ Eigene Technikabteilung ☐ Eigene Marketingabteilung ☐ Externe Marketingagentur ☐ Lieferanten ☐ Kunden ☐ Veröffentlichungen ☐ Andere (bitte erläutern) ________ Multiple-Choice	**Bestimmen Sie die Reihenfolge der sechs Quellen hinsichtlich ihres innovativen Einflusses auf ein Produktdesignprojekt.** (1 für den höchsten Einfluss, 6 für den schwächsten Einfluss) oder **Bewerten Sie die sechs Quellen bezüglich ihres innovativen Einflusses auf ein Produktdesignprojekt.** (1 = hat den höchsten innovativen Einfluss, 5 = gar kein innovativer Einfluss) Eigene Technikabteilung ☐ Eigene Marketingabteilung ☐ Externe Marketingagentur ☐ Lieferanten ☐ Kunden ☐ Veröffentlichungen Rangfolge oder Bewertung

Abbildung 2.4: Fragen mit alternativen Antwortoptionen

Welche Kaffeemaschine besitzen Sie? (Name des Herstellers und des Modells) Hersteller: ________ Modell: ________ Fixer und enger Umfang	Ist das Einfangen der »Stimme des Kunden« in der frühen Phase eines Produktdesignprojektes wirklich wichtig – und warum? ________ ________ ________ Freier und breiter Umfang

Abbildung 2.5: Offene Fragen

Normalerweise beinhalten Umfragen verschiedene Fragen und genau deshalb muss darauf geachtet werden, Fehler zu vermeiden.[24] Die häufigsten Fehler sind zweideutige Formulierungen, die Verwendung von unklaren Fachbegriffen, eine Antwortauswahl, die Vorurteile deutlich werden lässt, Doppelfragen, doppelt negative Fragen, ungenaue Annahmen (bei Fragen und Antworten), unpassende Antwortmöglichkeiten, suggestive Fragen, überlange Fragen, Fragen mit dem Risiko von Voreingenommenheit, unverschämte Fragen, sich überlappende Kategorien, Begriffe, die akustisch leicht missverstanden werden (bei Umfragen, die persönlich abgewickelt werden), und Fragen die nicht bei jedem Befragten angewendet werden können. Diese Auflis-

Fallbeispiel 2.2

Bentley Motors Limited – das persönliche »Etwas« behalten[25]

Bentley Motors Limited produziert seit dem Jahr 1919 Luxusautos in Großbritannien. Die Autos sind vor allem für ihre Kombination von Kraft, Stil und Komfort bekannt. Etwa 900 Autos wurden im Jahr 2000 verkauft. Die Marketingabteilung kannte viele Kunden persönlich, ohne jemals die Datenbanken der Firma bemüht zu haben. In den letzten zehn Jahren hatte der Umsatz stark zugelegt. Mit erheblich mehr Bentley-Besitzern als jemals zuvor, bestand nun das Risiko, dass die persönliche Beziehung zum Kundenstamm verloren gehen könnte.

Die Marke Bentley hat ein sehr wichtiges Erbe und ist tief mit der Tradition und den Werten der Firma verwurzelt. Allerdings ist der Marktforschungsansatz von Bentley alles andere als traditionell. Kiran Parma, der Verantwortliche für die globale Forschung und Konzeptentwicklung, erläutert: »Es ist von enormer Bedeutung für Bentley, zu verstehen, wie die Marke und ihre Produkte im weiteren Marktumfeld wahrgenommen werden. Mein Hauptziel ist, die »Stimme des Kunden« in unseren Produktentwicklungsprozess einzubringen.«

Jedes Jahr besuchen sehr viele bestehende und potenzielle Kunden die Produktion von Bentley in Crewe, England. Für Parmar ist das eine hervorragende Gelegenheit, das Ohr am Markt zu haben. »Durch Marktforschung«, so Parmar, « sind wir in der Lage, nicht nur nahe an unsere bestehenden Kunden heranzukommen, sondern auch an zukünftige. Wir müssen ihre Wünsche, Bedürfnisse und Werte kennen, deshalb ist der Großteil unserer In-House-Forschung auch qualitativ.« Falls beispielsweise das Design eine Rückmeldung zur Frage benötigt, welches Leder für die Innenausstattung gewünscht wird, entwickelt Parmar zusammen mit seinen Kollegen eine Liste von Schlüsselfragen. Sie zeigen den Besuchern dann verschiedene Arten von Leder und stellen Fragen wie z. B.: »Wie wichtig ist die Haptik des Leders für Sie?« oder »Wie fühlt sich luxuriöses Leder an?« Mit Antworten auf diese offenen Fragen können die Kunden ihre Gedanken frei ausdrücken. »Obwohl wir eine Umfrage durchführen, geben wir den Anschein, als ob wir uns einfach nur mit dem Kunden unterhalten und vor allem zeigen wir, dass wir ihre Meinungen wirklich sehr hoch schätzen.« Die vielen Fabrikbesucher erleben die Leidenschaft persönlich hinter der Marke Bentley und ihre »kollektive Stimme« wird für die Produktentwicklung festgehalten.

Während der letzten Jahre, haben die neuen Bentley-Modelle im wahrsten Sinne des Wortes die Fantasie der Kunden eingefangen und somit jährliche Stückzahlen von mehr als 10.000 erreicht. Aber trotz allem führt die Firma den intimen Dialog mit ihren Kunden fort.

tung möglicher Fehler kann noch erweitert werden. Die Abbildung 2.6 zeigt Beispiele solch »schlechter Fragen« aus echten Fragebögen: die Umfrage eines Handelsverbandes unter kleinen Firmen, eine Umfrage unter allen 800 Mitgliedern eines Fitnessclubs und eine groß angelegte Umfrage eines Automobilclubs. Der Aufwand, der bei diesen Umfragen umsonst getrieben wurde, sollte uns allen als Ermahnung dienen, die Fragen wohlüberlegt zu formulieren.

Frage	**Erlaubte Antworten**	**Beurteilung des Fehlers**	**Häufiger Fehler**	**Vorschlag zur Verbesserung**
Als Inhaber einer kleinen Firma: Wie haben sich ihre betrieblichen Aktivitäten während des letzten Jahres geändert?	1. Stark gestiegen; 2. Etwas gestiegen; 3. Leicht gestiegen; 4. Abgenommen	a) Der Begriff »betriebliche Aktivitäten« ist unklar	a) Zweideutige Begriffe/ Fachjargon	a) Definition der Begriffe
		b) Es wird vom Forscher angenommen, dass sich die betrieblichen Aktivitäten geändert haben	b) Falsche Annahmen	b) Aufnahme der Option »keine Veränderung«
		c) »Letztes Jahr« ist nicht definiert, es könnte das Finanzjahr sein, das Kalenderjahr, das Budget-jahr …	c) Zweideutige Begriffe	c) Definition der Begriffe
		d) Die Antworten haben eine klare Tendenz in Richtung Steigerung	d) Vorein-genommene Auswahl an Antworten	d) Ausgleich zwischen positiven und negativen Antworten
Falls Sie gestern im Fitness-Studio waren, haben Sie ein Sportler-getränk getrunken?	1. Ja; 2. Nein	a) Jemand, der gestern nicht im Fitness-Studio war, kann die Frage nicht beantworten.	a) Frage kann nicht auf alle Befragten angewendet werden.	a) Qualifizierende Frage zu Beginn mit Option zum Überspringen (z. B. »Sind Sie gestern ins Fitness-Studio gegangen? Falls nein, bitte direkt zu Frage 3«.
		b) Zeitpunkt, wann das Sportlergetränk getrunken wurde, ist nicht definiert (irgendwann vor, während, oder nach dem Besuch?)	b) Zweideutigkeit in Bezug auf den Zeitpunkt	b) Definition des Zeitpunktes

Frage	Erlaubte Antworten	Beurteilung des Fehlers	Häufiger Fehler	Vorschlag zur Verbesserung
Wann sind Sie zum letzten Mal Auto gefahren, als Sie betrunken waren?	1. Diese Woche; 2. Diesen Monat; 3. Dieses Jahr	a) Für den Befragten kann es peinlich sein, eine Antwort zu geben	a) Frage ist unverschämt	a) Vermeidung von unverschämten Fragen, weil der Befragte dann den ganzen Fragebogen nicht ausfüllen könnte
		b) Forscher nimmt an, dass der Befragte regelmäßig betrunken Auto fährt	b) Fehlende alternative Antworten	b) Aufnahme der Option »nie«
		c) Forscher fragt zwei Fragen gleichzeitig »Alkohol trinken« und »Auto fahren«	c) Doppelfrage	c) Aufteilung in zwei separate Fragen
		d) Antwortoptionen sind schlecht definiert, weil Nr. 2 automatisch Nr. 1 beinhaltet, und Nr. 3 automatisch auch Nr. 1 und Nr. 2.	d) Überlappende Kategorien	d) Definition der Kategorien als getrennte Optionen

Abbildung 2.6: Schlecht formulierte Fragen

Sobald die Formulierung der einzelnen Fragen optimiert ist, müssen sie in eine passende Reihenfolge gebracht werden, weil auch diese die Antworten beeinflussen kann[26]. Allgemeine Fragen bestimmen den Rahmen und stehen deshalb am Anfang. Bestimmte Fragen können eventuell die Antworten zu späteren Fragen beeinflussen (*Carryover-Effekt*). Deshalb ist auch hier Vorsicht geboten. Die meisten Fragebögen beginnen deshalb mit demografischen Fragen, um den Befragten den Einstieg in die Befragung zu erleichtern. Die meisten Befragten wissen diese Reihenfolge zu schätzen. Manchmal ist es auch empfehlenswert, mit sehr interessanten Fragen zu starten und die demographischen Fakten eher am Ende zu platzieren. Weil die Reihenfolge der Fragen die Antworten einer Umfrage beeinflussen kann, empfehlen wir die sogenannte *Split-Ballot-Technik*. Hierbei werden zwei verschiedene Versionen eines Fragebogens im Vorfeld getestet. Die Reihenfolge der Fragen ist in beiden Versionen verschieden. So wird geprüft, ob die Reihenfolge tatsächlich Auswirkungen auf die Antworten hat.

Layout

Nachdem die ideale Reihenfolge der Fragen entschieden ist, muss das Layout des Fragebogens in Angriff genommen werden. Damit meinen wir die visuelle Gestaltung bzw. das Design des Fragebogens, die den Befragten dabei unterstützen sollen, in kurzer Zeit Antworten zu geben und vor allem richtige Antworten zu geben. Ein gutes Layout baut verwirrten Befragten vor, wie sie zum Beispiel die Abbildung 2.7 (von einer nationalen Studie zum Einkaufsverhalten) zeigt. Bei Frage 21 ist z. B. sehr schwer erkennbar, wo angekreuzt werden soll, die Frage definiert die Größe der Flasche nicht und die Option »4 Flaschen in 1 Monat« existiert nicht. Sowohl Frage 17 als auch Frage 21 haben eine schlechte und verwirrende Skalierung. Frage 17 etwa hat mit »**0**☐0« und »**4**☐4+« die Optionen mit der Codierung (in Fettdruck) vermischt, die der Forscher später in der Analyse benutzt. Das ist zwar sinnvoll für den Forscher, aber verwirrend für die Befragten. Deshalb sollte das Layout getestet werden, um folgende Aspekte zu prüfen:[27] die visuelle Gestaltung (wie etwa eine angemessene Schriftart und Schriftgröße, die Farbe, die Zwischenräume, die konsistente Gestaltung) und die logische Struktur (wie etwa die Nummerierung der Fragen, klare Anweisungen etc.). Die Gestaltung des Fragebogens muss generell in das Umfeld passen. Eine Umfrage unter Jugendlichen hat sicherlich andere Anforderungen an das Layout als eine Umfrage unter Senioren.

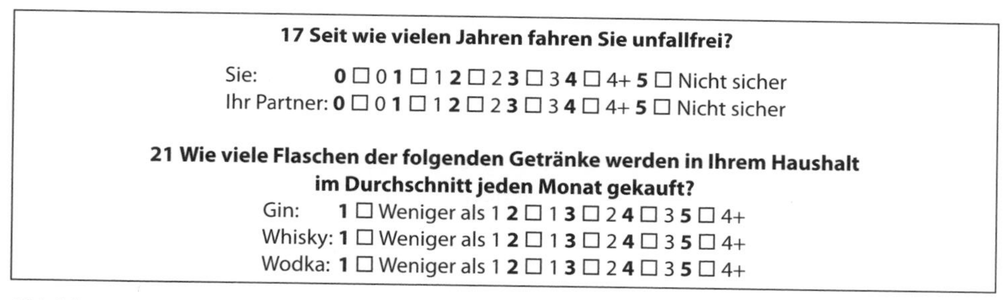

17 Seit wie vielen Jahren fahren Sie unfallfrei?

Sie: **0** ☐ 0 **1** ☐ 1 **2** ☐ 2 **3** ☐ 3 **4** ☐ 4+ **5** ☐ Nicht sicher
Ihr Partner: **0** ☐ 0 **1** ☐ 1 **2** ☐ 2 **3** ☐ 3 **4** ☐ 4+ **5** ☐ Nicht sicher

21 Wie viele Flaschen der folgenden Getränke werden in Ihrem Haushalt im Durchschnitt jeden Monat gekauft?

Gin: **1** ☐ Weniger als 1 **2** ☐ 1 **3** ☐ 2 **4** ☐ 3 **5** ☐ 4+
Whisky: **1** ☐ Weniger als 1 **2** ☐ 1 **3** ☐ 2 **4** ☐ 3 **5** ☐ 4+
Wodka: **1** ☐ Weniger als 1 **2** ☐ 1 **3** ☐ 2 **4** ☐ 3 **5** ☐ 4+

Abbildung 2.7: Schlechtes und verwirrendes Layout in Fragebögen

Stichprobe

Der letzte Schritt bei der Vorbereitung einer Umfrage ist die Auswahl der Stichprobe. In den meisten Fällen wird in der Marktforschung nur ein kleiner Teil einer bestimmten Zielgruppe untersucht bzw. befragt. Diese Teilmenge wird als Stichprobe bezeichnet. Es gibt zahlreiche Ansätze, wie diese Stichprobe ausgewählt werden kann, die auch in vielen Büchern zum Thema Stichprobe und Statistik detailliert erläutert werden.[28] Führende Unternehmen wählen eine Stichprobe so aus, dass ihre Stichproben-Strategie zu ihren Forschungszielen passt (siehe Fallbeispiel 2.3). Egal welcher Ansatz bei der Wahl der Stichprobe angewendet wird, sollte in jedem Fall ein Pilottest durchgeführt werden. Wir geben hier einen kurzen Überblick über die wichtigsten Techniken zur Stichprobenauswahl.

- Bei der sogenannten *Wahrscheinlichkeitsstichprobe* (*Probability Sampling*) wird eine zufällige Auswahl aus der gesamten zur Verfügung stehenden »Bevölkerung« getroffen. Ein Beispiel wäre eine Umfrage unter Kunden eines Versandhandels, bei der 10 Prozent der Kunden, die in der Datenbank gelistet sind, nach dem Zufallsprinzip selektiert werden.

- Der Ansatz, der *systematische Zufallsstichprobe* (*Systematic Random Sampling*) genannt wird, bezieht sich auf ein systematisch wiederkehrendes Element, wie z. B. die Auswahl jeder 10. Person auf einer alphabetisch sortierten Kundenliste.
- Bei der *geschichteten Zufallsstichprobe* (*Stratified Random Sampling*) wird die »Bevölkerung« in homogene Untergruppen aufgeteilt – die sogenannten strata oder

Fallbeispiel 2.3

Telefónica O2 Czech Republic – den Kunden wirklich zuhören[29]

Telefónica O2 Czech Republic – oder kurz *TO2* – ist ein führender Anbieter im Telekommunikationssektor mit Sitz in Prag. Er steht im Mobilfunkmarkt in direktem Wettbewerb mit Vodafone und T-Mobile und im Festnetzmarkt mit GRS Novera und České Radiokomunikace. TO2 bietet eine umfassende Auswahl an Stimmen- und Datendienstleistungen an und hat zurzeit mehr als sieben Millionen Festnetz- und Mobilfunkkunden unter Vertrag. Darüber hinaus hat TO2 bereits mehrere Auszeichnungen wie z. B. »Recognised for Excellence« von der European Foundation for Quality Management (2006) und als »Health-Supporting Business« von der Tschechischen Regierung (2008) bekommen. Um in einem solchen von Wettbewerb geprägten Umfeld zu bestehen, hat TO2 für die Kundenbedürfnisse immer ein offenes Ohr, weil sie sonst den Wettbewerbern nicht standhalten können. Tomáš Hejkal leitet das Team, das für die Kundenerfahrungen bei TO2 verantwortlich ist. Er erklärt: »Wir hätten im Markt der Telekommunikation keinen Eindruck machen können, wenn wir uns nicht mit den Kunden beschäftigt hätten«. Viele Firmen sind wild darauf, den Kunden zuzuhören, entwickeln aber trotzdem nicht die Art von Expertise, wie TO2 sie hat.

Das Team von Hejkal beobachtet den Markt ständig von zwei Seiten. Einerseits wird die Kundenzufriedenheit mit Telekomanbietern regelmäßig beobachtet. Hierfür beauftragt TO2 entweder eine Marktforschungsagentur oder führt über ihre eigene Hotline Umfragen durch. In jedem Fall aber entwickelt TO2 ein Skript, sodass die Marktforscher ganz spezielle Fragen stellen. Tomáš erläutert: »Wir befragen die Kunden über ihre Zufriedenheit mit TO2, ob wir ihre Erwartungen erfüllen, und wir möchten auch gerne erfahren, wie wir im Vergleich zum *idealen Anbieter* und zur Konkurrenz abschneiden.« Mit den Ergebnissen einer Zufallsstichprobe wird der Kundenzufriedenheitsindex (KZI) von TO2 ausgerechnet. Gezielte Stichproben helfen TO2 dabei, die verschiedenen Zufriedenheitsindizes für unterschiedliche Dienstleistungen festzustellen, wie z. B. die Einrichtung von Kundenkonten, die Kundenhotline, und den Service der Angestellten in den Läden. Mit guten Daten zur Kundenzufriedenheit identifiziert TO2 die Bereiche ihres Geschäfts, die Aufmerksamkeit brauchen. Allerdings betont Hejkal: »Die Umfrage gibt uns nur Zahlen, damit wir die Themen identifizieren, die verbessert werden müssen. Die Umfrage hilft uns nicht herauszufinden, was wir tun müssen, wenn der KZI für eine spezielle Dienstleistung sinkt.«

Die zweite Art der Marktforschung anhand von Umfragen geht über den Ansatz des KZI hinaus. Abhängig davon, welcher Bereich verbessert werden muss, entwickelt Hejkal Umfragen mit größtenteils offenen Fragen, die mit einer bewussten Zielgruppe (die Befragten kennen sich also mit der betreffenden Dienstleistung gut aus) per Telefon oder persönlich durchgeführt werden. »Durch die Erforschung der Unterschiede zwischen den Erwartungen und den Wahrnehmungen, sind wir in der Lage, unserem Dienstleistungsentwicklungsteam eine Reihe von Kundenanforderungen zu präsentieren. Es macht vielleicht keinen Sinn, jede einzelne Idee zu verfolgen, aber ein umfassendes Verständnis über unsere Kunden zu entwickeln, ist eine aufregende Aufgabe. Es ist außerdem eine Aufgabe, die wir nicht aus den Händen geben wollen.« Die Kompetenz, die eigenen Kunden wirklich gut zu verstehen, wird bei TO2 ganz eindeutig als Kernkompetenz angesehen.

Schichten, wie z. B. die Aufteilung aller Kunden nach Postleitzahl oder Geschlecht – und von jeder Untergruppe die gleiche Anzahl für die Stichprobe ausgewählt.

- Eine *verdichtete Stichprobe* (*Cluster Sampling*) bezieht sich auf die Definition von Grenzen oder der Nutzung von natürlichen Grenzen innerhalb der Bevölkerung. Diese Grenzen können sich z. B. auf geographische Gebiete beziehen: Ein Hersteller wählt eine Stichprobe der Kunden aus, die alle in großen US-Städten wohnen. Dies wird dann als *Gebietsstichprobe* bezeichnet.
- Die *Nicht-Wahrscheinlichkeitsstichprobe* (*Non-Probability Sampling*) basiert nicht auf dem Konzept der Wahrscheinlichkeit[30] und somit wird die Stichprobe voraussichtlich auch nicht repräsentativ für die gesamte Bevölkerung sein. Folglich können die Ergebnisse nicht verallgemeinert werden. Deshalb nehmen quantitative Marktforscher normalerweise von dieser Art von Stichprobe Abstand. Falls die Verallgemeinerung keine Rolle spielt, kann eine solche Stichprobe aber durchaus Sinn machen (siehe Kapitel 4 für eine Erklärung von Nicht-Wahrscheinlichkeitsstichproben in der ethnographischen Marktforschung).
- Eine *Bequemlichkeitsstichprobe* (*Convenience Sample*) stützt sich – wie der Name schon sagt –, auf die Tatsache, dass die Stichprobe leicht zu generieren ist. Hier ist besondere Vorsicht geboten, weil Freunde und Kollegen nicht immer gänzlich objektiv sind. Manchmal wird Marktforschung auch anhand einer *gezielten Stichprobe* (*Purposive Sample*) durchgeführt, wenn die passenden Interviewpartner ausgewählt werden, die bestimmte Kriterien erfüllen. Ein Beispiel dafür ist eine Umfrage auf einem Flughafen, bei der ein bestimmter Typ unter den Reisenden über seine/ihre Urlaubsvorlieben befragt wird.
- Bei der *Schneeballstichprobe* (*Snowball Sampling*) befragt der Forscher zunächst wenig Menschen und setzt diese dann als Informationsquelle ein für die Empfehlung von weiteren möglichen Interviewpartnern. Dieser Ansatz ist besonders empfehlenswert, wenn der Forscher sich über das Marktsegment noch nicht ganz klar ist.

2.2.2 Administration

Bevor die Daten gesammelt werden, sollte eine *Pilotstudie* generell absichern, dass die ausgewählte Methode zur Datensammlung, die Fragen und ihre Reihenfolge sowie das Layout stimmig sind. Die Analyse der Pilotstudie führt sehr häufig zu Veränderungen in einigen Aspekten der Umfrage.

Es ist wichtig, für die Pilotstudie eine Stichprobe auszuwählen, die der Stichprobe in der eigentlichen Umfrage vergleichbar ist. Und es hilft enorm, wenn die Teilnehmer der Pilotstudie ihre Meinungen zum Fragebogen abgeben. Dadurch werden hilfreiche Ideen über die Formulierung, die Reihenfolge der Fragen und das Layout generiert. Da auch in der Pilotstudie echte Daten gesammelt werden, können die Marktforscher diese bereits analysieren und prüfen, ob die Antworten die Ziele des Projektes tatsächlich treffen. Wir empfehlen außerdem, die Zeit zu messen, die für die Beantwortung des Fragebogens oder die Durchführung des Interviews gebraucht wird, sodass die Dauer und die Kosten der Studie geplant werden können.

Sobald die eigentliche Sammlung der Daten beginnen kann, müssen die Fragebögen an die Teilnehmer verteilt oder aber Verabredungen für die Interviews arrangiert werden. Vorausgesetzt es ist ethisch korrekt (im Umfeld der jeweiligen Forschung) und die Befragten stimmen dem zu, sollten die Interviews auf Tonband aufgenommen werden, sodass die Marktforscher nicht zu viele Notizen machen müssen. Die Interviews selbst sollten idealerweise in einem Umfeld geführt werden, das den Befragten vertraut ist, wenn möglich nicht in einer lauten Umgebung wie einem Café oder einem Arbeitsplatz in der Fertigung. Es ist besonders wichtig, das Tonbandgerät kurz vor dem Interview zu prüfen und das Mikrofon zu testen. Außerdem empfehlen wir, das Interview so schnell wie möglich aufzuschreiben und zu analysieren.

Fallbeispiel 2.4

Deutsche Telekom AG – zuhören, um zu unterhalten[31]

Im Jahr 2007 brachte die Deutsche Telekom AG ein Paket mit dem Namen »Entertain« auf den Markt. Dabei handelte es sich um eine TV-Dienstleistung, die mithilfe der Infrastruktur des Internets eine große Zahl von digitalen Kanälen, Aufnahmefunktionen, einen Videoladen, interaktive Anwendungen etc. anbietet. Von Beginn an setzte sich das Management sehr aggressive Ziele, nämlich eine Million Kunden bis Ende des Jahres 2009 zu gewinnen. Thomas Müller leitet die Marktforschungsabteilung der Deutschen Telekom und war in die Produktdefinition involviert. »Wir hätten auch einfach nur mehr TV-Kanäle anbieten können, aber Interviews haben schnell gezeigt, dass die Kunden das nicht attraktiv gefunden haben.« Also versucht die Deutsche Telekom herauszufinden, welche Aspekte die Kunden wertschätzen, was ihre Kaufentscheidungen beeinflusst und welche Hemmschwellen beim Internet-TV bestehen. Um klare Antworten zu bekommen, verwendete das Marktforschungsteam Interviews mit dem Schwerpunkt auf offenen Fragen. Die Ergebnisse wurden an das Entwicklungsteam des Produktes Entertain kommuniziert: Kunden möchten beim Fernsehen flexibel sein, also keine der bestehenden Einschränkungen der Zeit oder Technologie mehr haben. »Die Kunden haben uns erzählt, dass sie gerne ihr eigener TV-Direktor wären, also gestalteten wir das gesamte Paket inklusive Aufnahme und Zugang so flexibel wie möglich«, resümiert Müller. Der Schwerpunkt lag auf der Identifizierung der Kundenwahrnehmungen. Dadurch wurde das Entertain-Paket sehr erfolgreich. Es erreichte die Verkaufsziele und im Januar 2010 setzte das Management das nächste hoch gesteckte Ziel: eine Million zusätzliche Kunden bis zum Ende des Jahres 2011. Um herauszufinden, wie dieses Ziel erreicht werden kann, hat Müller mit seinem Team bereits die nächste Phase der Marktforschung begonnen.

2.3 Ergebnisanalyse

In der Analysephase unterscheidet man zunächst zwischen qualitativen und quantitativen Daten. Qualitative Daten resultieren normalerweise aus offenen Fragen, die keinen statistischen Zwecken dienen. Ein mögliches Beispiel sind offene Fragen, mit denen man Einblicke in ein neues Themengebiet erhält, und zwar anhand von Grundlagenforschung, die die Kundenbedürfnisse für ein noch nicht bekanntes Marktsegment behandelt. Quantitative Daten werden aus geschlossenen Multiple-Choice-Fragen generiert, wie zum Beispiel der weltweiten Untersuchung der Kundenzufriedenheit auf einer vorgegebenen Skala. Für beide, qualitative und quantitative Daten, gibt es hervorragende Bücher, in denen mögliche Analysemethoden detailliert erläutert sind[32]. Deshalb geben wir an dieser Stelle nur einen groben Überblick über die wichtigsten Aspekte der Datenanalyse.

2.3.1 Analyse der Antworten auf quantitative Fragen

Für Forscher ist es wichtig, »zu erkennen, dass nicht alle quantitativen Daten vergleichbar sind«[33]. Es gibt vier verschiedene Skalen, die quantitative Daten produzieren, und daher wiederum unterschiedlich analysiert werden müssen.[34] Mit Daten, die durch die folgenden Skalen gesammelt werden, können selbstverständlich auch sehr hoch entwickelte und komplexe Tests und Analyseprozesse durchgeführt werden.

1. *Nominale Skalen.* Hier werden Zahlen gewissen Antworten zugeordnet, die der Identifikation und Analyse dienen. Beispielsweise können die Antworten zu der Frage »männlich/weiblich« mit »0« oder »1« dargestellt werden. Andererseits, wenn 40 Befragte männlich sind und 70 weiblich, ist es nicht möglich, einen Durchschnitt des demografischen Aspektes Geschlecht auszurechnen. Nominale Daten sind also nicht-metrisch und der einzige Wert, der bei dieser Art von Daten festgehalten werden sollte, ist die Häufigkeit. Ein anderes Beispiel für einen nominalen Wert wäre die Wahl zwischen »bestehender Kunde« und »potenzieller Kunde«.
2. *Ordinale Skalen.* Diese produzieren Daten, die mit einer Reihenfolge versehen sind, bei der die Nummer die Rangfolge der Objekte darstellt. Beispielsweise wenn Kunden ihre fünf Lieblingsgetränke nach Beliebtheit sortiert auflisten. Reihenfolgen mit Bewertungen werden sehr häufig benutzt, sind statistisch aber sehr schwer zu bearbeiten. Weil wir nämlich nicht wissen und somit auch nicht sicher sein können, dass der Unterschied zwischen den Bewertungen »1« und »2« gleich groß ist wie beispielsweise zwischen »4« und »5«. Deshalb produzieren ordinale Skalen nicht-metrische Daten, sodass das *arithmetische Mittel* (einfacher ausgedrückt der *Durchschnitt*) nicht ausgerechnet werden sollte.
3. *Intervall-Skalen.* Hier sind die »Entfernungen« zwischen den verschiedenen Punkten auf der Bewertungsskala immer gleich (beispielsweise bei Temperaturangaben oder jeder Art von Likert-Skala). Daraus folgt, dass »31« Grad genau ein Grad wärmer ist als »30«, genauso wie »21« Grad ein Grad wärmer als »20« Grad ist. Allerdings sind »30« Grad nicht doppelt so warm wie »15«, weil »0« Grad auf der Celsius-Skala nicht einer absoluten Null entspricht. Anhand der Messung der Intervalle, ist es somit auch möglich, sowohl den *Modus* (den am häufigsten vorkommenden Wert) zu ermitteln als auch den *Median* (den Mittelwert) und das arithmetische Mittel (den *Durchschnitt*). Falls die Temperatur an vier Tagen z.B. 20, 25, 28 und 25 Grad betragen hätte, wäre das arithmetische Mittel bei 24,50 Grad Celsius (in diesem Fall sind sowohl Modus als auch Median 25 Grad). Modus und Median sind hilfreiche Messwerte, wenn es um eine generelle Tendenz einer Reihe von Werten geht, die nicht gleichmäßig verteilt sind.
4. *Ratio-Skalen.* Diese verhalten sich sehr ähnlich zu den Intervall-Skalen, d.h. die »Entfernungen« zwischen den Punkten auf der Skala sind immer gleich, aber zusätzlich hat der Wert »0« auf der Skala eine ganz bestimmte Bedeutung, und zwar die völlige Abwesenheit des Phänomens, das jeweils untersucht wird. Beispiele für Ratio-Skalen sind Zeit und Entfernung: z.B. sind 100 Zentimeter genau zweimal so lang wie 50 Zentimeter. Oder wenn wir eine Umfrage machen und fragen: »Wie oft waren Sie im letzten Monat im Supermarkt?«, bedeutet »0« »gar kein Besuch im Supermarkt im letzten Monat«. Sechs Besuche sind aber genau doppelt so viele als »drei Besuche«, und somit sprechen wir auch hier von metrischen Daten.

Quantitative Daten können mit Hilfe von *beschreibenden Statistiken* oder noch komplexeren Ansätzen analysiert werden. Die beschreibenden Statistiken identifizieren den Mittelpunkt einer Datenverteilung, indem sie den *Durchschnitt* angeben. *Standardabweichungen* und ähnliche Maßzahlen beschreiben die Spannweite der Messungen, wobei *skew* die Symmetrie und *kurtosis* die Form der Verteilungskurve beschreibt. Beschreibende Statistiken geben uns einen Einblick in die Vielzahl von möglichen Antworten zu einer einzigen Variablen, beispielsweise das durchschnittliche Alter der Befragten, oder den Prozentsatz der Befragten, die ein bestimmtes Lebensmittel bevorzugen. Allerdings geben sie keinen Hinweis darauf, wie die Beziehung zwischen den verschiedenen Variablen ist.

Darüber hinaus gibt es eine Reihe von *inferenziellen Statistiken*, die uns erlauben, eine noch detailliertere Analyse der Daten durchzuführen, wie beispielsweise die Beziehung zwischen Variablen. Beispiel: Bevorzugen ältere Befragte bestimmte Arten von Produkten? Sie können uns auch dabei helfen, Trends zu identifizieren. Die wichtigsten statistischen Ansätze, die bei der Analyse von Daten aus Umfragen und Interviews eingesetzt werden können sind (beachten Sie auch das Buch der Professoren Geoff Norman und David Streiner für nähere Erläuterungen[35]):

- *Analyse der Varianzen.* Mit solchen Tests können wir bestimmen, ob die Unterschiede zwischen zwei oder mehr Gruppen in unseren Daten (beispielsweise Marktsegmente) bedeutend sind. Bei diesen Methoden ist die unabhängige Variable nominal (beispielsweise das Geschlecht) und wird dazu benutzt, die Unterschiede in den abhängigen Variablen zu erläutern (beispielsweise die Nachfrage nach einem bestimmten Produkt).
- *Regression und Korrelation.* Sie werden eingesetzt, wenn sowohl die unabhängige als auch die abhängige Variable eine Intervallmessung ist. Die sogenannte Faktoranalyse hilft uns dabei, die Beziehung zwischen einer Reihe von Variablen anzuschauen und eine kleine Anzahl von Faktoren (jeweils eine Kombination der Variablen) herauszunehmen, die die Daten erläutern.
- *Nicht-parametrische Statistiken.* Diese Tests erlauben uns, sowohl mit nominalen als auch mit ordinalen Daten umzugehen.

2.3.2 Analyse der Antworten zu qualitativen Fragen

Offene Fragen führen zu zahlreichen verschiedenen Antworten, die von Forschern *codiert* werden müssen. Die Abbildung 2.6 zeigt die Antwort eines Einkaufsleiters auf die Frage: »Wie beschreiben Sie Ihr Verhältnis zu Ihren Lieferanten?«. Die Antwort des Befragten beinhaltet die Begriffe »Qualität« und »Preis«. Produktqualität ist »übereinstimmend mit dem, was im Vorfeld vereinbart wurde ... eine objektive Tatsache«. Die Bedeutung der Codierung Preis ist »verglichen zum Marktdurchschnitt, sind einige Lieferanten teuer und andere Lieferanten bieten ihre Produkte zu einem vernünftigen Preis an«. Wir lesen weiter: »Falls ... der Ausschuss zu hoch ist ... akzeptieren wir das nicht.« Dies ist ein passendes Zitat, das die Bedeutung der Produktqualität für einen späteren Bericht darstellen könnte. »Wir prüfen die Qualität des billigsten Lieferanten zuerst und bewerten danach die teuren«, zeigt die Reihenfolge, in der die Lieferanten bewertet werden. In dieser Vorgehensweise identifizieren die Antworten zu offenen Fragen wichtige Faktoren (Codes) und passende Zitate, die nähere Einblicke geben. Die am häufigsten verwendete Software für die Analyse von Codes von mehreren Befragten ist NVIVO (vertrieben von QSR International). Qualitative Daten sind auch das Ergebnis von ethnographischen Methoden. In Kapitel 4 werden wir daher den Prozess der Codierung etwas detaillierter beschreiben.

»Qualität ist der Schlüssel zur Beziehung mit unseren Lieferanten ... Produkte müssen mit dem übereinstimmen, was im Vorfeld vereinbart wurde. Was ich sagen will ist, wenn die Qualität schlecht ist, und die Ausschussrate sehr hoch, wird das von uns nicht akzeptiert. Qualität ist ein objektiver Faktor, der zwischen den verschiedenen Lieferanten verglichen werden kann. Der andere Punkt, der verglichen werden kann, ist dann der Preis. Einige Lieferanten sind teuer und andere Lieferanten bieten ihre Produkte zu einem akzeptablen Preis an. Für uns ist es wichtig, den durchschnittlichen Marktpreis zu kennen und die Angebote mit diesem zu vergleichen. Selbstverständlich schauen wir nicht nur auf den niedrigsten Preis. Aber wir prüfen die Qualität des billigsten Lieferanten zuerst, und bewerten danach die teuren.«
(Einkaufsleiter Electronics)

Abbildung 2.8: Analyse qualitativer Antworten

2.4 Einschränkungen von Umfragen und Interviews

Umfragen und Interviews sind sehr wichtige Techniken, jedoch sollten nachfolgende Punkte beachtet werden:

- Umfragen sind allgegenwärtig, deshalb sind mögliche Teilnehmer häufig bereits im Vorfeld genervt, sobald sie Fragebögen ausfüllen und Fragen beantworten müssen.
- Es ist von großer Bedeutung, dass die Fragen klar und eindeutig formuliert sind.
- Die im Fragebogen vorgegebene Reihenfolge der Fragen, wird nicht zwingend eingehalten, weil die Befragten vor dem Ausfüllen eventuell erst den gesamten Fragebogen überfliegen.
- Marktforscher müssen die Konzepte und was sie messen wollen selbst verstehen. Andernfalls sind sie nicht in der Lage, die passenden Fragen auszuwählen.
- Für Fragebögen im Internet müssen die Befragten Zugang zu der geforderten Technologie haben, damit sie die Umfrage ausfüllen können, also sind bestimmte Zielgruppen wie beispielsweise Rentner evtl. ausgeschlossen.
- In vielen Fällen wird es nicht ersichtlich sein, wer den Fragebogen tatsächlich ausgefüllt hat.
- Marktforscher legen oft großen Wert auf quantitative und nicht auf qualitative Daten. Das Ergebnis sind dann oberflächliche Einblicke in große Teile der Bevölkerung, und nicht tiefere Einblicke im Detail.
- Bei Antworten auf direkte Fragen, können die Befragten eventuell ihre Meinungen, Ansichten und Gefühle nicht ausdrücken. Deshalb sind Umfragen nicht dafür geeignet, Hidden Needs zu identifizieren.
- Bei der Beantwortung eines Fragebogens können die Befragten ihre Antworten nicht näher erläutern, selbst wenn sie es gerne tun würden.

2.5 Variationen zu Interviews

Das Hauptproblem von traditionellen Umfragen und Interviews besteht darin, dass sie auf direkten Fragen beruhen. Für Menschen, die befragt werden, ist es oft sehr schwer, auf direkte Fragen zu antworten, z. B. wenn es um ihre Meinung zu Produktanforderungen geht, zu den Einschränkungen bestehender Dienstleistungen usw. Das Unterbewusstsein und die dort vorhandenen Einstellungen beeinflussen die Meinung der Konsumenten. Doch gibt es zwei Methoden, die diesen Einfluss reduzieren und manchmal sogar eliminieren können: *Projektion* und *ZMET*.

2.5.1 Projektion

Überblick

Projektion ist der Überbegriff für eine ganze Reihe von Techniken, die Befragte dazu auffordern, mit Hilfe von Stimuli wie z. B. Bilder, unvollständige Sätze etc. auf eine Frage zu reagieren oder auch so zu antworten, wie es eine vorgegebene Person aus ihrer Sicht tun würde. Das klassische Beispiel ist, Befragte auf ihre Reaktion zu einem visuellen Stimulus zu befragen – wie eben Sigmund Freuds berühmter Tintenfleck. Das *psychoanalytische Konzept der Projektion* nimmt an, dass die Befragten unbewusst einzelne Aspekte ihrer Persönlichkeit in ihrer Reaktion auf die Stimuli projektieren.[36] Wenn man diese Technik in der Marktforschung anwendet, ist die Projektion fähig, »tief sitzende Gedanken aufzudecken, die bei einer direkten Befragung wahrscheinlich nicht zu Tage kommen würden« [37]. Viele Firmen sind sich aber nicht bewusst, welches enorme Potenzial in der Projektion steckt, weil bisher nur sehr wenige Beispiele aus der Praxis publiziert wurden.

Anwendung der Technik

Einzelpersonen decken ihre unterbewussten Gedanken auf, sobald sie auf unterschiedliche Arten von Stimuli reagieren. Diese Stimuli sind oft zweideutig, in der Hoffnung, dass die Befragten ihre eigenen Meinungen und Bedeutungen dadurch preisgeben und ihre innersten Motive und Gefühle offenlegen, die dann wiederum von ausgebildeten Psychologen interpretiert werden können.[38] In der Marktforschung können sich die Stimuli stark unterscheiden, werden aber normalerweise direkt mit einem Produkt oder einer Marke in Verbindung gebracht. Die gängigsten Arten von Stimuli sind:

- *Bilder*. Was Menschen in Bildern sehen, sagt sehr viel über ihre Persönlichkeit aus. Man zeigt ihnen mehrere Bilder und bittet sie, diese zu kommentieren. Nehmen Sie zum Beispiel ein Bild, auf dem ein Mann und eine Frau zusammen in einem Starbucks-Coffee-Shop sitzen, und ein Bild, auf dem eine Person alleine in diesem Shop sitzt. Wie interpretieren die Befragten die Szenen? Positiv oder negativ? Die Antworten können Aufschluss darüber geben, wie die Befragten zu Starbucks stehen und dabei mehr zu Tage bringen als die Antwort auf die direkte Frage: Mögen Sie Starbucks? Das Bild (Stimulus) kann dabei sorgfältig ausgesucht werden, um den Zielen der Marktforschung zu entsprechen. Man könnte z. B. erfahren, wie Starbucks bewertet wird, wenn man es alleine besucht im Vergleich zu einem Besuch mit Partnern oder Freunden).

- *Wortassoziationen*. Teilnehmer werden gebeten, die Worte zu nennen, die ihnen zuerst in den Sinn kommen, wenn ihnen ein bestimmtes Wort gezeigt oder gesagt wird. Das Wort »Staubsauger« könnte zum Beispiel die Assoziation »Samstagsputz« bei einer Hausfrau hervorrufen, was die Bedeutung von regulärer Hausarbeit betont. Wortassoziationen sind deshalb tief verwurzelt mit der Persönlichkeit und den Werten der Befragten.
- *Satzvollendung*. Hier werden den Befragten verschiedene unvollständige Sätze präsentiert, mit der Bitte diese zu ergänzen. Beispiel: »Wenn dieses Produkt doch nur ….« oder »Wenn meine Kinder noch jünger wären, sollte mein Waschpulver …«
- Im sogenannten *Thematic-Apperception-Test* (TAT) schreiben Einzelpersonen eine Geschichte. Mit dieser Geschichte identifizieren die Marktforscher die gemeinsamen Themen, und was die Einzelpersonen intuitiv ausdrücken.
- *Rollenspiele*. Die Teilnehmer werden gebeten, die Rolle eines anderen in einer bestimmten Situation zu spielen, um die Wahrnehmungen zur Lebensart, den Werten usw. aufzudecken.
- *Geschmack*. Bei Marktforschung für Lebensmittel können auch Produkttests eingesetzt werden.[39]

Analyse der Projektion

Beim Lesen der Interviewaufschriften können Schlüsselthemen in den Antworten der Befragten identifiziert werden.[40] Die Analyse beinhaltet zwar einen gewissen Grad an subjektiven Einschätzungen, aber es wird behauptet, dass geübte Marktforscher quer über mehrere Geschichten von den verschiedenen Teilnehmern durchaus einen gewissen Grad von Übereinstimmung herausfiltern können. Andere wiederum behaupten, dass Projektion nur von Experten analysiert werden kann und somit nicht flächendeckend einsetzbar ist. Leider gibt es quasi keine Richtlinien oder Empfehlungen, wie gewährleistet werden kann, dass die Analyse der Projektion gültig und verlässlich ist.[41] Deshalb sind wir der Meinung, dass man den allgemeinen Prinzipien folgen sollte, die generell für die Analyse von qualitativen Daten gelten, wie z. B. Codierungen. Die Triangulation (also der Quercheck) der Ergebnisse ist genauso bedeutend und kann beispielsweise durch Diskussionen in Fokusgruppen[42] erreicht werden (siehe Kapitel 3).

Vor- und Nachteile

Projektion kann den Befragten dabei helfen, Meinungen auszudrücken, die sie sonst nicht formulieren könnten. Beispielsweise kann Projektion dabei helfen, die Attribute herauszuarbeiten, die mit verschiedenen Marken in Verbindung gebracht werden. Auch zwei weitere Vorteile werden genannt: Mit Projektion können ehrlichere Antworten bewirkt werden (zum Beispiel zum zukünftigen Kaufverhalten) und Projektion kann die zugrunde liegenden Bewertungskriterien der Befragten identifizieren.

Projektion wird häufig mit Skepsis und Argwohn beobachtet. Manche Kritiker gehen sogar so weit, Projektion als genauso wertlos zu bezeichnen wie Traumdeutung.[43] Die Kritik dreht sich hauptsächlich darum, dass die Fähigkeit, das Unterbewusstsein von Konsumenten anzuzapfen, bisher noch nicht verifiziert wurde,[44] und die Ergebnisse immer von den einzelnen Forschern abhängen. Diese Nachteile kön-

Fallbeispiel 2.5

Schottische Schüler – Wie sehen sie das Internet?[45]
Marktforschung mit Kindern und Jugendlichen ist unglaublich schwierig. Es ist nicht nur eine Herausforderung, ethische Aspekte zu berücksichtigen und den Zugang zu den Kindern zu verhandeln, sondern es ist auch extrem schwierig, die Meinung von Jugendlichen zu bestimmten Themen genau herauszufinden. Zunächst ist es nicht einfach, sie zur Kooperation zu bewegen, und manchmal geben sie sogar absichtlich falsche Antworten. Um diese potenziellen Probleme von vornherein zu umgehen, wandte eine schottische Studie zum Thema Kinder und ihre Meinung zum Internet die Projektionstechnik an.
Ein Forscher schaffte es, den Zugang zu mehreren Schulen und die Unterstützung der Lehrer zu bekommen. Die Daten wurden auf drei Wegen gesammelt:

- Jugendliche wurden mit Kameras ausgestattet und gebeten »Videotagebücher« zu drehen.
- Es wurden kleine Gruppendiskussionen geführt.
- Die Jugendlichen sollten aufmalen, was sie am Internet positiv und negativ sehen.

Der Forscher interpretierte die Videos und Zeichnungen, die die Jugendlichen angefertigt hatten und behauptete, dass die Ergebnisse aufschlussreicher waren, als die mit direkten Fragen erzielten.
Leider wurde parallel zu diesem Forschungsbeispiel nicht auch eine Gruppe Jugendlicher mit direkten Fragen geprüft. Deshalb ist es schwer zu sagen, ob die Projektionstechnik wirklich effektiv war. Wie so oft, wenn Projektion eingesetzt wird, sind die Forscher auch in diesem Forschungsbeispiel sehr enthusiastisch über die Methode, versäumen aber verlässliche Beweise dafür zu erarbeiten, dass diese Technik besser ist als ihre Alternativen, und dass die Schlussfolgerungen verlässlich sind.[46]

nen mit einem akribisch korrekten Forschungsdesign, Erfahrung mit der Technik, und Triangulation aufgewogen werden. Gelingt das, kann Projektion die anderen Techniken, die in diesem Buch beschrieben sind, sinnvoll ergänzen.

2.5.2 ZMET

Überblick

Der Harvard-Professor Gerald Zaltman, Erfinder der ZMET, behauptet, dass Verbraucher nicht wirklich sagen können, was sie denken, weil sie einerseits vielleicht keine klar strukturierten Gedanken haben und andererseits weil ein Großteil der Kommunikation nonverbal ist.[47] Paradox dabei ist, dass die große Mehrheit der Marktforscher sich genau auf diese verbalen Antworten verlässt. ZMET konzentriert sich auf Metaphern, weil sie ein zentrales Element der Wahrnehmung sind und Menschen generell viele Metaphern benutzen.[48] Achten Firmen auf die von ihren Kunden eingesetzten Metaphern, können sie sehr viel über die Gedanken, Emotionen und die zugrunde liegenden Denkstrukturen lernen, die diese Menschen unbewusst anwenden, um ihre Erfahrungen zu strukturieren.[49] ZMET verwendet Aspekte von verschiedenen Disziplinen, wie zum Beispiel kognitive Neurowissenschaften, Psychologie, Semiotik und Linguistik. Die Methode konzentriert sich darauf, das »warum« hinter dem »was« des Konsumentenverhaltens zu erläutern. Dabei nutzt ZMET einen multidisziplinären

Ansatz, um die Ergebnisse normaler qualitativer Forschung zu verbessern. Verborgene Kundenbedürfnisse können ohne Methoden wie ZMET gar nicht ausgedrückt werden.[50]

Anwendung der Technik

Zunächst sollte die Forschungsfrage sorgfältig definiert werden, z. B.: »Was denken Sie über eine bestimmte Marke oder Firma?«; »Wie wenden Sie dieses Produkt an?«; »Wie sehen Sie ein bestimmtes Produktkonzept?«. Normalerweise werden in ZMET-Untersuchungen 20 bis 25 Teilnehmer befragt, und jeder wird gebeten, mindestens zwölf Bilder zu sammeln, die ihre Gedanken und Gefühle über das Forschungsthema ausdrücken. Die Teilnehmer haben vor dem Interview in der Regel etwa zwölf Tage Zeit, um die Bilder zu sammeln. Es ist ratsam, direkte Verbindungen zwischen dem Forschungsthema und den zu sammelnden Bildern auszuschließen. Wenn das Forschungsthema z. B. Auto ist, sollten keine Bilder von Autos zugelassen werden, weil dies die Anwendung von Metaphern einschränkt. Abbildung 2.8 zeigt das Beispiel eines Einführungsbriefes an die Teilnehmer einer ZMET-Studie.

Die Einzelinterviews einer ZMET-Studie dauern in der Regel zwei Stunden. Viele Teilnehmer verbringen sehr viel Zeit damit, über ihre Bilder nachzudenken und vertiefen sich dabei automatisch in das Thema. Sie beginnen mit der Erläuterung, wie

Firmenname
Adresse
Datum

Sehr geehrte(r)...

ERLÄUTERUNGEN für Ihre ZMET-Teilnahme

Vielen Dank für Ihre Bereitschaft, an einem Marktforschungsprojekt der Waschmeister AG
am ____________ (Datum und Uhrzeit) in ____________ (Ort) teilzunehmen.
Herr/Frau ____________ (Name des Mitarbeiters) wird Sie vor Ort begrüßen. Um Ihnen zu helfen, das Interview vorzubereiten, beinhaltet dieser Brief einige grundlegende Informationen darüber, was Sie erwarten wird.

Das Interview dauert in der Regel zwei Stunden und wir sind vor allem daran interessiert, mit Ihnen viele Aspekte unserer Produkte und unserer Marke zu diskutieren, insbesondere ihre persönlichen Gedanken, Gefühle und Ideen zu unseren Produkten und unserer Marke.

Für das Interview möchten wir Sie bitten, etwa 10 bis 12 Bilder mitzubringen. Jedes Bild sollte einen Ihrer Gedanken, eine Ihrer Ideen, oder ihr Gefühl über unsere Produkte und unsere Marke ausdrücken. Sie können Fotos verwenden oder jede andere Quelle von Bildern, wie das Internet, Zeitungsausschnitte, oder was auch immer Ihnen einfällt.

Bitte achten Sie darauf, pro Gedanke oder Gefühl nur ein Bild auszuwählen (und nicht zehn bis zwölf Fotos, die alle das gleiche Gefühl illustrieren). Dies hilft uns dabei, mehr über Ihre Wahrnehmung unserer Produkte und unsere Marke zu lernen.

Vielen Dank für Ihre Kooperation, wir freuen uns, Sie bald persönlich kennenzulernen.

Mit freundlichen Grüßen,
Abteilung Marktforschung
Waschmeister AG

Abbildung 2.8: Einführungsbrief an Teilnehmer einer ZMET-Studie – Beispiel[51]

sich welches Bild auf die Forschungsfrage bezieht. Danach werden Storytelling, Repertory Grid (siehe Kapitel 6) und Laddering-Techniken eingesetzt, um weitere Ideen herauszufiltern. Der Ansatz, die Teilnehmer zu fragen, welche Bilder »fehlen«, oder sie zu bitten, die »repräsentativsten Bilder« auszuwählen, hilft die »mentalen Landkarten« der Befragten aufzudecken.[52] Zum Schluss diskutieren die Teilnehmer die Bilder, entwerfen eine Kollage und nehmen einen kurzen Text über deren Bedeutung auf Tonband auf.

Analyse der ZMET

Alle Interviews werden auf Tonband und handschriftlich erfasst. Am Schluss werden die Abschriften und Collagen auf wiederkehrende Themen analysiert, oder sich wiederholende Aussagen wie »leicht anzuwenden«, »zu schwierig zu kaufen« etc. notiert. Genaues und wiederholtes Lesen der Abschriften hilft auch dabei, wichtige Einblicke in die Gedanken und Gefühle der Befragten zu erhalten und festzustellen wie diese zusammenhängen.

Während der inhaltlichen Analyse, achten ZMET-Forscher auch auf den Gebrauch von Metaphern und indirekten Aussagen, die von den Konsumenten benützt werden. Die Analyse dieser Metaphern kann dabei helfen, herauszufinden, wie die Verbraucher ihre Gedanken zu einem bestimmten Thema strukturieren.

Fallbeispiel 2.6

Mobile Finanzdienstleistungen – Hürden bei der Anwendung[53]

Seit dem Jahr 2000 wurde die 3G-Mobiltelefonleistung ständig in der Presse diskutiert, weil die neue Technologie neue Möglichkeiten für Konsumenten bringen würde. Eine dieser neuen Möglichkeiten war das Mobile Banking. Unklar war, wie die Verbraucher es annehmen würden. Eine Gruppe von Forschern einer Universität führte eine Voruntersuchung zu diesem potenziellen Markt durch, indem sie acht Nutzer von Handys interviewten. Die Interviews dauerten 1,5 Stunden und basierten auf der ZMET-Technik, d. h. die Befragten wurden ermuntert, ihre Wahrnehmungen durch Storytelling, die Diskussion von Bildern und Ähnliches mitzuteilen.

Obwohl die Befragten aufgrund ihrer Neigung zur frühen Anwendung technischer Neuheiten ausgesucht wurden, zeigten die Ergebnisse, dass sie bei Mobile Banking mehrere Risiken sahen. Beispielweise war ihnen das Thema Banking zu komplex, um es unterwegs zu erledigen. Allerdings basiert die Untersuchung auf einer kleinen Bequemlichkeitsstichprobe, und die Art und Weise, wie die Ergebnisse berichtet werden, ist nicht unbedingt Vertrauen erweckend. Zudem ist nicht gesagt, dass bei direkten Befragungen nicht die gleichen Einblicke und Ergebnisse herausgefiltert worden wären.

Vorteile und Nachteile

ZMET hat eine beeindruckende Referenzliste, darunter CocaCola, DuPont, Eastman-Kodak und General Motors, die Methode hat aber auch bestimmte Nachteile. Zunächst einmal bedarf es einer speziellen Ausbildung, um eine ZMET-Studie durchzuführen. Zweitens, ist die Technik sehr arbeitsintensiv und drittens sind die Ergebnisse normalerweise nicht zur Verallgemeinerung geeignet. Heutzutage wird ZMET in vielen neuen Arten angewendet, beispielsweise »in situ« [54], wenn das ZMET-Interview beim Befragten zu Hause stattfindet, in seinem Büro, Auto, oder in welchem persönlichen Umfeld auch immer es Sinn macht, abhängig von der zugrunde liegenden Forschungsfrage. Während eines solchen In-situ-ZMET sammeln und erläutern die Teilnehmer keine Bilder, sondern stattdessen persönliche Objekte, die ihre Gedanken und Gefühle ausdrücken. Also beginnt ZMET damit, die Ideen von Kontextinterviews anzuwenden (siehe Kapitel 4).

2.6 Zusammenfassung

Umfragen und Interviews sind die klassischen Methoden der Marktforschung. Die Methoden wurden mit den Jahren erheblich weiterentwickelt, gute Vorbereitung, Anwendung und eine tief gehende Analyse haben aber nach wie vor eine große Bedeutung.

Im Kapitel 2 wurde gezeigt:

- Das Ziel der Umfragen und Interviews muss von Anfang an klar sein, und die Fragen müssen eine gewisse Relevanz haben. Es gibt verschiedene Arten von Fragen, und es ist wichtig, die jeweils richtige Art auszuwählen. Offene Fragen sind z. B. dafür geeignet, die Ansichten von Befragten völlig uneingeschränkt einzufangen, wobei geschlossene Fragen bei der Identifikation der wichtigsten Faktoren zu einem bestimmten Thema helfen.
- In der Vorbereitungsphase müssen viele Fehler vermieden werden: zweideutige Terminologie, Jargon, Suggestivfragen und so weiter.
- Umfragen haben einige Nachteile, hauptsächlich weil die Forscher eher auf Quantität als auf Qualität achten.
- Die Techniken Projektion und ZMET repräsentieren hilfreiche Varianten für Interviews, weil sie die Motivation hinter dem Verhalten beleuchten und in den Vordergrund stellen.
- In Kombination mit anderen Techniken sind Umfragen und Interviews wichtige Methoden der Marktforschung, um qualitativen Daten eine Substanz zu geben.

Kapitel 3 erläutert, wie Fokusgruppen durchgeführt werden und dadurch wichtige Einblicke für die Produktentwicklung generiert werden können.

Empfehlungen für die Praxis

- Umfragen und Interviews sind wichtige Techniken der Marktforschung. Sie müssen aber immer sorgfältig geplant werden.
- Nehmen Sie sich Zeit und falls nötig, lassen Sie sich beraten: bei der Formulierung der Fragen, über deren Reihenfolge, das Layout sowie den Pilottest.
- Viele Unternehmen sind beim Durchführen von Umfragen und Interviews relativ schlecht. Diese Fähigkeit zu entwickeln und zu fördern, kann durchaus einen Wettbewerbsvorteil in der Produktentwicklung bedeuten.
- Denken Sie immer daran, dass Umfragen alleine in der Regel keine Hidden Needs aufdecken. Wenden Sie sie in Kombination mit anderen Techniken an, die wir in den nächsten Kapiteln beschreiben.

2.7 Weiterführende Literatur

1. Oppenheim, A.N. (1992): *Questionnaire Design, Interviewing and Attitude Measurement*. New edition. London, Printer Publishers.
   Dieses Buch ist der Klassiker zum Thema Entwurf von Umfragen, sehr praktisch und mit sehr vielen guten Beispielen.
2. Schuman, H./Presser, S. (1996): *Questions & Answers in Attitude Surveys*. London, Sage.
   Ein sehr systematischer Ansatz zum Thema Umfragen, inklusive den verschiedenen Fragetypen, Formulierungsfragen und Tipps zu Interviews.
3. Dillman, D.A./Smyth, J.D./Christian, L.M. (2009): *Internet, Mail, and Mixed-mode Surveys: The Tailored Design Method*. 3. Aufl., New Jersey, John Wiley & Sons.
   Ein hervorragendes Buch für den Entwurf von Umfragen, Online-Umfragen, Maximierung von Rücklaufquoten etc.

2.8 Quellenverzeichnis und Notizen

1 Neuman, W.L. (1997): *Social Research Methods: Qualitative and Quantitative Approaches*. 3. Aufl., London, Allyn and Bacon, S. 31.

2 The Holy Bible (1997): *Holy Bible*, Giant Print Deluxe Edition: King James Version. USA, The National Publishing Company, S. 1085–1086, St. Luke 2:4–5.

3 Booth, C. (Hrsg.): *Labour and Life of the People of London*, 17 Bände, Macmillan, London, S. 1889–1902.

4 Squirey, P. (1988): ›Why the 1936 Literary Digest Poll Failed‹. *Public Opinion Quarterly*, Vol. 52, S. 125–133.

5 Chicago Daily Tribune: ›Dewey Defeats Truman‹, 3. November 1948, S. 1.

6 Moser, C.A./Kalton, G.: *Survey Methods in Social Investigation*. London: Gower, 2. Aufl., 1971, ISBN 0-566-05039-0.

7 Robson, S. (2000): ›Group Discussions‹, in: R.J. Birn (Hrsg.). *The Handbook of International Market Research Techniques*, London, Kogan Page, S. 297–316.

8 Lilienfeld, S.O./Wood, J.M./Garb, H. N (2000): ›The Scientific Status of Projective Techniques‹. *Psychological Science in the Public Interest*. Vol. 1, No. 2, S. 27–66.

9 Catterall, M./Ibbotson, P. (2000): ›Using Projective Techniques in Education Research‹. *British Education Research Journal*, Vol. 26, No. 2, S. 245–256.

10 Fram, E.H./Cibotti, E. (1991): ›The Shopping List Studies and Projective Techniques: A 40 Year View.‹ *Marketing Research*, Vol. 3, No. 4, S. 14–22.

11 Haire, M. (1950): ›Projective techniques in marketing research‹. *Journal of Marketing*, Vol. 14, No. 5, S. 15–33.

12 Will, V./Eadie, D./MacAskill, S. (1996): ›Projective and Enabling Techniques Explored‹. *Marketing Intelligence and Planning*, Vol. 14, No. 6, S. 3, 8–43.

13 Catchings-Castello, G. (2000): ›The ZMET Alternative‹, *Marketing Research*. Vol. 12, No. 2, S. 6–12.

14 Zaltman, G. (a.a.O.).

15 Zaltman, G.: ›Metaphorically Speaking‹. *Marketing Research*. Summer 1996, Vol. 8, No. 2, S. 13–20.

16 U.S. Patent Nummer 54536830 registriert in 1995.

17 Tom Brailsford quoted in: Eakin, Emily (2002). ›Penetrating the Mind by Metaphor‹. *The New York Times*. 23. Februar 2003.

18 Kerlinger, F.N. (1992): *Foundations of Behavioral Research*. 3. Aufl., London, Harcourt Brace College Publishers, S. 443.

19 Campbell, D.T. (1955): ›The Informant in Quantitative Research‹. *The American Journal of Sociology*. Vol. 60, S. 339–342.
John, G. & Reve, T. (1982). ›The Reliability and Validity of Key Informant Data from Dyadic Relationships in Marketing Channels‹. *Journal of Marketing Research*. Vol. XIX, No. 4, S. 517–524.

20 Janis, I.L.: (1982) *Groupthink: Psychological Studies of Policy Decisions and Fiascoes*. 2. Aufl., Boston: Houghton Mifflin.

21 Oppenheim, A. N. (1992): *Questionnaire Design, Interviewing and Attitude Measurement*. Neuauflage, London, Printer Publishers, S. 103–106.
22 Calvillo, J. P./Lal, L. (2003): ›Pilot Study of a Survey of US Residents Purchasing Medications in Mexico: Demographics, Reasons, and Types of Medications Purchased‹. *Clinical Therapeutics*, Vol. 25, No. 2, S. 561–577.
23 Haddock, G./Zanna, M. P. (1998): ›On the Use of Open-ended Measures to Assess Attitudinal Components‹. *British Journal of Social Psychology*. Vol. 37, S. 129–149.
24 Dillman, D. A./Smyth, J. D./Christian, L. M. (2009): *Internet, Mail, and Mixed-mode Surveys: The Tailored Design Method*. 3. Aufl., New Jersey, John Wiley & Sons. Oppenheim, A. N. (1992) *Questionnaire Design, Interviewing and Attitude Measurement*. Neuauflage. London, Printer Publishers.
25 Fall basiert auf einem Interview mit Kiran Parmar, durchgeführt von F. Lemke am 25. Januar 2010, und mehreren Unterhaltungen im Januar und Februar 2010.
26 Eagly, A. H./Chaiken, S. (1993): *The Psychology of Attitudes*. London, Harcourt Brace Jovanovich College Publishers. Babbie, E. (2006) *The Practice of Social Research*. 11. Aufl., London, Wadsworth Publishing.
27 Based on: Webb, J. R. (2002): *Understanding and Designing Marketing Research*. 2. Aufl., London, Thomson Learning, S. 105–106.
28 Thompson, M. E. (1997): *Theory of Sample Surveys*. London, Chapman & Hall. Bryman, A. (2008) *Social Research Methods*. 3. Aufl., Oxford, Oxford University Press.
29 Fall basiert auf Interviews mit Martina Lovcikova und Tomáš Hejkal von F. Lemke im Januar 2010 und mehreren Unterhaltungen zwischen Martina Lovcikova, Tomáš Hejkal und F. Lemke im Februar und März 2010.
30 Grimmett, G. R./Stirzaker, D. R. (1992): *Probability and Random Processes*. 2. Aufl., Oxford, Clarendon Press. Howell, D. C. (2009) *Statistical Methods for Psychology*. International edition. London, Wadsworth. Coolican, H. (1997) *Research Methods and Statistics in Psychology*. 2. Aufl., London, Hodder & Stoughton.
31 Fall basiert auf Interviews mit Thomas Müller, durchgeführt von F. Lemke im Januar und Februar 2010.
32 Für die Analyse der quantitativen Daten, siehe: Mason, R. D./Lind, D. A./Marchal, W. G. (1994): *Statistics: An Introduction*. Belmont, Duxbury Press. Norman, G. R./Streiner, D. L. (2000) *Biostatistics: The Bare Essentials*. 2. Aufl., London, B. C. Decker. Gravetter, F. J. & Wallnau, L. B. (2003) *Statistics for the Behavioral Sciences*. 6. Aufl., London, Thomson Learning. Für die Analyse qualitative Daten, siehe: Miles, M. B. & Huberman, A. M. (1994) *Qualitative Data Analysis: An Expanded Sourcebook*. 2. Aufl., London, Sage. Banister, P./Burman, E./Parker, I./Taylor, M./Tindall, C. (1994): *Qualitative Methods in Psychology: A Research Guide*. Buckingham, Open University Press. Creswell, J. W. (2007): *Qualitative Inquiry and Research Design: Choosing Among Five Traditions*. 2. Aufl., London, Sage.
33 Johnson, P./Harris, D.: ›Qualitative and Quantitative Issues in Research Design‹, in: Partington, D. (ed.) *Essential Skills for Management Research*, Sage, London, 2002. Copyright © (Keith Goffin 2002), S. 105.
34 Churchill, G. A./Brown, T. J./Suter, T. A. (2010): *Basic Marketing Research*. 7. Aufl., Mason, USA, South-Western.
35 Norman, G. R./Streiner, D. L. (2000): *Biostatistics: The Bare Essentials*. 2. Aufl., London, B. C. Decker.
36 Oxford University Press Dictionary of Psychology, in: Colman, A. M. (2001). A Dictionary of Psychology, Projective Tests, www. Oxfordreference.com
37 Jacques, D. (2005): ›Projective Techniques: Eliciting Deeper Thoughts‹. *Customer Input Journal*. www.customerinput.com (aufgerufen am 25.5.2009).
38 Easterby-Smith, M./Thorpe, R./Lowe, A. (1991): *Management Research: An Introduction*. Sage Publications, London.
39 Pettigrew, S./Charters, S.: ›Tasting as a Projective Technique‹. *Qualitative Market Research: An International Journal*, Vol. 11, No. 3, S. 331–343.
40 Levy, S. J. (1994): ›Interpreting Consumer Mythology: Structural Approach to Consumer Behavior Focuses on Story Telling‹. *Marketing Management*. Vol. 2, No. 4, S. 4–9.
41 Boddy, C. (2005): ›Projective Techniques in Market Research: Valueless Subjectivity or Insightful Reality?‹. *International Journal of Market Research*. Vol. 47, No. 3, S. 239–254.

42 Chandler, J./Owen, M. (2002): *Developing Brand with Qualitative Market Research.* London. Sage.
43 Yoell, W. A. (1974): ›The Fallacy of Projective Techniques‹. *Journal of Advertising*. Vol. 3, No. 1, S. 33–36.
44 Will, V./Eadie, D./MacAskill, S. (1996): ›Projective and Enabling Techniques explored‹. *Marketing Intelligence and Planning*. Vol. 14, No. 6, S. 38–43.
45 Grant, I.: ›Creative Approaches to New Media Research‹. *Young Consumers*. Quarter 2 2006, S. 51–56.
46 Boddy, C.: ›Projective Techniques in Market Research: Valueless Subjectivity or Insightful Reality?‹. *International Journal of Market Research*. Vol. 47, No. 3, S. 239–254.
47 Catchings-Castello, G. (2000): ›The ZMET Alternative‹. *Marketing Research*. Vol. 12, No. 2, S. 6–12.
48 Zaltman, G.: ›Metaphorically Speaking‹. *Marketing Research*. Summer 1996, Vol. 8, No. 2, S. 13–20.
49 Zaltman, G.: (a. a. O.).
50 Slater, S. G./Narver, J. C. (1998): ›Customer-led and Market-oriented: Let's Not Confuse the Two‹. *Strategic Management Journal*. Vol. 19, S. 1001–1006.
51 Basiert auf Ideen aus der Literatur und von Konferenzteilnehmern.
52 Catchings-Castello, G. (a. a. O.).
53 Lee, M. S. Y./McGoldrick, P. J./Keeling, K. A./Doherty, J.: ›Using ZMET to Explore Barriers to the Adoption of 3G Mobile Banking Services‹. *International Journal of Retail & Distribution Management*. Vol. 31, No. 6, 2003, S. 340–348.
54 Hoffmann, J. (2009) www.olsonzaltman.com, Deep Dives, Herbst 2009, Vol. IV, S. 4.

3 Fokusgruppen und ihre Variationen

Der potenzielle Wert von Fokusgruppen kann sehr groß sein, allerdings nicht, wenn sie so durchgeführt werden, wie es die meisten Firmen tun.[1]

Einführung

Fast alle Unternehmen, welche auf die speziellen Bedürfnisse ihrer Kunden eingehen wollen, verlassen sich gerne auf Umfragen, Einzelinterviews oder *Fokusgruppen*. Die Bezeichnung Fokusgruppe leitet sich ursprünglich vom Begriff *fokussierte Gruppendiskussion* ab,[2] d. h. Leute mit entsprechendem Wissen oder eine Gruppe von aktuellen und/oder potenziellen Kunden begeben sich in eine mehr oder weniger unstrukturierte Diskussion über ein vorher ausgewähltes Thema zu einem speziellen Produkt oder einer Dienstleistung. Die Teilnehmer dieser Fokusgruppen werden in der Regel einzeln rekrutiert, und zwar entweder, weil sie zum jeweiligen Thema persönliche Erfahrungen haben oder weil sie bereit sind teilzunehmen.

Fokusgruppen werden wissenschaftlich zu den qualitativen Forschungsmethoden gezählt und zeichnen sich dadurch aus, dass sie ein Umfeld bieten, in dem die Teilnehmer frei interagieren können. Aus Marketingsicht sind Fokusgruppen deshalb ein anerkanntes Werkzeug, um eine direkte Rückmeldung zu verschiedenen Aspekten von neuen Produkten zu bekommen.[3] Sie ermöglichen unter anderem auch, neue Produktnamen,[4] Verpackungen und Funktionen zu testen, bevor ein Produkt auf dem Markt platziert wird.

Häufig werden Fokusgruppen als gleichbedeutend mit Gruppeninterviews gesehen, obwohl es einen wichtigen Unterschied gibt: In Gruppeninterviews werden die Fragen gleichzeitig mehreren Leute gestellt, die dann unabhängig voneinander antworten. Im Gegensatz dazu werden die Teilnehmer in Fokusgruppen ermuntert, die Fragen miteinander zu diskutieren. Die Teilnehmer sprechen und interagieren intensiv miteinander, sodass sie am Ende eher ihre eigenen Fragen beantworten als die des Moderators.[5] Wenn man während der Interaktion innerhalb der Gruppe beobachtet, wie jeder Teilnehmer von den Meinungen der anderen beeinflusst wird, so lässt dies auch interessante Schlussfolgerungen zu. Aus diesem Grund werden Fokusgruppen oft auch als »gesteuerte Diskussionen« bezeichnet.

Dieses Kapitel:

- beschreibt die Geschichte und die Entwicklung der Fokusgruppen,
- erklärt mit praktischen Hinweisen, wie Fokusgruppen effizient geplant und durchgeführt werden,
- erläutert die typischen Varianten der klassischen Fokusgruppe,
- prüft Analysemethoden der von Fokusgruppen erhobenen Daten und
- zeigt die Vor- und Nachteile der Marktforschung mit Fokusgruppen.

3.1 Geschichte der Methode

Fokusgruppen wurden bereits während des Zweiten Weltkriegs und von Sozialwissenschaftlern in den 1930er und 1940er Jahren eingesetzt. Die Methode wurde insbesondere in den USA angewendet, um herauszufinden, wie die Bevölkerung auf Radioübertragungen und Ansprachen reagiert, die ein großes Publikum motivieren sollten. Darüber hinaus wurde mit Fokusgruppen untersucht, wie Piloten und ihre Crew in Notfallsituationen reagieren, und wie Flugzeugkontrollinstrumente verbessert werden können. Auch wenn dies nicht Marktforschung im klassischen Sinne war, hat die Methode gezeigt, wie unterschiedlich Menschen ihre Gedanken innerhalb einer Gruppe und im Vergleich dazu individuell ausdrücken.

Der Begriff Fokusgruppe stammt von Robert K. Merton,[6] einem der einflussreichsten Soziologen des 20. Jahrhunderts, der ihn 1956 erstmals prägte.[7] Die Methode wurde danach allmählich auch in der sozialwissenschaftlichen Forschung angewendet und besonders im Bereich Marktforschung sehr schnell adaptiert.

In den 1950er und 1960er Jahren wurden Fokusgruppen vor allem eingesetzt, um Verbrauchereinstellungen, Reaktionen zu Werbemaßnahmen, Fernsehprogrammen und Filmen sowie zu neuen Produkten und Dienstleistungen zu analysieren. In den 1980er und 1990er Jahren wurden Fokusgruppen dann auch außerhalb der typischen Konsumgüterbranchen eingesetzt, ebenso immer mehr in den Sozialwissenschaften und in den Bereichen Medien und Kultur. Eine Studie aus dem Jahr 1990 hat gezeigt, dass in dem entsprechenden Jahr allein in den USA ungefähr 110.000 Fokusgruppen durchgeführt wurden. Heutzutage finden jährlich schätzungsweise etwa 200.000 Fokusgruppen allein in den USA statt.[8]

Im Verlauf der Zeit hat sich die Methode Fokusgruppe stets weiterentwickelt. Heute wird sie auch sehr viel breiter angewendet. Zum Beispiel werden Fokusgruppen oft benützt, um die Charaktermerkmale eines Politikers herauszuarbeiten, die Meinung der Wähler zu bestimmten politischen Zielen kennenzulernen oder aber um das Image von bestimmten Marken bei einzelnen Zielgruppen zu analysieren.

3.2 Anwendung

3.2.1 Übersicht

Um Fokusgruppen erfolgreich durchzuführen, sollte man sich auf drei Basisschritte konzentrieren (siehe Abbildung 3.1):

- die Planung inklusive Auswahl der Teilnehmer,
- die Durchführung unter besonderer Berücksichtigung der Moderation und
- die Analyse der Ergebnisse.

In der Praxis besteht jeder Schritt aus einer Reihe von sorgfältigen Entscheidungen, die für die Qualität der Ergebnisse einer Fokusgruppe sehr bedeutend sind. Um diese einzelnen Entscheidungen deutlich zu machen, werden wir im Folgenden immer wieder das fiktive Beispiel einer internationalen Firma namens *Waschmeister AG* verwenden, die Fokusgruppen zum Thema Waschpulver einsetzt. Die *Waschmeister AG* will

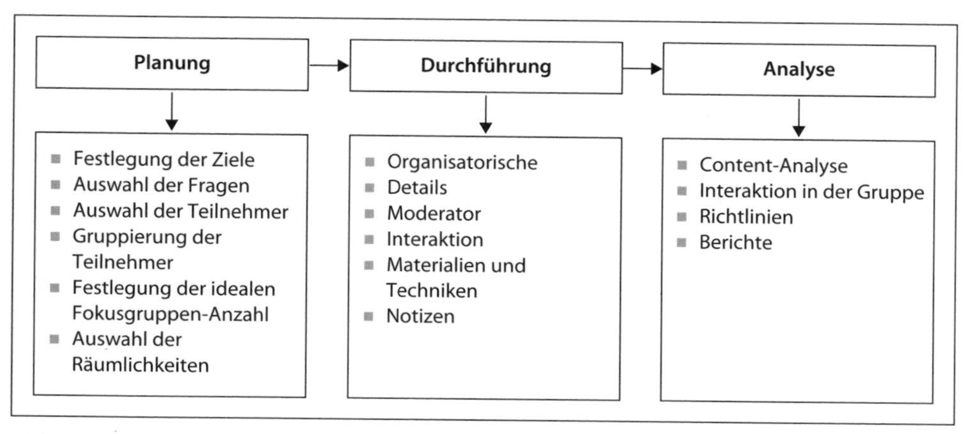

Abbildung 3.1: Die drei wichtigsten Schritte der Fokusgruppe

die Bedürfnisse ihrer Kunden in den Produktentwicklungsprozess einfließen lassen und gleichzeitig Ideen für neue Produkte testen.

3.2.2 Planung von Fokusgruppen

Festlegung der Ziele

Im ersten Schritt der Planungsphase sollten die *Ziele* bestimmt werden, d. h., welche Erkenntnisse man sich von der Fokusgruppe erhofft bzw. welche Fragen am Ende beantwortet sein sollen. Obwohl Fokusgruppen quasi multifunktionell[9] sind, also mehrere Aspekte untersucht werden können, ist es wichtig, im Voraus festzulegen, was die Fokusgruppe erreichen soll.

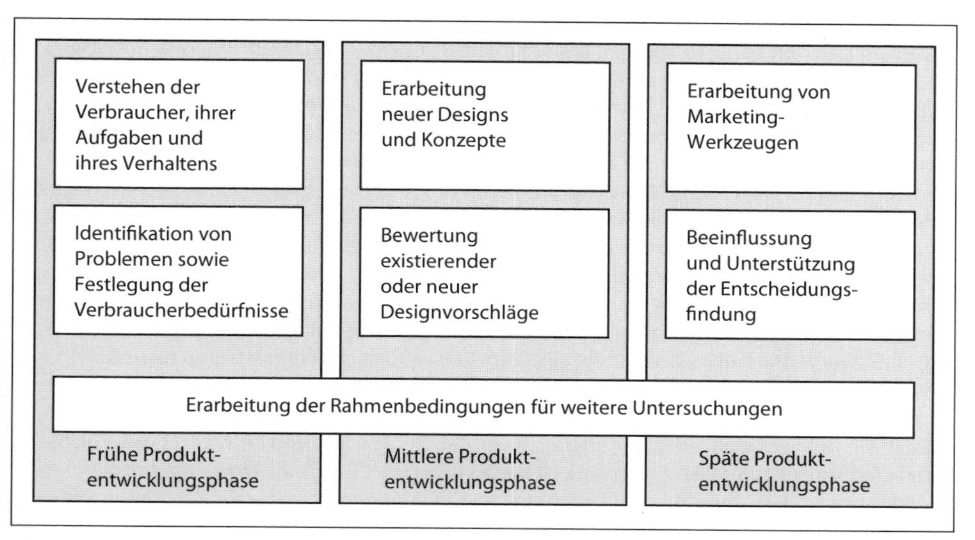

Abbildung 3.2: Ziele der Fokusgruppen und ihre Bandbreite

Abbildung 3.2 zeigt die Bandbreite der Ziele, die Fokusgruppen typischerweise verfolgen können – angefangen vom Verstehen der Verbraucher, dem Design neuer Produktkonzepte, bis hin zur Bewertung neuer Produktideen (siehe auch Fallbeispiel 3.1 für ein reales Beispiel, wie Ziele von Fokusgruppen erarbeitet werden). Um unser fiktives Beispiel aufzunehmen: Will die Waschmeister AG herausfinden, ob ein völlig neues Waschpulver von den Teilnehmern der Fokusgruppe akzeptiert wird? Oder soll der Schwerpunkt der Diskussion auf der Verpackung, dem Duft, dem Preis oder der neuen TV-Kampagne liegen? Vielleicht sollen die Fokusgruppen auch das neu entwickelte Waschpulver mit denen des Wettbewerbs vergleichen? Unabhängig davon welche Ziele verfolgt werden, sie müssen immer klar definiert und formuliert sein und darauf aufbauend sollten die richtigen Fragen für die Diskussion entwickelt werden.

In Abbildung 3.2 wird klar herausgearbeitet, dass Fokusgruppen in verschiedenen Phasen des Produktentwicklungsprozesses angewendet werden können. In der frühen Phase können Fokusgruppen das Verständnis von Kundeneinstellungen und Verhaltensweisen verbessern und außerdem Probleme identifizieren, die schlussendlich in spezifischen Kundenanforderungen münden. In der mittleren Phase können Fokusgruppen helfen, Produktideen zu verfeinern oder ein erstes Feedback zu Prototypen, neuen Produktkonzepten oder einem neuen Produktdesign zu sammeln. In der späte-

Fallbeispiel 3.1

Weatherchem – das Gewürz des Lebens in Indien[10]

Weatherchem, eine amerikanische Marktforschungsagentur hat im Februar 2009 eine Fokusgruppe in Indien eingesetzt. Sie sollte den Umgang mit Gewürzen und Gewürzmischungen in Indien untersuchen und

- herausfinden, welche Gewürze am häufigsten verwendet werden bzw.
- welche Faktoren den Kauf von Gewürzen und Gewürzmischungen beeinflussen,
- die bereits für Gewürze existierenden Verpackungen analysieren sowie
- die ideale Gewürzverpackung für indische Verbraucher finden.

In der Region Madras wurden acht Frauen für eine Fokusgruppe rekrutiert. Zu den Auswahlkriterien gehörte, dass die Frauen mehr als einmal pro Tag kochen und hauptsächlich für die Lebensmitteleinkäufe ihres Haushalts zuständig sind.
Vor der Untersuchung war Weatherchem der Ansicht, dass indische Verbraucher sehr preissensibel sind. Die Ergebnisse der Fokusgruppe haben dies jedoch widerlegt. Preis und Marke der Gewürze sind bei der Kaufentscheidung nicht von Bedeutung. Stattdessen waren Kriterien wie Frische, Aroma und Qualität besonders wichtig. Die Frauen hatten auch den dringenden Wunsch geäußert, dass das jeweilige Gewürz in der Umverpackung sichtbar ist, da es ihnen nur dann möglich sei, die Qualität zu beurteilen. Die Diskussion zeigte, dass aufgrund der Hitze und Feuchtigkeit in Madras, Gewürze nach dem Kauf oft in Plastikbehälter, wie Tupperware, umgefüllt werden: zum einen, um sie frisch zu halten, zum anderen um die Dosierung beim Kochen zu erleichtern. Die Teilnehmerinnen der Fokusgruppe wurden gebeten, den neuen »Flapper-Clap«-Dosiermechanismus zu testen. Sie waren so begeistert davon, dass sie bis zu 20 US-Cent mehr pro Gewürzpackung mit einem solchen Dosiermechanismus zahlen wollten. Hält man sich die Gewürzmengen vor Augen, die in einem normalen indischen Haushalt verbraucht werden, und betrachtet dann noch den Durchschnittsverdienst in Indien, ist dieses Ergebnis eine große Überraschung. (Allerdings sollten Marktforscher beachten, dass Meinungen über das Kaufverhalten, die in Fokusgruppen geäußert werden, nicht immer der tatsächlichen Meinung entsprechen, wenn die Teilnehmer vor dem Regal stehen. Siehe hierzu auch Fallbeispiel 3.5.)

ren Phase wiederum können sie dabei helfen, ein neues Produkt oder eine Dienstleistung auf den Markt einzuführen, und zeigen, wie die verschiedenen Elemente des Marketing-Mix die Kaufentscheidung beeinflussen. In jeder Phase erarbeiten Fokusgruppen auch neue Aspekte und Rahmenbedingungen für zukünftige Untersuchungen. Jede Phase liefert also neue Fragen, die in zukünftigen Fokusgruppen erörtert werden können. Die verschiedenen Ziele und Absichten der Fokusgruppen in den einzelnen Phasen beeinflussen auch die Fragen, die für die Diskussion formuliert und ausgewählt werden.

Auswahl der Fragen

Sobald die Ziele der Fokusgruppe klar definiert sind, können die darauf abgestimmten Fragen formuliert werden.[11] Dabei ist es ratsam, nicht mehr als fünf oder sechs Fragen vorzubereiten. Der Grund hierfür ist, dass Fokusgruppen mit Endverbrauchern nicht länger als 60 bis 90 Minuten dauern sollten, damit die Teilnehmer von Anfang bis Ende an der Diskussion teilnehmen können.[12] Ein Großteil der Richtlinien zur Formulierung von Interviewfragen (siehe Kapitel 2) gilt auch für Fokusgruppen. Offene Fragen sind zum Beispiel gut geeignet, Grundsatzdiskussionen anzuregen. Unbewusste Bedürfnisse entdeckt man, indem man herausfindet, wo Verbraucher gerne Zeit sparen würden und somit das neue Produkt oder die neue Dienstleistung genießen könnten.

Wenn wir uns wieder an das Beispiel der Waschmeister AG erinnern, könnte eine passende Fragen lauten: »Was könnte Sie davon überzeugen, Ihre Waschpulvermarke zu wechseln? (Anstatt zu fragen: »Würden Sie unser neues Waschpulver kaufen?«). Oder: »Wie würden Sie Ihre Freunde überreden, ein neues Waschpulver auszuprobieren?« (Anstatt zu fragen: »Würden Sie es Ihren Freunden empfehlen?«).[13]

Fokusgruppen sollten immer nach einem vorher festgelegten, aber flexiblen Muster vorgehen: entweder einem semi-strukturierten Fragebogen oder aber einer Themenliste mit den für die jeweilige Untersuchung interessanten Gebieten. Mit einer Themenliste können – wie mit normalen Fragebögen auch – unvorhergesehene Themengebiete, die sich während der Diskussion ergeben, ebenfalls erörtert werden. Zu unvorhergesehenen Ergebnissen in Fokusgruppen siehe Fallbeispiel 3.2.

Auswahl und Verpflichtung der Teilnehmer

Bei der Auswahl und der letztendlichen Verpflichtung der Teilnehmer für eine Fokusgruppe muss besonders darauf geachtet werden, einen für die Zielgruppe repräsentativen Personenkreis zu finden. In der Konsumgüterindustrie werden die Teilnehmer oft nach dem Zufallsprinzip ausgesucht. Passanten werden z. B. in einem Einkaufszentrum angesprochen und gefragt, ob sie an einer Fokusgruppe teilnehmen möchten. Alternativ verwenden Marktforschungsagenturen oft auch Umfragen per Telefon oder Post, um Teilnehmer auszuwählen und zu verpflichten. Die Fragebögen, die für die Auswahl der Teilnehmer benutzt werden, sind in der Regel verhältnismäßig kurz. Sie sollen herausfinden, ob die Person das gewünschte Wissen hat oder zu einer bestimmten Zielgruppe gehört, und zwar indem mehrere sogenannte »Filterfragen« formuliert werden. Oft ist es wichtig, Teilnehmer zu finden, die entweder ein ganz bestimmtes Wissen haben oder aber ein persönliches Interesse an einem Produkt oder einer Dienstleistung. Deshalb ist die Auswahl nach dem Zufallsprinzip nicht in jedem Fall der beste Ansatz. Möglich ist auch, bereits ausgewählte Teilnehmer zu bitten,

Fallbeispiel 3.2

Ravensburger Spieleverlag – kulturelle Vorlieben bei Kinderspielen[14]
Die Ravensburger Spieleverlag GmbH, Marktführer in Europa für Puzzles und Brettspiele, hat diverse internationale Niederlassungen. Die Produktentwicklung ist in der deutschen Zentrale angesiedelt. Einige Eigenentwicklungen und Produktadaptionen erfolgen aber auch in den Niederlassungen, um die dortigen nationalen Geschmäcker und Vorlieben besser bedienen zu können. Ravensburger arbeitet auch mit Fokusgruppen, z. B. bei der Entscheidungsfindung, welche Art von TV-Werbung für das jeweilige Land ideal ist. Zudem wurde in der Vergangenheit mit Fokusgruppen das »Bauchgefühl« der Produktmanager in den Niederlassungen geprüft, wie z. B. in Spanien und England. In Spanien sollte eine bestimmte Fokusgruppe herausfinden, welchen TV-Spot Mütter kleiner Kinder für ein bestimmtes Kinderspiel bevorzugen. Während der Diskussion wurde mehrmals erwähnt, dass die Schachtelgröße aller sich in der Auswahl befindlichen Spielen, viel zu klein sei. Die Mütter wurden daraufhin gebeten, die Aussage »zu klein« genauer zu erläutern. Die vorherrschende Meinung war, dass Kinderspiele oft als Geschenk gekauft werden und ein Geschenk könne nie groß genug sein, selbst wenn in der Schachtel hauptsächlich Luft sei. Diese Aussage wiederum steht in krassem Gegensatz zu den Präferenzen in Deutschland, denn hier werden größere Schachteln mit wenig Inhalt nicht akzeptiert, da die Verbraucher keine Luft kaufen möchten.
Eine Fokusgruppe untersuchte die TV-Werbung für ein beliebtes Ravensburger Spiel auch auf dem englischen Markt. Bis zu diesem Zeitpunkt war das Produkt in der gewohnten Schachtelgröße und mit dem internationalen grafischen Design verkauft worden. Während der Fokusgruppen-Diskussion haben viele Mütter überrascht begriffen, worum es in dem beworbenen Spiel überhaupt geht. Deswegen regten sie an, dass auf der Schachtelvorderseite auch ein relativ großes Bild zu sehen sein sollte, mit Kindern, die das Spiel gerade spielen, also mit einer fotografierten »Spielszene«. Diese Veränderung der Verpackung wurde dann nicht nur in England, sondern auch in verschiedenen anderen Ländern eingeführt. Vorher wurde das Schachteldesign hauptsächlich von Deutschland aus beeinflusst und verabschiedet. Deutsche Verbraucher sind auch gewohnt, die Schachtel bei der Kaufentscheidung umzudrehen und die Rückseite zu lesen bzw. sich im Fachhandel beraten zu lassen. Englische Mütter jedoch sagten klar, dass sie die Zeit hierfür nicht aufwenden möchten und Spiele meist im Supermarkt kaufen. Deshalb möchten sie bereits auf der Vorderseite sehen, worum es in dem Spiel geht, damit sie ihre Auswahl schneller treffen können.

noch weitere Personen vorzuschlagen – quasi eine Teilnehmerauswahl nach dem »Schneeballprinzip«.

Angenommen, die Waschmeister AG wollte testen, inwieweit Verbraucher dazu bereit sind, ihre Waschmittelmarke zu wechseln. Hierzu wäre es zunächst einmal wichtig, Teilnehmer auszuwählen, die tatsächlich auch über die Waschmittelmarke bestimmen bzw. regelmäßig das Waschmittel einkaufen, wie z. B. Hausfrauen und/oder Singles. Ein beispielhafter Fragebogen zur Rekrutierung ist in Abbildung 3.3 skizziert. Möchte die Waschmeister AG jedoch herausfinden, wie der neue Duft eines Waschmittels generell angenommen wird, wäre eine zufällige und begrenzte Auswahl von Teilnehmern an nur einem Ort durchaus ausreichend, denn jeder hat eine persönliche Meinung dazu, wie frisch gewaschene Wäsche idealerweise riechen sollte. Falls das Produkt auch international vertrieben werden soll, müssen natürlich auch die kulturellen Aspekte berücksichtigt werden.

Die Auswahlentscheidungen werden außerdem auch von sozialen und demografischen Faktoren bestimmt. Für eine Fokusgruppe, bei der Erwachsene gesucht werden, die Vollzeit arbeiten, macht es keinen Sinn, morgens um zehn Uhr in einem Einkaufszentrum nach Teilnehmern zu suchen. Gleichermaßen muss es einem Marktforscher auch bewusst sein, dass die Ergebnisse in einem wohlhabenden Stadtteil durchaus von denen in einem Arbeitervorort differieren können. Es ist außerdem wichtig, dass die ausgesuchten Personen nicht regelmäßig an Fokusgruppen teilnehmen. Es gibt nämlich eine Gruppe von Menschen, die sich aktiv darum bewirbt, regelmäßig an Fokusgruppen teilzunehmen, oft nur um die Aufwandsentschädigung zu kassieren. Solche Leute können die Ergebnisse einer Fokusgruppe stark verfälschen, da sie nicht repräsentativ agieren.

Auswahlbogen Fokusgruppe

Geschlecht

☐ männlich ☐ weiblich

Alter

☐ 18–25 ☐ 26–40 ☐ 41–60 ☐ 60+

Wie viele Personen leben in Ihrem Haushalt?

☐ 1 ☐ 2 ☐ 3–4 ☐ 5–6 ☐ mehr als 6

Wer aus Ihrem Haushalt erledigt in der Regel die Einkäufe?

☐ Sie selbst ☐ eine andere Person ☐ alle

Wer kümmert sich bei Ihnen um die Wäsche?

☐ Sie selbst ☐ eine andere Person ☐ alle

Abbildung 3.3: Beispiel für einen Auswahlfragebogen einer Fokusgruppe

Ganz unabhängig davon, wie die Teilnehmer ausgewählt und rekrutiert werden, liegt die typische Anzahl der Teilnehmer zwischen sechs und zehn. Bei komplexen Themen ist davon auszugehen, dass die Teilnehmer mehr Know-how zum Thema haben und in diesem Fall erlaubt eine kleinere Gruppe, dass jeder mehr beitragen kann. Aus diesem Grund werden Fokusgruppen mit nur drei oder vier Teilnehmern hauptsächlich dann durchgeführt, wenn die festgelegten Ziele eine intensive Diskussion mit dem Moderator verlangen, oder aber wenn heikle Themen wie zum Beispiel Krankheiten oder Verhütung besprochen werden[15].

Gruppierung der Teilnehmer

Wenn mehrere Fokusgruppen zum gleichen Thema geplant sind, hat die Zusammensetzung der einzelnen Gruppen, also die Gruppierung der Teilnehmer, besondere Bedeutung. Oft werden die Teilnehmer nach ihrem Alter, dem Geschlecht, der Ausbildung oder dem Beruf gruppiert. Oder aber sie werden abhängig davon, ob sie ein bestimmtes Wissen besitzen einer speziellen Gruppe zugeordnet. In unserem Beispiel könnten Gruppen von Hausfrauen, Studenten, Singles oder Arbeitslose, Menschen mit mittleren Einkommen und solche mit hohem Einkommen zum Waschpulver befragt werden. Die Ergebnisse könnten dann aufzeigen, welche Zielgruppe am ehesten auf das neueste Produkt anspricht.

Ein weiterer Punkt, den man beachten sollte, ist die Frage, ob sich die Teilnehmer bereits kennen oder nicht. Falls sie sich schon kennen, wird die Diskussion schneller ins Rollen kommen, aber auf der anderen Seite wird die Gruppe viele Annahmen treffen, ohne sie zu diskutieren, und einige interessante Aspekte werden dadurch gar nicht erst thematisiert. Teilnehmer in Fokusgruppen, die sich noch fremd sind, sind eventuell zurückhaltend oder schüchtern, aber haben selbstverständlich auch keine existierenden Vorurteile. Auf jeden Fall sollten die Teilnehmer unterschiedlich genug sein, um die Entwicklung von kreativen Ideen zu ermöglichen, aber auch vergleichbar genug, um gemeinsame Meinungen äußern zu können.[16]

Bestimmung der Anzahl von Fokusgruppen

Eine wichtige Frage, die immer zu beantworten ist, lautet wie viele Fokusgruppen durchgeführt werden sollten, um belastbare Ergebnisse zu erhalten. Die generelle Richtlinie lautet, dass die Anzahl der Fokusgruppen zwischen 12 und 15 liegen sollte. Bei einer niedrigeren Anzahl besteht die Gefahr, dass nicht alle Bedürfnisse der Verbraucher erkannt werden. Bei einer größeren Anzahl besteht die Gefahr, Zeit zu verlieren, weil weitere Fokusgruppen keine neuen Erkenntnisse mehr bringen. Darum ist der beste Ansatz, dem Konzept der theoretischen Sättigung[17] zu folgen, das heißt die Datenerhebung dann zu beenden, wenn die Marktforscher bemerken, dass die letzten ein oder zwei Fokusgruppen zu keinen neuen Erkenntnissen geführt haben. (Anstatt die Datenerhebung zu beenden, können spätere Fokusgruppen auch genutzt werden, um weiterführende Fragen zu eruieren. In unserem Beispiel, sobald die Diskussion um den idealen Duft von Waschpulver genug Erkenntnisse für das Produktmanagement hervorgebracht hat, könnten die verbleibenden Fokusgruppen beispielsweise die Produktmarke näher beleuchten.)

In der Praxis werden häufig nur zwei bis drei Fokusgruppen durchgeführt, um sowohl Zeit als auch Kosten zu sparen. Selbstverständlich hat eine solche Praxis aber Auswirkungen auf die Qualität und Verlässlichkeit der Daten.

Auswahl der Räumlichkeiten

Die Auswahl der Räumlichkeiten für eine Fokusgruppe hängt von den ausgewählten Teilnehmern ab. Falls sich die Teilnehmer bereits kennen, ist es ratsam, einen Ort zu wählen, in dem sich die Gruppe wohl fühlt. Falls Fremde für eine Fokusgruppe ausgewählt werden, sind neutrale Orte wie z. B. ein Besprechungsraum in einem Einkaufszentrum oder der Konferenzraum eines Hotels empfehlenswert. Professionelle Marktforschungsagenturen haben oft Räume mit spanischen Spiegeln, die den Teilnehmern zu Beginn erklärt werden. In London gibt es zum Beispiel die Firma *All Global Viewing*, die alleine fünf Studios für Fokusgruppen mit spanischen Spiegeln besitzt.[18] Diese Spiegel erlauben es Dritten – wie zum Beispiel Produktmanagern – der Diskussion innerhalb der Fokusgruppe zu folgen, ohne die Gruppe an sich zu stören oder zu beeinflussen. In diesem Fall würde der Moderator den Teilnehmern zum Beispiel sagen, dass zwei Produktmanager der Waschmeister AG die Diskussion hinter dem Spiegel verfolgen. In größeren Räumen mit vielen Teilnehmern sind Mikrophone empfehlenswert, weil dies die Qualität der Diskussion erhöht und auch die Qualität der Stimmaufnahmen besser ist.

Generell sollten die Räumlichkeiten so ausgesucht werden, dass die Teilnehmer entspannt und ungestört sein können. Der Raum selbst sollte angenehm und gut klimatisiert sein. Die Stühle werden am besten so gestellt, dass alle Teilnehmer einander sehen, deshalb ist auch ein runder bzw. ovaler Tisch besser als ein rechteckiger. Damit die Teilnehmer sich ansprechen können, sollten Namensschilder vorbereitet werden. Die Bereitstellung von Erfrischungen ist ebenfalls wichtig, insbesondere falls die Diskussion mehr als eine Stunde dauert.

3.2.3 Durchführung von Fokusgruppen

Organisatorische Details

Selbst wenn mehr als ein Moderator an der Fokusgruppe teilnimmt, ist es quasi unmöglich mitzuschreiben, welcher Teilnehmer was wann wie gesagt hat. Daher ist es von entscheidender Bedeutung, dass die gesamte Diskussion per Videorecorder oder aber zumindest auf Tonband aufgenommen wird. Es ist auf keinen Fall empfehlenswert, die Diskussion zu unterbrechen, um Notizen anfertigen zu können. Wenn die Diskussion tatsächlich aufgezeichnet wird, ist es unabdingbar, die gesamte Gruppe um Erlaubnis zu fragen und gleichzeitig die anonyme Behandlung der Aufzeichnungen zuzusagen. Ein weiterer Grund, weshalb die Diskussion aufgezeichnet werden sollte, ist die Absicht Meinungen herauszufiltern, die innerhalb der Gruppe geteilt werden. Weil der Schwerpunkt auf gemeinsamen Deutungen liegt, ist es weniger wichtig, wer was gesagt hat. Allerdings sollten der Moderator oder die Beobachter festhalten, falls einzelne Teilnehmer als Meinungsführer die Diskussion dominiert oder aber andere gar nicht erst an der Diskussion teilgenommen haben.

Ein weiteres organisatorisches Detail besteht in der Klärung, wie die Fokusgruppe vom Moderator gestartet werden sollte. Generell gilt, dass eine Fokusgruppe von 30 Minuten Länge, zusätzlich zehn Minuten benötigt, in der der Moderator die richtige Atmosphäre für eine effektive Diskussion herbeiführt. Das hört sich vielleicht zunächst sehr lange an, zeigt aber, wie wichtig es ist, dass sich die Teilnehmer gut und entspannt fühlen. Der Moderator sollte die Diskussion starten, indem er zunächst sich selbst und evtl. seinen Ko-Moderator vorstellt. Die Agenda und die wichtigsten Ziele sollten erläutert werden und anschließend kann die Diskussion mit der ersten Frage beginnen.

Am Ende der Fokusgruppe ist es wichtig, die Teilnehmer in irgendeiner Weise zu belohnen. In unserem Beispiel könnten ein kostenloses Probemuster des Waschmittels oder auch andere Produkte der Waschmeister AG als kleines Dankeschön verteilt werden. Im B2B-Kontext, also wenn Repräsentanten von Firmen eingeladen sind, ist es gängige Praxis, die Teilnehmer im Anschluss zum Essen einzuladen. Viele Marktforschungsagenturen bezahlen Teilnehmer dafür, dass sie an Fokusgruppen teilnehmen, üblicherweise zwischen zehn und 20 Euro pro Stunde. Diese Praxis gefährdet allerdings die Neutralität der Teilnehmer, denn diese sind bei Bezahlung natürlich gehemmt, die Produkte oder Dienstleistungen einer Firma zu kritisieren, von der sie bezahlt werden.

Moderatoren

Die Rolle des Moderators ist bei einer Fokusgruppe entscheidend, weil seine Aufgabe nicht darin besteht, mehrere Interviews gleichzeitig zu führen, sondern den Austausch von Meinungen und persönlichen Ansichten zu unterstützen, sodass die Teilnehmer ungezwungen sprechen und auf die Ideen der anderen reagieren können.[19] Manche Firmen lassen Fokusgruppen von den eigenen Produktmanagern moderieren. Zum einen, weil diese das nötige Hintergrundwissen zum Produkt haben, zum anderen aber auch, um Geld zu sparen. Solche Inhouse-Moderatoren sind zwar absolute Experten, manchmal aber auch nicht mehr objektiv, insbesondere wenn ein Produkt kurz vor der Markteinführung steht und das »Baby« des moderierenden Produktmanagers ist. Deshalb ist es empfehlenswert, auf professionell ausgebildete, erfahrene und objektive Moderatoren von Marktforschungsagenturen oder anderen Anbietern zurückzugreifen.

Die Moderatoren benötigen Geschick und Talent, das nur durch regelmäßige Praxiserfahrung angeeignet werden kann.[20] Ein Moderator muss ein guter Zuhörer und ein Motivator sein, er darf auf keinen Fall vorverurteilen und sollte sich jederzeit neuen Gesprächssituationen anpassen können. Er oder sie sollte ein natürliches Interesse am Thema der Untersuchung und auch an Menschen haben, und das alles in Verbindung mit einer gesunden Portion Neugier und dem Ehrgeiz, neue Einblicke in scheinbar bekannte Themen zu erlangen. Sie müssen die richtige Balance finden, nicht zu oft in die Diskussion einzugreifen (damit diese sich frei entwickeln kann), aber gleichzeitig die Teilnehmer auf das Thema konzentrieren. Einerseits gibt es unwichtige Diskussionen, die letztendlich unproduktiv für die Fokusgruppe sind, andererseits können diese wieder zu interessanten neuen Einblicken führen. Gleichzeitig müssen die Moderatoren aber auch dann eingreifen, wenn interessante Punkte während der Diskussion zu schnell von den Teilnehmern fallengelassen werden.[21]

Zur Unterstützung des Moderators kann es sinnvoll sein, einen zweiten Marktforscher einzubinden, der während der Diskussion Notizen macht. In der sogenannten Serienmoderatoren-Technik (Serial Moderating Technique »SMT«), wechseln sich mehrere Moderatoren je nach Thema und Frage hintereinander ab.[22] Der Vorteil dieser Serien-Technik ist, dass die Teilnehmer durch verschiedene Arten und Stile der Moderation mehr angeregt werden, was wiederum die Kreativität positiv beeinflussen kann. Außerdem reduziert es den Druck, wenn nicht ein einziger Moderator für die gesamte Diskussion verantwortlich ist.

Interaktion

Eine der größten Herausforderungen für jeden Moderator während einer Fokusgruppe ist es, eine angemessene Form der Interaktion innerhalb der Gruppe herzustellen[23], sodass alle an der Diskussion teilnehmen. Da Fokusgruppen in der Regel nicht im selben Teilnehmerkreis wiederholt werden, ist es ratsam, einige Grundsätze zu beachten, um die Teilnehmer konzentriert an das Thema zu binden, die Intensität der Diskussion konstant zu halten und die Fragen entsprechend abzuschließen. Der Moderator muss außerdem sicherstellen, dass die Fragen von jedem Teilnehmer verstanden wurden, bevor die Diskussion startet. Alle Teilnehmer sollten zudem die Möglichkeit haben, über die Frage zu reflektieren und Notizen zu machen. Oft wird der Interaktion innerhalb der Gruppe in der Praxis zu wenig Bedeutung zuteil, obwohl sie äußerst wichtig ist. Sobald unter den Teilnehmern unterschiedliche Meinungen vorherrschen, können dadurch individuelle Ansichten eventuell revidiert oder geändert werden. Und genau hier werden die wirklich wichtigen Erkenntnisse gewonnen.[24] Generell sollte der Moderator, nachdem ein Teilnehmer gesprochen hat, eine Pause von ca. fünf Sekunden einhalten, bevor er selbst wieder spricht. Diese fünf Sekunden geben nämlich den anderen Teilnehmern die Chance, das Gesagte zu kommentieren. Rückfragen wie »Können Sie das bitte genauer erläutern?« oder »Können Sie uns ein Beispiel geben?« können immer dann genutzt werden, wenn nähere Informationen nützlich wären. Gleichzeitig sollte der Moderator darauf achten, nicht unbewusst mit dem Kopf zu nicken oder verbale Rückmeldungen wie »ok«, »ja«, »mhm«, »korrekt«, »gut« und so weiter zu verwenden.

Die Gruppendynamik bedarf besonderer Beachtung. Ein typischer Problemfall für Moderatoren ist zum Beispiel der Teilnehmer, der versucht die gesamte Diskussion zu dominieren, entweder weil er oder sie voreingenommen ist, weil sie sehr viel über das Thema wissen oder auch nur weil sie den Moderator nicht akzeptieren. Ein solches Verhalten kann nur korrigiert werden, indem die Diskussion unterbrochen wird und die grundsätzlichen Regeln der Diskussion noch einmal erläutert werden. Falls der Teilnehmer danach weiterhin zu dominieren versucht, sollte die Gruppe selbst mit dem Problem konfrontiert werden, zusammen mit der Frage an alle, wie mehr Redebeiträge der gesamten Gruppe erzielt werden können. Auch bei besonders schüchternen Teilnehmern oder solchen, die regelmäßig stören, müssen besondere Maßnahmen ergriffen werden. Die verschiedenen Charaktere müssen also aufmerksam vom Moderator beobachtet werden, um entsprechend reagieren zu können.

Materialien und Techniken

Um die oben beschriebene Interaktion und Diskussion zu unterstützen, werden bei Fokusgruppen eine Vielzahl von verschiedenen Materialien und Techniken angewendet. Die am häufigsten verwandten Materialien sind in der Regel Muster von den realen Produkten, die in der Fokusgruppe diskutiert werden. In unserem Beispiel der Waschmeister AG, würden die Teilnehmer Waschpulver-Proben bekommen, um sowohl die Packung als auch den Duft oder die Dosierungstechnik anfassen, riechen und somit kommentieren zu können. Eine andere Möglichkeit wäre ein Produkt allen Teilnehmern zu demonstrieren, wie zum Beispiel im Falle einer Maschine oder eines Ausrüstungsgegenstandes. Manchmal werden auch visuelle Stimuli wie Storyboards (beispielweise um einen TV-Spot zu testen), Fotos, Anzeigen, Internet-Auszüge oder andere Zeichnungen benutzt. In anderen Fällen wiederum werden Audio-, Musik- oder Radioprogramme genutzt. Die Teilnehmer der Fokusgruppe können auch aufgefordert werden, eine gewisse Tätigkeit zu verrichten, zum Beispiel einen Instant-Kaffee zuzubereiten (siehe Fallbeispiel 3.3). Eine andere Möglichkeit ist die Aufforderung, die Teilnehmer mögen ihre Sicht des neuen Produktes aufzeichnen (dies entspricht der Projektion, die bereits in Kapitel 2 vorgestellt wurde). Fokusgruppen können selbstverständlich auch die weit verbreiteten Techniken wie Brainstorming, Satzvollendung oder Wortsortierung verwenden. Zusätzlich dazu können verschiedene Designentwürfe oder Prototypen verglichen und in einer Repertory-Grid-Matrix dokumentiert werden (siehe hierzu Kapitel 6).

Notizen der Beobachter
Unmittelbar nach dem Ende der Fokusgruppe, ist es sehr wichtig, schriftliche Notizen von all jenen Dingen zu machen, die nicht durch die Aufzeichnung per Tonband oder Video festgehalten wurden, zum Beispiel spezielle Gesten und Geräusche etc. Außerdem müssen die Notizzettel unbedingt nummeriert und kurz quergelesen werden, da sonst evtl. wichtige Dinge vergessen werden und somit verloren gehen. Die Sitzordnung und die allerwichtigsten Beobachtungen sollten ebenfalls sofort festgehalten werden, zum Beispiel Kommentare von einzelnen Teilnehmern zu speziellen Fragen und Aussagen, die im Verlauf der Diskussion überraschend waren. Andere Aspekte wie Stimmlage oder Sprachgebrauch könnten ebenfalls wichtig sein. Abbildung 3.4 stellt ein beispielhaftes Formblatt für die Notizen der Beobachter/Moderatoren dar, das wir vor kurzem entwickelt haben. Beachten Sie, dass dieses Formblatt etwas weiter geht als die normale Analyse von Fokusgruppen, denn der Beobachter notiert auch Dinge, die er selbst beobachtet oder bemerkt hat. Dadurch haben wir einen Teil der ethnographischen Marktforschung – Reflektion (siehe Kapitel 4 und 5) – in die Untersuchung integriert.

Fallbeispiel 3.3

Maxwell House – internationalen Kaffeegeeschmack verstehen[25]
Die Marke Maxwell House gehört zum amerikanischen Konzernriesen Kraft Food Inc. und der gleichnamige lösliche Kaffee ist in vielen Ländern eine bekannte Marke. Bevor der Kaffee jedoch international vertrieben wurde, wurde mühevoll in Erfahrung gebracht, wie das Produkt abgewandelt werden muss, damit es den verschiedenen nationalen Geschmäckern entspricht. Fokusgruppen wurden deshalb in einer Küche durchgeführt. Teilnehmer aus verschiedenen Ländern wurden gebeten, dort vor Ort eine Tasse löslichen Kaffee zuzubereiten, und dabei die Gebrauchsanweisung auf der Verpackung zu beachten, die besagt, dass die Kaffeestärke von der Anzahl der verwendeten gehäuften Löffel abhängt. Dabei hat sich herausgestellt, dass die meisten Teilnehmer den Kaffee gerne so hätten, dass genau ein gehäufter Löffel die ideale Kaffeestärke hervorbringt. Aus diesem Grund basieren die nationalen Adaptionen von Maxwell House jetzt auf »einem gehäuften Teelöffel«. In Großbritannien bekommt man damit einen mittelstarken Kaffee, in China ist das Resultat ein sehr viel stärkerer Kaffee.

3.3 Ergebnisanalyse

Die Analyse der Ergebnisse von Fokusgruppen muss sowohl sorgfältig als auch systematisch erfolgen. Die Abschriften der Aufnahmen sind generell schwieriger anzufertigen als die von normalen Einzelinterviews. Jeder Teilnehmer muss identifiziert werden, was oft erst nach mehrmaligem Abhören der Bänder möglich, bei einem Video aber natürlich einfacher zu bewerkstelligen ist. Eine weitere Komplexität besteht darin, dass oft zwei Personen gleichzeitig sprechen und somit unbedingt Mikrophone mit sehr guter Qualität nötig sind, um sicher zu gehen, keine wichtigen Details der Diskussion zu verlieren. Falls der Moderator den Raum verlässt, um zum Beispiel mit den Kollegen hinter dem spanischen Spiegel zu reden, geht die Diskussion oft mit gedämpften Stimmen weiter. Wenn man dann gute Mikrophone hat, können klammheimlich interessante Einblicke gewonnen werden. Wir haben genau dies bei einer Fokusgruppe im Jahre 2010 gesehen, die eine amerikanische Firma in London durchgeführt hat.

Fokusgruppe Beobachtungsbogen	
Titel der Untersuchung:	
Datum:	
Name des Moderators:	
Bogen ausgefüllt von:	
Detailinformationen zur Gruppe:	
Anzahl Teilnehmer:	
Beginn der Fokusgruppe:	
Ende der Fokusgruppe:	

Demografie der Teilnehmer: Benutzen Sie die von Ihnen gewünschten Spaltentitel				

Position der Teilnehmer: Zeichnen Sie ein Diagramm des Tisches und halten Sie die Sitzordnung der Teilnehmer fest.	
Diskussion Frage 1	
Daten/Zitate/Beobachtungen (Halten Sie wichtige Zitate fest und notieren Sie die entsprechende Zeit in der rechten Spalte)	Zeit
Diskussion Frage 2	
Daten/Zitate/Beobachtungen (Halten Sie wichtige Zitate fest und notieren Sie die entsprechende Zeit in der rechten Spalte)	Zeit
Diskussion Frage 3	
Daten/Zitate/Beobachtungen (Halten Sie wichtige Zitate fest und notieren Sie die entsprechende Zeit in der rechten Spalte)	Zeit
Zusätzliche Kommentare und Gedanken	
Denken Sie daran, die stärksten Einzelmeinungen und die Gruppendynamik festzuhalten.	

Abbildung 3.4: Formblatt für Beobachtungen, Reflektionen und Analysen der Beobachter[26]

Inhaltliche Analyse

Die Analyse einer Fokusgruppe basiert immer auf den Abschriften und den Notizen des Moderators und ggf. den anderen Beobachtern. Je nachdem, wie das Ziel der Fokusgruppe festgelegt wurde, kann die inhaltliche Analyse anhand eines Codierungs-Schemas erfolgen, das auch für jede andere Form von qualitativen Daten empfohlen wird.[27] (Siehe Abbildung 3.5, mehr Details zur Codierung von qualitativen Daten finden Sie in den Kapiteln 4 und 5). Bei Fokusgruppen, die den TV-Spot für das neue Waschpulver diskutieren, könnten die Codierungen zum Beispiel Adjektive wie »inspirierend«, »altmodisch«, »spießig« oder ähnliche sein. Einige der Codierungen können im Voraus vorbereitet werden, aber die meisten werden erst bei der Analyse der Abschriften klar werden, sodass die Liste der Codierungen während der Analyse kontinuierlich wächst. Je mehr Abschriften also codiert werden, desto mehr Codierungen werden ergänzt, bis zu dem Punkt wo keine neuen Erkenntnisse mehr identifiziert werden. Auf der Abschrift selbst sollte der Teil des Beitrages, der codiert wurde, hervorgehoben werden, sodass er während der weiteren Analyse klar identifiziert werden kann. Es ist wichtig, sich immer daran zu erinnern, dass die Einheit der Analyse bei Fokusgruppen immer die gesamte Fokusgruppe ist, und nicht der einzelne Teilnehmer. Bei der Waschmeister AG könnte man zum Beispiel vergleichen, wie der Duft eines neuen Waschmittels von Müttern bzw. von allein lebenden Angestellten beschrieben wird. Macht man eine inhaltliche Analyse, die auf solchen Codes basiert, können Fragen zu Produkteigenschaften und persönlichen Vorlieben relativ einfach beantwortet werden.

Ein anderer wichtiger Aspekt bei der Analyse von Abschriften aus Fokusgruppen ist die Identifikation von Zitaten, Metaphern und Geschichten. Diese helfen dabei, die ganz subtilen Facetten bei den Vorlieben der Verbrauchern zu verstehen, können die

...

Moderator: Welche Art von Geruch suchen Sie bei einem Waschmittel?

Teilnehmer 1: Darüber habe ich nie nachgedacht, weil ich jetzt schon seit Jahren das gleiche Waschpulver kaufe. Einfach weil ich daran gewohnt bin. Spontan könnte ich nicht mal den Duft meines Waschmittels beschreiben.

Teilnehmer 2: Aber Sie müssen doch wissen, ob es wie eine Blume riecht, nach Zitrone, nach frischer Luft oder was auch immer. Sie riechen es doch jedes Mal, wenn Sie es benutzen, wenn Sie die Wäsche aus der Maschine nehmen, wenn Sie die Wäsche bügeln, immer wieder. Darum kann ich zum Beispiel sagen, dass ich einen luftigen Duft bevorzuge, wie eine Sommerbrise.

Teilnehmer 3: Ja, manchmal macht frische Luft auch noch den Kopf frei und gibt einem so ein beflügeltes Gefühl. Wie ein Spaziergang im Sommerregen.

Teilnehmer 4: Das ist aber eine sehr romantische Beschreibung. Es erinnert mich an diese Fernsehwerbung, die vor vielen Jahren immer gesendet wurde. Da hat eine Frau ihre Wäsche auf eine ganz ganz lange Wäscheleine gehängt, die quer über eine Kuhweide ging. Die ganze Wäsche war strahlend weiß und man hatte fast den Geruch von frischer Luft in der Nase wenn man den Spot angesehen hat.

Teilnehmer 1: (lacht), oh ja, ich erinnere mich, weil ich als Kind, wenn ich den Spot gesehen habe, immer gedacht habe, die ganze Wäsche muss ja nach Kuhfladen riechen. Aber zurück zur Frage, ich glaube ich kann den idealen Duft jetzt beschreiben. Für mich wäre das wie ein Spaziergang am Meer ganz früh am Morgen, wenn die Sonne gerade anfängt aufzugehen. Wenn der Tag beginnt, ist die Luft noch so klar und frisch, und man schmeckt das Meersalz in der Luft, die man beim Gehen einatmet.

....

Abbildung 3.5: Beispieltext mit Codierung einer Fokusgruppen-Abschrift

Ergebnisse der Codierung untermauern, und sind außerdem ein nützliches Mittel, wenn man die Ergebnisse den Teilnehmern mitteilen möchte.

Interaktion in der Gruppe

Der schwierigste Teil der Analyse ist die Bewertung, wie die Gruppe interagiert hat und wie die Einstellungen, Empfindungen, Prioritäten und Vorlieben innerhalb der Gruppe entwickelt wurden – im Gegensatz zu den vorher individuellen Meinungen. Wenn der erste Teilnehmer sagt der Duft des Waschpulvers sei »sehr süß« und der zweite Teilnehmer sagt »wie eine Blume«, wie beeinflusst das die Aussagen der anderen? Auch die Art der verwendeten Sprache sollte nochmals bewusst angeschaut werden. Bedient sich jeder Teilnehmer der gleichen Art von Sprache oder gibt es wichtige Unterschiede? Gibt es spezielle Normen, Werte oder kulturelle Vorlieben innerhalb der Gruppe, die am Schluss eventuell verändert wurden? Überzeugt während der Fokusgruppe beispielsweise eine Mutter die andere, dass es für die Haut der Kinder gesünder wäre, ökologisches Waschmittel zu verwenden? Wie waren die sozialen Prozesse, wenn einige der Teilnehmer ihre Meinung geändert haben? Manchmal kommt es vor, dass innerhalb der Gruppe kein Konsens erzielt werden kann. Damit werden oft Themen für zukünftige Untersuchungen identifiziert, weil es Ansätze dafür sind, wie die Bedürfnisse von Verbrauchern differieren, wie ein Markt segmentiert ist und so weiter. In solchen Fällen ist es weder ratsam noch angebracht, einen Konsens in der Gruppe zu erzielen.

Bei der Analyse sollte beachtet werden, wie die Teilnehmer über ein Thema gesprochen haben, die Sprache die sie benutzt haben, ihre Tonlage und ihre Körpersprache. Diese Dinge können wichtige Hinweise auf die Wahrnehmung der Teilnehmer geben. Abschriften sind wichtig, aber für die Analyse ist es auch von Bedeutung, Dinge wie Emotionen, Spannungen und Konflikte innerhalb der Gruppe mit einzubeziehen und im Bericht zu erwähnen. (Die Abschriften können die Tonlage notieren, Beobachter können die Körpersprache und Tonveränderungen festhalten.) Die Analyse sollte auch Pausen berücksichtigen, weil auch diese wichtige Einblicke gewähren können: Vielleicht war der betreffende Teilnehmer unsicher oder peinlich berührt. All das kann Marktforschern helfen, ein tiefes Verständnis für die Aspekte eines Produktes zu bekommen, die Verbraucher normalerweise nicht ungehemmt in der Öffentlichkeit diskutieren. Abbildung 3.6 beinhaltet eine Checkliste der wichtigsten Punkte, die bei der Analyse beachtet werden müssen.

Die wichtigsten Punkte für die Analyse sind:

- Suchen Sie nach Äußerungen, die von mehreren Teilnehmern in einer oder mehreren Fokusgruppen geäußert wurden.
- Suchen Sie nach Themen, über die sich die Teilnehmer nicht einig wurden bzw. wo es starke Verfechter in der einen oder quer über alle Fokusgruppen hinweg gegeben hat.
- Suchen Sie nach Aussagen, die nur in einer, aber in keiner der anderen Fokusgruppen, getätigt wurden.
- Suchen Sie nach Emotionen, die während der Diskussion zu Tage kommen. Was bedeutet die jeweilige Emotion der Teilnehmer?
- Sehen Sie die Konversation als Prozess und stellen Sie die Punkte heraus, bei denen etwas Einschneidendes passiert ist, zum Beispiel wann und warum sich die Meinung eines Teilnehmers oder die der ganzen Gruppe geändert hat.

Abbildung 3.6: Checkliste für die Analyse von Fokusgruppen[28] [29]

Berichtsformat

Berichte zu Fokusgruppen werden in der Regel in einer der vier folgenden Arten geschrieben[30]:

1. *Thematische Berichte* beschreiben im Detail eine oder mehrere Fokusgruppen. Zum Beispiel, wie die Packung eines neuen Waschpulvers von Studenten, Hausfrauen und Angestellten beschrieben wurde und wie diese Ergebnisse differieren.
2. *Chronologische Berichte* betonen mehr die Interaktion innerhalb der Gruppe. Zum Beispiel stellen sie heraus, wie die Verpackung des Waschpulvers beschrieben wurde, bevor ein Konkurrenzprodukt als Vergleich gezeigt wurde und danach.
3. *Erzählende Berichte* wählen interessante Geschichten aus, die von den Gruppen erarbeitet wurden und die von Relevanz sein können. Zum Beispiel, wenn eine Fokusgruppe beginnt, den Duft des Waschpulvers mit einem Spaziergang am Meer zu vergleichen, könnte dies Ideen für den Produktnamen liefern.
4. *Ethnographische Berichte* konzentrieren sich vor allem auf Einblicke zu speziellen Vorfällen quer über verschiedene Fokusgruppen. Zum Beispiel, dass alle Studenten das Waschpulver direkt aus der Schachtel in die Maschine füllen, während Mütter und Angestellte den Maßbecher benutzen. (Beachten Sie dass der Begriff »ethnographischer Bericht« bei Fokusgruppen eigentlich ein Widerspruch in sich ist. Kapitel 4 geht auf das Thema ethnographische Marktforschung noch sehr viel detaillierter ein.)

Egal welches Codierungs-Schema und welche Berichtsart gewählt werden, ein typischer Fokusgruppenbericht liefert normalerweise eine Reihe von Produktattributen, die für aktuelle und zukünftige Kunden wichtig sind. Ein Beispiel dafür, wie die

Fallbeispiel 3.4

Dr. Oetker – wie hausgemacht von Mutter[31]

Die Firma Dr. Oetker hat seine Geschichte im Jahr 1902 als Hersteller von Backpulver begonnen. Aufbauend auf dem Erfolg mit diesem ersten Produkt, wurden weitere Produktlinien entwickelt, die unter anderem Fertiggerichte wie Tiefkühlpizzen oder Puddingpulver und ähnliche Desserts beinhalten. Die Firma berichtet auf ihrer Homepage, wie eine Fokusgruppe vor vielen Jahren zu unerwarteten Resultaten und neuen Produkteigenschaften geführt hat.

Damals war Dr. Oetker überrascht über den schleppenden Umsatz mit einer neuen Backmischung für Kuchen, weil die neue Rezeptur bei Geschmackstests mit Verbrauchern durchweg sehr gut angekommen war. Daraufhin wurden Fokusgruppen mit Hausfrauen durchgeführt. Das überraschende Ergebnis war, dass sich die Hausfrauen mit der Anwendung der neuen Backmischung nicht wohl fühlten, weil sie selbst nichts zu der Mischung hinzufügen mussten. Manche Teilnehmerinnen der Fokusgruppe arbeiteten Teilzeit oder hatten mehrere Kinder, weshalb sie sehr gerne Backmischungen benutzen würden, um Zeit zu sparen. Allerdings berichteten Sie von einem komischen Gefühl, einen hausgemachten Kuchen zu präsentieren, wenn sie quasi nichts zur Mischung hinzufügen müssten. Obwohl sie das Produkt mochten, hätten sie beim Kauf ein schlechtes Gewissen, weil ihr Ruf als gute Hausfrau und Mutter eventuell riskiert werden könnte. Im Nachgang zur Fokusgruppe wurde das Produkt deshalb so verändert, dass einige Eier und Gewürze hinzugefügt werden mussten. Daraufhin war das Produkt ein großer Erfolg und wurde mit mehreren Nachfolgeprodukten erfolgreich als Produktlinie etabliert.

Ergebnisse einer Fokusgruppe zu ganz bestimmten Produktmerkmalen führen, lesen Sie im Fallbeispiel 3.4.

3.4 Variationen von Fokusgruppen

Während der letzten Jahre haben sich verschiedene Variationen von Fokusgruppen entwickelt. Die Entscheidung, welche Art von Fokusgruppe angewendet werden sollte, hängt hauptsächlich von den Forschungszielen und der Sensitivität des Themas ab. Wir werden hier fünf verschiedene Varianten kurz vorstellen, um einen Einblick zu geben, wie sich Fokusgruppen inzwischen weiterentwickelt haben:

- *Zweiseitige Fokusgruppen*. Hier gibt es zwei Teilnehmergruppen: Eine Gruppe führt eine normale Fokusgruppe durch, während die andere nur die Diskussion beobachtet. Hinterher diskutiert die zweite Gruppe dann, was sie gehört hat und äußert ihre Schlussfolgerungen zur Interaktion innerhalb der Gruppe. Der Vorteil dieser Vorgehensweise ist, dass die Ideen der einen Gruppe quasi von der zweiten Gruppe überprüft werden. Außerdem kann das Verständnis der Themen sehr stark vertieft werden, wenn mehrere Gruppen nacheinander das gleiche Thema diskutieren.[32]
- *Sequentielle Fokusgruppen*. Die erste Gruppe definiert die Fragen und Themen, die die zweite Gruppe bearbeiten soll. Dies kann zu interessanten Ergebnissen führen, weil sich die Diskussion ganz spezifisch auf verbraucherrelevante Themen konzentriert, ohne Beeinflussung durch Moderatoren, Forscher oder Marketingfachleute.
- *Fokusgruppen als Telekonferenz*. Weil es sich manchmal als schwierig erweist, die idealen Teilnehmer an einem Ort zusammenzubringen, werden Fokusgruppen auch als Telefonkonferenz durchgeführt. Die Teilnehmer bekommen dann eine spezielle gebührenfreie Nummer mit einem personalisierten Passwort. Auf der einen Seite ist diese Variante günstiger, auf der anderen Seite hat es den Nachteil, dass non-verbale Aspekte (Körpersprache etc.) nicht analysiert werden können. Deshalb sind telefonische Fokusgruppen nur in speziellen Fällen zu empfehlen, wie zum Beispiel wenn es der einzige Weg ist, die gewünschten Teilnehmer gemeinsam diskutieren zu lassen.[33] Dies kann unter anderem der Fall sein, wenn die geforderten Experten in mehreren verschiedenen Ländern beheimatet sind.
- *Online-Fokusgruppen*[34]. In manchen Märkten, zum Beispiel in der Software- oder PC-Spielwarenindustrie, werden Fokusgruppen bevorzugt, bei denen die Teilnehmer an verschiedenen Orten online sind. Diese Art der Fokusgruppe ist ideal für Teilnehmer, die eine hohe Affinität zu Computern haben und/oder für sogenannte »Lead-User« (siehe Kapitel 7) von bestimmten Produkten. Verbale Kommunikation findet in diesem Fall natürlich nicht statt, aber Online-Diskussionen (zum Beispiel in Chatrooms) können analysiert werden. Wissenschaftliche Untersuchungen haben ergeben, dass virtuelle Fokusgruppen fast zu identischen Ergebnissen kommen können wie solche, die persönlich durchgeführt werden.[35]
- *Nominale Gruppen*[36]. Um zu vermeiden, dass einzelne Teilnehmer die Diskussion dominieren oder aber andere gelangweilt sind, werden bei nominalen Fokusgruppen die Teilnehmer zunächst gebeten, ihre Gedanken aufzuschreiben und danach der Gruppe zu präsentieren. Während der Präsentation können neue Ideen zusätzlich geäußert werden und am Ende einigt sich die Gruppe darauf, welche Aspekte oder Ideen nun in einer Diskussion gemeinsam erörtert werden sollen. Idealer-

weise führt dieser erste Schritt in Form eines Brainstormings dazu, dass ein höheres Maß an Kreativität erreicht wird, zum Beispiel für neue Produkte.

3.5 Vor- und Nachteile

3.5.1 Vorteile

Die Bedeutung von Fokusgruppen wird oft kontrovers diskutiert,[37] aber wenn sie professionell durchgeführt werden, bieten sie Marktforschern viele Vorteile.[38]

- Es ist leichter als bei einem Einzelinterview, Personen zur Teilnahme zu überzeugen, weil diese vielleicht zu zurückhaltend wären oder von sich denken nicht genug Fachwissen zu haben.
- Fokusgruppen sind relativ problemlos durchzuführen, mehr oder weniger günstig, und sie erhöhen die Größe der Stichprobe automatisch, weil man mit mehr als einer Person gleichzeitig spricht.
- Verglichen mit normalen Einzelinterviews, werden Fokusgruppen von manchen Teilnehmern als angenehmer empfunden, weil sie sich als Experte eines bestimmten Themas geehrt fühlen und außerdem weniger persönlichen Druck empfinden, immer eine passende Antwort haben zu müssen. Außerdem haben die Teilnehmer mehr Zeit über ihre jeweiligen Antworten nachzudenken[39].

Fallbeispiel 3.5

Coca Cola – eine Frage des Geschmacks?[40]

Im Jahr 1985 hatte sich das Management von Coca Cola entschieden, aufgrund der stärker werdenden Konkurrenz von Pepsi-Cola, den Geschmack zu verändern. Vor der Markteinführung des neuen Geschmacks wurden mehrere Fokusgruppen und Umfragen durchgeführt, die gezeigt haben, dass eine Mehrheit der Befragten den neuen Geschmack vorziehen würde. Nur Wenige wollten beim Klassiker bleiben. Als das neue Produkt auf den Markt gebracht wurde, wurde »New Coke« von vielen Verbrauchern akzeptiert, aber eine kleine Minderheit protestierte lautstark gegen die Geschmacksänderung. Insgesamt erhielt die Zentrale von Coca Cola mehr als 400.000 verärgerte Briefe und Anrufe mit Beschwerden und sogar Fidel Castro, der für seine Liebe zu Coke bekannt ist, beschwerte sich. Also füllte die Minderheit, die den traditionellen Geschmack bevorzugte, ihre Vorräte auf, während die Verkaufszahlen von New Coke langsam nach unten tendierten.
Weniger als drei Monate nach der Einführung von New Coke, wurde die Rückkehr des traditionellen Coke im Fernsehen angekündigt. Am Ende desselben Jahres, übertrumpfte der Umsatz mit Classik Coke bei weitem den von New Coke, aber auch den von Pepsi-Cola, und zwar war der Umsatzzuwachs von Classic Coke doppelt so hoch als der von Pepsi.
Verschiedene Akademiker und Marktforschungsspezialisten analysierten daraufhin, was in den Fokusgruppen schief gelaufen war. Die meisten sind sich darüber einig, dass der Fehler darin lag, dass nur eine einzige Frage gestellt wurde. Die Verbraucher wurden gefragt: »Welchen Geschmack mögen Sie lieber?« Aber man hätte fragen sollen: »Was würden Sie sagen, wenn wir den jetzigen Geschmack mit diesem hier ersetzen würden?«
Man kann aus diesem Beispiel also vieles lernen: Marktforschung kann nicht immer die emotionale Beziehung von Verbrauchern zu einem bestimmten Produkt oder einer Marke erforschen; obwohl New Coke letztendlich ein Flop war, hat es sehr viel Publicity hervorgebracht und die Beliebtheit und der Umsatz von Classic Coke wurde gesteigert.

- Gruppendiskussionen können dazu beitragen, dass die Beteiligten in jeder Hinsicht »ihr Bestes« geben. Während des Prozesses werden die individuellen Ansichten oft hinterfragt, sodass das Endergebnis oft ein sehr genaues und realistisches Bild dessen ist, was die Teilnehmer denken. Darum erarbeiten Fokusgruppen eine größere Bandbreite an Informationen als traditionelle Interviews.
- Einer der wichtigsten Vorteile von Fokusgruppen ist die Tatsache, dass sie es den Marktforschern erlauben, relativ schnell ein Verständnis dafür zu entwickeln, warum die Teilnehmer so denken und handeln, wie sie es tun.[41] Die einzelnen Teilnehmer können den anderen zuhören, ihre eigenen Ansichten modifizieren oder auch klar machen, wo sie anderer Meinung sind und so weiter.
- Viele Teilnehmer beschreiben die Diskussion im Rückblick als »unterhaltsam« und als »anregende Erfahrung«. Die Prozesse, die während einer Fokusgruppe ablaufen, und zu denen die Teilnehmer gemeinsam mit einer Gedankenkette beitragen, werden oft als sehr stimulierend und informativ empfunden.

3.5.2 Nachteile

Fokusgruppen sind sehr beliebt und haben auf den ersten Blick viele Vorteile. Allerdings gibt es auch eine Reihe von Einschränkungen, besonders wenn unerfahrene Marktforscher sie verwenden.

- Die Datenanalyse ist immer eine Herausforderung – schon alleine deshalb weil eine große Menge an Daten generiert wird und die Interaktion innerhalb der Gruppe sehr schwer zu verfolgen ist.
- Obwohl Fokusgruppen sehr beliebt sind, sind überraschenderweise mehr als 80 Prozent aller Einführungen von neuen Produkten oder Dienstleistungen die aus Fokusgruppen resultieren innerhalb der ersten sechs Monate ein Flop, oder aber fallen weit hinter die vorhergesagten Umsatzziele zurück.[42]
- Die Teilnehmer von Fokusgruppen sind nicht immer repräsentativ für die Zielgruppe.
- Die Validität bei Fokusgruppen ist eine weitere Schwierigkeit. Zum Beispiel kann die Balance zwischen freier Diskussion und vom Moderator geleiteter Diskussion die Resultate stark beeinflussen.[43] Selbst wenn die Moderatoren sehr erfahren und gut ausgebildet sind, sind sie nicht komplett neutral und beeinflussen die Teilnehmer auf irgendeine Weise.[44] Darüber hinaus beeinflusst auch die Auswahl der Teilnehmer, die Art der Frage, wie die Fragen formuliert sind und wer sie stellt die Validität der Ergebnisse.[45]
- Der Aspekt Teilnehmer kann die Vorteile von Fokusgruppen oft torpedieren. Es kann teilweise sehr schwierig sein, die ideale Fokusgruppe zusammenzubringen, zum Beispiel aus Kosten- oder Zeitgründen. Deshalb ist die Qualität der Teilnehmerauswahl von zentraler Bedeutung für den Erfolg einer Fokusgruppe.
- Einige Teilnehmer möchten ihre persönlichen Ansichten nicht in einer Gruppe preisgeben oder sind schlicht und einfach zu schüchtern dazu. Besonders bei sensiblen oder intimen Themen kann es vorkommen, dass die Teilnehmer keine privaten Details in der Gruppe diskutieren möchten. Darüber hinaus können soziale Zwänge die Ergebnisse einschränken, oder aber es ist sehr viel Mühe notwendig, bis sich alle Teilnehmer in der Runde so wohl fühlen, dass sie an der Diskussion

teilnehmen. Oft gibt es auch das Problem, dass die Teilnehmer innerhalb der Gruppe nicht ehrlich sagen, was sie denken, sondern eher das was von ihnen erwartet wird. Wenn sie zum Beispiel fragen »Wie oft wechseln Sie Ihre Unterwäsche?«, so werden Sie voraussichtlich nicht von allen Teilnehmern eine ehrliche Antwort erhalten.

- Teilnehmer haben oft Schwierigkeiten, in Worten auszudrücken, was sie über eine Marke oder einen TV-Spot denken. Daher kopieren sie oft die Antwort einer etwas dominanteren Person innerhalb der Fokusgruppe.[46]
- Wenn Fokusgruppen benutzt werden, um die Reaktion auf neue Produktaspekte zu testen, haben sie mehrere Nachteile. Unter manchen Umständen, sagen die Teilnehmer nicht die Wahrheit oder reagieren nicht so, wie sie es im echten Leben tun würden (siehe Fallbeispiel 3.5.).
- Insbesondere kreative Ideen werden in einer Fokusgruppe leicht unterdrückt.
- Falls der Gruppe ein Prototyp präsentiert wird, sind die Teilnehmer nicht in ihrem normalen Umfeld. Das heißt ihr Verhalten ist eventuell nicht repräsentativ und somit auch nicht vergleichbar mit einer Kaufentscheidung im echten Leben (siehe Fallbeispiel 3.6 für einen alternativen Ansatz der erfolgreich war). Fokusgruppen wurden sogar dafür kritisiert, völlig nutzlos für die Marktforschung zu sein, weil die Teilnehmer nur sehr beschränktes Wissen über die Möglichkeiten von neuen Produkten und Dienstleistungen haben. Deshalb würde ihnen auch die Fähigkeit fehlen, kreative Ideen zu erarbeiten.[47]

Fallbeispiel 3.6

Target – das Studentenleben wirklich verstehen[48]

Target, ein Discount-Supermarkt in den USA, wollte eine neue Produktlinie speziell für College-Studenten auf den Markt bringen. Dafür hat sich die beauftragte Marktforschungsagentur Jump Associates zu einem neuen Ansatz mit der Methode Fokusgruppe entschlossen. Die Firma sponserte Spielabende an Universitäten, zu der Erststudenten und auch Studenten mit einjähriger Wohnheim-Erfahrung eingeladen wurden. Um die Teenager dazu zu bringen, über ihre Erfahrungen im Wohnheim zu sprechen, hat Jump ein Brettspiel entwickelt, das sich um alle Themen rund um den Beginn des College-Studiums dreht. Das Spiel führte ganz automatisch zu informellen Unterhaltungen und Diskussionen über das Collegeleben. Marktforscher waren als Beobachter eingesetzt und jeder Abend wurde außerdem mit einer Videokamera gefilmt.
Die Untersuchung war ein voller Erfolg. Target führte eine Produktlinie für Wohnheime ein, unter anderem zum Beispiel das Produkt »bath in a box« (alles was man im Bad braucht), das auch ein extra langes Handtuch beinhaltet, damit Studenten sich auf dem Weg zur Dusche und zurück darin einwickeln können.

3.6 Zusammenfassung

Dieses Kapitel hat die folgenden Punkte behandelt:

- Fokusgruppen sind eine der populärsten Methoden in der Marktforschung, weil sie leicht zu organisieren und (oberflächlich betrachtet) auch leicht zu analysieren sind.
- Die Planungsphase bei Fokusgruppen ist sehr wichtig. Es ist wichtig, die Ziele klar zu formulieren, die Teilnehmer und den Moderator sorgfältig auszuwählen, die

Fragen bewusst zu formulieren und einen passenden Raum für die Fokusgruppen-Diskussion auszusuchen.

- Die Methode Fokusgruppe ist leicht zu verstehen, aber nicht so leicht in der Praxis durchzuführen. Grund dafür ist, dass die Gruppierung der Teilnehmer, die Beherrschung der Interaktion in der Gruppe und die Aufgaben und Verantwortlichkeiten des Moderators sehr viel Können erfordern. Die Analyse der Daten ist aufgrund der Qualität und Quantität eine weitere Herausforderung. Sie muss sowohl die Diskussionsinhalte als auch die Interaktion einbeziehen, die nonverbale Aspekte enthält und subjektive Beobachtungen des Moderators berücksichtigt.
- Es kann Ziel von Fokusgruppen sein, neue Produktideen zu entwickeln oder aber neue Ideen zu testen. Egal welches Ziel der Fokusgruppe zugrunde liegt, sollten die Ergebnisse immer mit anderen Marktforschungsmethoden kombiniert werden. Dies eliminiert zumindest zu einem Teil die eingeschränkte Validität von Fokusgruppen.

Empfehlungen für die Praxis

- Überprüfen Sie, ob die Fokusgruppen gut vorbereitet und durchgeführt werden. Vermeiden Sie außerdem, die Technik in zu vielen Bereichen einzusetzen.
- Denken Sie darüber nach, wie Kunden, Experten und andere Lead-User für den Innovationsprozess in Ihrer Firma eingebunden werden. Wie kann deren Expertise am besten in den Innovations- und Produktentwicklungsprozess integriert werden und wann ist eine Fokusgruppe hilfreich, um z. B. Prototypen zu testen.
- Benutzen Sie neue Ansätze für die Auswahl der Teilnehmer von Fokusgruppen. Es ist nicht immer einfach, neue Produkte mit bestehenden Kunden zu diskutieren. Als Alternative wäre eine Mischung von neuen Kunden oder eine neue Mischung der Fokusgruppen-Teilnehmer denkbar, um wirklich kreative Ideen und Innovationen zu erarbeiten.
- Überlegen Sie wie Fokusgruppen am besten mit anderen Marktforschungsmethoden kombiniert werden können. Vergleichen Sie die Ergebnisse von Fokusgruppen auch mit Techniken wie Repertory Grid oder Conjoint-Analysen, die auf das implizite Wissen abzielen, um eine ideale Kombination der Ergebnisse zu erhalten.

3.7 Weiterführende Literatur

1. Morgan, D. L.: *The Focus Group Guidebook*. Sage, London, 1998, ISBN 0-7619-0818-8.
   Detaillierte Einführung in die Fokusgruppentechnik inklusive Geschichte, Beispiele, Kosten und was Sie von den Ergebnissen erwarten können.
2. Langford, D. J./McDonaugh, D.: *Focus groups: supporting effective product development*. CRC Press, 2003, ISBN 0-4152-6208-9.
   Betrachtet ganz spezifisch Fokusgruppen und deren Anwendung in designaffinen Produktentwicklungsprojekten.
3. Krueger, R.: *Focus Groups*, Sage, London, 4. Aufl., 2009, ISBN 1-4129-6947-6.
   Sehr gute praktische Anleitung für Fokusgruppen. Der Autor hat sehr viel Erfahrung mit Fokusgruppen, was man im gesamten Buch deutlich spürt.
4. Fern, E. F.: *Advanced Focus Group Research*, Sage, London, 2001, ISBN 0-7619-1249-5.
   Für Leser mit vorhandenem Wissen zu Fokusgruppen geeignet. Gute Diskussion der Nachteile, aber auch der Zukunft der Marktforschungstechnik Fokusgruppe

3.8 Quellenverzeichnis und Notizen

1 Sandberg, K.D. (2002): ›Focus on Benefits‹. *Harvard Management Communication Newsletter*. Vol. 5, No. 4, S. 3–4.
2 Powell, R.A./Single, H.M. (1996): ›Focus Groups‹. *International Journal for Quality in Health Care*. Vol. 9, S. 499–504.
3 McDonagh-Philp, D./Bruseberg, A. (2000): ›Using Focus Groups to Support New Product Development‹. *Institution of Engineering Designers Journal*. Vol. 26, No. 4, S. 9–11.
4 McDonagh-Philp, D./Denton, H. (1999): ›Using Focus Groups to Support the Designer in the Evaluation of Existing Products: a Case Study‹. *The Design Journal*. Vol. 2, No. 20, S. 131.
5 Eriksson, P./Kovalainen, A. (2008): *Qualitative Methods in Business Research*. Sage, London, ISBN 1-4129-0317-3.
6 Robert K. Merton ist der Vater der bekannten Begriffe »self-fulfilling prophecy« und »role models«. Beide Begriffe sind aus seiner wissenschaftlichen Arbeit in die Umgangssprache übernommen worden.
7 Denzin, N./Lincoln, Y. (Hrsg,) (1994): *Handbook of Qualitative Research*. Thousand Oaks, CA, ISBN 0-7619-2757-3.
8 Emberger, W./Kromer, R. (2000): *Treue Kunden wachsen nicht auf Bäumen – Strategien und Instrumente zur Kundenbindung*. WEKA Verlag, Wien, ISBN 3-7018-4512-3.
9 Langford, J./McDonnagh, D. (2002): ›What can focus groups offer us?‹, in: McCabe, P.T. (Hrsg.) (2002). *Contemporary Ergonomics*, Taylor & Francis, London, ISBN 0-7484-0872-X.
10 Weatherchem corporation (2009): The Spice of Life in India. Growth opportunity for spice manufacturers in India. http://www.weatherchem.com (abgerufen Juni 2009).
11 Krueger, R.A. (1998): *Developing Questions for Focus Groups*. London, Sage, ISBN 0-7619-0819-6.
12 Im Jahr 2010 haben wir Fokusgruppen einer amerikanischen Firma in London beobachtet. Aufgrund der Firmenkultur (mit sehr stark ausgeprägter Arbeitsethik) waren die Fokusgruppen über 2,25 Stunden lang, obwohl die Teilnehmer nach 1,5 Stunden sichtlich müde waren und auch die Qualität der Diskussion stark darunter gelitten hat.
13 Durgee, J.: ›New Product Ideas from Focus Groups‹. *The Journal of Consumer Marketing*. Vol. 4, No. 4, 1987, S. 57–65.
14 Koners, U. (2006): Learning from Research & Development Projects: the role of post-project reviews, PhD Thesis, Cranfield School of Management.
15 Kepper, G. (1996): *Qualitative Marktforschung: Methoden, Einsatzmöglichkeiten und Beurteilunskriterien*. 2. Aufl., Deutscher Universitätsverlag, Wiesbaden, ISBN 3-8244-0216-5.
16 Morgan, D. (1996): ›Focus Groups‹. *Annual Review of Sociology*. Vol. 22, S. 129–152.
17 Calder, A. (1977): ›Focus Groups and the Nature of Qualitative Marketing Research‹. *Journal of Marketing Research,* Vol. 14, S. 353–364.
18 In 2010 kosteten diese £ 650 für drei Stunden am Abend, siehe www.allglobalviewing.com.
19 Walker, R. (1985): *Applied qualitative research*, UK Gower Publishing Company, ISBN 0-5660-0898-X.
20 Easterby-Smith, M./Thorpe, R./Lower, A. (1991): *Management Research: an Introduction*. Sage. London, ISBN 0-8039-8393-X.
21 Krueger, R.A. (1998): *Moderating Focus Groups*, Sage, London, ISBN 0-7619-0821-8.
22 Prince, M./Davies, M. (2001): ›Moderator Teams: an Extension to Focus Group Methodology‹. *Qualitative Market Research*. Vol. 4, No. 4, S. 207–216.
23 Krueger, R.A. (1988): *Focus groups: A practical guide for applied research*, Sage, London, ISBN 0-8039-2274-4.
24 Stewart, D.W./Shamdasani, P.N. (1990): *Focus groups: Theory and practice*. Applied Social Research Methods Series, Vol. 20: Sage Newbury Park, CA, ISBN 0-7619-2583-X.
26 Dieses Formular wurde von der Forscherin Helen Bruce entwickelt. Verwendung nur mit vorheriger Genehmigung.
25 Interviews mit R&D Managern bei Kraft Foods Ltd.UK in Banbury, UK, durchgeführt im Januar 2001.
27 Krueger, R.A. (1998): *Analysing and Reporting Focus Group Results*. Sage, London. ISBN 0-7619-0816-1.
28 Eriksson, P./Kovalainen, A. (a.a.O.).

29 Marshall, C./Rossman, G. (2006): *Designing Qualitative Research*. 4. Aufl., Sage, London, S. 115, ISBN 1-4129-2489-8.
30 Eriksson, P./Kovalainen, A.: (a. a. O.).
31 Emberger, W./Kromer, R.: (a. a. O.).
32 Kepper, G.: (a. a. O.).
33 Edmunds, H. (2000): *The Focus Group Research Handbook*. McGraw Hill, ISBN 0-6580-0248-1.
34 Szwillus, G./Ziegler, J. (Hrsg.), (2003). *Mensch & Computer: Interaktion in Bewegung*. Stuttgart: B. G. Teubner, S. 207–218.
35 Wellner, A. S. (2000): ›I've asked you here because …: online focus groups can be a great way to get some quick-and-dirty market research‹. *Business Week*. 16. August, No. 3694, S. 14.
36 Churchill, G. A. Jr./Brown, T. J./Suter, T. A. (2010): Basic Marketing Research. 7. Aufl. Mason, USA: South-Western Cengage Learning, S. 93.
37 Stokes, D./Bergin, R. (2006): ›Methodology or Methodolatry? An Evaluation of Focus Groups and Depth Interviews‹. *Qualitative Market Research*. Vol. 9, No. 1, S. 26–37.
38 Zikmund, W. G. (1997): *Exploring Marketing Research*. 6. Aufl., The Dryden Press, Fort Worth, TX, ISBN 0-3247-8844-4. In diesem Buch fasst Zikmund die wichtigsten Vorteile von Fokusgruppen unter dem Titel »die 10 S« zusammen. Der Buchstabe S bezieht sich hier auf die zehn Überschriften, die alle mit einem S beginnen.
39 Wilkinson, S. (1999): ›Focus Group Methodology: a Review‹. *International Journal of Social Research Methodology*. S. 181–203.
40 Schindler, R. M. (1992): ›The Real Lesson of New Coke: the Value of Focus Groups for Predicting the Effects of Social Influence‹. *Marketing Research*. Vol. 4, No. 4, S. 22–28.
41 Bryman, A. (2008): *Social Research Methods*. Oxford University Press, Oxford, 3. Aufl., ISBN 0-1992-0295-8.
42 Zaltman, G. (2003): *How Customers Think: Essential Insights into the Mind of the Market*. Harvard Business School Press, ISBN 1-5785-1826-1.
43 Das Thema ruft Verbindungen mit Heisenbergs Unschärferelation hervor. Wie Heisenberg sagte: »Was wir sehen, ist nicht die Natur selbst, sondern die Natur wie sie auf unsere Art der Befragung reagiert.«
44 Walvis, T. (2003): ›Avoiding Advertising Research Disaster: Advertising and the Uncertainty Principle‹. *Journal of Brand Management*. Vol. 10, No. 6, S. 403–409.
45 Walvis, T.: (a. a. O.).
46 Comiteau, J. (2005): ›Why the Traditional Focus Group is Dying‹. *Adweek*. 31. Oktober, 46, S. 24.
47 Rushkoff, D. (2005): *Get back in the box: innovation from the inside out*. Collins, New York, ISBN 0-0607-5869-4. Douglas Rouschkoff argumentiert dass Fokusgruppen oft nutzlos sind und häufig mehr Probleme heraufbeschwören, als sie dann letztendlich lösen. Gründe hierfür sind unter anderem, dass die Teilnehmer oft eher das sagen, was gerne gehört wird, statt ihrer eigenen Meinung Ausdruck zu verleihen, und auch dass die Daten bei der Analyse so herausgepickt werden, dass bestehende Vermutungen unterstützt werden.
48 Wellner, A. S. (2003): The New Science of Focus Groups. *American Demographics*. Vol. 25, No. 3, S. 29–33.

4 Ethnographische Marktforschung

Anstatt Menschen zu fragen, was sie normalerweise tun oder sagen ... ziehen Ethnographen es vor, die Menschen selbst dabei zu beobachten.[1]

Einführung

Die meisten Marketingmanager besuchen regelmäßig ihre Kunden und beobachten, wie sie bestimmte Produkte benützen. Allerdings führen solche formlosen Beobachtungen und informellen Diskussionen selten zu bahnbrechenden neuen Produkten. Aber bereits der Vergleich dieser Besuche mit detaillierter *ethnographischer Marktforschung*, bestehend aus *systematischer Beobachtung* und *Kontextinterviews*, ist nicht angebracht. Bei Ethnographen und ihrer Vorgehensweise »stammesmäßige« Kulturen zu beobachten, passiert nichts formlos und zufällig. Deshalb betonen wir in diesem Kapitel die Notwendigkeit, Beobachtungen penibel zu planen und durchzuführen. »Die systematische Beobachtung ist eine Forschungsmethode, in der Außenstehende gewisse Ereignisse auswählen, aufnehmen, codieren und interpretieren.«[2] Diese Definition enthält mehrere Aspekte, die die systematische Beobachtung von anderen Methoden abgrenzt. Erstens wird vorher genau ausgewählt, was beobachtet wird. Das heißt automatisch auch, dass die Zeit, wann die Kunden beobachtet werden und wie sie mit dem Produkt interagieren, auch bewusst ausgewählt werden muss. Zweitens, die Codierung bedeutet, dass die Daten in einem mühsamen Prozess kategorisiert werden müssen, um versteckte Bedeutungen und Themen herauszufinden. Schlussendlich bedeutet die obige Definition auch, dass die Außenstehenden als Beobachter auch wirklich objektiv beobachten.

Der Begriff »Stimme des Kunden« ist inzwischen eng mit dem Prozess der Produktentwicklung verbunden. Er wird oft von Firmen benutzt, die glauben, dass sie ein tiefes Verständnis ihrer Kunden haben, weil sie zugehört haben, was diese ihnen gesagt haben. Aber – und das verdeutlichen wir in diesem Buch – eine direkte Befragung in isolierter Umgebung ermöglicht kein wirkliches Verstehen der Kunden. Kunden können ihre Bedürfnisse vielleicht gar nicht ausdrücken und das was sie in Fokusgruppen sagen, stimmt vielleicht nicht mit dem überein, was sie tatsächlich tun. Die Wissenschaft der Ethnographie hat eine lange Tradition, indem sie nicht nur das akzeptiert, was Menschen sagen, um deren Verhaltensweisen und Kultur zu erklären. Ethnographen stellen das, was ihnen gesagt wird, neben das, was sie sehen. Als Marktforscher müssen wir deshalb das gesunde Misstrauen der Ethnographen entwickeln, dass das was uns gesagt wird, vielleicht nicht die ganze Wahrheit ist.

Systematische Beobachtung wird fast immer mit Kontextinterviews (ein Interview, das in der eigenen Umgebung des Befragten stattfindet) kombiniert. Deshalb werden beide Methoden in diesem Kapitel behandelt. Die Vorbereitung und Erfahrung, die für ethnographische Marktforschung erforderlich ist, sollte nicht unterschätzt werden.[3] Aus diesem Grund stellen manche Firmen ausgebildete Ethnographen ein. Allerdings können Ethnographen, die wiederum kein solides Verständnis von Produktentwicklung haben, eventuell auch keine brauchbaren Anregungen liefern. Wir kennen z. B. eine innovative Firma, die sehr enttäuscht über die Ergebnisse eines Projektes war, bei dem akademisch ausgebildete Ethnographen (ohne Erfahrung in der Industrie) gebeten wurden, Beiträge zur Produktentwicklung auszuarbeiten. Es ist sehr wichtig, die Ideen der Ethnographie passend anzuwenden und deshalb werden wir Ansätze vorstellen, die zwar auf der Theorie basieren, aber bereits im Umfeld der Produktentwicklung getestet wurden.

In diesem Kapitel werden wir:

- die Geschichte der Ethnographie, und wie sie in der Marktforschung angewendet werden kann, diskutieren,
- einen Überblick über die wichtigsten Bestandteile der Methode geben,
- zeigen, wie ethnographische Marktforschung geplant und effektiv durchgeführt werden kann,
- die wichtigsten Ansätze zur Datenanalyse besprechen. Dies ist besonders wichtig, weil ethnographische Marktforschung riesige, qualitative Datenberge produziert und viele Marktforscher nicht wissen, wie man damit umgeht.

4.1 Die Geschichte der ethnographischen Marktforschung

Ethnographie ist die Sozialwissenschaft, die die theoretische und praktische Basis für systematische Beobachtungen und Kontextinterviews bietet. Deshalb werden wir über die Ursprünge der Ethnographie sprechen, und wie sie für die Anwendung in der Produktentwicklung angepasst wurde. Ethnographische Marktforschung und insbesondere die Interpretation der Ergebnisse erfordert Erfahrung. Insofern ist es wohl keine Überraschung, dass ihre Pioniere alle eine sozialwissenschaftliche Ausbildung hatten, bevor sie in der Industrie und in der Produktentwicklung gearbeitet haben.

In diesem Kapitel werden wir die Begriffe *Ethnographie* und *Anthropologie* häufig verwenden. Anthropologie ist »das Studium der Ursprünge und Gewohnheiten der Menschheit«. Sie beinhaltet die physikalische Anthropologie, also das Studium der Evolution des Menschen, und die kulturelle Anthropologie, also das Studium verschiedener Kulturen. Ethnographie ist »die wissenschaftliche Beschreibung von Menschen und Kulturen« (Definitionen aus dem Oxford English Dictionary). Sie kann deshalb als die zugrunde liegende Methode der kulturellen Anthropologie angesehen werden. Obwohl der Begriff *anthropologische Expedition*[4] manchmal benutzt wird, um Ausflüge zu beschreiben, bei denen Kunden in ihrer eigenen Umgebung beobachtet werden, ist ethnographische Marktforschung der geeignete Begriff.

4.1.1 Anfänge der Ethnographie

Die Anfänge der Ethnographie gehen bis in die Kolonialzeit zurück, als die Briten, Franzosen und andere Interesse an den Kulturen in ihren jeweiligen Kolonien gezeigt haben.[5] Heute mag es für uns bizarr klingen, aber die ersten Forscher haben die Kulturen, die sie studierten nicht selbst beobachtet! Stattdessen beauftragten sie die Kolonialverwalter damit, Fragen zur Kultur zu stellen. Dieselben Akademiker gaben im Jahr 1874 sogar ein Handbuch heraus, das die Standardfragen auflistete. Heute bezeichnet man die Methoden, die in diesen frühen kulturellen Studien benutzt worden sind, oft mit Ausdrücken wie »Lehnstuhl-Methode« und »Veranda-Anthropologie«. Damit wird kritisiert, dass die frühen Forscher sich den Personen gegenüber, die sie erforschen sollten, sehr distanziert verhielten. Diese Distanzierung führte frühe Pioniere der Anthropologie, wie etwa James Frazer (Autor des Klassikers *The Golden Bough*)[6] dazu, dass sie die Gewohnheiten und Ansichten falsch interpretierten, weil ihnen das notwendige Kontext-Wissen fehlte.

Im Gegensatz zu diesen frühen Forschern waren Entdecker, Militäroffiziere und Mitglieder der Kolonialverwaltung direkt im »Feld« und berichteten von verschiedenen Völkern. Obwohl viele Berichte nicht mehr als oberflächliche Beschreibungen waren, enthalten sie einige interessante und oftmals sogar scharfsinnige Beobachtungen.[7] Allerdings hatten die meisten Kolonialoffiziere Schwierigkeiten, die Kulturen zu verstehen, mit denen sie in Kontakt kamen – zum Beispiel waren britische Offiziere entnervt angesichts der fehlenden Hierarchien in manchen afrikanischen Stämmen.

Im Jahre 1922 unternahm der kulturelle Anthropologe Bronislaw Malinowski einen für die damalige Zeit sehr ungewöhnlichen Versuch. Er lebte ein ganzes Jahr mit Inselbewohnern zusammen, um Daten für seine berühmte Studie über die Kultur im westlichen Pazifik zu sammeln.[8] Ungefähr zur gleichen Zeit begannen Forscher damit, sich in die Untersuchung der afrikanischen Kulturen zu vertiefen, und zwar mit einer Reihe von bemerkenswerten Studien über die Völker im Sudan, unter anderem entstand die klassische Studie The Nuer[9] von E. E. Evans-Prichard. Diese Studien umfassten 15 Jahre Arbeit, in denen die alles beinflussende Rolle von Viehherden auf das Leben der Nuer-Völker und deren dezentralisiertes politisches System untersucht wurde – letzteres hatte die Kolonial-Offiziere verwirrt.

Eine wichtige Entwicklung, die Einfluss auf die Ethnographie hatte, war die »Chicago Schule« der Soziologie. Seit den 1920er Jahren sind Soziologen aus Chicago in Gruppen am Rande der Gesellschaft (*Subkulturen*) eingetaucht, um deren Verhalten aus der Perspektive eines »Außenseiters« zu verstehen. Dies resultierte aus Studien über das Stadtleben, wie zum Beispiel die berühmte ethnographische Untersuchung über die Sprache und Kultur von städtischen Milieus. Die Depression in den 1930er Jahren und die darauf folgenden, für einen großen Teil der US-Gesellschaft harten Zeiten (beschrieben z. B. in John Steinbecks klassischer Novelle, *The Grapes of Wrath*) erregte großes Interesse, die verschiedenen Gruppierungen der Gesellschaft zu verstehen.

Die Welle anthropologischer und soziologischer Studien, die in den 1920er Jahren begann, ermöglichte nicht nur Einblicke in viele urbane und ursprüngliche Kulturen, sondern half auch, die Methode zu entwickeln. Deshalb war die Ethnographie Mitte des 20. Jahrhunderts bereits eine gut etablierte Methode. Der wichtigste Aspekt war das Eintauchen der Forscher in die zu untersuchende Gruppierung, das bewusste Erlernen der Sprache, des Dialekts oder des Jargons, die Verfassung von detaillierten Notizen im Feld und die regelmäßige Reflektion der Forscher, was sie aus ihren Beobachtungen gelernt haben.

In der zweiten Hälfte des 20. Jahrhunderts wurden weitere Verbesserungen der Datenanalyse erreicht, hauptsächlich durch den großen Einfluss der Technologie. Heutzutage ist es für uns selbstverständlich, dass wir Technologien, wie z. B. die *Video-Ethnographie,* zur Aufzeichnung und späteren detaillierten Analyse, vielleicht sogar von mehreren Ethnographen gleichzeitig, zur Verfügung haben. Zudem hatte die Software für die Analyse von qualitativen Daten einen großen Einfluss auf die Entwicklung der Ethnographie.

4.1.2 Einfluss der Ethnographie auf das Produktdesign

Ende des 19. Jahrhunderts hat sich das Management von Produktionsprozessen stark mit der *Ergonometrie* (dem Studium der Arbeit und der Arbeitsumgebung) und den *menschlichen Faktoren* (das Studium, wie Objekte leichter nutzbar werden angesichts der menschlichen Charakteristiken) beschäftigt. Diese Studien haben dazu geführt, dass Arbeiter systematisch beobachtet wurden. Zudem waren sie ein Katalysator für die Anwendung der Ideen der Sozialwissenschaften in der Geschäftswelt.

Der Ansatz des »wissenschaftlichen Managements« von Frederick Taylor stammt aus den 1890er Jahren. Es war die Philosophie, komplexe Produktionsprozesse in Stufen aufzuteilen. Anschließend wurde untersucht, wie Arbeiter die ihnen zugeordneten Aufgaben am effizientesten abarbeiten können, z. B. unter Betrachtung der Position und Bewegungsabläufe von beweglichen Objekten.[10] Diese Art wissenschaftlichen Managements hatte großen Einfluss darauf, wie Henry Ford seine Produktion organisierte, und war Anlass für seine Aussage, »dass nichts besonders schwierig ist, wenn man es in kleine Aufgaben aufteilt«. Damit das Management jedoch versteht, wie die jeweilige Aufgabe in einem bestimmten Schritt abgewickelt werden soll, war Beobachtung notwendig. Im Gegensatz zum Interessengebiet der Anthropologen konzentrierte sich das wissenschaftliche Management auf die Beobachtung der Aufgabe an sich, nicht auf die Menschen, die sie ausführten. Es dauerte einige Jahre, bis die sozialen Aspekte der Produktionssituation wahrgenommen wurden.

Die Arbeit von Taylor war auch die Grundlage für die berühmte Hawthorne-Studie aus dem Jahr 1939. Sie wurde nach der Fabrik in den USA benannt, wo sie durchgeführt wurde. Der Psychologe Elton Mayo und Anthropologe Lloyd Warner untersuchten den Einfluss der physischen Umgebung einer Fabrik auf die Produktivität. Gleichzeitig fanden die Psychologen auch heraus, »dass es einen verhaltensbedingten Aspekt der Produktivität gibt, der bisher noch nicht untersucht worden war.«[11] Die Erkenntnis, dass die Art, wie Menschen zusammenarbeiten, auch einen großen Einfluss auf die Produktivität hat, war ein Bruch mit der vorherigen Denkweise und bot das richtige Umfeld für weiter entwickelte Methoden der Beobachtung.

Zur gleichen Zeit, als die Produktionsmethoden untersucht wurden, beschäftigten sich Ingenieure auch mit der Frage, wie Produkte konstruiert sein müssen, damit sie den menschlichen Bedürfnissen – sowohl den physischen als auch den psychologischen – entsprechen. Im Jahre 1900 beschäftigte sich der deutschstämmige Ingenieur Karl Kromer in den USA bereits damit, Produkte ergonomisch zu entwerfen.[12] In informeller Art und Weise geht diese Denkweise bereits mehrere Jahrhunderte zurück.

Die Analyse der menschlichen Faktoren entwickelte sich besonders intensiv während des Zweiten Weltkriegs weiter, als Enwickler von Flugzeugen und anderer Ausrüstung versucht haben, mögliche Bedienungsfehler zu minimieren. Zusätzlich wurden psychologische Erkenntnisse bei der Überwachung von Flugzeugbesatzungen eingesetzt und durch Beobachtung sollten Bedienungsfehler erkannt werden, die zu Unfällen führen könnten. Nach dem Krieg waren die menschlichen Faktoren für das Produktdesign weiterhin von großer Bedeutung. Die Arbeit von Chuck Mauro wurde in den USA weiträumig publiziert. Mauro war ein Designer, der auch Psychologie und Physiologie studiert hatte. In den 1970er Jahren entwickelte er landwirtschaftliche Ausrüstungen für Russland. Seine Entwürfe stützten sich auf sein Verständnis für russische Erwartungen an landwirtschaftliche Ausstattung: Große Maschinen, die zu vielen Zwecken eingesetzt werden konnten, waren unabdingbar – ganz im Gegensatz zu kleineren Maschinen für spezielle Einsätze, die im Westen bevorzugt wurden. Später wurde Mauro mit seiner eigenen Firma berühmt, weil er sowohl den NASA-Control-Room als auch den Handelssaal an der New-Yorker-Börse entwarf.

In den USA gab es eine kleine Gruppe, die eine hohe Affinität zu anthropologischen Methoden und Denkweisen hatte. Diese war federführend dafür verantwortlich, dass die Ideen der Sozialwissenschaften in die Arena der Produktentwicklung übernommen wurden.[13] Leute wie Jane Fulton Suri waren Meister in der *Entdeckerforschung* (Discovery Research) und gingen zu Kunden und Verbrauchern, um sie in deren eigener Umgebung zu beobachten. Entdeckerforschung ist die Anstrengung, die Kultur der Verbraucher zu verstehen, wobei das Ergebnis offen ist. Die Methode eignet sich für die Entwicklung von originellen Ideen für Produkte und Dienstleistungen oder für das Finden neuer Anwendungen für existierende und neu auftauchende Technologien.[14] Ron Sears, ein experimenteller Psychologe, der das Verhalten von Ratten untersuchte, wechselte im Jahr 1979 das Forschungsgebiet, um herauszufinden, warum Kunden das Bedienen von Fotokopiergeräten als schwer empfanden. Ganz ähnliche Ansätze wurden im Forschungszentrum von Rank-Xerox in Palo Alto verfolgt, wo die kulturelle Anthropologin Lucy Suchman ab 1979 eine Gruppe leitete, die sich nur mit den verhaltensbedingten Aspekten des Produktdesigns beschäftigte, und eine starke Lobby für einfach zu bedienende Produkte repräsentierte. Liz Sanders arbeitete bei einer einflussreichen Beratungsfirma und führte ab den 1980er Jahren die Ideen der Ethnographie ein. So wurde z. B. der Unterschied untersucht, zwischen dem, was Leute sagen und dem, was sie tun. Sie benutzte zudem *Projektionstechniken* aus der Psychologie, d. h. Techniken, die Menschen dabei unterstützen, ihre unbewussten Bedürfnisse auszudrücken.

Ethnographische Marktforschung wird heutzutage auf dreierlei Art in der Produktentwicklung angewendet: bei der Entdeckerforschung, den menschlichen Faktoren und Gebrauchstests. Allerdings hat sich die Erkenntnis, dass die Verhaltenswissenschaften dabei helfen können zu verstehen, wie Kunden mit Produkten und Dienstleistungen interagieren, nur sehr langsam verbreitet. Die meisten Firmen kennen die Bedeutung von systematischer Beobachtung und Kontextinterviews überhaupt nicht. Eine Studie von IBM, die sich auf 13 auf die »Zukunft ausgerichtete Firmen« beruft, fand heraus, dass nur die Hälfte dieser Firmen systematische Beobachtungstechniken einsetzt, um ihre Kunden zu verstehen.[15] Und die Anwendung der ethnographischen Methoden in der Marktforschung wurde dadurch behindert, dass Marktforscher sich allzu gerne auf quantitative Daten beschränken.[16] Obwohl diese Daten helfen können, z. B. Einblick in die Größe von einzelnen Marktsegmenten oder die Kaufabsichten zu erhalten, betrachten sie keine kulturellen Aspekte. Ein weiterer Grund für die zögerliche Anwendung der ethnographischen Methode ist, dass sie in den Marketingvorlesungen der Universitäten nicht gelehrt wurde.[17]

Allmählich wird den Managern bewusst, dass die Verbraucher mit den Produkten und Dienstleistungen vielschichtige Erfahrungen gemacht haben. »Diese Erfahrungen beziehen sich nicht nur auf physische Produkte, sondern auch auf die Einkaufsumgebung, Marke, Firmenhistorie usw. Und diese Erfahrungen müssen interpretiert werden.«[18] Für eine solche Interpretation ist die ethnographische Marktforschung der ideale Ansatz. Während der letzten 15 Jahre, hat sich eine Handvoll Beratungsunternehmen mit dem Fokus Produktdesign einen Namen durch ihre Anwendung von ethnographischen und kreativen Ansätzen in der Produktentwick-

Fallbeispiel 4.1

Nokia – Going to the Gemba[19]

Nokia, einer der weltweit größten Hersteller von Mobiltelefonen, hat erkannt, dass die Beobachtung von Kunden sehr wichtig ist, will man deren spezifische Kultur verstehen. Die britische Niederlassung, die für Teile der Produktentwicklung zuständig ist, wusste, dass der japanische Markt spezifische Charakteristika aufweist. Anstatt eine externe Marktforschungsfirma zu beauftragen, befand das Management, dass es für das Produktentwicklungsteam wichtig sei, sich die örtlichen Gegebenheiten persönlich anzusehen. Deshalb wurden Mitarbeiter aus den Bereichen Vertrieb, Marketing, F&E und aus dem Management mit Kollegen aus Japan paarweise für die einzelnen Aufgaben vorgesehen. Diese Paare beobachteten, wie Japaner ihre Mobiltelefone in der Öffentlichkeit benutzen. Sie sammelten Meinungen, was auch bedeutete, dass schwierige Themen, wie die Frage nach der korrekten Kontaktaufnahme mit den Menschen auf der Straße, beachtet werden mussten. Nach dem japanischen Verständnis des Qualitätsmanagements, bedeutet das Wort *Gemba* »wo Dinge tatsächlich passieren, es ist rohe, unbeeinflusste Information«[20]. Dieses Wort betont, dass Manager genügend Zeit in der Fertigung verbringen müssen, damit sie lernen können, wie die Effektivität der Produktion verbessert werden kann. So wie Nokia den Begriff *Gemba* gebraucht, entspricht es der Art und Weise wie Anthropologen vom »Feld« sprechen.

Mitarbeiter aus der Produktentwicklung ins Gemba zu schicken, um Marktforschung durchzuführen, hatte den Vorteil, deren Engagement zu erweitern. Die meisten Mitarbeiter hatten jedoch keine Erfahrung in Marktforschung. Deshalb entwickelte Nokia eine Trainingsrichtlinie für das Team: Sie bestand aus einer Einführung in die Ziele der Untersuchung, einer Erklärung zur Bedeutung von Gemba, Anmerkungen zur Beobachtung, Richtlinien zur Ansprache und zur Befragung von Verbrauchern und wie Freiwillige für Fokusgruppen gewonnen werden können. Wie in der Richtlinie vorgesehen, sammelten die Nokia-Mitarbeiter Fotos der Plätze, an denen sie Beobachtungen durchgeführt haben, die Antworten zu einem halb-strukturierten Fragebogen (Kontextinterview) und kurze Notizen aus dem Feld in einem vorgegebenen Format.

Das Nokia-Beispiel zeigt drei wichtige Themen. Erstens, dass Marktforschung vom Produktentwicklungsteam gemacht werden sollte und nicht nur von einer Marktforschungsagentur. Zweitens, die Notwendigkeit klarer Richtlinien für das Team, um sicherzugehen, dass die Beobachtungen systematisch und konsistent durchgeführt werden. Drittens, die Japaner sind Fremden gegenüber zurückhaltend mit ihrer Meinungsäußerung. Das bedeutet, dass kulturelle Aspekte beachtet werden müssen.

Die von Nokia veröffentlichten Informationen zeigen, dass die mangelnde Erfahrung mit systematischer Beobachtung für die Forscher anscheinend die größte Einschränkung war. Obwohl eine Trainingsrichtlinie vorbereitet wurde, ist es schwierig, systematische Beobachtung ohne Praxisbezug vorzunehmen. Unerfahrene Forscher lernen bedeutend mehr, wenn sie mit begabten Beobachtern zusammenarbeiten, z. B. wenn diese Videoaufnahmen zu Verbraucherverhalten kodieren. Ein wichtiger Teil jeder ethnographischen Forschung ist deshalb das Training des Teams. Oft ist es sinnvoll, dass Forscher mit der meisten Erfahrung die ersten Besuche vornehmen und mit den gesammelten Daten das restliche Team zumindest teilweise trainieren.

lung gemacht. Die berühmteste ist IDEO, die in Kalifornien gegründet wurde (und nun Fulton Suri angestellt hat). Außerdem bauen einige große Firmen wie Nokia gerade ihre eigenen Ressourcen zu diesem Thema auf (siehe Fallbeispiel 4.1).

Die letzte Entwicklung in der ethnographischen Marktforschung ist, dass Konsumenten immer mehr im Netz miteinander kommunizieren, z. B. in sogenannten »user groups«. Forscher haben erkannt, dass die konventionellen Techniken der Ethnographie für eine Anwendung im Internet angepasst werden müssen: Man nennt sie *Webnography*[21] oder *Netnography*.[22] Studien, die online durchgeführt werden, bieten einen einfachen Zugang zu Verbrauchern und Nutzern der Produkte, sodass eine große Bandbreite von Daten gesammelt werden kann, wie z. B. textbasierte Daten (von E-Mails und aus Chatrooms) und visuelle Daten (von Webseiten und sozialen Netzwerkseiten). Diese können durch Online-Interviews ergänzt werden. Ohne Zweifel wird sich die Webnographie in den nächsten Jahren rasant entwickeln und Ethnographen werden neue Wege nutzen, um die kulturellen Elemente von Online-Gruppen zu identifizieren.

4.2 Ethnographische Forschung – Überblick

Die Ethnographie hat sich in den letzten 80 Jahren zu einer robusten und zuverlässigen Methode entwickelt, sofern sie richtig angewendet wird. Mit systematischer Beobachtung können Kundenthemen bewertet und den Aussagen über Produkte und Dienstleistungen gegenübergestellt werden. Ein Vorteil der Beobachtung ist, dass sie direkt ist und somit nicht auf den Empfindungen von Kunden und Verbrauchern basiert, wie das z. B. bei Umfragen der Fall ist.[23] Die Beobachtung konzentriert sich auf Orte, an denen die Kundenprobleme auftauchen, also direkt in der Umgebung der Kunden, in der sie eher geneigt sind, spontan und offen zu antworten.

4.2.1 Wichtige Annahmen

Die sieben wichtigsten Annahmen der Ethnographie, die auch die größte Bedeutung für Marktforschung in der Produktentwicklung haben, sind:

1. Die Studien sollten unbedingt im natürlichen Umfeld der Akteure oder Befragten durchgeführt werden.
2. Die Forscher sollten sich in das zu untersuchende soziale Umfeld einbringen und dabei versuchen, die Situation mit den Augen der Teilnehmer zu sehen, und auch deren Sprache und Jargon benützen.
3. Beobachter können verschiedene Rollen einnehmen – vom nicht teilnehmenden Beobachter bis zum voll involvierten Teilnehmer.
4. Systematische Beobachtung ist ein wichtiger Aspekt der Ethnographie, aber es ist nicht die einzige Technik zur Datensammlung, die genutzt wird. Ethnographische Feldarbeit ist keine homogene Methode, sondern beinhaltet eine Bandbreite von Techniken zur Datensammlung.[24] Die gesamte ethnographische Sammlung besteht typischerweise aus Feldnotizen des Forschers, Aufnahmen (Audio oder Video), Fotos, Interviewabschriften usw.

5. Das Ziel der Ethnographie ist, die der beobachteten Gruppen zugrunde liegende Kultur zu verstehen, indem man eine detaillierte Beschreibung ihrer sozialen Verhaltensweisen erstellt.[25] Dieses Verständnis gibt Einblick in die Art der Produkte und Dienstleistungen, die gewünscht werden.
6. Die Aussagen und Erklärungen der Befragten sollte man nicht ungeprüft übernehmen. Was Befragte über ihr Verhalten berichten, ist oft aus zahlreichen Gründen, nicht ganz übereinstimmend mit dem, was von den Forschern selbst beobachtet wird.[26]
7. Reflektion ist wichtig – Forscher müssen regelmäßig reflektieren, was sie gesehen und gehört haben und was sie daraus lernen können.

Fallstudie 4.2

Astra Zeneca – das Studium der Non-Compliance[27]

Pharma-Unternehmen waren relativ langsam bei der Anwendung von ethnographischer Marktforschung. Astra Zeneca hat den Wert jedoch erkannt, den diese Methoden haben, indem sie ein Verständnis für die Probleme entwickeln, die Menschen mit Krankheiten und Medikamenten haben. Es hat sich sogar ein Gebiet der medizinischen Anthropologie entwickelt, das untersucht, wie Medizin praktiziert wird, wie Ärzte mit den Patienten umgehen, wie die Patienten die Situation einschätzen und wie Patienten mit ihrer Krankheit umgehen. Mit ethnographischer Marktforschung wollte die Pharma-Firma herausfinden, weshalb Patienten die verschriebenen Medikamente nicht in der richtigen Dosierung, zur richtigen Zeit oder in der richtigen Art und Weise einnehmen. Diese Art der Nicht-Beachtung ist nämlich ein großes Problem in der Gesundheitsvorsorge in vielen Ländern. Astra Zeneca konzentrierte sich auf die Frage, wann und wie Diabetiker ihr Insulin zu Hause einnehmen. Eine Marktforschungsfirma führte hierfür 15 Interviews bei Patienten durch. Sie verwendeten dafür einen vorstrukturierten Fragebogen und beobachteten, wie die Patienten die Einnahme vorbereiten und durchführen. Die Studie gab Einblicke in die Probleme, die mit dem körperlichen Abbau, dem Einfluss von Diäten und Bewegung auf ihr Befinden, den Unterschied zwischen der Denkweise von Patienten und Medizinern und die Problematik mehrerer Behandlungen zusammenhängen. Alle diese Faktoren beeinflussen laut der Studie die Beachtung der Medikation und wurden bei der Erstellung von besserem Informationsmaterial für Patienten berücksichtigt. Außerdem wurde für Ärzte neues Informationsmaterial erstellt, das erläutert, wie die Medikamente normalerweise verabreicht und darauf aufbauend, wie die Patienten besser informiert werden können.

4.2.2 Wann ist Ethnographie angebracht?

Ethnographische Marktforschung wurde bisher hauptsächlich für Konsumgüter (B2C-Produkte) angewendet. Sie ist jedoch auch für B2B und Dienstleistungen sinnvoll und hilft bei der Identifikation von Chancen für neue Produkte und Dienstleistungen. Deshalb ist sie ein wichtiges Werkzeug, das radikale Innovation ermöglicht. Zusätzlich kann sie zum Verständnis des Vertriebsprozesses eingesetzt werden und zur Untersuchung, wie Produkte wirklich genutzt werden. Desgleichen wird mit Ethnographie die Verbraucherkultur erforscht, z. B. werden damit neue Wege der Marktsegmentierung identifiziert.

Ethnographische Marktforschung ist allerdings nicht die ideale Methode, wenn nur inkrementelle Produktinnovation erfolgen soll oder wenn die verfügbare Zeit es nicht erlaubt, dass sich der Forscher tief genug in die Studie einarbeiten kann. Sie ist also nicht empfehlenswert für Organisationen, die eine vordefinierte Strategie verfolgen wollen oder die bereits glauben, ihre Kunden ganz genau zu kennen. Um es mit anderen Worten zu sagen: Ethnographische Marktforschung verlangt von Firmen eine offene Herangehensweise und die Fähigkeit Zweideutigkeiten (Ambiguitäten) zu akzeptieren, die zu Beginn solcher Forschungsprojekte immer existieren (die Ergebnisse können nur sehr schwer vorhergesagt werden).[28]

4.3 Die Planung der ethnographischen Marktforschung

Vollumfängliche ethnographische Techniken in der Marktforschung anzuwenden, ist selten sinnvoll, weil sie zeitintensiv und teuer sein können.[29] Deshalb basiert die Diskussion in diesem Abschnitt auf den Grundsätzen der Ethnographie. Die Ansätze, die wir empfehlen, wurden jedoch an den Kontext der Produktentwicklung angepasst. Zudem muss gesagt werden, dass es schwierig ist, alles über ethnographische Marktforschung im Voraus zu wissen. Also ist die Planung und Durchführung der Arbeit im Feld immer ein iterativer Prozess.

Damit die Leser besser verstehen, wie ein ethnographisches Marktforschungsprojekt geplant und durchgeführt werden kann, werden die folgenden Themen behandelt:

- das Feld verstehen,
- die Auswahl der Beobachtungsart,
- der Zugang und die Vorstellung,
- die Stichproben-Strategie sowie
- die Datensammlung und Berichtsform.

4.3.1 Das Feld verstehen – »die große Tour«

Bevor die detaillierte Datensammlung starten kann, ist es wichtig, das Feld zu verstehen, das konkret von Interesse ist. Ein Produktmanager, der eine Studie betreibt, ist wahrscheinlich sehr auf ein gewisses Produkt fokussiert. Ein zu enger Fokus kann jedoch dazu führen, dass wichtige Aspekte übersehen werden, die Einblicke in das Verhalten und den Bedarf an Produkten oder Dienstleistungen geben. Ethnographen sprechen daher von einer »großen Tour ins Feld«[30], also einem ersten Besuch, der dazu dienen soll, sich einen Überblick zu verschaffen. Bei Marktforschung in einem Supermarkt könnte dies z. B. die Begutachtung der Umgebung sein: den Parkplatz, die Ein- und Ausgänge, die benachbarten Läden und dann erst den Supermarkt selbst anzuschauen. Eine große Tour bei einem Konsumgüterprodukt wäre einfacher und würde beinhalten, Verbraucher zu Hause zu besuchen, zu schauen wo das Produkt aufbewahrt wird, wie und wann es benutzt wird, mit welchen Produkten es gleichzeitig benutzt wird, usw. Eine Studie über Grills betrachtet z. B. auch die Garagen der Verbraucher (Aufbewahrung), die Küchen (Vorbereitung des Essens) und den Garten (Kochen und Unterhalten).[31]

Das Ziel der großen Tour ist, den allgemeinen Kontext besser zu verstehen, Ideen für die Stichprobenstrategie zu erhalten und zu entscheiden, welche Gebiete und Vorkommnisse im Detail untersucht werden sollten. Zusätzlich hilft die große Tour bei der Entscheidung, welche Akteure befragt werden und wie einige Fragen der Kontextinterviews formuliert sein sollen (und wie sie mit den Objekten, die in der Umgebung beobachtet wurden, zusammenhängen). Die große Tour kann als Flussdiagramm dargestellt werden, in dem die wichtigsten Aktivitäten vermerkt sind, die man beobachtet hat (siehe Abbildung 5.1 in Kapitel 5).

Wenn zahlreiche Beobachtungen erforderlich sind, müssen eventuell mehrere Forscher die Daten sammeln. In diesen Fällen ist es wichtig, das Forschungsteam auszubilden, um systematische Fehler (z. B. ist ein Beobachter immer positiver als ein anderer) zu vermeiden.[32] Am Ende der großen Tour wird das für das Forschungsteam notwendige Training identifiziert. Damit kann die Arbeit an der notwendigen Dokumentation beginnen (siehe Fallbeispiel 4.1 über Nokia und die Details ihrer Trainingsrichtlinie).

4.3.2 Die Auswahl der Beobachtungsart

Eine Beobachtung kann durchgeführt werden, ohne dass die Beobachteten die Identität des Forschers wahrnehmen. Diese *verdeckte* oder *diskrete Beobachtung* mag attraktiv erscheinen, weil man den Zugang zu den Akteuren zunächst nicht verhandeln muss. Sie ist aber nur für Konsumgüter und Dienstleistungen sinnvoll, die in der Öffentlichkeit verwendet werden. Der Gebrauch von Mobiltelefonen in der Öffentlichkeit wurde z. B. sowohl von Nokia als auch von Intel beobachtet. Ein Hersteller baute kleine Kameras in Autos einer Ausstellung, um festzuhalten, wie die Kunden auf neue Produkte reagieren. Allerdings ist dies ethisch nicht einwandfrei und trägt außerdem ein hohes Risiko, dass die Firma »geoutet« wird. Es sollte beachtet werden, dass Akteure schnell bemerken, wenn sie beobachtet werden und oft negativ reagieren, wenn sie die Deckung des Forschers auffliegen lassen.[33] Sicherer ist es, die Einwilligung im Voraus zu verhandeln, und wir glauben auch, dass es zu einer qualitativ besseren Forschung führt.

Trotz unserer Warnungen zu verdeckter Beobachtung, sollte man wissen, dass die Marktforschung oft Sicherheitsvideos für ihre Zwecke benutzt. Johnson Controls, ein Hersteller von Autozubehör hat z. B. die Sicherheitsvideos von Parkplätzen ausgewertet. Er identifizierte so die Probleme, die Verbraucher haben, wenn sie ihre Einkäufe im Kofferraum verstauen. Asda, eine britische Supermarktkette, benutzte Einblicke der Sicherheitsvideos, um das Layout ihrer Läden zu optimieren.[34] Sicherheitsvideos von Flughäfen und Servicebereichen können im Schnelldurchlauf angesehen werden und dies kann wichtige Hinweise darauf geben, wie der Passagierfluss verbessert werden kann.

Zusätzlich zur Frage, ob sie sich bemerkbar machen sollen, müssen Forscher auch noch zwischen zwei Arten der Beobachtung auswählen: *partizipative* und *nicht-partizipative Beobachtung*. Als vollwertiger Teilnehmer über eine längere Zeit, kann man quasi hinter die Kulisse der Ereignisse[35] schauen und ein tiefes Verständnis der Kultur entwickeln. Nichtteilnahme ist in der ethnographischen Marktforschung üblicher, weil einfacher und der Forscher kann sich auf das Beobachten und Zuhören konzentrieren. Auf der anderen Seite wird der Forscher vielleicht versuchen, sein Verständnis über gewisse Tätigkeiten zu vertiefen – selbst wenn er nicht partizipiert –, indem er die Tätigkeit selber ausübt. Zum Beispiel kann ein Forscher, der eine Produktionslinie beobachtet, darum bitten, selbst ein paar Stunden am Fließband zu arbeiten. Konzentriert er sich auf Waschmaschinen, kann er anbieten, bei der wöchentlichen Wäsche der Familie zu helfen. Eine solche Beteiligung sollte natürlich gut abgewägt werden – ist sie sicher, praktisch, ethisch und kulturell akzeptabel?

4.3.3 Zugang und Vorstellung

Zugang zu erhalten, ist nicht immer einfach und Marktforscher müssen sich darüber bewusst sein, dass sie normalerweise in die Privatsphäre der Akteure eindringen und außerdem ihre Zeit »stehlen«. Deshalb sollte man unbedingt Vorsicht walten lassen und ethische Aspekte berücksichtigen. Es lohnt sich, Zeit in die Zugangsverhandlung zu investieren, auch um den Zeitpunkt festzulegen, an dem der Forscher die Beobachtung durchführen kann und die Akteure interviewen darf. Manchmal ist diese Verhandlung langwierig. Ohne einen guten Zugang, sind selbst die besten Methoden und Techniken der Ethnographie wertlos.

Sobald der Forscher zum ersten Mal mit dem Akteur zusammenkommt, sollte er sich vorstellen, die Ziele der Forschung erläutern und den Zeitbedarf, die Art der notwendigen Kooperation kurz erklären und sich für das Einverständnis bedanken. Es ist empfehlenswert zu überlegen, ob eine Anerkennung in irgendeiner Art und Weise angeboten werden soll. Es ist auch wichtig zu bestätigen, dass die Privatsphäre respektiert wird. Zudem sollte der Forscher eine persönliche Bindung aufbauen.

4.3.4 Stichproben-Strategie

Bei der Strichproben-Strategie wird die Zeit der Datensammlung festgelegt, die Art der zu beobachtenden Aktivitäten ausgewählt sowie die Akteure ausgesucht, die befragt werden sollen. Es ist für einen Forscher schlicht und einfach unmöglich, alles zu beobachten, was mit einem bestimmten Thema zusammenhängt. Das wäre unpraktisch, unwissenschaftlich[36] und würde darüber hinaus auch ein riesiges Datenvolumen kreieren. Selbst wenn ein Ethnograph im Feld lebt, kann er nicht alle relevanten Dinge beobachten. Stattdessen werden die Ereignisse, Aktionen, Verhaltensweisen oder Handlungen, die beobachtet werden sollen, nach festen Kriterien ausgesucht, die während der großen Tour festgelegt wurden, und die sich im Verlauf der Studie noch verändern können (siehe Fallbeispiel 4.3). Es kann z. B. sein, dass durch das Beobachten von und Sprechen mit einzelnen Akteuren andere zusätzliche Akteure identifiziert werden, die ebenfalls in die Untersuchung einbezogen werden sollten (sogenannte Schneeball-Stichprobe, bei der die ursprüngliche Stichprobe schlussendlich zu einer größeren führt).

Die Abbildung 4.1 fasst die verschiedenen Strategien zur Festlegung der Stichprobe zusammen. *Zeitstichproben* konzentrieren sich darauf festzulegen, wann genau eine Beobachtung im Feld durchgeführt wird. Es gibt drei untergeordnete Subkategorien. Kontinuierliche Stichproben sind ausgedehnte lange Beobachtungen, bei denen der Forscher sich selbst in das Feld hineinbegibt. Dies erlaubt ein sehr tiefes Verständnis der Kulturen und wäre zum Beispiel ideal für eine Firma, die speziell auf die »Teenager-Kultur« schaut. Um hier verstehen zu können, welche Art von Produkten und Dienstleistungen von Teenagern akzeptiert und gesucht werden, muss eine längere Zeitspanne investiert werden. *Intervall-Stichproben* beobachten, wie oft eine bestimmte Verhaltensweise innerhalb einer Zeitspanne vorkommt. Bei der ethnographischen Marktforschung gibt es zum Beispiel den Ansatz, einen typischen Tag im Leben eines Verbrauchers (und die Benutzung des Produkts) zu beobachten, und dies ist dann ein Beispiel für eine Intervall-Stichprobe. Agilent Technologies, ein Hersteller chemischer Analysegeräte, hat z. B. einen typischen Arbeitstag von Labortechnikern beobachtet. Dadurch wurde klar wann und wie sie die Analysegeräte benutzen, und wie diese einfacher an die anderen Geräte zur Datensammlung angeschlossen werden sollten. Die dritte Unterkategorie ist die *Zeitpunkt-Stichprobe* – also eine Beobachtung, die erfasst, was zu einem gewissen Zeitpunkt passiert.

Die *Ereignis-Stichprobe* ist ein Ansatz, bei dem Kunden beobachtet werden, während sie ein Produkt oder eine Dienstleistung tatsächlich live nutzen. Panasonic beobachtete Frauen bei der Rasur, Lebensmittelhersteller beobachteten Familien beim Essen und Finanzdienstleister schauten, wie ihre Angestellten mit den Kunden interagieren. In geschäftlichen Situationen, wenn Ereignisse vielleicht zu bestimmten Zeiten am Tag stattfinden, sind die Zeitpunkt-Stichprobe und die Ereignis-Stichprobe eigentlich deckungsgleich.

Strategie	**Unterkategorie**	**Erklärung**	**Kommentare**
Zeitstichprobe	Kontinuierliche Stichprobe	Der Forscher hält alles fest, was er während der gesamten Zeit im Feld beobachtet.	Teuer, zeitintensiv und schwieriger Zugang. Erlaubt dem Forscher, selbst im Feld einzutauchen, ist für die Marktforschung aber selten kosteneffektiv.
	Intervall-Stichprobe	Beinhaltet das Beobachten während einer gewissen Zeitspanne, um herauszufinden, wie oft ein bestimmtes Verhalten während dieser Zeitspanne vorkommt.	Ein sehr guter Ansatz für ethnographische Marktforschung. Normalerweise durchgeführt als »ein Tag im Leben eines Akteurs«.
	Zeitpunkt-Stichprobe	Hier werden nur die Verhaltensweisen ausgesucht, die zu einer bestimmten Zeit vorkommen. Die Forscher kommen dann nur ins Feld, um genau dies zu beobachten. Kann der Ereignis-Stichprobe sehr ähnlich sein.	Typische Strategie für Marktforschung. Zum Beispiel werden Familien beim Frühstück beobachtet, um deren Bedarf an verschiedenen Lebensmitteln zu verstehen. Bei Zeitpunkt-Stichproben müssen die Forscher sicher sein, dass sie außerhalb dieses Zeitpunkts keine wichtigen Hinweise verpassen.
Ereignis (oder Aktivitäts-) Stichprobe		Beinhaltet die Beobachtung eines Ereignisses und der damit verbundenen Verhaltensweisen.	Muss mit Vorsicht angewendet werden, weil man sich zu schnell auf bestimmte Ereignisse festlegt und leicht wichtige andere Dinge übersieht.

Strategie	Unterkategorie	Erklärung	Kommentare
Stichprobe der Akteure	Nach Wahrscheinlichkeit	Aus der zufälligen Auswahl einer Stichprobe werden alle Akteure beobachtet und befragt. Diese Strategie dient dazu, eine repräsentative Stichprobe zu bekommen.	Nur selten in der ethnographischen Marktforschung angewandt, weil es selten das Ziel ist, eine repräsentative Stichprobe zu erhalten.
	Schichtweise	Teilbereiche der Stichprobe werden proportional ausgewählt.	Diese Anwendung ist stark mit der Wahrscheinlichkeits-Stichprobe verbunden. Es ist hilfreich, Untergruppen zu definieren und darauf zu achten, dass alle diese Gruppen in der endgültigen Stichprobe enthalten sind.
	Zielgerichtet	Eine Stichprobe von Akteuren, die am besten zu den Zielen der Studie passt, wird beobachtet und befragt.	Forscher müssen vorsichtig sein, dass eine zielgerichtete Stichprobe nicht zu einer opportunistischen wird, und man einfach dort beobachtet, wo der Zugang einfach zu bekommen ist.
	Schneeball	Der Rat der ersten Akteure wird angewendet, um weitere Akteure für die Beobachtung und Befragung auszusuchen.	Befragte, die sich im Feld auskennen, sind oft gute Ratgeber über andere Akteure oder können sogar den Zugang organisieren. Forscher müssen dann allerdings darauf achten, dass die Stichprobe trotzdem noch heterogen genug ist.
Theoretische Stichprobe		Die Entdeckung von Wiederholungen in den Daten wird benutzt, um festzulegen, wann die Stichprobe beendet wird.	Dieser Ansatz kann Sicherheit vermitteln, dass genug Daten gesammelt wurden, selbst wenn die Stichprobe relativ klein war und somit nicht repräsentativ ist.

Abbbildung 4.1: Stichproben-Strategien[37]

Ein ganz anderer Ansatz für die Stichprobe ist, die verschiedenen Arten der Akteure zu betrachten, die beobachtet und befragt werden sollen. Die Abbildung 4.1 zeigt, was bei der *Stichprobe der Akteure* zu beachten ist. In einem ersten Schritt werden alle Menschen betrachtet, die beobachtet oder befragt werden sollen. Das ist der sogenannte Rahmen der Stichprobe. Für ein Konsumgut könnte dies die Zielgruppe sein, oder ein bestimmtes Segment. Eine zufällige Auswahl wird benutzt, um eine repräsentative oder eine *nach Wahrscheinlichkeit* zusammengestellte Stichprobe zu bekommen. Falls es bei der Stichprobe Untergruppierungen mit sehr unterschiedlichen Charakteristiken gibt, wird die Stichprobe so festgelegt, dass ein angemessener Anteil jeder Untergruppierung aufgenommen wird. Das ist die sogenannte *schichtweise Stichprobe* und erlaubt die Auswahl einer allgemeinen Stichprobe, die alle Charakteristiken des Marktes beinhaltet. Eine repräsentative Stichprobe zu erhalten, ist der zentrale Grundsatz bei der quantitativen Marktforschung, aber für eine orientierende ethnographische Marktforschung ist repräsentativ quasi nicht zu erreichen. Allerdings ist es durchaus sinnvoll zu identifizieren, aus welchem Rahmen die Stichprobe besteht, weil dies die Forscher auf die Charakteristiken der Stichprobe aufmerksam macht, die sie aussuchen, insbesondere wenn diese Auswahl gewisse Nachteile mit sich bringt.

Die am häufigsten verwendete Stichproben-Strategie, mit der Menschen für Beobachtungen und Befragungen ausgesucht werden, ist entweder die zielgerichtete oder die Schneeballstichprobe. Zielgerichtete Stichproben werden ausgewählt, weil sie genau auf die Ziele der Forschung abgestimmt sind. Ihre Auswahl beginnt mit zwei Fragen: Wer kann Einblick in den Gebrauch eines bestimmten Produkts oder einer Dienstleistung geben? Und wie können wir Zugang erhalten? Forscher sollten vorsichtig sein, opportunistische Stichproben nur deshalb zu benützen (wo Freunde, Familie und direkte Kontakte ausgewählt werden), weil es vielleicht der einfachste Weg ist, Zugang zu erhalten. Opportunistische Stichproben haben oft versteckte Risiken (zum Beispiel, versuchen enge Freunde oder Bekannte vielleicht zu hilfreich zu sein, sodass eine gewisse Voreingenommenheit in die Forschung Einzug hält).

Fallbeispiel 4.3

Panasonic – der Lady Shaver[38]

Mit gerade einmal fünf Prozent Marktanteil in den USA suchte die japanische Firma Panasonic ein herausragendes Rasur-Produkt für Frauen. Mit der Marktforschung wurde ein Team weiblicher Ethnographen beauftragt. Diese nahmen sich viel Zeit, um den Zugang zu Frauen zu erhalten. Sie beobachteten sie systematisch beim Rasieren bzw. diskutierten mit ihnen über das Thema Rasur. Es wurde schnell klar, dass manche Frauen das Rasieren als ermüdend ansahen und sich deshalb beim Rasieren sehr beeilten, andere erledigten die Rasur ganz in Ruhe und penibel. Die Ethnographinnen formten daraus die Annahme, dass junge urbane Frauen den Großteil der letzteren Kategorie ausmachen und die Stichprobe wurde deshalb auf diese Gruppe fokussiert.

Über mehrere Wochen beobachteten die Forscher die Frauen beim Rasieren und bekamen wichtige Einblicke für Panasonic. Japaner verbinden glänzende Oberflächen mit hoher Qualität und deshalb waren die Rasierer von Panasonic immer glänzend. Kontextinterviews zeigten, dass eine solche Oberfläche von amerikanischen Frauen als rutschig angesehen wird, sodass der Rasierer auch leicht aus der Hand fallen kann. Aus diesem Grund hat Panasonic eine gummierte Oberfläche angebracht, welche die Wasserfestigkeit des Produkts unterstrich. Die Beobachtungen haben auch gezeigt, dass die Frauen schneller rasieren, als von den Produktentwicklern angenommen und dies hatte wiederum Auswirkungen auf das Design des Rasierkopfes. Das Rasieren in der Kniekehle und an den Knöcheln fanden die Frauen ganz besonders schwierig, deshalb wurde ein entsprechendes ergonomisches Design entwickelt. Schlussendlich sahen die Forscherinnen, dass in gewöhnlichen Badezimmern sehr wenig Platz für die Ladestation ist. Deshalb wurde eine neue Ladestation entwickelt, die genau in die Steckdose passt und in der das Gerät gleichzeitig aufbewahrt wird.

Das Fallbeispiel Panasonic zeigt, wie Ethnographie Ideen für bessere Produkteigenschaften generieren kann, die wiederum die Lieferung erfolgreicher Produkte begünstigten. Zusätzlich illustriert es die iterative Herangehensweise von Planung und Durchführung einer typischen Marktforschung. Bevor die Forschung begann, waren die Einstellungen von amerikanischen Frauen zum Thema Rasur nicht bekannt. Sobald die beiden dominanten Einstellungen klar waren, wurde die Stichprobe so angepasst, dass insbesondere die jungen urbanen Frauen untersucht wurden. Diese wurden dann auch die Hauptzielgruppe der Werbung, während die Werbekampagne sich auf die subtilen Erkenntnisse über das Rasieren stützte, die während der Untersuchung gewonnen wurden.

Die Frage wann die Datensammlung beendet werden soll, ist in der ethnographischen Marktforschung sehr wichtig, weil die Ergebnisse nie repräsentativ werden. Höchstens dann, wenn eine enorm große Zahl von Akteuren und Ereignissen beobachtet wurde. Deshalb wird der Ansatz der theoretischen Stichprobe verfolgt.[39] In einer solchen Stichprobe wird kontinuierlich verglichen, was bereits gesammelt wurde. Widersprechen die neuen Daten den bisherigen Erkenntnissen? Oder passen Sie in ein bereits formuliertes Muster? Im letzteren Fall kann man daraus bereits zur Erkenntnis kommen, dass weitere Daten wahrscheinlich nicht zu weiteren Einblicken führen werden. Wie funktioniert das in der Praxis? Wenn zum Beispiel eine bestimmte Aktivität beobachtet wird, dann werden mit der Zeit Verhaltensweisen identifiziert. Zu Beginn identifiziert jede Beobachtung andere Ansätze und Verhaltensweisen. Bald wird man jedoch Muster dieser Aktivität – quasi eine Theorie über die Aktivität erarbeiten. Weitere Beobachtungen würden die Theorie bestätigen, das wird in der Forschung theoretische Sättigung genannt.

In der Praxis ist ein sich selbst entwickelnder Mix der Stichproben-Strategie üblich. Nur selten wird für die gesamte Forschung nur eine Stichproben-Strategie angewendet. Die Abbildung 4.2 ist eine gute Richtlinie für Forscher. Sie können damit alle Aspekte ihrer Forschung, die mit dem Zeitpunkt, dem Ereignis, den Akteuren und der Theorie zusammenhängen, überdenken und die beste und passende Stichprobe entwickeln.

4.3.4 Datensammlung – die ethnographische Aufzeichnung

Die Fähigkeit, mehrere Arten von Daten zu sammeln, ist eine Stärke der ethnographischen Marktforschung.[40] »Eine Charakteristik von guter Ethnographie ist, dass sie sowohl qualitative als auch quantitative Daten beinhaltet.«[41] Der gesamte Umfang der gesammelten Daten wird als komplette ethnographische Aufzeichnung bezeichnet, die in Abbildung 4.2 dargestellt ist.

Eine verständliche, ethnographische Aufzeichnung besteht aus Notizen aus dem Feld und dem, was dort gesehen und gehört wurde: Interviewaufzeichnungen, Tonaufnahmen, Fotos, Videoaufnahmen und Kopien von Dokumenten. Andere Bestandteile der ethnographischen Aufzeichnung können Artefakte sein und Ergebnisse der verschiedenen Methoden. In der Anthropologie wurden zum Beispiel physische Beispiele von Völkersymbolen gesammelt. Das war die übliche Praxis in den frühen Studien, wird heutzutage aber seltener praktiziert, weil die Stammesväter protestierten und die Rückgabe der Artefakte von den Forschern verlangten. In der Marktforschung, könnten solche Artefakte zum Beispiel alte Zahnbürsten sein (wenn die Forschung Zahnhygiene untersucht) oder Magazine (wenn man sich anschaut, welche Medien Teenager benutzen). Weitere Daten können auch die tatsächlichen Spuren sein – der Begriff bezeichnet Hinweise, die in der Umgebung gesammelt werden können. Nach solchen tatsächlichen Spuren zu suchen, ist ungefähr so, wie wenn ein Detektiv heimlich nach handfesten Beweisen eines Verbrechens sucht. In der Marktforschung für Lebensmittel, wäre dies zum Beispiel die Tatsache, dass der Verbraucher behauptet, er würde die Kaffeemaschine täglich benützen, aber der Wassertank total trocken ist, was wiederum beweist, dass die Maschine weitaus seltener genutzt wird, als er behauptet. Forscher, die Essgewohnheiten untersuchen, könnten zum Bei-

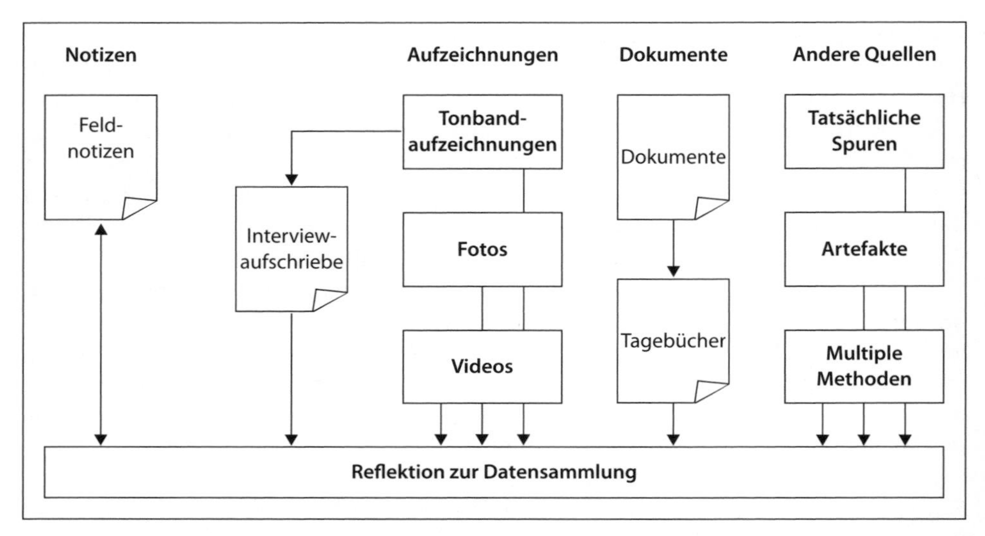

Abbbildung 4.2: Die komplette ethnographische Aufzeichnung für Marktforschung

spiel auch nach dem Mindesthaltbarkeitsdatum auf den vorhandenen Packungen ihrer Akteure im Feld schauen.

Feldnotizen

Gute Feldnotizen sind der Eckpfeiler jeder ethnographischen Datensammlung. Notizen über die beobachteten Ereignisse, die Umgebung und die Interaktionen sollten so schnell wie möglich aufgeschrieben werden.[42] Abbildung 4.3 zeigt, wie Feldnotizen angefertigt werden: mit den entsprechenden Überschriften für den Ort der Beobachtung, die Akteure, die beobachtet und befragt werden, den wichtigsten Beobachtungen und den ersten Reflektionen. Am Ende des Formblatts steht eine Erinnerung zu den Fakten, die in den Feldnotizen abgehandelt werden,[43] wie z. B. den Platz der Befragung, die Dinge, die man dort gesehen hat, usw. Es ist hilfreich, solche Formblätter im Postkartenformat vorzubereiten, weil diese im Feld leicht auszufüllen sind.

Die Feldnotizen, die in Abbildung 4.3 gezeigt werden, stammen aus einer Forschung zur Meinung von Menschen mittleren Alters über gewisse Finanzprodukte. Die Untersuchung hat im Haus der Familie stattgefunden und das Kontextinterview hat untersucht, wann und wie Paare überlegen, zusätzliche Versicherungen abzuschließen. Der Vorteil, die Forschung im privaten Umfeld durchzuführen, besteht darin, visuelle Hinweise zu finden, welche die Entscheidungsfindung eventuell beeinflussen (z. B. Fotos der Diplomierungsfeiern der Kinder und Akten mit Finanzinformationen wurden notiert). Außerdem werden auch die ehrlichen Aussagen zu der Komplexität von Finanzprodukten aufgeschrieben.

Es ist wichtig, dass das Formblatt für die Feldnotizen genügend Platz für die handschriftlichen Eintragungen der Forscher hat. Wenn ein Forscher z. B. die Einkäufe von Essen, Schokolade und Getränken an Tankstellen beobachtet, wird er schnell merken, dass diese Einkäufe stark von der Tageszeit abhängen. Ein Ziel solcher Reflektionen ist, die entscheidenden Variablen zu identifizieren, d. h. Faktoren, die Ereignisse oder

Feldnotizen

Forschungsprojekt:	Versicherungskunden mittleren Alters
Fall Nr.:	171
Ort:	Haus der Akteure: Wohn- und Arbeitszimmer
Akteure:	Kunden (Ehepaar, dass bisher nicht bei XXX Versicherungskunde war). Er: Buchhalter 54 Jahre, Sie: Lehrerin, 52 Jahre

Beobachtungen im Feld:

- Erster Teil des Interviews im Wohnzimmer des großen Mittelklasse-Einfamilienhauses.
- Drei Fotos von Diplomierungsfeiern der Kinder standen auf der Anrichte.
- Der Mann hatte umfangreiche Akten zu den Finanzanlagen der Familie und ein Programm auf dem PC, um verschiedene Investitionen zu vergleichen.
- Aufgrund seines Buchhaltungshintergrundes erschien es so, dass der Ehemann die Entscheidungen zu den Finanzen trifft, aber er beschwerte sich »manche von diesen Produkten seien einfach viel zu kompliziert, um sie zu erklären, und wenn meine Frau sie nicht versteht, ist es sicher nicht sinnvoll, sich dafür zu entscheiden – denn sollte ich zuerst sterben, muss sie sich um diese Dinge kümmern« (siehe auch Aufschrieb des Interviews).

Erste Reflektionen:

- Status der Ausbildung der Kinder scheint einen großen Einfluss darauf zu haben, ob sich die Eltern für eine weitere Lebensversicherung interessieren.

Nicht vergessen!

- Notizen sollten Folgendes abdecken: Ort, Akteure, Objekte und tatsächliche Spuren, Ereignisse, Zeitsequenzen, Ziele, Gefühle und weitere erklärende Variablen.

Abbbildung 4.3: Notizen aus dem Feld für die Marktforschung[44]

Handlungen erklären können. Diese Variablen können dann in künftigen Datensammlungen genauer betrachtet werden.

Kontextinterviews

Kontextinterviews bilden einen sehr wichtigen Bestandteil der ethnographischen Daten. Es ist hilfreich, einige teilstrukturierte Fragen im Voraus zu erarbeiten und klare eindeutige Fragen – wie bereits in Kapitel 2 gezeigt – zu formulieren. Die Fragen müssen so aufgebaut sein, dass die Befragten ihre wirklichen Ansichten preisgeben. Deshalb kann es sinnvoll sein, den passenden Jargon zu verwenden. Allerdings sollten Forscher damit vorsichtig umgehen. Nur Jargon zu verwenden, führt nicht automatisch dazu, dass man von den Mitgliedern einer spezifischen Subkultur auch akzeptiert wird.

Abbildung 4.4 führt beispielhafte Fragen auf, die für Kontextinterviews vorbereitet werden sollten, wenn man eine Tätigkeit beobachtet, die mit einem bestimmten Produkt oder einer Dienstleistung zusammenhängt. Die zweite Spalte listet sechs Forschungsfragen auf, die mit jeder Tätigkeit verbunden sind. Die dritte Spalte gibt Beispiele, die in den Kontextinterviews selbst verwendet werden könnten. Es ist empfehlenswert, diese Fragen im Vorfeld zu erarbeiten. Für die Kontextinterviews können angepasste oder zusätzliche Fragen verwendet werden, je nachdem was die Beobachtung ergeben hat. Es ist wichtig, die Fragen in angemessener Form zu stellen. Dabei kann es helfen, die Rolle eines mehr oder weniger naiven Außenseiters zu spielen. Genauso hilfreich kann es sein, eine natürliche Sprache zu benützen. Während der Interviews sollten die Forscher vermeiden, Annahmen zu treffen, und die Fragen so stellen, dass sie hinterher mit anderen Datenquellen verglichen werden können. Zum Beispiel könnten die Akteure befragt werden, wie lange eine gewisse Tätigkeit norma-

	Zugrunde liegende Forschungsfrage	Passende Fragestellung
1	Was ist das Ziel der Aktivität?	■ Wann benützen Sie dieses Produkt oder diese Dienstleistung? ■ Warum benützen Sie dieses Produkt oder diese Dienstleistung? ■ Wie hilft Ihnen dieses Produkt bei der Arbeit? ■ Wer profitiert sonst noch davon?
2	Was muss vorher gemacht werden?	Können Sie mir sagen, was Sie vorbereiten müssen?
3	Welche Prozesse werden genutzt?	■ Können Sie erklären, wie Sie dieses Produkt oder diese Dienstleistung benutzen? ■ Was erleichtert oder erschwert die Ausübung der Tätigkeit? ■ Kann man die Tätigkeit auf verschiedene Weise ausüben?
4	Welches sind die Anforderungen an Zeit und Platz?	■ Wie viel Zeit benötigen Sie normalerweise? ■ Können Sie es auch woanders tun? ■ Was ist das (andere Apparate oder Artefakte)?
5	Welches sind die persönlichen Anforderungen?	■ Brauchen Sie jemanden, der Ihnen dabei hilft? ■ Welche Fähigkeiten müssen diese Leute haben?
6	Wie sieht die soziale Organisation aus?	■ Wer benutzt dieses Produkt oder diese Dienstleistung noch? ■ Wie ist die Beziehung zwischen diesen Personen?
7	Zu welchem Anlass wird die Tätigkeit ausgeübt?	■ Wann führen Sie die Tätigkeit aus? ■ Wie oft? ■ Wer benutzt dieses Produkt oder diese Dienstleistung noch?
8	Was passiert nach der Tätigkeit?	■ Was muss passieren? ■ Was muss verifiziert werden? ■ Was beschließt die Tätigkeit?

Abbildung 4.4: Schlüsselfragen zu Aktivitäten[45]

lerweise dauert. Deren Antwort kann dann mit der tatsächlich beobachteten Zeit verglichen werden. Die Zeitmessung sollten die Forscher allerdings sehr diskret durchführen.

Es ist auch empfehlenswert, die Umgebung als Ideengeber für Fragen zu benutzen. In der Befragung eines Endverbrauchers zum Thema elektronische Zahnbürsten, könnte man z. B. nach anderen elektronischen Geräten fragen: »Wie finden Sie das Design der Ladestation Ihres Rasierers? Im Auftrag von Bosch stellten Forscher den Mitarbeitern Fragen zu verschiedenen Produktionsmaschinen: »Können Sie mir bitte erklären, wie diese Maschine funktioniert? Und welche Dinge bereiten Ihnen dabei die größten Probleme?«

Um ganz sicherzugehen, dass keine Frage vergessen wird, ist es hilfreich, diese auf der Rückseite des Formblatts für die Beobachtung abzudrucken.

Fallbeispiel 4.4

Lucci Orlandini Design – Design für Behinderte[46]

Lucci-Orlandini-Design ist eine italienische Firma, die im Jahre 1968 von Robert Lucci und Paolo Orlandini nördlich von Mailand gegründet wurde. Die Firma hat bisher über 500 Produkte entworfen, so z. B. Haushaltswaren, Möbel und Leuchten für viele bekannte Marken. Darüber hinaus haben sie schon viele Designpreise gewonnen. Ihr Credo ist, »ein Design zu erstellen, das in der Produktion und bei der Anwendung einfach ist.«

Im Dezember 2002 wurden sie von einem der größten Küchenhersteller in Europa, Snaidero, gebeten, eine Küche für behinderte Menschen zu entwerfen, von denen es in Europa fast 40 Millionen gibt. »Wir hatten mit Küchendesign durchaus schon Erfahrung, aber mit diesem Projekt haben wir uns wirklich auf neues Gebiet gewagt«, erinnert sich Lucci. Schnell hatten sie herausgefunden, dass es unmöglich ist, eine Küche für alle Behinderungsarten zu entwerfen. Deshalb trafen sie zusammen mit Snaidero die Entscheidung, sich auf bestimmte Behinderungsformen zu beschränken, z. B. Querschnittslähmung, Amputationen, Sehbehinderungen und Alzheimer. »Menschen mit diesen Behinderungen teilen ähnliche Bedürfnisse und suchen nach größerer Unabhängigkeit und Sicherheit in ihrer Küche.«

Auch sollten sich Rollstuhlfahrer darin frei bewegen können. »Wir wollten wirklich etwas ganz Einzigartes für sie entwerfen. Aber die Küche musste wandlungsfähig sein, sodass sie auch von Freunden, Verwandten und anderen nicht behinderten Menschen benutzt werden kann«, erklärt Lucci.

Die beiden Designer entschlossen sich, zunächst selbst etwas Marktforschung zu betreiben. Diese führte sie ins Niguarda-Krankenhaus nach Mailand. »Zuerst schauten wir Küchen an, die in Krankenhäusern benutzt werden. Natürlich wurden diese von den Angestellten des Krankenhauses benutzt, aber wir hatten eine Küche vor Ort und konnten so einige Patienten einladen und sie bitten, ihre Eindrücke selbst zu schildern«, erzählt Lucci. Die Patienten wurden gebeten, alltägliche Aufgaben zu erledigen und wurden dabei beobachtet. Es wurde z. B. festgestellt, dass Rollstuhlfahrer nicht nahe genug an das Spülbecken herankommen, um Geschirr abzuwaschen. Die Höhe der Arbeitsplatte war auch ein heikles Thema. »Stellen Sie sich vor, Sie sitzen in einem Rollstuhl. Wäre es nicht toll, sie hätten nicht nur eine Arbeitsplatte vor sich, sondern auch eine links und eine rechts? Denken Sie daran: Sie können sich an einer bestimmten Stelle im Raum umdrehen, jedoch im Raum selbst nicht ausreichend bewegen. Wir dachten an eine kurvenförmige Arbeitsplatte, aber wir waren nicht sicher, ob das funktionieren würde«, bemerkt Orlandini. Also wurden ganz einfache Muster gebaut, die Rollstuhlfahrer testen konnten. Die Designer wussten, dass kurvenförmige Einheiten in der Produktion teurer sind und lernten während den Interviews, dass viele Behinderte niedrige Einkommen haben und die Küchen erschwinglich sein müssen. »Je länger wir den Verbrauchern zuhörten, desto mehr haben Paolo und ich bemerkt, dass das Projekt immer komplexer wird«, sagt Lucci.

In der Fabrik baute Snaidero einen funktionstüchtigen Prototyp mit echten Geräten. Dieser wurde im Krankenhaus in Udine getestet. »Wir hatten uns stark auf die Ergonomie konzentriert und hatten Winkel-Arbeitsplatten entworfen, die es den Behinderten erlaubten, die gesamte Arbeitsplatte erreichen zu können.« Der Prototyp wurde mehrere Male überarbeitet, bevor das endgültige Produkt, Skyline Lab, im Jahr 2004 eingeführt wurde. Das Produkt war sehr erfolgreich und hat mehrere Designpreise gewonnen, u. a. den Well-Tech-Award und den Dedalo-Minosse-International-Award. Wichtiger war aber, dass das Produkt von Behinderten sehr gut angenommen wurde. Lucci erklärt dies so: »Basisforschung zu betreiben und Anwender einzubinden, war das Erfolgsgeheimnis – ohne sie wären wir nicht auf dieses ganz bestimmte Design gekommen.«

Aufzeichnungen

Zusätzlich zu den schriftlichen Notizen, sind auch Video- oder Audio-Aufnahmen oder aber auch Fotografien für die Datenaufnahme geeignet. Interviews werden oft mit Hilfe von Tonbändern festgehalten, da diese einfacher zu bedienen und weniger störend sind als Videokameras.

Digitale Videokameras sind inzwischen so billig, dass es Forschern heutzutage möglich ist, alle Ereignisse aufzunehmen, die interessant genug erscheinen: z. B. typische Verkaufssituationen, Anwendung von Produkten, Bedienung durch Dienstleistungsunternehmen usw. Allerdings können Videokameras auch als störend empfunden werden, und deshalb sollte man immer abwägen, ob sie einen negativen Einfluss auf die Beobachtung haben könnten. Fotografieren könnte zum Beispiel eine Alternative sein, weil sie weniger störend ist. Auch der ethische Aspekt des Filmens sollte beachtet werden, insbesondere wenn Kinder beobachtet werden.

Es ist sinnvoll, die Akteure zu motivieren, immer zu erklären, was sie gerade tun. Es gibt sogar Hinweise darauf, dass die Personen ihr eigenes implizites Wissen zu einem gewissen Grad artikulieren können, wenn sie eine Tätigkeit verrichten und gleichzeitig in Worten beschreiben. Vorsicht ist geboten, wenn man die Akteure bittet, ihre Tätigkeit Schritt für Schritt zu verrichten, weil es die Gefahr birgt, dass dann nicht die natürliche Arbeitsweise gezeigt wird. Manche Forscher empfehlen deshalb, besser überhaupt keine Instruktionen zu geben. Unserer Erfahrung nach ist diese Vorgehensweise eher positiv, aber nur wenn man vorher ein detailliertes Einführungsgespräch mit den Akteuren geführt hat. Egal wie man bei der Beobachtung vorgeht, müssen Forscher sehr gute Zuhörer sein und ein Auge für Körpersprache und deren Bedeutung haben.

Grundsätzlich gibt es zwei Ansätze für Videoaufnahmen – es werden entweder lange Sequenzen aufgenommen, egal was gerade getan wird, oder aber nur kürzere, bewusst ausgewählte Sequenzen. Der letztere Ansatz ist in der Regel effektiver, weil lange Aufnahmen nur schwierig und mit sehr viel Zeitaufwand analysiert werden können. Deshalb ist es besonders wichtig, eine klar festgelegte Stichprobenstrategie zu haben.

Es gibt spezielle Kameras, die sogar die Bewegung der Augen und die Größenveränderung der Pupillen anzeigen können, wenn zum Beispiel ein Endverbraucher die Erklärungstexte einer Produktverpackung liest. Allerdings werden solche speziellen Geräte nur für ganz spezifische Beobachtungen in einer Laborumgebung benutzt. Ein Beispiel, bei dem eine solche Kamera eingesetzt wurde, war ein Experiment in dem die Analyse der Augenbewegung wichtig war. Damit wurde untersucht, wie die Gestaltung der Speisekarte die Wahl der Gäste beeinflusst.[47]

Dokumente

Für die durchführenden Marktforscher ist es immer wichtig, ganz bewusst zu prüfen, ob die Akteure für die Untersuchung relevante Dokumente besitzen. Untersucht man zum Beispiel die Nutzung von Unterhaltungselektronik, ist es sinnvoll zu prüfen, ob die Akteure die Gebrauchsanweisung aufbewahren. Die Gebrauchsanweisung gibt den Forschern auch deutliche Hinweise darauf, ob sie gelesen wurde. Ein Hinweis sind benutzte Seiten oder »Eselsohren«.

Tagebücher und andere Datenquellen

Grundsätzlich können auch Tagebücher von Akteuren wichtige Informationen enthalten.[48] Dabei sollten die Forscher den Akteuren im Vorfeld eine bestimmte Anzahl von Kategorien geben, damit diese bei den Tagebucheinträgen berücksichtigt werden können. Diese Kategorien sollten eng mit dem Kodierungssystem verbunden sein, aber die Akteure sollten aufgefordert werden, alle Kommentare, Überlegungen oder Gedanken zu notieren, die ihnen zusätzlich einfallen. Tagebücher haben den Vorteil, dass sie sowohl den Langzeit-Aspekt als auch die Selbstreflektion unterstützen, aber es ist wichtig, die Akteure entsprechend zu motivieren, wenn von ihnen über einen langen Zeitraum regelmäßige und ausgiebige Einträge erwartet werden.

Bei der Definition des Umfangs einer ethnographischen Datensammlung sollte man spezifische Objekte, Beispiele und multiple Methoden (z.B. Repertory-Grid-Interviews) berücksichtigen. Eine große Bandbreite an Datenquellen kann sowohl zusätzliche Perspektiven als auch die Triangulation der Daten ermöglichen.

Reflektionen

Die eigene *Reflektion zur Datensammlung*, die in Abbildung 4.2 dargestellt ist, ist für sich selbst keine eigentliche Datenquelle. Es handelt sich dabei eher um einen Teil der Datenanalyse, die in den zusammenfassenden Bericht der ethnographischen Untersuchung integriert ist (und als Stimulus für ein tiefes Verständnis der Erkenntnisse fungiert). Die *erstmalige Reflektion* über die Feldnotizen ist der erste Schritt der Analyse, wobei der Forscher überdenkt, was Beobachter gesehen und gehört haben. Nach einer Reihe von Felduntersuchungen bzw. Feldbesuchen, ist es hilfreich, die erste Reflektion nochmals zu überdenken und dabei noch tiefer zu gehen als bei der ersten Reflektion. Normalerweise handelt es sich dabei um intuitive Feststellungen, wahrgenommene Anomalitäten, Verhaltensmuster, Trends, Gründe für Verwirrrungen und Fragen und Ähnliches.

Die Forscher sollten ihre Reflektionen während des Forschungsprozesses regelmäßig aktualisieren. Mit Reflektionen identifizieren sie, welche weiteren Ereignisse beobachtet werden sollen, welche Nachteile der aktuelle Forschungsansatz hat und welche Hypothesen sich allmählich bilden. Beispiele hierfür sind Themen, die alle Akteure oder beobachtete Situationen gemeinsam haben. Es ist hilfreich, ein gebundenes Notizbuch für die Reflektionen und das Festhalten der ethnographischen Notizen zu nehmen (kariertes Papier erleichtert das Zeichnen von Diagrammen im Vergleich zu liniertem Papier). Wie die Abbildung 4.2 zeigt, sollte der Forscher seine Reflektionen darauf stützen, was von den verschiedenen Datenquellen gelernt werden kann, wobei auch beinhaltet sein sollte, was aufgrund jeder einzelnen Feldnotiz reflektiert wurde.

4.4 Analyse der Ergebnisse

Eine der Herausforderungen, um zu verstehen wie ethnographische Marktforschung durchgeführt und analysiert wird, ist die Tatsache, dass Durchführung und Analyse miteinander verwoben sind und nicht einzelne voneinander unabhängige Schritte. Deshalb ist es sehr wichtig, darüber nachzudenken, wie die Datenanalyse durchgeführt werden soll, *bevor* man überhaupt mit der Datensammlung beginnt. Außerdem sollte eine vorläufige Analyse bereits starten, sobald einige wenige Daten vorliegen, weil dies zu Erkenntnissen führen kann, die die weitere Datensammlung verbessern könnten. Die Datenanalyse ist also *induktiv* (aufgrund beobachteter Beispiele wird eine generelle Theorie abgeleitet) und nicht *deduktiv* (wo die Erklärung zur Datenanalyse von bestehendem Wissen oder bekannten Theorien abgeleitet wird).

Abbildung 4.5 zeigt einen konzeptionellen Überblick der drei wichtigsten Aspekte von ethnographischer Marktforschung, die parallel stattfinden: *Datensammlung*, *Reflektion* und *Analyse*. Die Datensammlung beginnt mit der großen Tour, deren Ergebnisse sowohl die ersten Schritte der Datensammlung als auch den ersten Teil der Datenanalyse, das erste Codieren, beeinflusst. Wenn die ersten Daten gesammelt werden, müssen die Forscher reflektieren, was sie dabei gelernt haben und dies wiederum wird die Codierung und vielleicht sogar die zukünftige Art und Weise der Datensammlung beeinflussen. Einblicke der ersten Codierung führen in der Regel zu einer Verbesserung der Datensammlung, wie zum Beispiel die Aufnahme weiterer Datenquellen oder eine veränderte Stichprobe und so weiter. Die Sammlung dieser verbesserten Daten führt dann wiederum zu weiteren Reflektionen und schließlich zur Gesamtanalyse. Zwischen der Datensammlung und der Analyse kann es mehrere Schleifen geben. Zwischen den verschiedenen Datenquellen benutzt man typischerweise sehr häufig das Instrument der Datentriangulation. Abbildung 4.5 zeigt natürlich nur ein repräsentatives Beispiel, wie Datensammlung, Reflektion und Analyse vonstattengehen können, weil jedes Projekt seine eigenen Variationen hat.

Bei der Analyse von ethnographischen Daten folgt man quasi einem Prozess, der immer stärker fokussiert: vom breiten, investigativen Fokus (Beobachtung vieler

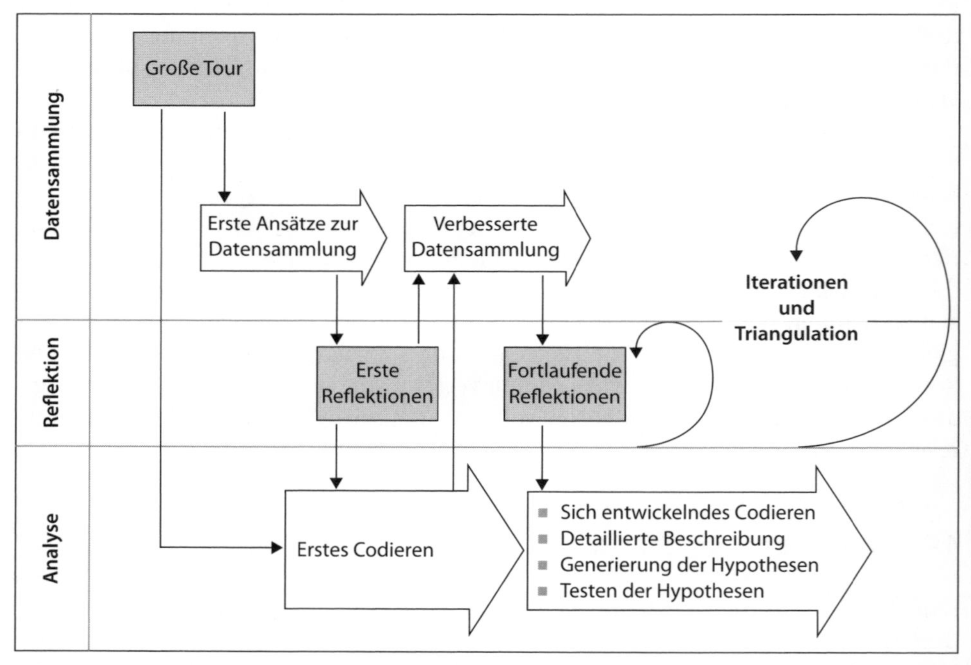

Abbbildung 4.5: Konzeptionelle Sicht der Ethnographischen Datensammlung und Analyse

Aktionen und Ereignisse, mit einem breiten Forschungsansatz) zum ganz eng fokussierten Ansatz. Die wichtigsten vier Analyseschritte sind:[49]

1. Codierung der Daten,
2. Erarbeitung einer detaillierten Beschreibung,
3. Generierung von Hypothesen und
4. Testen der Hypothesen.

4.4.1 Datencodierung

Codierung ist der Prozess, Beobachtungen in Kategorien einzuordnen, und gleichzeitig auch der erste Schritt, den Beobachtungen Bedeutung zuzuordnen. Alle Datenquellen, egal ob Aufzeichnungen von Interviews, Videoaufnahmen oder andere Daten, sollten codiert werden. Sobald jeder Datenquelle ein Code zugewiesen wurde, führt die Triangulation der Datenquellen zu einem besseren Verständnis und zu verlässlicheren Ergebnissen. Es ist sinnvoll, ein erstes Codierungsschema vorzubereiten, bevor die Beobachtungen durchgeführt werden. Gleichzeitig ist das Codieren aber grundsätzlich ein iterativer Prozess. Das erste Codierungsschema ist normalerweise eng mit der zugrunde liegenden Forschungsfrage verbunden: Was will der Marktforscher genau verstehen? Das Codierungsschema identifiziert dabei, worauf der Forscher achten sollte und hilft somit zu vermeiden, dass etwas übersehen wird. Das ist besonders wichtig, weil die Hinweise auf noch nicht artikulierte Bedürfnisse oft nur nonverbal geäußert werden.

Während der eigentlichen Datensammlung ist es quasi unvermeidbar, dass zusätzliche Themen, die beobachtet werden, im weiter entwickelten Codierungsschema aufgenommen werden. Marktforscher, die z. B. die Anwendung von Zahnpasta untersuchen, könnten das folgende Codierungsschema benützen: die demographischen Daten der Akteure, die Zahnpastamarken im Badezimmer, die Art und Weise, wie die Akteure ihre Zahnbürste benützen, die Zeit, die sie sich zum Zähneputzen nehmen, und die Verfügbarkeit von Zahnseide und Mundwasser. Sobald der Marktforscher aber mit der Datensammlung loslegt, wird er sicherlich bemerken, dass viele andere Themen auch codiert werden sollten: z. B. die anderen Produkte der persönlichen Hygiene, die im Badezimmer vorhanden sind, die Anzahl der Personen die das Bad miteinander benutzen, die Zeit die jeden Tag für die persönliche Hygiene aufgebracht wird usw. Diese ausführlicheren Daten ermöglichen einen besseren und tieferen Einblick in die Akteure, die beobachtet werden. Normalerweise werden die Daten zu allen Verhaltensweisen gesammelt, die irgendwie mit dem Thema zu tun haben, nicht nur diejenigen, die ganz direkt mit der Forschungsfrage zusammenhängen. Fast immer weitet die Feldarbeit vor Ort den Rahmen der Daten aus, der gesammelt wird.

Abbildung 4.6 zeigt ein generisches Codierungsschema für Beobachtungsstudien mit sieben Datenkategorien, vom Auslöser zum Kauf des Produkts bzw. der Dienstleistung bis zu den Produktanpassungen durch den Anwender. Die Abbildung gibt Beobachtungshinweise und die zusätzlichen Spalten können mit Zeitpunkten der Beobachtung und zusätzlichen Notizen vervollständigt werden. Diese sieben Kategorien zwingen den Beobachter dazu, nicht nur darauf zu schauen, wie ein Produkt oder eine Dienstleistung in die allgemeine Umgebung des Nutzers passt, sondern auch nach Anzeichen von unerfüllten Anforderungen und Bedürfnissen. Der Auslöser

	Datenkategorien	Beobachtungshinweise (Codierung)	Beob-achtet?	Zeitpunkt	Notizen
1	Auslöser für den Kauf des Produkts bzw. der Dienstleistung	▪ Warum, wann und wie?			
2	Auslöser für die Benutzung des Produkts bzw. der Dienstleistung	▪ Wer, was, wo, wann, warum, wie?			
3	Umgebung, in der das Produkt benutzt wird, bzw. die Dienstleistung in Anspruch genommen wird.	▪ Layout/Zeichnung/Objekt ▪ Akteure ▪ Aktivitäten/Ereignisse ▪ Zeitablauf			
4	Interaktion mit der Umgebung des Akteurs	▪ Physikalische Interaktion ▪ Entfernungen ▪ Soziale Interaktion			
5	Anwendung des Produkts oder der Dienstleistung	▪ Richtige Anwendung ▪ Falsche Anwendung ▪ Verlorene Zeit (Zeit, die keinen Mehrwert bei der Anwendung bringt) ▪ Missbrauch ▪ Umgehung der eigentlichen Anwendung[50] ▪ Verwirrung ▪ Gefährliche Situationen (zum Beispiel tatsächliche Gefahr für den Akteur bzw. Risiko des Datenverlusts)			
6	Implizite Aspekte und unausgesprochene Bedürfnisse.	▪ Emotionen ▪ Frustration und verlorene Zeit ▪ Angst und Furcht ▪ Verbale Signale ▪ Besondere verbale Signale ▪ Nonverbale Signale (zum Beispiel Körpersprache) ▪ Räumliche Signale			
7	Produktanpassungen	▪ Produktanpassungen durch den Anwender ▪ Prozessanpassungen durch den Anwender			

Abbbildung 4.6: Generisches Codierungsschema für die systematische Beobachtung[51]

für die Benützung des Staubsaugers könnte z. B. die wöchentliche Grundreinigung sein oder aber die Tatsache, dass etwas verschüttet wurde. Der zweite Auslöser bringt ganze spezielle Anforderungen mit sich, wie z. B. einfaches Auffinden und einfache Bedienung des Staubsaugers, die wiederum das Produktdesign beeinflussen können. Die Firma Black and Decker entwickelte den bekannten Handstaubsauger »Dustbuster«, um genau diese Anforderungen zu erfüllen.

Die Abbildung 4.6 zeigt auch, dass Frustration mit einer Dienstleistung oder einem Produkt daran liegen kann, dass die wichtigsten Bedürfnisse des Anwenders nicht erfüllt werden. Allerdings können Hinweise darauf auch sehr gut versteckt sein. Ein guter Beobachter wird deshalb nach ganz subtilen Anzeichen Ausschau halten, z. B. wird er auf spezielle verbale Signale achten (etwa die Schnelligkeit und Betonung in der Sprache), aber auch auf nonverbale Signale wie Körpersprache oder andere räumliche Signale, wie etwa die Entfernung des Anwenders zu anderen Objekten. Ein anderer Hinweis auf unausgesprochene Bedürfnisse könnte sein, wenn Anwender das Produkt oder die Anwendung verändert haben, damit diese ihren Anforderungen besser entsprechen. Bei Dienstleistungen wäre eine solche Veränderung die Tatsache, dass der Konsument sein Verhalten ändert, um die Nachteile der bestehenden Dienstleistung auszumerzen. Solche Verhaltensänderungen sind oft nur sehr subtil und dem Konsumenten oft gar nicht bewusst. Da es sehr schwierig ist, auf verschiedenen Ebenen gleichzeitig zu beobachten und zu codieren, ist die beste Lösung eine Videoaufnahme, die hinterher von mehreren Personen angeschaut werden kann, wobei jeder nach verschiedenen Codes und weiteren Hinweisen Ausschau hält. Der Nachteil von Videoaufzeichnungen ist, dass sie die Verhaltensweise der Anwender beeinflussen können oder die Akteure ganz einfach eingeschüchtert werden.

Bewegte Bilder sind also geeignete Analysetools, um Zeitabläufe festzulegen: z. B. verschiedene Schritte wie Einsammeln der dreckigen Wäsche und der Sortiervorgang, bevor die Waschmaschine benutzt wird. Räumliche Distanzen können ebenfalls begutachtet werden. Dies sind die Entfernungen zwischen den wichtigsten Akteuren bzw. zwischen Akteur und Objekt. Die Analyse des Zeitverlaufs kann als Flussdiagramme dargestellt werden, kommentiert durch die typischen Zeiten. Solche Diagramme helfen bei der Interpretation und Identifikation von sogenannter nutzloser Zeit, das heißt Zeit, die nicht dazu dient, dem Ziel der Akteure näher zu kommen. Obwohl nutzlose Zeit grundsätzlich gleichbedeutend mit verlorener Zeit ist, sollten Forscher vorsichtig sein, letzteren Begriff gegenüber den Akteuren zu verwenden, schlicht und einfach deshalb weil viele Anwender von Produkten und Dienstleistungen sich gar nicht bewusst sind, dass sie Zeit verlieren. Ein gutes Beispiel hierfür ist die japanische Friseurkette für Männer QBNet, die fast alle nutzlosen, aber zeitraubenden Aspekte ihres Services abgeschafft hat. Sie haben z. B. farbige, gut sichtbare Lichtzeichen vor den Läden, die anzeigen, ob momentan eine Warteschlange besteht (ein grünes Licht bedeutet, keine Schlange und somit auch keine Wartezeit). Im Umkehrschluss bedeutet es, dass Kunden nicht erst einen Parkplatz suchen müssen, um schlussendlich herauszufinden, dass sie noch sehr lange auf einen Haarschnitt warten müssen.

Ein weiterer Ansatzpunkt für die Analyse der Beobachtungsdaten ist, mehrere typische Anwendungsszenarien mit den damit verbundenen Problemen und Themen zu identifizieren. Dazu können einfache Zeichnungen und formlose Storyboards benutzt werden, die auch die Auslöser für die eigentliche Anwendung und die damit verbundenen Probleme beinhalten. Storyboards sind grundsätzlich eine gute Methode, um die Kommunikation mit den Anwendern und ggf. auch den Produktentwicklungsteams zu unterstützen. Häufig verändern Konsumenten die Produkte, um deren Nachteile zu umgehen, und genau das kann exzellente Hinweise für die Produktpflege bzw. Produktverbesserungen geben.

4.4.2 Erarbeitung von detaillierten Beschreibungen

Sobald jede einzelne Datenquelle codiert wurde, steht der Forscher vor der Herausforderung, die ganzen Informationen in Form einer detaillierten Beschreibung zusammenzufassen (zur Erinnerung: In diesem Kontext bedeutet detailliert, dass die Beschreibung auch Eindrücke aus der Kultur und Umgebung des Akteurs beinhalten sollte). Die Formulierung dieser Beschreibung ist ein schwieriger Prozess, der, wenn möglich, von zwei oder sogar mehr Forschern parallel abgearbeitet werden sollte. So wie der Forscher oder das Forscherteam sich ganz tief in die Forschungsumgebung eingearbeitet haben, müssen sie sich jetzt ganz tief in die gesammelten Daten einarbeiten. Was genau aber meinen wir damit? Zuerst müssen die Forscher auf ihre gesamten Daten zurückblicken und genauso auch auf ihre eigenen Reflektionen. Dann ist es generell empfehlenswert, nach Beziehungen und Widersprüchen innerhalb der Daten zu suchen. Eine gute Analogie dieser Vorgehensweise ist der Weg zu einem effektiven Korrekturleser. Ein erfahrener Korrekturleser muss einen Text nur einmal lesen und kann gleichzeitig Grammatik- und Verständnisfehler korrigieren und den Stil verbessern. Ein Anfänger dagegen sollte den Text mehrmals lesen und jedes Mal einen anderen Aspekt beurteilen. Auf die gleiche Art und Weise sollte ein ethnographischer Forscher die kompletten ethnographischen Aufzeichnungen mehrmals durchsehen, und dabei separat nach Beziehungen, Widersprüchen und zum Schluss nach kulturellen Eigenheiten in den Daten suchen.

Beziehungen innerhalb der Daten

Die Suche nach Mustern innerhalb der Daten, kann Einblicke in die Gefühle, Motivationen oder Probleme der Akteure geben. Sind bestimmte Verhaltensweisen mit einem bestimmten Ereignis verknüpft, oder geht das Ereignis dem Verhalten voraus? Miele (siehe Fallbeispiel 9.1) hat z. B. beobachtet, dass Eltern die Zimmer ihrer allergischen Kinder extrem gewissenhaft geputzt haben, oft sogar mehrmals pro Woche. Allerdings waren sich diese Eltern nicht darüber bewusst, dass sie buchstäblich Zeit verschwendet haben, weil sie mehr geputzt haben, als nötig gewesen wäre. Das Putzen war zu einem Ritual geworden, das den Eltern das beruhigende Gefühl gab, dass das Kinderzimmer so sauber wie möglich ist (weil es ja auch keine Möglichkeit gab, den Grad der Sauberkeit tatsächlich zu messen). Das Produkt von Miele steht genau für dieses beruhigte Gewissen und spart dabei auch noch Zeit. Das Erkennen des rituellen Aspekts der Reinigung kann darüber hinaus noch dafür genutzt werden, entsprechend schlagkräftige Marketingbotschaften zu entwickeln.

Der komplette ethnographische Aufschrieb enthält grundsätzlich sehr viele verschiedene Datenquellen. Deshalb muss der Forscher sich darauf einstellen, die Widersprüche in den verbalen Äußerungen mit diversen anderen Quellen zu vergleichen. Die verbalen Daten können z. B. mit Videoaufnahmen, dokumentierten Ereignissen und Ähnlichem verglichen werden.

Widersprüche innerhalb der Daten

Forscher müssen aber nicht nur nach Verbindungen und Beziehungen innerhalb der Daten suchen, sondern auch nach Widersprüchen. Diese sind in Abbildung 4.7 beispielhaft dargestellt. Die Notizen müssen auf Widersprüche (*Disjunktion*) geprüft werden. Das sind Fälle, bei denen die Erklärungen der Akteure nicht mit dem beobachteten Verhalten der gleichen Akteure zusammenpassen. Erklärungen dürfen grundsätzlich nicht einfach übernommen werden, weil Ethnographen oft wichtige Entdeckungen genau durch diese Widersprüche machen. Es wurde z.B. durch Forscher herausgefunden, dass Farbe und Design einer Angelausrüstung für die Sportangler völlig unwichtig sind. Allerdings haben sie gleichzeitig beobachtet, dass die Sportangler Motoren für ihre Boote aussuchen, die sich dem Farbschema der Angelausrüstung anpassten.[52]

Weitere Einblicke erhalten Forscher, sobald sie bei den Akteuren übertriebene Verallgemeinerungen oder beschönigte Ereignisse ausmachen. Was meinen wir damit? Manche Akteure vereinfachen die Erklärungen zu Ereignissen und Aktivitäten. Andererseits fügen andere Akteure ihren Erläuterungen etwas hinzu, z.B. eine positive Interpretation oder eine leichte Abänderung dessen, was sie tatsächlich getan haben. Anwender erzählen gerne, wie oft sie einen bestimmten Gegenstand benützen, verschweigen aber, wie oft sie dabei Fehler machen. Man hat herausgefunden, dass Mütter zwar bestätigen, dass ihre Kinder ein gesundes Frühstück bevorzugen. Beobachtungen bestätigen diese Aussage hingegen nicht.[53] Sie, als Leser, müssen eigentlich ganz ehrlich reflektieren, wie Sie selber Dinge Freunden und Kollegen erzählen. Dabei werden Sie feststellen, dass das Ausschmücken von Sachverhalten völlig normal und bei vielen bereits ein unbewusster Mechanismus ist. Eine weitere Möglichkeit, Widersprüche in verbalen Daten zu entdecken, ist, *behauptete Eigenheiten* zu hinterfragen. Dabei denken oder sagen Akteure, ihr Verhalten sei ungewöhnlich oder sehr speziell, obwohl ihr Verhalten eigentlich in der Gruppe der beobachteten Akteure völlig normal und durchschnittlich ist.

	Art	Bedeutung	Vorschläge
1	Disjunktion	Die Erklärungen der Akteure stimmen nicht mit den beobachteten Taten überein	■ Vergleichen Sie jedes Element des verbal erklärten Verhaltens mit jedem Element des beobachteten Verhaltens
2	Übertriebene Verallgemeinerungen	Die Erklärungen der Akteure zu Aktivitäten und Ereignissen	■ Überprüfen Sie Aussagen, die die Akteure zu ihren Erläuterungen machen. ■ Achten Sie auf Ausdrücke wie »das ist immer ....«, »jeder weiß ja ....« und so weiter
3	Schönreden	Um den eigenen Eindruck zu verbessern, erklären die Akteure ihr Handeln positiver als es eigentlich ist und lassen mögliches Fehlverhalten weg	■ Suchen Sie nach positiven Neigungen in Erläuterungen wie »das ist ziemlich einfach ...«, »es ging recht schnell das zu lernen ...« oder ähnlichen Ausdrücken. ■ Körpersprache und Tonfall können Hinweise darauf geben, dass ein Akteur etwas schönredet.
4	Behauptete Eigenheiten (Idiosynkrasie)	Die Akteure behaupten oder glauben sogar selbst, dass etwas an ihrem Verhalten oder ihren Tätigkeiten unüblich oder speziell ist	■ Achten Sie auf Ausdrücke wie »Ich weiß, das ist ungewöhnlich ...« oder »niemand sonst würde es in dieser Art tun ...« und so weiter. ■ Vergleichen Sie das Verhalten aller Akteure, um herauszufinden, ob dies ähnlich ist.

Abbbildung 4.7: Widersprüche innerhalb der Daten finden[54]

Kulturelles Verständnis entwickeln

Marktforscher müssen die Kultur durch die Augen der Akteure sehen. Es beinhaltet die Rolle und die Bedeutung von symbolischen Handlungen, aber auch die sprachlichen Besonderheiten wie Dialekte und Jargon.[55] In diesem Teil der Analyse müssen sich die Forscher selbst fragen, ob ihre eigene Kultur dazu führt, gewisse Dinge als selbstverständlich anzusehen und somit deren wichtige Bedeutung zu übersehen.[56] »Kultur bedeutet gelernte, sozial angeeignete Traditionen und den Lebensstil einer Gruppe von Menschen, inklusive festgelegter, sich wiederholender Denkweisen, Gefühle und Handlungen.«[57] Kultur kann in vielen verschiedenen Formen existieren, von nationalen oder ethnischen Kulturen, bis zur Kultur einer kleinen Kundengruppe. Es ist wichtig, sich immer daran zu erinnern, dass »wir die Gedanken und Gefühle von Menschen nicht beobachten können«[58]. Deshalb ist das Erlangen von kulturellem Verständnis kein einfacher Prozess.

Befasst man sich mit der Kultur einer Organisation[59], sollte man spezielle Hinweise beachten. Das können die *Geschichten* sein, die man sich in Organisationen erzählt, die *Routinen* und *Rituale*, die angewendet werden, aber auch die *Symbole* der Organisation. Nimmt man diese Vorschläge und kombiniert sie mit anderen aus der Literatur, ist es als Forscher empfehlenswert, sich mit den folgenden acht Themen zu beschäftigen, um einen Einblick in die Kultur zu erhalten:

1. *Beziehungen, Organisation und Machtstrukturen*. Wie ist die Gruppe, die untersucht wird, formell oder anderswie organisiert? Wie sehen die Machtstrukturen aus?
2. *Geschichten*. Welche Geschichten werden von Mitgliedern der Gruppe typischerweise erzählt und welche Bedeutung haben sie?
3. *Symbole*. Wie sehen die Symbole aus, die innerhalb der Gruppe verwendet werden? Diese können z. B. mit dem Dress-Code, der Ausstattung, der Dekoration usw. verbunden sein.
4. *Routinen und Rituale*. Welches sind die Routinen, die die Gruppe ständig durchführt? Sind einige schon zu Ritualen geworden?
5. *Sprache, Slang und Jargon*. Wie benützen die Teilnehmer der Gruppe die Sprache? Haben sie einen speziellen Slang oder spezielles Vokabular?
6. *Ansichten und Meinungen*. Welche typischen Meinungen und Ansichten werden von Teilnehmern der Gruppe geäußert?
7. *Emotionen und Gefühle*. Zeigen die Teilnehmer der Gruppe ihre Emotionen oder Gefühle, und wenn ja, wann?
8. *Überzeugungen und Werte*. Welche Überzeugungen und Werte liegen der Gruppe zugrunde?

Können einige oder vielleicht sogar alle oben genannten Hinweise identifiziert werden, wird es leichter, die Kultur zu entschlüsseln? In einem weiteren wichtigen Schritt werden dann das *zentrale Problem* oder die *Probleme* der zu untersuchenden Gruppe identifiziert.[60] Das geht am einfachsten, indem man jedes der obigen acht Elemente nimmt und sich fragt: Was sagt uns das über das zentrale Problem (die zentralen Probleme), die die Gruppe hat? Später kann die Frage gestellt werden: Welche Art von Produkten oder Dienstleistungen kann der Gruppe helfen, dieses Problem zu lösen?

Ein gutes Beispiel für den Verständnisprozess der Kultur, ist die Untersuchung einer Lebensmittelfirma, die sich die Vorbereitung eines Thanksgiving-Essens in den USA genauer angeschaut hat. Die Forschungsfrage für die Lebensmittelfirma war: Welche Möglichkeiten gibt es für neue Produkte? Familien wurden bei der Vorbereitung des Thanksgiving-Essens beobachtet. Darüber hinaus wurden Kontextinterviews mit Müttern durchgeführt (die sehr in die Vorbereitungen vertieft waren). [61] Durch Beobachtungen, Geschichten, die erzählt wurden (wie z. B. Rezepte, die noch von »Großmutter« stammen ....), und anderen Hinweisen wurden die kulturellen Aspekte identifiziert. Mit fortschreitender Untersuchung verstanden die Forscher, dass die Essensvorbereitung ein ganz klares, rituelles Element ist. Die Mütter wollten etwas ganz Besonderes vorbereiten und verabscheuten es deshalb, einfach zu handhabende Zutaten zu verwenden. Also war das zentrale Problem der Mütter identifiziert: Sie

Fallbeispiel 4.5

Sainsbury's – ethnographische Praxis in Ägypten[62]

Sainsbury's ist eine führende Supermarktkette aus Großbritannien, die bekannt ist für die hohe Qualität der Lebensmittel sowie eine lange Dienstleistungstradition seit 1869. Ähnlich wie einige andere erfolgreiche Handelsfirmen, entschloss sich Sainsbury's Ende der 1990er Jahre international zu expandieren, und eines der auserwählten Länder für diese Expansion war Ägypten. Es mag für uns offensichtlich erscheinen, dass die nationale Kultur sehr stark davon beeinflusst wird, wie ein ausländischer Investor, in diesem Fall eine Handelsfirma, wahrgenommen wird. Deshalb sollte dieser Punkt auch von der Top-Management-Ebene entsprechend sorgfältig bedacht werden. Allerdings war dies bei diesem Exkurs in den ägyptischen Lebensmittelmarkt deutlich anders.

In Ägypten war der Lebensmittelhandel geprägt von kleinen, recht ineffizienten, unabhängigen und meist familiengeführten Händlern. Sainsbury's dachte also, durch ihre Größe, Effizienz und die attraktiven Supermärkte mit einem guten Service könnten sie sich schnell als Marktführer etablieren. Die entsprechenden Entscheidungen des-Top Managements wurden gefällt und im Jahr 2000 wurden 106 Supermärkte und lokale Läden geöffnet. Diese rasante Umsetzung war ein Teil der Strategie, besser organisierte Läden nach Ägypten zu bringen. Allerdings hatte das Management einige wichtige kulturelle Aspekte übersehen. Es wurden Entscheidungen getroffen, die später bedauert wurden: Der massive Markteintritt führte zu einem erbitterten Gegenangriff der lokalen Händler. Diese wiederum gewannen Unterstützung, weil sie behaupteten, Sainsbury's versuche den Markt zu dominieren. Die Kunden akzeptierten den Zuschnitt des Fleisches nach britischer Art nicht. Auch das Angebot von Lebensmittelproben war erfolglos, weil alle Proben bereits vom erstbesten Kunden mitgenommen wurden. Als die Probleme immer größer wurden, arbeitete Sainsbury's mit einer ethnographischen Studie zusammen, die die Analyse von Metaphern verwendete, um die wichtigsten kulturellen Aspekte zu identifizieren, die man beachten sollte. Diese Studie fand heraus, dass Ägyptens Besatzungsgeschichte dazu führt, dass ausländische Handelsketten grundsätzlich mit Skepsis gesehen werden, und obwohl es mehr Auswahl gibt und die Kunden das Preis-Leistungsverhältnis durchaus schätzten, waren sehr viele Änderungen in den Läden und bei den Dienstleistungen von Sainsbury's nötig, um die Ägypter zu regelmäßigen Kunden zu machen. Die ethnographische Studie gab sehr viele detaillierte Hinweise, aber sie kam zu spät – alle 106 ägyptischen Länden wurden nach 14 Monaten von Sainsbury' s geschlossen.

»Sainsbury's wusste was getan werden musste, aber sie wussten nicht wie«, erklärte ein ägyptisches Ehepaar, das interviewt wurde. Allerdings steht Sainsbury's mit diesem Phänomen nicht alleine da. Viele andere berühmte Handelsnamen hatten ähnliche Probleme auf internationalen Märkten – Wal-Mart z. B. tat sich in Chile schwer, und Marks & Spencer's war weder in Kanada noch in Deutschland erfolgreich.

hatten nicht viel Zeit, aber von ihnen wurde erwartet (und sie wollten es auch selbst), dass sie ein ganz spezielles Essen in »hausgemachter« Art und Weise vorbereiteten (genauso wie die Großmutter es getan hätte). Sobald die Forscher dies verstanden hatten, war für die Lebensmittelfirma klar, dass Produkte für Thanksgiving, die als »Fertigmischung« oder »Convenience Food« erkennbar wären, nie erfolgreich sein könnten. Also half die Identifizierung des kulturellen Aspekts bei der Bestimmung der Produkte, die gebraucht und akzeptiert werden würden.

Die erste detaillierte Beschreibung verfassen
Es ist empfehlenswert, eine zwei- bis dreiseitige Zusammenfassung zu schreiben, welche die Beobachtungen, die Schlussfolgerungen zu den Zusammenhängen innerhalb der Daten, die Widersprüche, aber auch die Hinweise auf die Kultur enthält. Die Beschreibung kann als *detaillierte Beschreibung* angesehen werden, falls sie Einblicke in die Kultur der beobachteten Akteure gibt, die zentralen Probleme der Gruppe beschreibt und auch die Art und Weise, wie die Gruppe mit diesen Problemen umgeht.

4.4.3 Generierung von Hypothesen

Sobald sich Forscher in die Daten vertiefen, werden sie auf Muster stoßen, wie z.B. die Verbindung zwischen Verhaltensweisen und Aktionen. Mit diesen Überlegungen werden dann Hypothesen formuliert. Es ist hilfreich, zunächst auf das Vorkommen von bestimmten Ereignissen in den Daten zu achten (diese werden normalerweise mit E_1, E_2, E_N codiert), im Gegensatz zu Verhaltensweisen (diese werden normalerweise mit V_1, V_2 und V_N codiert). Wenn man die Häufigkeit und das Auftreten der verschiedenen Codes vergleicht, wird schnell deutlich, wann bestimmte Verhaltensweisen einem bestimmten Ereignis vorangehen, parallel stattfinden oder folgen. Es mag kompliziert klingen, die Beziehung zwischen Ereignissen und Verhaltensweisen herauszufinden, aber in der Praxis werden Forscher recht schnell verstehen, wie solche Verbindungen identifiziert werden können.

Ein Beispiel für eine Verhaltensweise, die immer einer bestimmten Aktivität vorangeht, ist die Art und Weise, wie penibel Kletterer ihre Ausrüstung überprüfen, bevor sie mit dem Aufstieg beginnen. Dies beinhaltet unter anderem, dass verschiedene Teile der Ausrüstung in einer speziellen Reihenfolge auf den Klettergurt gehängt werden, um sicher zu gehen, dass alle Teile leicht erreichbar sind, wenn die Klettertour schwierig wird. Wenn man einen Kletterer beobachtet, der dieses Ritual durchführt, könnte der Marktforscher Hypothesen generieren, wie oft ein solches Verhalten vorkommt, oder aber die Rolle und die Bedeutung des Rituals bewerten. Wenn man die einzelnen Schritte der Vorbereitung genau beobachtet, könnten die Hersteller von Kletterausrüstungen z.B. Schlüsse ziehen, um ihre Produkte zu verbessern.

Ein Forschungsprojekt, das den Einfluss von Kindern auf das Kaufverhalten der Eltern in Supermärkten untersucht hat, ist ein hervorragendes Beispiel dafür, wie Hypothesen entwickelt und getestet werden können.[63] Forscher haben Eltern mit ihren Kindern beim Einkauf beobachtet, hatten aber keinerlei Vorstellung, was sie dabei herausfinden würden. Deshalb kann man sagen, dass die Forschung einen Ansatz gemäß der *Grounded Theory* angewendet hat, d.h., die Erklärung der Daten ergibt sich aus den Daten selbst. Für jede der 200 Familien wurden Feldnotizen mit einem ähnlichen Format wie in Abbildung 4.3 verwendet. Außerdem war genügend Platz, damit der Forscher das Alter der Kinder schätzen konnte, das Verhalten von Kindern, wie z. B. das Deuten von Dingen auf dem Regal, und die Einkäufe der Eltern notiert werden konnten. Die Tatsache, dass 200 Familien beobachtet wurden, zeigt, dass ethnographische Marktforschung, selbst wenn es sich um einen ganz einfachen Vorgang handelt, sehr große Datenmengen generieren kann. (Obwohl ethnographische Marktforschung hauptsächlich qualitativ ist, können statistische Tests bei solchen Datenmengen angewendet werden, falls passende nummerische Methoden sinnvoll sind.) Während der Datenanalyse hat sich herausgestellt, dass die Eltern von Kleinkindern bei ihren Einkäufen mehr beeinflusst wurden als Eltern älterer Kindern.

4.4.4 Testen von Hypothesen

Abbildung 4.8 zeigt, wie Hypothesen getestet werden können. Für den Test der Hypothesen liefern Feldnotizen in der Regel die notwendigen Daten. Manchmal allerdings sind auch weitere Datensätze aus dem kompletten ethnographischen Bericht nötig.

In der oben erwähnten Supermarktstudie[64] hatten die Forscher den Eindruck, dass die Eltern jüngerer Kinder mehr beeinflusst werden. Um herauszufinden, ob dies tatsächlich stimmt, wurden stichprobenartig zwölf Feldnotizen ausgewählt. Diese wiederum bestätigten die Hypothese zum Teil. Im nächsten Schritt wurden alle 200 Feldnotizen kopiert und die Schätzungen des Alters der Kinder entfernt. Das Überprüfen der Notizen ohne die Altersschätzungen hat dafür gesorgt, dass der Test der Hypothese ohne Beeinflussung stattfand. Die 200 Feldnotizen wurden dann wieder mit den Altersschätzungen vervollständigt – und die Hypothese wurde bestätigt.

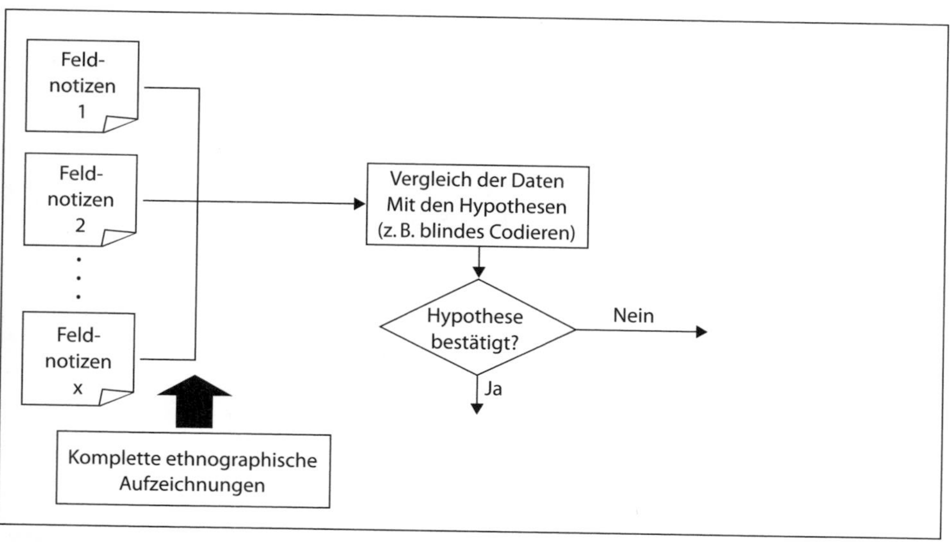

Abbbildung 4.8: Konzeptartiges Diagramm zum Testen von Hypothesen

4.4.5 Codierung der Daten durch Teams der Produktentwicklung

Ein Teil unserer laufenden Forschung zu Hidden Needs an der Cranfield School of Management beschäftigt sich damit herauszufinden, wie die umfangreichen Daten aus ethnographischer Marktforschung idealerweise und am effektivsten von einem Produktentwicklungsteam analysiert werden können. Dabei haben wir herausgefunden, dass es vorteilhaft ist, das gesamte Entwicklungstem in die Analyse einzubinden, weil dies jedem einzelnen einen tiefen Einblick in die Kundenbedürfnisse gibt und automatisch auch die Motivation für das Marktforschungsprojekt erhöht (weil sie sehen, wie integer die Analyse abläuft und somit die Validität der Ergebnisse akzeptieren). Um diesen Ansatz umzusetzen, verwenden wir ein generisches Codierungdiagramm wie es in Abbildung 4.9 dargestellt ist. Es zeigt, dass Kundenbedürfnisse verstanden werden können, indem man sowohl nach direkten, aber auch nach indirekten Indikatoren (Codes) sucht. Direkte Indikatoren, wie die *Anwendung* von Produkten, sind in der Abbildung auf der ersten Ebene gezeigt, die indirekten Indikatoren wie beispielsweise *Emotion/Humor* sind darunter liegend auf einer niedrigeren Ebene dargstellt.

Die Indikatoren für Kundenbedürfnisse auf der oberen Ebene beinhalten die *Anwendungen*, zu denen ein Produkt benützt wird. Für einen Staubsauger könnte dies das Reinigen des Teppichbodens, des Holzbodens oder der Vorhänge sein und jede beobachtete Anwendung würde einen anderen Code bekommen ((ANW_1, ANW_2… ANW_n). Der nächste Code, der direkt Kundenbedürfnisse ausdrückt, ist der *Missbrauch* des Produktes, d. h. der Einsatz des Produktes für Dinge, die der Hersteller so nicht vorgesehen hat. Im Beispiel des Staubsaugers ist es das Aufsaugen einer Wasserpfütze vom

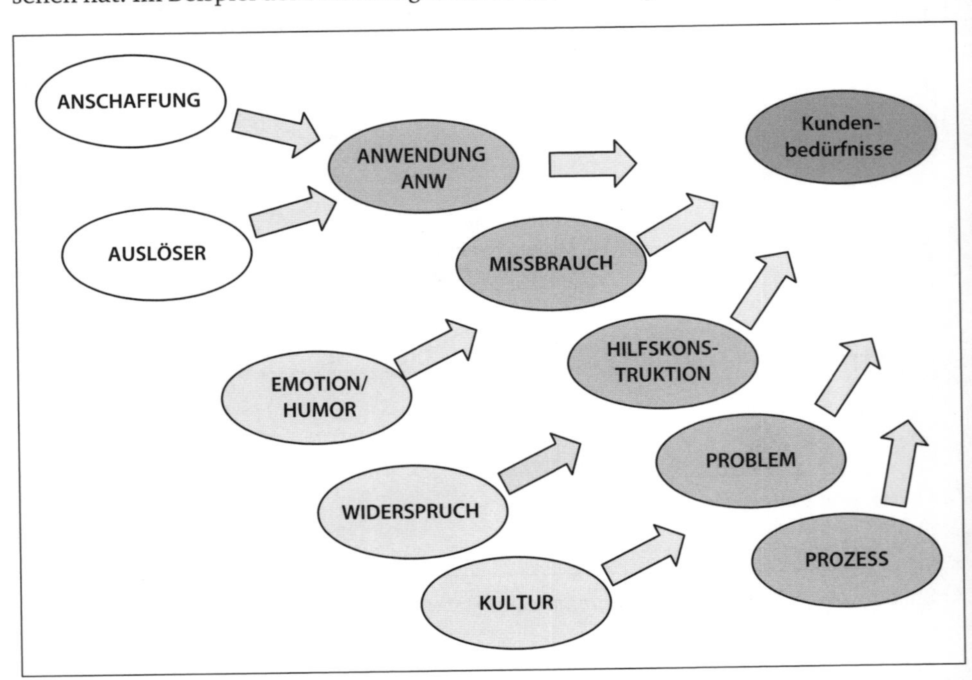

Abbildung 4.9: Diagramm zur Datencodierung von Produktentwicklungsteams

Boden. Die weiteren Codes, die direkt auf Kundenbedürfnisse hinweisen sind *Hilfskonstruktionen*, *Probleme* und der *Prozess*. Benützt z. B. jemand einen Staubsauger, beinhaltet der Prozess die Auswahl der Zubehörteile, das Tragen des Staubsaugers in einen Raum, das Aufräumen von Gegenständen, die auf dem Boden stehen oder liegen etc. Alle diese Schritte müssen codiert werden. Deshalb ist es oft vorteilhaft, den typischen Prozess, der in mehreren Videos beobachtet werden konnte, in Form eines Flowcharts festzuhalten. Unilever hat diesen Ansatz z. B. benutzt um zu verstehen, wie Familien aus verschiedenen Entwicklungsländern ihre Wäsche waschen. Mit diesem Wissen konnte die Firma darauf abgestimmte Produkte entwickeln.

Indirekte Indikatoren müssen ebenfalls codiert werden, weil sie dabei helfen können, Hidden Needs aufzudecken. Wie in der Abbildung dargestellt, ist es sinnvoll, nach *Anschaffung* (wie und warum wurde ein Produkt angeschafft) zu codieren. Und auch die *Auslöser*, also wann genau ein Produkt genutzt wird, können neue Ideen für Innovationen geben. Darüber hinaus gibt es drei zu Grunde liegende Faktoren, die ebenfalls abgebildet sind, und auf die man im Prozess des Codierens besonders achten sollte. Das sind die Momentaufnahmen, wenn die Befragten *Emotionen* oder *Humor* zeigen. Emotionen geben uns oft ein klareres Bild darüber, wie die Anwender ein Produkt empfinden, im Vergleich mit dem Versuch, es in Worten auszudrücken. Lächeln, Grimassen und Ähnliches sind zwar sehr subtil, aber wichtige Signale für potenzielle Hidden Needs. Die vier Arten von Widersprüchen sind in Abbildung 4.7 aufgelistet: Disjunktion, übertriebene Verallgemeinerungen, Schönreden und Behauptete Eigenheiten. Der letzte Code ist *Kultur*, der überall dort eingesetzt wird, wo kulturelle Faktoren, die wir eingangs diskutiert haben, in Erscheinung treten.

Jede beliebige Video-Aufnahme einer ethnographischen Marktforschung kann mithilfe der Abbildung 4.9 codiert und analysiert werden. Jeder der zehn Codes im Diagramm muss identifiziert werden, aber gleichzeitig zehn Faktoren zu codieren, ist selbst für einen extrem effizienten und erfahrenen Beobachter schier unmöglich. Beobachter, die noch nicht sehr viel Erfahrung mitbringen, werden sicherlich auch viele Dinge verpassen, während sie sich andere Codes notieren. Deshalb haben wir herausgefunden, dass es sinnvoll ist, jedem Mitglied des Produktentwicklungsteams einen oder zwei Codes zuzuteilen, nur auf diese zu achten und zu codieren, wenn sie die Videos anschauen. Auf diese Weise können Produktentwicklungsteams schnell und effizient alle wichtigen Faktoren eines Videos codieren. An dieser Stelle muss aber auch gesagt werden, dass die Mitglieder des Produktentwicklungsteams, denen die direkten Indikatoren wie die Produktanwendung zugeteilt werden, eine einfachere Aufgabe haben. Das liegt daran, dass ihre Aufgaben nur beschreibend sind – sie müssen nur das beschreiben, was sie sehen. Für Teammitglieder, die die zugrunde liegenden Faktoren bekommen, wie etwa Emotionen oder Kultur, ist die Herausforderung bedeutend größer, weil von ihnen z. B. verlangt wird, Humor zu beobachten und gleichzeitig zu interpretieren, was diese Beobachtung bedeuten könnte. Deshalb ist es aus unserer Erfahrung hilfreich, diese Art von Codes von Zweier-Teams codieren zu lassen. Sie können ihre Beobachtungen miteinander diskutieren und die Gefahr, dass wichtige Punkte übersehen werden, ist automatisch reduziert.

Normalerweise setzen wir ein Team von erfahrenen Forschern ein, um die ethnographischen Marktforschungsdaten zu analysieren. Anschließend verifiziert das Produktentwicklungsteam die Analyse anhand einiger Videos. Mit etwas mehr Praxiserfahrung kann dem Produktentwicklungsteam dann auch mehr Verantwortung für die Datenanalyse übertragen werden. Auf jeden Fall ist es wichtig zu betonen, dass die Abbildung 4.9 ein nützliches Hilfsmittel ist. Gleichzeitig können aber immer zusätzliche Codes nötig werden – also Faktoren, die während des Analyseprozesses wichtig erscheinen und somit zu den vorgegebenen Codes hinzugefügt werden.

4.5 Zusammenfassung der Ergebnisse

Im Verlauf dieses Kapitels haben wir immer wieder betont, wie komplex und iterativ ethnographische Marktforschung ist, und auch wie breit ausgelegt komplette ethnographische Berichte sind. Firmen, die es gewohnt sind, mit Zusammenfassungen aus quantitativen Marktforschungsstudien zu arbeiten, können deshalb leicht von den qualitativen Daten überwältigt sein. Deshalb stellt sich die Frage, wie die Ergebnisse zielführend zusammengefasst werden können. Ethnographische Daten sollten zu einer detaillierten Beschreibung, passenden visuellen Materialien (z. B. Videoclips) und Auswirkungen der kulturellen Erkenntnisse bzw. den identifizierten zentralen Problemen führen.

Endgültige detaillierte Beschreibung

Die umfassende Beschreibung wird wahrscheinlich mehrere Male umgeschrieben, weil der Marktforscher immer mehr Beziehungen und Widersprüche findet, Hypothesen untersucht werden und ein kulturelles Verständnis sich erst allmählich entwickelt. Eine relativ einfache, aber effektive Art, die endgültige umfassende Beschreibung zu strukturieren, ist mit den Zielen der Marktforschung zu starten. Anschließend wird erklärt, wie die Stichprobe ausgewählt wurde. Es folgt eine Erläuterung der Kultur der beobachteten Gruppen und zum Schluss die Erklärung des zentralen Problems.

Visuelle Materialien

Marktforscher sollten daran denken, dass ihre Ergebnisse den Produktentwicklungsteams aber auch dem Management präsentiert werden müssen. Deshalb ist es erforderlich, neben der umfassenden Beschreibung auch eine Präsentation mit entsprechenden Grafiken wie z. B. Fotos, Diagrammen und kurzen beispielhaften Videoclips vorzubereiten. Material zu sammeln, dass als *lebendiges Beispiel* dienen kann, wie Kunden und Anwender sich verhalten, ist eine nützliche Art und Weise, um Ergebnisse zu präsentieren.[65]

Verstehen der Auswirkungen

Die Identifikation des zentralen Problems einer Gruppe von Akteuren, die beobachtet wird, ist von immenser Bedeutung. Diese Identifikation gibt Firmen die Möglichkeit, bahnbrechende Produkte und Dienstleistungen zu entwickeln. Weil die zentralen Probleme von Kunden und Anwendern oft sehr subtil sind und sie diese nicht direkt wahrnehmen, ist es auch wahrscheinlich, dass die Wettbewerber diese (noch) nicht kennen. Die Kreativitätstheorie hat uns gezeigt, dass Menschen sehr kreativ sein können, wenn man ihnen eine Richtung vorgibt, und das Artikulieren des zentralen Problems eines Kunden gibt genau diesen nötigen Richtungshinweis. Es wurde auch betont, dass die Forscher eine gewisse Empathie mit den Kunden entwickeln müssen, um inspiriert zu werden, neue und bessere Möglichkeiten für die Menschen zu erschaffen.[66] Das ist ein sehr guter Grund dafür, dass das Produktentwicklungsteam aktiv in die Marktforschung eingebunden ist (wie im Fallbeispiel 4.1 über Nokia dargestellt).

Im Grunde genommen identifiziert die ethnographische Marktforschung die Probleme, die Kunden und Anwender haben, und die kulturellen Aspekte, wie diese die Produkte und Dienstleistungen anwenden. Produktentwickler müssen diese Informationen nutzen und kreative Lösungen erarbeiten. Wie das am besten gemacht wird, ist in den Kapiteln 9 und 10 beschrieben.

4.6 Einschränkungen

Ethnographische Marktforschung ist sehr flexibel und entwickelt kulturelle Einblicke, die zu wirklich bahnbrechenden Ideen für Produkte und Dienstleistungen führen können. Aber sie ist nicht das Allheilmittel für alle Anforderungen in der Marktforschung. Deshalb muss man sich auch die Einschränkungen der ethnographischen Marktforschung vor Augen führen:

1. Ethnographische Marktforschung basiert auf echten Situationen, aber die Verhaltensweisen können durch die Anwesenheit des Beobachters beeinflusst werden.
2. Die Forschung ist zeitaufwändig und die Analyse ist sehr komplex. Wenn sie schlecht gemacht werden, können ethnographische Studien »frustrierend und teuer« sein.[67]
3. Die Forschung muss ganz bewusst fokussiert sein, um zu verhindern, dass die Ergebnisse so allgemein sind, dass sie einem Produktentwicklungsteam nicht mehr helfen.[68]
4. Manche Marketingabteilungen reagieren ablehnend auf ethnographische Methoden, weil sie diese als Bedrohung für ihre normale Arbeit sehen und sie als »nicht repräsentativ« kritisieren.
5. Viele ethnographische Studien werden von Marktforschungsagenturen durchgeführt, die die Ergebnisse ihren Kunden präsentieren, nicht aber die Details der zugrunde liegenden Methode. Falls also eine Agentur beauftragt wird, ist es wichtig, im Vorfeld abzuklären, ob sie bereit ist, ihre Vorgehensweise dem Produktentwicklungsteam zu erläutern.[69]
6. Unpassende Stichproben können zu Fehlern führen.[70] Dennoch sollte betont werden, dass das Ziel bei Stichproben von ethnographischen Studien ist, inhaltlich bedeutende, aber nicht allumfassende Ergebnisse zu liefern. Firmen haben manchmal Probleme damit, die Validität von solchen Daten zu akzeptieren, und müssen deshalb den Ansatz der theoretischen Stichprobe im Gegensatz zur allseits bekannten repräsentativen Stichprobe verstehen.

4.7 Zusammenfassung

Ethnographische Marktforschung basiert auf den Methoden, die von kulturellen Anthropologen und Soziologen während der letzten hundert Jahre entwickelt wurden. Dieses Kapitel hat folgende Punkte diskutiert:

- Es gibt einige Grundsätze der ethnographischen Studien, die es ermöglichen, ein tiefes Verständnis für die Kultur zu entwickeln: Das wiederum kann zu bahnbrechenden Produktideen führen.
- Ethnographische Studien bedürfen einer vorsichtigen Planung, weil riesige Datenmengen gesammelt werden. Mehrere Datenquellen sind vorteilhaft, und die Datensammlung kann parallel zur Analyse erfolgen.
- Die Analyse der ethnographischen Daten erfordert die sorgfältige Reflektion des Forschers und ist ein iterativer Prozess.
- Das Ziel von ethnographischer Marktforschung ist, die Kultur und das zentrale Problem einer Gruppe von Akteuren zu verstehen. Sobald dies identifiziert wurde, können bahnbrechende Ideen für Produkte und Dienstleistungen entwickelt werden.

In Kapitel 5 betrachten wir ein detailliertes Beispiel einer ethnographischen Marktforschung. Darin zeigen wir dem Leser, wie genau die Empfehlungen für die Auswahl, das Sammeln und die Analyse von ethnographischer Marktforschung in der Praxis angewendet wird. Dieses detaillierte Beispiel zeigt lebhaft, wie die Einblicke zu Innovationen und Dienstleistungen führen können.

Empfehlungen für die Praxis

- Wählen Sie ein aktuelles Produktentwicklungsprojekt aus und wenden Sie ethnographische Marktforschung parallel zu ihren Standardmethoden an. Das wird nicht nur die versteckten Bedürfnisse ihrer Kunden identifizieren, sondern auch aufzeigen, wie effektiv ethnographische Marktforschung sein kann. Letzteres ist wichtig, damit sie in Ihrer Organisation Akzeptanz für diese Methode gewinnen. Überlegen Sie, wie Sie die Fähigkeit Ihrer Organisation, ethnographische Marktforschung zu betreiben, verbessern können. Zusammenarbeit mit Spezialisten hilft nicht nur dabei, die spezifischen Marktbedürfnisse zu verstehen, sondern ist außerdem auch eine Möglichkeit für Lernen innerhalb der Organisation (indem Sie dafür sorgen, dass Ihre Organisation besser darin wird, die wirklichen Bedürfnisse der Kunden zu verstehen).
- Konzentrieren Sie sich und Ihre Organisation darauf, die zentralen Probleme, die ihre Anwender und Kunden haben, zu identifizieren.

4.8 Weiterführende Literatur

1. LeCompte, M./Schensul, J.J.: *Designing and Conducting Ethnographic Research*. (AltaMira Press: Lanham, US, 1999), ISBN 0-7619-8975.
   Hervorragende und ausführliche Erklärung der ethnographischen Methoden – ein absolutes »Muss«.
2. Mariampolski, H.: *Ethnography for Marketers*. Sage: Thousand Oaks, California, 2006, ISBN 0-7619-6947-0.
   Nützliches Buch zur ethnographischen Marktforschung mit vielen Beispielen, aber nur wenigen Hinweisen, »wie« Ethnographie tatsächlich durchgeführt werden sollte.

3. Arnould, E. J./Wallendorf, M.: ›Market-Oriented Ethnography: Interpretation Building and Marketing Strategy Formulation‹. *Journal of Marketing Research*. Vol. XXXI, November 1994. Hilfreiche Übersicht, wie ethnographische Daten genutzt werden können, um Marketingstrategien festzulegen.

4.9 Quellenverzeichnis und Notizen

1 Arnould, E. J./Wallendorf, M.: ›Market-Oriented Ethnography: Interpretation Building and Marketing Strategy Formulation‹. *Journal of Marketing Research*. Vol. XXXI, November 1994, S. 484–504.

2 Dane, F. C.: *Research Methods*. Pacific Grove, California: Brookes/Cole, 1990, ISBN 0-534-09864-9, S. 151.

3 Robson, C.: *Real World Research*. Oxford: Oxford University Press, 1993, ISBN 0-631-17689-6.

4 Leonard-Barton, D.: *Wellsprings of Knowledge: Building and Sustaining the Sources of Innovation*. Boston: Harvard Business School Press, Boston, 1995, ISBN 0-87584-612-2.

5 Elliot, R./Jankel-Elliot, N.: ›Using Ethnography in Strategic Consumer Research‹. *Qualitative Market Research*. Vol. 6, No. 4, (2003), S. 215–223.

6 Frazer, J.: *The Golden Bough*. Basingstoke, UK, Palgrave Macmillan; Neuauflage, 2005, ISBN 978-0333977088.

7 Evans-Prichard, E. E.: *The Nuer*. Oxford: Oxford University Press, 1940, ISBN 0-19-500322-5, p1.

8 Malinowski, B.: *The Argonauts of the Western Pacific*. Long Grove, Illinous: Waveland Press, 1984, ISBN 13-978-0881330847.

9 Evans-Prichard, E. E.: 1940, *op. cit.*

10 Kraweski, L. J./Ritzman, L. P.: *Operations Management*. Reading, Massachusetts: Addison-Wesley, 4. Aufl., 1996, ISBN 0-201-40016-2.

11 Sower, V. E./Motwani, J./Savoie, M. J.: *Classic Readings in Operations Management*. Forth Worth: The Dryden Press, 1995, ISBN 0-03-098054-2, S. 342.

12 Reese, W.: ›Behavioral Scientists Enter Design‹, in: Squires, S./Byrne, B.: (Hrsg.) *Creating Breakthrough Ideas: The Collaboration of Anthropologists and Designers in the Product Development Industry*. Westport Connecticut, USA: Bergin and Garvey, 2002, ISBN 0-89789.

13 *A.a.O.*

14 Squires, S.: ›Doing the Work: Customer Research in the Product Development and Design Industry‹, in: Squires, S./Byrne, B. (Hrsg.) *Creating Breakthrough Ideas: The Collaboration of Anthropologists and Designers in the Product Development Industry*. Bergin and Garvey: Westport Connecticut, USA, 2002, ISBN 0-89789-682-3, S. 104.

15 Badgett, M./Bowen, H./Connor, W./McKinley, J.: *Countdown to Product Launch: Are You Confident Customers will Buy?* IBM Corporation Report G510-1685-00, 2002.

16 Mariampolski, H.: ›The Power of Ethnography‹. *Journal of the Market Research Society*. Vol. 41, No. 1, Januar 1999, S. 75–86.

17 Fellman, M. W.: ›Breaking Tradition‹. *Marketing Research*. Vol. 11, No. 3, 1999, S. 20–24.

18 Reese, W.: 2002, *op. cit.*

19 Ronney, E./Olfe, P./Mazur, G.: Gemba Research in the Japanese Cellular Phone Market Nokia Mobile Phones/QFD Institute, 11. Mai 2000. Im Internet abrufbar.

20 *A.a.O.*, S. 4.

21 Tyagi, P. K.: Webnography: ›A New Tool to Conduct Marketing Research‹. *The Journal of the American Academy of Business*. Vol. 15, No. 2, 2010, S. 262–267.

22 Kozinets, R. V.: ›The Field Behind the Screen: Using Netnography for Marketing research in Online Communities‹. *Journal of Marketing Research*. Vol XXXIX, No. 1, Februar 2002, S. 61–72.

23 Leonard-Barton, D./Rayport, J. F.: ›Spark Innovation through Empathic Design‹. *Harvard Business Review*. Vol. 75, No. 6, 1997, S. 102–113.

24 Atkinson, P.: *Research Design*. The Open University, Social Sciences: A Third level Course, Research Methods in Education and the Social Sciences DE304 Block 3B, 1979, ISBN 0-335-07423-5, S. 52.

25 Elliot, R./Jankel-Elliot, N.: 2003, *op. cit.* S. 216.

26 Arnould, E. J./Wallendorf, M.: 1994, *op. cit.*
27 Shalo, S.: ›Through Patient's Eyes‹. *Pharmaceutical Executive*. Vol. 23, No. 11, 2003, S. 100–108.
28 Rosenthal, S. R./Capper, M.: ›Ethnographies in the Front End: Designing for Enhanced Customer Experiences‹. *Journal of Product Innovation Management*. Vol. 23, No. 3, 2006, S. 215–237.
29 Elliot, R./Jankel-Elliot, N.: 2003, *op. cit.*
30 Rosenthal, R./Rosnow, R. L.: *Essentials of Behavioural Research: Methods and Data Analysis.* McGraw-Hill: New York, 2. Aufl., 1991, ISBN 0-07-053929-4.
31 Mariampolski: 1999, *op. cit.*
32 Rosenthal, R./Rosnow, R. L.: 1991, *op. cit.*
33 Hammersley, M.: ›Data Collection in Ethnographic Research‹, in: *Research Design*, The Open University, Social Sciences: A Third level Course, Research Methods in Education and the Social Sciences DE304 Block 3B, 1979, ISBN 0-335-07423-5, S. 89–159.
34 Elliot, R./Jankel-Elliot, N.: 2003, *op.cit.*
35 Arnould, E. J./Wallendorf, M.: 1994, *op. cit.*
36 Dane, F. C.: 1990, *op. cit.*
37 Tabelle wurde auf Basis der Diskussion in: Dane, F. C., 1990, *op. cit.* und anderen Quellen zusammengestellt.
38 Rosenthal, S. R./Capper, M.: ›Ethnographies in the Front End: Designing for Enhanced Customer Experiences‹. *Journal of Product Innovation Management*. Vol. 23, No. 3, 2006, S. 215–237.
39 Hammersley, M.: 1979, *op. cit.*
40 Arnould, E. J./Wallendorf, M.: 1994, *op. cit.*
41 LeCompte, M./Schensul, J. J.: *Designing and Conducting Ethnographic Research*. AltaMira Press: Lanham, US, ISBN 0-7619-8975, S. 18.
42 Arnould, E. J./Wallendorf, M.: 1994, *op. cit.*
43 Elliot, R./Jankel-Elliot, N.: 2003, *op. cit.*
44 Basiert auf der Form von: Rust, L.: ›Observations: Parents and Children Shopping Together: A New Approach to the Qualitative Analysis of Observational Data‹. *Journal of Advertising Research*. Vol. 33, No. 4, 1993, S. 65–70.
45 Tabelle basiert auf mehreren Quellen: Rosenthal, R./Rosnow, R. L., 1991 *op. cit.* und Bettencourt, L. A./Ulwick, A. W.: The Customer-Centred Innovation Map. *Harvard Business Review*, Vol. 86, No. 5, 2008, S. 109–114.
46 Fallbeispiel basiert auf:
- einem Besuch von F. Lemke bei Lucci Orlandini Design am 22. Dezember 2006 und einem Interview mit Roberto Lucci,
- mehreren Gesprächen zwischen Roberto Lucci und F. Lemke im Januar und Februar 2010.
- der Lucci Orlandini Design website, http://www.lucciorlandini.com/ (Stand Januar 2010).

47 Bowen, J. T./Morris, A.: ›Menu design: Can Menus Sell?‹ *International Journal of Contemporary Hospitality Management*. Vol. 7, No. 4, 1995, S. 4–9.
48 Mariampolski, H.: *Ethnography for Marketers.* Sage: Thousand Oaks, California, 2006. ISBN 0-7619-6947-0.
49 Dane, F. C.: 1990, *op. cit.*
50 Fulton Suri: J. *Thoughtless Acts*. Chronical Books: San Francisco, 2005, ISBN 0-8118-4775-6
51 Zusammengestellt von den Autoren von Leonard-Barton (1995) und mehreren anderen Quellen.
52 Rosenthal/Capper: 2006, *op. cit.*
53 Fellman, M. W.: ›Breaking Tradition‹. *Marketing Research*. Vol. 11, No. 3, 1999, S. 20–24.
54 Tabelle basiert auf der Diskussion in: Arnould, E. J./Wallendorf, M.: 1994, *op. cit.*
55 Elliot, R./Jankel-Elliot, N.: 2003, *op. cit.*
56 Atkinson, P.: ›Research Design in Ethnography‹, in: *Research Design*. The Open University, Social Sciences: A Third level Course, Research Methods in Education and the Social Sciences DE304 Block 3B, 1979, ISBN 0-335-07423-5, S. 41–81.
57 Arnould, E. J./Wallendorf, M.: 1994, *op. cit.*
58 Fulton Suri, J.: ›Empathic Design: Informed and Inspired by Other People's Experience‹, in: Koskinen, I./Batterbee, K./Mattelmäki, T. (Hrsg.): Empathic Design. Edita Publishing, IT Press: Finland, 2003, ISBN 951-826-708-1, S. 53.
59 Johnson, G./Scholes, K.: *Exploring Corporate Strategy*. Edinburgh, UK: Pearson Education Limited, 5. Aufl., 1999, ISBN 0-13-080739-7.

60 Mason, E. J./Bramble, W. J.: *Understanding and Conducting Research: Applications in Education and the Behavioral Sciences*. McGraw-Hill: New York, 2. Aufl., 1989, ISBN 0-07-040703-7.
61 Arnould, E. J./Wallendorf, M.: 1994, *op. cit.*
62 El-Amir, A./Burt, S.: ›Sainsbury's in Egypt: The Strange Case of Dr Jekyll and Mr Hyde‹. *International Journal of Retail and Distribution Management*. Vol. 36, No. 4, 2008, S. 300–322.
63 Rust, L.: 1993, *op. cit.*
64 *A.a.O.*
65 Arnould, E. J./Wallendorf, M.: 1994, *op. cit.*
66 Fulton Suri, J.: 2003, *op. cit.*, S. 51–57.
67 Kelly, D./Gibbons, M.: ›Ethnography: The Good, the Bad and the Ugly‹. *Journal of Medical Marketing*. Vol. 8, No. 4, S. 279.
68 Kumar, V./Whitney, P.: ›Daily Life, Not Markets: Customer-centred Design‹. *Journal of Business Strategy*. Vol. 28, No. 4, 2007, S. 46–58.
69 Sanders, E.: ›Ethnography in NPD Research – How Applied Ethnography Can Improve Your NPD Research Process‹. *Visions*. Product Development Management Association, April 2002, http://www.pdma.org/visions/apr02/applied.html
70 Dane, F. C., 1990, *op. cit.*

5 Beispiel: Forschung zum Thema Lagerorganisation

Meine Firma glaubt an die Vorteile von anthropologischen Ansätzen in der Marktforschung und bietet diese gemeinsam mit den traditionellen Forschungsmethoden an.[1]

Einführung

Dieses Kapitel beschreibt explorative Forschung zum Thema innovative Lagerhaltung und Lagerorganisation. Es zeigt, wie die ethnographische Marktforschung durchgeführt werden kann, wenn man den Ansatz aus Kapitel 4 in der Praxis umsetzt. Die Diskussion basiert auf einem realen Projekt, das im Jahr 2007 für eine große Firma durchgeführt wurde. Aus Gründen der Vertraulichkeit nennen wir diese Firma Lagertechnik GmbH.

Die wesentlichen Teile dieses Kapitels befassen sich mit der Erläuterung:
- wie die Forschung geplant und durchgeführt wurde,
- wie die Daten analysiert wurden und
- wie die Schlussfolgerungen sowie Implikationen diskutiert wurden.

5.1 Planung und Durchführung der Forschung

5.1.1 Festlegung der Ziele

Dieses Projekt betrachtet die Rolle von »gemischten Paletten« in der Lagerhaltung. Normalerweise werden Produkte in einem Lager manuell von verschiedenen Paletten entnommen und dann auf einer neuen Palette zusammengestellt. Diese »gemischten Paletten« beinhalten dann in der Regel unterschiedliche Produkte in verschiedenen Verpackungsgrößen. Hintergrund dessen ist, dass von den Kunden nicht immer volle Paletten eines einzelnen Produkts bestellt werden. Das Projekt ist die erste ethnographische Marktforschung, mit der die Firma Lagertechnik GmbH bisher zu tun hatte. Die Ziele dieses Projektes wurden folgendermaßen definiert:
- Untersuchung des Einflusses von gemischten Paletten auf die Organisation des Lagers.
- Identifikation der Probleme, die bei der Vorbereitung der gemischten Paletten auftauchen und die zu möglichen Ideen für neue Produkte führen könnten.

Sobald die Ziele mit der Lagertechnik GmbH als Sponsor vereinbart waren, organisierte diese die »große Tour« zu einem typischen Lager. Als »große Tour« bezeichnet man in diesem Fall den detaillierten Besuch eines Lagers, bei dem alle Abläufe und Prozesse begutachtet werden.

5.1.2 Die »große Tour«

Während der großen Tour schauten sich die Marktforscher den gesamten Ablauf vom Wareneingang bis zum Warenausgang an. Ein Lagermitarbeiter war im Vorfeld über den Besuch und die Forschungsziele informiert worden und wurde folgendermaßen befragt: »Wir haben noch kein anderes Lager besucht, können Sie uns deshalb bitte herumführen und alles von dem Moment an erklären, in dem die Ware hereinkommt, bis zu dem Moment, an dem sie das Lager wieder verlässt?«.

Im Verlauf der Tour konnte festgestellt werden, dass ein Großteil der Arbeiten im sogenannten »Stapelbereich« erledigt wurde. In diesem »Stapelbereich« werden die Paletten für die Verladung auf Lkws vorbereitet. Die Zusammenstellung der gemischten Paletten wurde beobachtet sowie die damit auftretenden Probleme im Bereich der

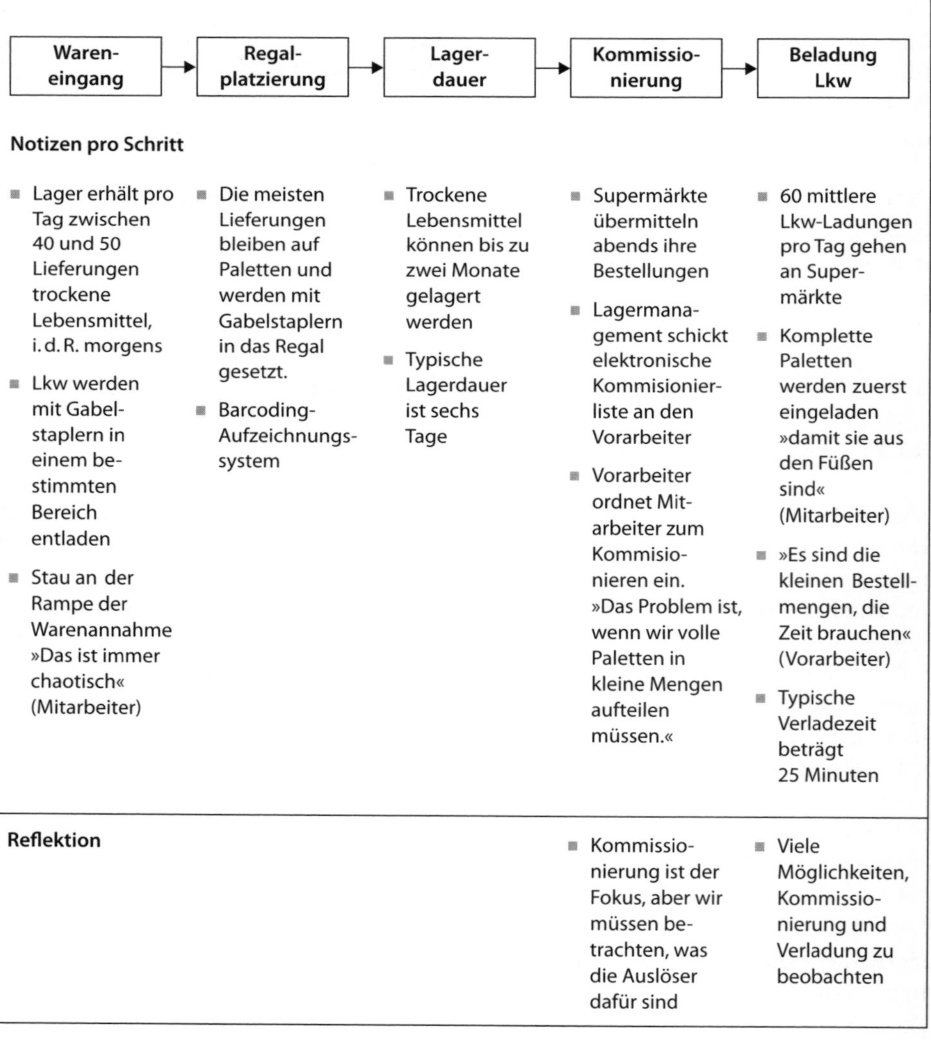

Abbildung 5.1: Zusammenfassung der großen Tour – Flussdiagramm (vereinfachte Darstellung)

Kommissionierung, d.h. dem Zuführen der verschiedenen benötigten Waren aus den verschiedenen Abteilungen des Lagers zur gemischten Palette. Die große Tour half dem Forschungsteam, eine Auswahl zu treffen, auf welche Themen sie sich konzentrieren wollen, welche Lagermitarbeiter befragt werden und welche Fragen diesen gestellt werden sollten.

Um die große Tour zusammenzufassen, wurde ein Flussdiagramm gezeichnet (siehe Abbildung 5.1). Dieses Flussdiagramm dokumentiert die fünf Schlüsselprozesse, die im Lager beobachtet wurden. Es wurde mit Notizen zu den beobachteten Tätigkeiten, Zitaten aus den Erläuterungen der Mitarbeiter und der notwendigen Zeit pro Arbeitsschritt ergänzt. Fotos und ein Grundriss wurden ebenso angefügt. Das untere Ende des Diagramms wurde genutzt, um ein jeweiliges Resümee zu ziehen. Abbildung 5.1 zeigt beispielsweise, dass entschieden wurde, die Kontextinterviews mit den Leistungsdaten, die in der Ladezone aushängen, zu verbinden, und zwar mit der Frage: »Wie hilft oder hindert ihre derzeitige Ausrüstung Sie dabei, diese Ziele zu erreichen?«

5.1.3 Art der Beobachtung und Zugang

Eine verdeckte Beobachtung wurde als nicht zielorientiert angesehen, weil sie die Zustimmung des Lagerbesitzers bei jeder Beobachtung erforderlich gemacht hätte. Die Entscheidung fiel dann auf eine nicht-partizipative Beobachtung, weil die Teilnahme der Forscher die Verhaltenweise der Akteure beeinflussen und somit das Ergebnis maßgeblich verfälschen würde. Das entscheidende Auswahlkriterium war die Größe des Lagers und nicht etwa die Art der gelagerten Waren (beispielsweise Lebensmittel, Medikamente oder Ersatzteile für die Fahrzeugindustrie). Die Lagertechnik GmbH hatte diverse Kontakte, sodass es ohne weiteres möglich war, Lager unterschiedlichster Größe zu besuchen.

5.1.4 Stichprobenstrategie

Die große Tour wurde während eines Werktages durchgeführt (Zeitintervall als Stichprobe). Dies erlaubte die Identifikation der Häufigkeit und Dauer der wichtigsten Abläufe während des Tages. Zum Beispiel wurden 18 gemischte Paletten während dieses einen Tages in einem typischen Lager vorbereitet. Es wurde entschieden, sich auf zwei Abläufe bei jedem besuchten Lager zu konzentrieren: die Vorbereitung von gemischten Paletten und das Beladen von Lkws. Tatsächlich wurde also die Ereignisstichprobe (»event sampling strategy«) mit anderen Elementen der Strategie gemischt, wie es in Abbildung 5.2 dargestellt ist (diese basiert auf den generischen Richtlinien des vorherigen Kapitels – Abbildung 4.1). Stichproben nach dem Schneeballprinzip wurden genutzt, um weitere Akteure für Interviews zu identifizieren. Während die Tätigkeiten per Video aufgenommen wurden, wurden die Angestellten gefragt: »Können Sie bitte erklären, wie Sie an das Stapeln einer gemischten Palette herangehen?«

	Strategie	Unterkategorie	Anwendung im Projekt Lagerorganisation
1	Zeitstichprobe	Kontinuierlich	Ausgeschieden, weil es schwierig wäre, die Erlaubnis für solch umfangreiche Untersuchungen zu erhalten, und es außerdem zu teuer wäre.
		Intervall-Stichprobe	Die große Tour war ein ganzer Tag, der es möglich machte, die wichtigsten Ereignisse zu identifizieren und bei aufeinanderfolgenden Besuchen in den Lägern zu beobachten.
		Zeitpunkt-Stichprobe	Nicht angewandt.
2	Ereignis- (oder Aktivitäts-) Stichprobe		Die Vorbereitung der gemischten Paletten und das Verladen auf Lkws wurden als wichtigste Ereignisse ausgewählt, d. h. sie wurden in jedem Lager beobachtet und mit Video aufgenommen.
3	Stichprobe der Akteure	Nach Wahrscheinlichkeit	Nicht angewandt.
		Schichtweise	Die sechs besuchten Läger wurden so ausgewählt, dass sowohl kleine als auch mittlere und größere Läger Teil der Stichprobe waren.
		Zielgerichtet	Die Sponsorfirma vermittelte die Kontakte zu den Lagern, aber es wurde bewusst eine Mischung ausgesucht. Einige Lager waren Kunden der Sponsorfirma Lagertechnik GmbH, andere nicht.
		Schneeball	Die Befragten in jedem besuchten Lager wurden immer gefragt, ob sie denken, dass die Forscher noch mit anderen Personen sprechen sollten – einige schlugen vor, auch die Lkw-Fahrer zu befragen.
4	Theoretische Stichprobe		Die Anzahl der neuen Themen, die in jedem besuchten Lager identifiziert wurden, wurde nochmals geprüft, um festzustellen, wann die theoretische Sättigung erreicht war.

Abbildung 5.2: Stichproben-Strategien, wie sie im Projekt Lagerorganisation angewendet wurden

Das Konzept der theoretischen Stichprobe ist in der ethnographischen Marktforschung sehr wichtig. Ein nützlicher Ansatz, die theoretische Strichprobe anzuwenden, besteht im Zählen der neuen Themen, die bei jedem Besuch identifiziert werden. Die ersten Besuche identifizierten viele neue Themen, aber je mehr Besuche durchgeführt wurden, desto weniger neue Themen kamen zum Vorschein (siehe auch Fallbeispiel 5.1). Der einzige zu beachtende Vorbehalt ist, dass die Stichprobe nicht zu eng sein sollte, denn dann besteht die Gefahr, dass die identifizierten Themen bei jedem neuen Besuch zu ähnlich sind. Aus diesem Grund waren in den Lägern, die besucht wurden, ganz verschiedenartige Produkte gelagert.

Fallbeispiel 5.1

Smith & Nephew Medizinische Geräte[2]

Smith & Nephew ist ein großer Hersteller medizinischer Geräte mit 8.500 Mitarbeitern und einem Jahresumsatz von über 1,7 Milliarden Euro. Es gibt vier Produktkategorien: fortgeschrittenes Wundmanagement, Endoskopie, orthopädische Traumata (Reparatur von Brüchen) und orthopädische Rekonstruktion (zum Beispiel Ersatzteile für Hüftgelenke). Das Forschungszentrum der Firma liegt in England, in unmittelbarer Nachbarschaft zur Universität von York, und führt Grundlagenforschung für alle vier Geschäftsbereiche durch. Die Manager in York sind nicht nur für die Entwicklung neuer Technologien verantwortlich, sondern auch für die Einführung neuer Geschäftsansätze. Zum Beispiel arbeiteten Dr. Ceri Batchelder, Senior Technology Analyst, und Dr. Neil Stainton, Innovation Manager, im Team zusammen, um die Anwendung von Beobachtungen, Kontextinterviews und anderer Methoden zu forcieren. Zusammen haben sie eine ganze Reihe von Punkten identifiziert, die zeigen, wie ethnographische Marktforschung erfolgreich angewendet werden kann. Zunächst einmal erkennen sie die Einschränkungen der traditionellen Techniken: »Bei traditionellen Fokusgruppen neigen die Teilnehmer dazu, sich auf die offensichtlichen Charakteristika eines Produkts zu konzentrieren. Unserer Erfahrung nach sind insbesondere die Teilnehmer, die kein direktes Eigeninteresse an den Ergebnissen haben, allen neuen Ideen gegenüber sehr aufgeschlossen, teilweise vielleicht um »nett« zu sein oder dem Interviewer »die richtige Antwort zu geben«, stellt Stainton fest. Für die Anwendung von ethnographischen Methoden hat Stainton eine Reihe von Tipps. »Die theoretische Stichprobe ist ein nützliches Konzept und wir haben viele Beweise dafür, dass sie funktioniert. Nach einer Reihe von Besuchen wird es überraschenderweise sehr schnell klar, wenn weitere Beobachtungen keinen wirklichen Mehrwert mehr generieren. Weitere Besuche können dann genutzt werden, um sich auf Themen zu konzentrieren, die besonders interessant erscheinen.« Bei Smith & Nephew werden gute Feldnotizen als absolut essenziell angesehen: »Es ist schlicht unmöglich, sich an alle Aspekte eines Besuches zu erinnern, selbst wenn erst ein paar Stunden vergangen sind. Und es besteht die Gefahr, verwirrt zu werden, wenn mehrere Besuche durchgeführt werden. Feldnotizen sollten die Beobachtungen beinhalten, eine Zusammenfassung der Diskussionen und direkte Zitate – Letztere können sehr hilfreich sein, wenn die Erkenntnisse einem größeren Publikum präsentiert werden. Selbst das Notieren von scheinbar unrelevanten Informationen kann helfen, wenn man das große Ganze nochmals Revue passieren lässt«, sagt Stainton.

Batchelder hat beobachtet, dass der eigentliche Wettbewerbsvorteil nicht durch die Methoden allein generiert wird. Auch Themen innerhalb der Organisation müssen beachet werden: »Eine Reihe von Faktoren müssen übereinstimmen, um bei der Identifikation von Hidden Needs erfolgreich zu sein … es ist nicht nur die Technik, sondern auch die Art und Weise, wie die Techniker und Produktentwickler eingebunden sind«, sagt sie. »Wir versuchen, die Techniker, Produktentwickler und Marketingleute in die Forschung einzubinden, weil die verschiedenen Perspektiven und Blickwinkel zu kreativen Lösungen für die Probleme der Kunden führen können. Ich denke, dass die neuen Marktforschungsmethoden am effektivsten sind, wenn sie von heterogenen Forschungsteams bestehend aus verschiedenen Funktionen angewandt werden.«

5.1.5 Datensammlung

Die Forscher besuchten sechs weitere Lager, und in jedem beobachteten sie, wie zehn gemischte Paletten vorbereitet und wie fünf oder mehr davon auf Lkws verladen wurden. Abbildung 5.3 zeigt die kompletten ethnographischen Aufzeichnungen. Diese Struktur wurde genutzt, als die Daten in *Nvivo* eingegeben wurden. Bei *Nvivo* handelt es sich um eine sehr fortschrittliche Software für die Analyse von qualitativen Daten, welche die Codierung der Daten beschleunigt und erleichtert.

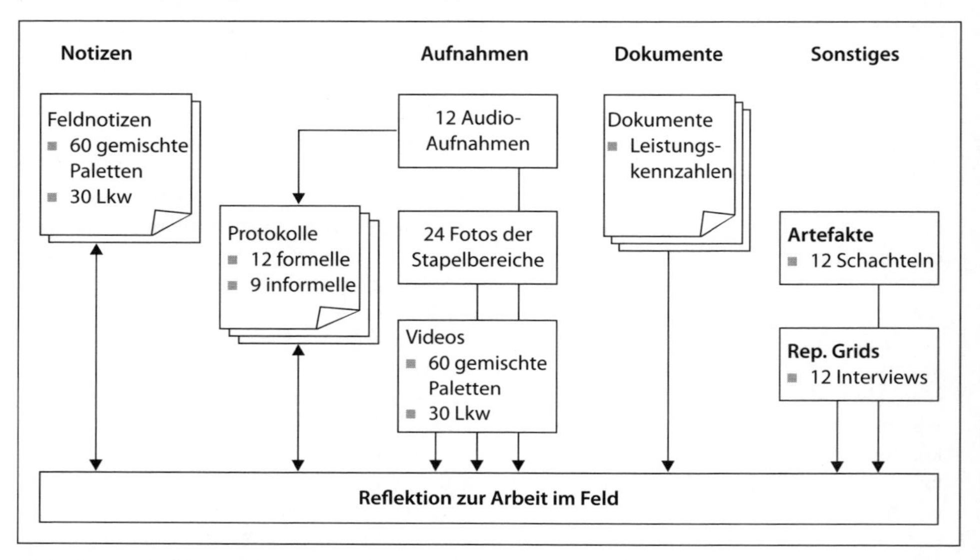

Abbildung 5.3: Übersicht der kompletten ethnographischen Aufzeichnungen im Projekt Lagerorganisation

Feldnotizen

Feldnotizen wurden von den Forschern sowohl während als auch nach den Besuchen angefertigt. Abbildung 5.4 zeigt das Beispiel – die Vorbereitung der gemischten Palette Nummer 3 im Lager »A«. Es beinhaltet mehrere Punkte: Erstens die Tatsache, dass die Mitarbeiter wissen, dass einige Kunden ihre Bestellungen in der letzten Minute noch ändern (die Witze darüber haben hier auch einige Einblicke ergeben), zweitens die Notwendigkeit, an mehreren Bestellungen parallel zu arbeiten, und drittens die Probleme mit gemischten Paletten.

Die Forscher reflektierten, dass bestimmte Schachtelkombinationen schwer zu stapeln sind, etwas was die Mitarbeiter aufgrund ihrer Erfahrung tun. In Summe wurden 60 Feldnotizen angefertigt und 30 ähnliche Formblätter fassten die Beobachtungen beim Laden der Lkw zusammen.

Feldnotizen

Forschungsprojekt: Explorative Lagerforschung
Fall: Gemischte Palette Nr. 3
Ort: Lager »A«
Akteure: Vorarbeiter und zwei Mitarbeiter (Spätschicht)

Beobachtungen im Feld:
- Mitarbeiter machen Witze über die Angewohnheit mancher Kunden zu Änderungen in letzter Minute (»Oh, das ist für xxx, dann warten wir lieber noch eine Weile, bevor wir wieder alles dreimal neu packen müssen!«) (Mitarbeiter zum Vorarbeiter)
- Vorarbeiter sagte, dass sie eine Palette nach der anderen abarbeiten, aber in der Praxis wird gleichzeitig mit dem Kommissionieren von zwei oder drei Paletten begonnen.
- Das Stapeln der kommissionierten Produkte ist schwierig und kann die Verpackung beschädigen. Die Mitarbeiter nutzen hier ihre Erfahrung. »Ja, die Mehlpackungen funktionieren gut mit dem Tee ... und Bohnen mit Müsli« (Mitarbeiter, der die letzte Palette der Bestellung lädt, siehe auch Interviewabschrift)
- Nicht jeder Kunde will eine volle Lkw-Ladung – »das Beladen eines Lkw für mehrere Lieferungen macht das Leben noch schwerer und verschwendet unsere Zeit« (Vorarbeiter)

Erste Reflektionen:
- Hypothese: manche Produktkombinationen sind schwerer zu stapeln.
- Die Ausrüstung zur Kommissionierung muss es möglich machen, verschiedene Produkte effektiv zu stapeln, um Beschädigungen oder das Verrutschen beim Transport zu vermeiden.

Nicht vergessen!
Notizen sollten Folgendes abdecken: Ort, Akteure, Objekte und tatsächliche Spuren, Ereignisse, Zeitsequenzen, Ziele, Gefühle und weitere erklärende Variablen.

Abbildung 5.4: Feldnotizen vom Projekt Lagerorganisation (Vorbereitung gemischter Paletten) – Beispiel

Interviews

In jedem besuchten Lager wurden ein Mitarbeiter und ein Vorarbeiter interviewt. Von diesen insgesamt zwölf formellen Interviews wurden Tonaufnahmen angefertigt. Zusätzlich führte das Schneeballprinzip zu Interviews mit sechs weiteren Angestellten, die eher informeller Natur waren. Bei drei Lagerhäusern schlugen die Mitarbeiter vor, dass die Forscher auch mit den Lkw-Fahrern sprechen sollten. Diese Unterhaltungen drehten sich vor allem um eine offene Frage (»Was ist Ihre Meinung zu gemischten Paletten?«), und genau diese offenen Fragen waren aufschlussreich. Beispielsweise sagte ein Fahrer: »Gemischte Paletten sind eine Sch ... Strafe, sie sind nicht stabil und am Ende werde ich beschuldigt, wenn es zu einem Schaden kommt ...«

Videoaufnahmen

Von der Zusammenstellung der 60 gemischten Paletten und der Verladung der 30 Paletten auf Lkws wurden Videoaufnahmen gemacht. Diese Videos zeigten die Probleme mit den gemischten Paletten sowie die benötigte Zeit, um die notwendigen Schachteln zu kommissionieren, das Tragen der Schachteln in den Verladeraum, das Stapeln, und das Verladen in den Lkw. In einer der Aufnahmen teilte ein Mitarbeiter mit: »Das Stapeln ist wie ein dreidimensionales Puzzle – aber ohne eine ideale Lösung.« Gemischte Paletten wurden bei der Beobachtung als sehr instabil bewertet. Es wurden Schrinkfolie und Holzteile verwendet, um eine gewisse Stabilität zu gewährleisten.

Dokumente

Die gesammelten Dokumente umfassen Kopien der Kommissionierlisten und Schichtpläne. Abbildung 5.5 zeigt beispielhaft die Leistungsdaten, bestehend aus fünf A4-Diagrammen, die in der Verladezone aufgehängt wurden, inklusive der Anzahl von Sendungen (Lkws pro Monat) sowie die Kundenreklamationen. Kontextinterviews zu diesen Diagrammen brachten Kommentare hervor wie »die Beschwerden sind oft vom gleichen Kunden, insbesondere von denen, die die meisten gemischten Paletten bestellen«, und »wir könnten unsere Ziele erreichen, wenn wir nicht so viele kurzfristige Bestelländerungen hätten«.

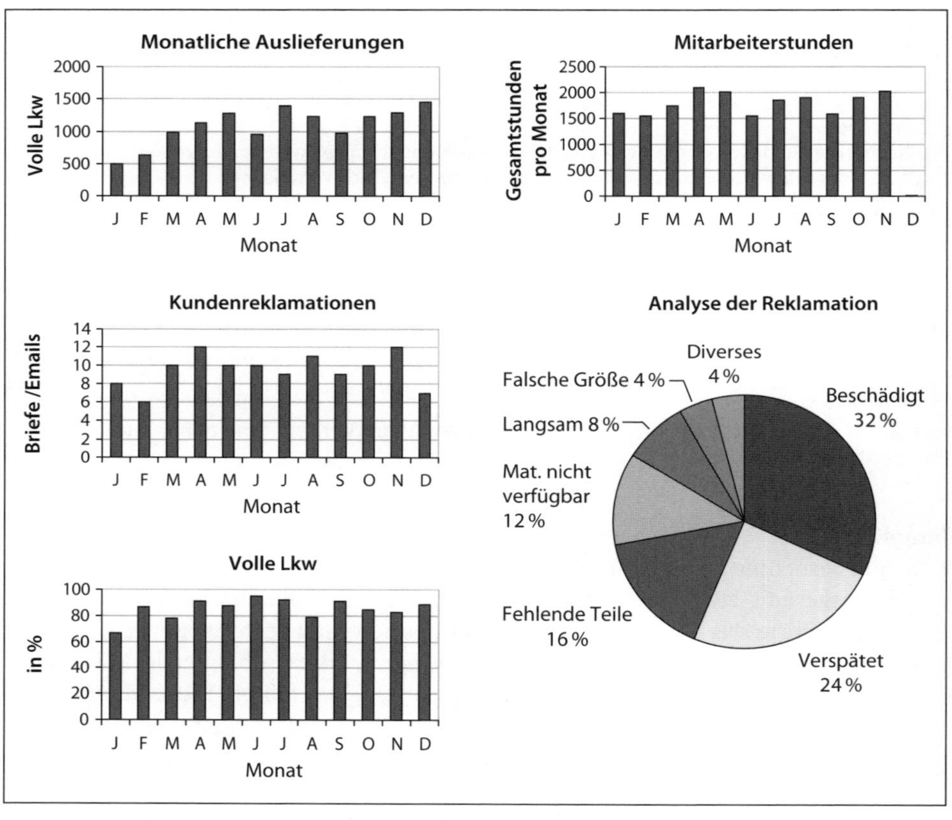

Abbildung 5.5: Beispielhafte Leistungsdiagramme (von Lager C)

Andere Quellen
Beispiele von einfach zu stapelnden und schwer zu stapelnden Verpackungen wurden gesammelt (insgesamt 12), vermessen und gewogen. Einige Repertory-Grid-Interviews (siehe Fallbeispiel 5.2) wurden durchgeführt, um weitere Daten zu den Problemen, die mit gemischten Paletten verbunden sind, zu erhalten.

Fallbeispiel 5.2

Repertory Grids der Lagermitarbeiter
Gute ethnographische Forschung nutzt eine Reihe von Methoden in der Datensammlung. Im Projekt Lagerorganisation wurde die Repertory-Grid-Technik eingesetzt, um die Ansichten der Mitarbeiter zu gemischten Paletten besser zu verstehen. Dies wurde dann mit den Beobachtungen und den Aussagen der Kontextinterviews abgeglichen.
Der Vorteil der Repertory-Grid-Technik ist, dass sie indirekte Fragen nutzt, um festzuhalten, was die Befragten wirklich denken (siehe Kapitel 6 für eine detaillierte Beschreibung). Die Interviews zeigten, dass die Lagermitarbeiter gemischte Paletten vor allem bezüglich der folgenden Aspekte beurteilten: das »Maß an körperlicher Anstrengung«, »die mentale Anstrengung« (um das Puzzle beim Stapeln der verschiedenen Schachteln stabil hinzubekommen), »das Maß an vorhandener mechanischer Unterstützung«, der »notwendigen Erfahrung« und der »Beliebtheit der Aufgabe«. Die Vorbereitung von komplizierten gemischten Paletten wurde als mentale Herausforderung eingeschätzt, die durchaus lohnenswert ist, wenn man sie nicht unter Zeitdruck erledigen muss.
Innerhalb des Projektes Lagerorganisation zeigten die Repertory Grids, dass die Mitarbeiter Aufgaben bevorzugten, die Erfahrungen voraussetzen, und auch ihre Emotionen darüber, was sie als negativ empfanden – »wie ein Roboter zu arbeiten«. Vielleicht aufgrund der machomäßigen Kultur in den meisten Lägern wurde dieser Aspekt weder in den Kontextinterviews erwähnt noch in den Beobachtungen festgestellt. Solche Überlegungen bezüglich der emotionalen Sicht der Anwender sind sehr wichtig für das Produktdesign, sind aber gleichzeitig ein interessantes Dilemma in folgender Hinsicht: Kann ein Produkt entwickelt werden, dass mehr Automation ermöglicht, die Aufgabe der Mitarbeiter aber immer noch interessant macht?

5.2 Datenanalyse

Codierung der Daten
Die Analyse folgte sehr eng dem iterativen Prozess, der bereits in Kapitel 4 (Abbildung 4.5) empfohlen wurde. Nach der großen Tour wurde von den Forschern und einem Lagermanager das Codierungsschema erarbeitet. Die Abbildung 5.6 zeigt, dass das Brainstorming 36 Codierungen in 9 Kategorien identifizierte, wobei die Besuche 17 sich entwickelnde Codierungen (z. B. PROZESS_6, das Verschieben von Arbeit) und eine neue Kategorie (Humor) identifizierten. Das endgültige Codierungsschema bestand aus 53 verschiedenen Codierungen in 10 Kategorien.

	Ursprüngliche Codierungen	Sich entwickelnde Codierungen	Bedeutung der Codierungen	Summe der Codierungen, die allen ethnographischen Aufzeichnungen zugeordnet wurden
1	UMGEB_1 UMGEB_2 UMGEB_3	 UMGEB_4	Offener Stapelbereich Aufgeräumter Stapelbereich Unordentlicher Stapelbereich Schmutziger Stapelbereich	
2	PROZESS_1 PROZESS_2 PROZESS_3 PROZESS_4 PROZESS_5	 PROZESS_6 PROZESS_7 PROZESS_8 PROZESS_9	Entnehmen der Produkte aus dem Regal Stapeln einer gemischten Palette Laden eines Lkw Reihenfolge der Abarbeitung von Bestellungen Falsche Bedienung der Ausrüstung Verschieben von Arbeiten Schwerste Schachteln auf dem Boden platzieren Manuelles Tragen von Schachteln Mitarbeitereigene Variationen der Prozesse	
3	ZEIT_1 ZEIT_2 ZEIT_3 ZEIT_4	 ZEIT_5 ZEIT_6	Zeit für die Kommissionierung einer gemischten Palette Zeit für das Stapeln einer gemischten Palette Zeit für das Laden eines Lkw »Nutzlose« Zeit »Zeit für eine Pause« (Terminologie eines Mitarbeiters) Überstunden	
4	PROB_1 PROB_2 PROB_3 PROB_4	 PROB_5 PROB_6 PROB_7	Verlorene Zeit Nicht genug Zeit Beschädigte Produkte (Schachteln) Probleme beim Stapeln der Schachteln Instabile gemischte Paletten Kundenbeschwerden Späte Ankunft der Lkws	
5	AUSRÜST_1 AUSRÜST_2 AUSRÜST_3 AUSRÜST_4 AUSRÜST_5 AUSRÜST_6	 AUSRÜST_7	Paletten Schachteln Gabelstapler Waage Klebeband Schrinkfolienmaschine Holzverstärkungen	
6	KUNDANF_1 KUNDANF_2 KUNDANF_3 KUNDANF_4	 KUNDANF_5 KUNDANF_6	Bestellinhalt Lieferzeit Reihenfolge der Paletten im Lkw Eine gemischte Palette Weniger als eine volle Ladung Bestelländerungen in letzter Minute	
7	SCHACHT_1 SCHACHT_2	 SCHACHT_3	Schachtelgröße Schachtelform Schachtel mit Übergröße	

	Ursprüngliche Codierungen	Sich entwickelnde Codierungen	Bedeutung der Codierungen	Summe der Codierungen, die allen ethnographischen Aufzeichnungen zugeordnet wurden
8	DOK_1 DOK_2 DOK_3 DOK_4		Reihenfolge der Bestellungen Stückliste Leistungsdaten des Lagers Beschwerdebriefe der Kunden	
9	$VERHALT_1$ $VERHALT_2$ $VERHALT_3$ $VERHALT_4$		Eile und/oder nicht konzentriert Emotion und Frustration Körpersprache – positiv Körpersprache – negativ	
10		$HUMOR_1$ $HUMOR_2$ $HUMOR_3$	Witze über Kunden Witze über das Management Witze über Kollegen	
	Summe = 36 Codierungen	Summe = 17 Codierungen		
	Summe = 53 Codierungen			

Abbildung 5.6: Codierungsschema für die Daten im Projekt Lagerorganisation

Codierung der Feldnotizen

In Abbildung 5.7 wird dargestellt, wie die Feldnotizen codiert wurden. Jede einzelne Karte wurde in *Nvivo* eingegeben und jeder Aussage wurde eine passende Codierung zugeteilt. Zum Beispiel: Kunden, die keinen voll geladenen Lkw benötigen ($KUNDANF_5$) und vergeudete Zeit ($PROB_1$). Zu beachten ist, dass Codierungen grundsätzlich in Großbuchstaben geschrieben werden, damit man sie auf den ersten Blick vom Rest der Notizen unterscheiden kann. Die Bandbreite der Codierungen auf der jeweiligen Karte gab einen ersten Eindruck über die Beziehungen innerhalb der Daten.

Codierung der Interviews

Ähnlich wie bei den Feldnotizen wurden die Protokolle der Interviews in *Nvivo* eingegeben. Dies beschleunigte das Codieren und ermöglichte bereits eine erste Untersuchung der Beziehungen innerhalb der Daten. Abbildung 5.8 zeigt, dass die gleichen Codierungen wie bei den Feldnotizen angewandt wurden.

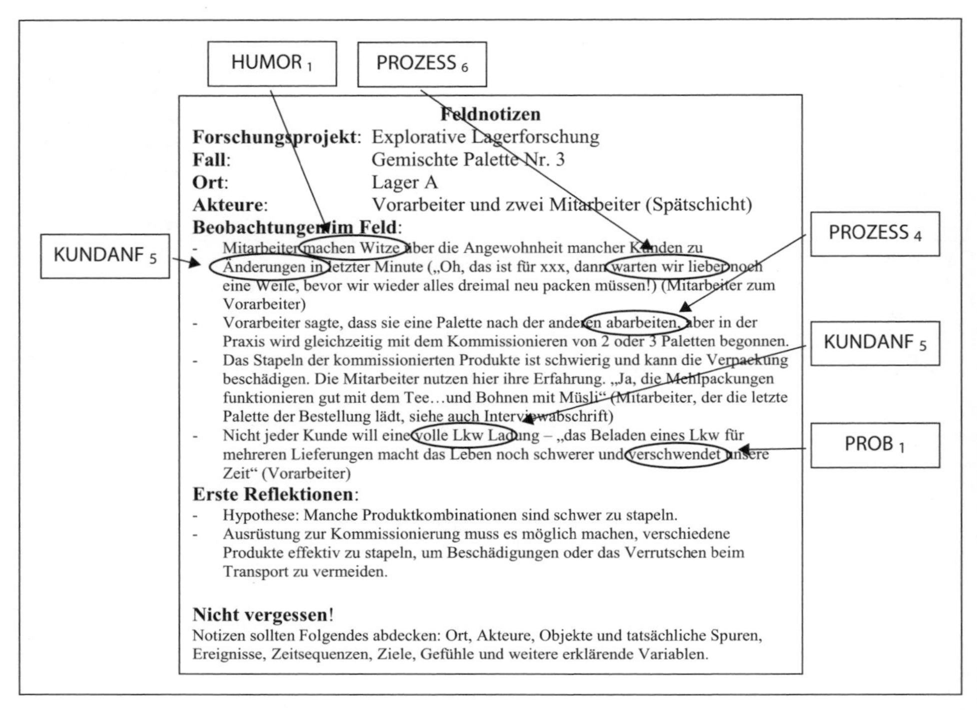

Feldnotizen

Forschungsprojekt: Explorative Lagerforschung
Fall: Gemischte Palette Nr. 3
Ort: Lager A
Akteure: Vorarbeiter und zwei Mitarbeiter (Spätschicht)

Beobachtungen im Feld:

- Mitarbeiter machen Witze über die Angewohnheit mancher Kunden zu Änderungen in letzter Minute („Oh, das ist für xxx, dann warten wir lieber noch eine Weile, bevor wir wieder alles dreimal neu packen müssen!") (Mitarbeiter zum Vorarbeiter)
- Vorarbeiter sagte, dass sie eine Palette nach der anderen abarbeiten, aber in der Praxis wird gleichzeitig mit dem Kommissionieren von 2 oder 3 Paletten begonnen.
- Das Stapeln der kommissionierten Produkte ist schwierig und kann die Verpackung beschädigen. Die Mitarbeiter nutzen hier ihre Erfahrung. „Ja, die Mehlpackungen funktionieren gut mit dem Tee…und Bohnen mit Müsli" (Mitarbeiter, der die letzte Palette der Bestellung lädt, siehe auch Interviewabschrift)
- Nicht jeder Kunde will eine volle Lkw Ladung – „das Beladen eines Lkw für mehreren Lieferungen macht das Leben noch schwerer und verschwendet unsere Zeit" (Vorarbeiter)

Erste Reflektionen:

- Hypothese: Manche Produktkombinationen sind schwer zu stapeln.
- Ausrüstung zur Kommissionierung muss es möglich machen, verschiedene Produkte effektiv zu stapeln, um Beschädigungen oder das Verrutschen beim Transport zu vermeiden.

Nicht vergessen!
Notizen sollten Folgendes abdecken: Ort, Akteure, Objekte und tatsächliche Spuren, Ereignisse, Zeitsequenzen, Ziele, Gefühle und weitere erklärende Variablen.

Abbildung 5.7: Feldnotizen mit Codierung für das Projekt Lagerorganisation – Beispiel

Lager C Befragter 2 (Vorarbeiter)

»Wenn ich die Bestellung bekomme [KUNDANF$_1$], schaue ich mir zuerst die Stückliste an [DOK$_2$], um nachzusehen, ob sogenannte ›Übergrößen‹ dabei sind [SCHACHT$_3$]. Diese Schachteln lassen sich nur schwer stapeln oder aber sind schwer mit anderen kombinierbar [PROB$_4$]. Nach dieser schnellen Prüfung [PROZESS$_9$] beginne ich mit der manuellen Kommissionierung [PROZESS$_1$], indem ich die Stückliste anwende [DOK$_2$]. Ja, die Stückliste [DOK$_2$] dient auch als Führer durch das Lager, weil die Produkte sortiert nach den Regalreihen aufgelistet sind, wo man sie findet [PROZESS$_1$]. Jedes einzelne Produkt wird eingesammelt [PROZESS$_8$] und sobald alle Produkte im Stapelbereich sind, wird die gemischte Palette zusammengestellt [PROZESS$_2$] wobei die schwersten Produkte immer am Boden platziert werden [PROZESS$_6$]«

Abbildung 5.8: Beispiel für die Datencodierung eines Interviewprotokolls

Codierung der Videoaufnahmen

Jede Aufnahme wurde von mehreren Forschern angesehen, um eine verlässliche Codierung zu gewährleisten. Da sehr viele Dinge betrachtet werden sollten, und viele Codes zugeordnet werden mussten, wurde ein iterativer Ansatz gewählt. Das Codierungsschema für die Videoaufnahmen ist in Abbildung 5.9 dargestellt (welches vom generischen Codierungsschema in Kapitel 4 abgeleitet wurde – siehe Abbildung 4.6). Die Forscher berücksichtigten auch die Umgebung des Lagers und suchten nach weiteren Ansätzen wodurch die Vorbereitung von gemischten Paletten beeinflusst werden könnte. Ein ganz ähnliches Schema wurde genutzt, um die Beobachtungen der Verladung auf die Lkws zu codieren.

	Daten Kategorie	Zu beachtende Punkte	Passende Codierung	Beobachtungen/ Timing
1	Die Ausstattung des Lagers	■ Physisches Layout/Objekte ■ Lagermitarbeiter ■ Zeitabläufe ■ Leistungsdaten	UMGEB$_{1-4}$; AUSRÜST$_{1-7}$ PROZESS$_{1-9}$; VERHALT$_{1-4}$ ZEIT$_{1-6}$ DOK$_{3}$	
2	Vorbe-reitung von gemischten Paletten	■ Physische Interaktionen ■ Soziale Interaktionen	PROZESS$_{1-9}$; UMGEB$_{1-4}$ VERHALT$_{1-4}$; HUMOR$_{1-4}$	
		■ Dinge richtig tun ■ Dinge falsch tun ■ Verlorene Zeit ■ Missbrauch der Ausrüstung ■ Verwirrung ■ Unangenehme Situationen ■ Mitarbeitereigene Veränderungen zum Prozess	PROZESS$_{1-8}$ PROZESS$_{1-9}$; PROB$_{1-7}$ PROB$_{1}$; ZEIT$_{4}$ PROZESS$_{7}$ VERHALT$_{1-4}$; PROB$_{1-7}$ PROB$_{1-7}$ PROZESS$_{9}$	
		■ Emotionen und Frustrationen ■ Verbale Signale ■ Extra-verbale Signale ■ Körpersprache ■ Räumliche Signale	VERHALT$_{2}$ VERHALT$_{2}$ VERAHLT$_{1-4}$ VERHALT$_{3-4}$ VERHALT$_{1-2}$	

Abbildung 5.9: Codierungsschema für die Videoaufnahmen über die Vorbereitung von gemischten Paletten

Codierung der Dokumente

Die Dokumente wurden gemäß ihres Inhaltes und der darin identifizierten Probleme codiert. Zum Beispiel zeigen die Kuchendiagramme über die Kundenbeschwerden (siehe Abbildung 5.5) typischerweise die Gründe für die Beschwerden. Die Codierungen wurden außerdem mit den Antworten aus den Kontextinterviews verglichen, die auf den Diagrammen basierten. Beschädigte Schachteln (Verpackung und/oder Produkte) waren ein Thema (PROB$_{3}$) und die Interviews begründeten den Verdacht, dass die gemischten Paletten für einen Großteil der Schäden verantwortlich waren.

Reflektionen

Während der gesamten Untersuchung notierten die Mitglieder des Forschungsteams ihre eigenen Überlegungen. Dies begann z. B. damit, dass der erste Eindruck der Lager als gut organisiert und mit flüssigen Arbeitsabläufen dokumentiert wurde. Im weiteren Verlauf zeigte sich dann aber, dass trotz der guten Organisation die Verladung der Paletten auf Lkws manchmal hektisch wurde. Es gab also bedeutende Probleme mit den gemischten Paletten. Besonders sind hier die verspäteten Lieferungen durch die Lkws sowie die anspruchsvollen Kunden (z. B. Supermärkte) zu nennen. Die Beobachtung dieser Schwierigkeiten mit gemischten Paletten führte bei den Forschern zu der Erkenntnis, dass, obwohl die gemischten Paletten nur einen kleinen Prozentsatz der ausgelieferten Waren ausmachten, diese einen Großteil der Probleme verursachten.

Der gesamte ethnographische Datensatz beinhaltete eine Summe von 3780 Codes (vgl. hierzu die Darstellung in Abbildung 5.10). Die Mehrzahl dieser Codes stammte aus den Feldnotizen und den Videoaufnahmen zu den gemischten Paletten (1290 bzw.

	Datenquelle	Anzahl der zugeteilten Codes
1	Beobachtung der Vorbereitung von gemischten Paletten (Feldnotizen und Videoaufnahmen)	2475
2	Beobachtung der Verladung auf Lkw (Feldnotizen und Videoaufnahmen)	612
3	Formelle Interviews	239
4	Informelle Interviews	93
5	Dokumente	52
6	Repertory Grids	120
7	Sonstige (Fotos und Gegenstände)	189
		Summe = 3780

Abbildung 5.10: Zugeteilte Codes im kompletten ethnographischen Datensatz

1185 Codes), 612 von den Feldnotizen und Videoaufnahmen der Verladung auf Lkws, 239 von den formellen und 93 von den informellen Interviews, 52 in den Dokumenten, 120 von den Repertory Grids, und 189 von anderen Quellen (Dokumente, Repertory Grids, usw.). Manch geneigter Leser denkt jetzt vielleicht, dass die Zeit für die systematische Codierung unverhältnismäßig lang ist. Deshalb muss an dieser Stelle betont werden, dass die wichtigen Erkenntnisse nicht direkt von den Codes selbst, sondern vom Prozess der Codierung resultieren, also von dem Prozess wenn der Forscher wirklich tief in die Daten eintaucht. (Es ist zudem hilfreich, verschiedene funktionale Gruppen in den Codierungsprozess einzubinden, wie zum Beispiel Marketing oder F&E, weil dies das Verständnis der Daten innerhalb des Unternehmens erhöht. In Kapitel 10 werden solche organisatorischen Themen im Detail behandelt.) Die Kombination der Suche nach Widersprüchen mit der Entwicklung von Hypothesen unterscheidet die systematische Codierung als gute Forschung von zufälligen Beobachtungen. Manche Firmen üben Druck auf die Forscher aus, damit diese »Abkürzungen« nehmen, aber damit wird die Qualität der Ergebnisse stark gefährdet.[3]

Beziehungen innerhalb der Daten

Einer der Vorteile, der Software *Nvivo* ist, dass man die Codes verbinden kann. Dadurch ist es sehr einfach, die Häufigkeit der Codes festzustellen und nach Beziehungen innerhalb der Codes zu suchen. Abbildung 5.11 zeigt, dass bestimmte Codes

	Analysiertes Thema	Ursprüngliche Codierung	Verbundene Codierungen/Häufigkeit	
1	Gemischte Paletten	KUNDANF$_4$	Tragen der Schachteln PROZESS$_8$	13 %
			Probleme beim Stapeln PROB$_4$	73 %
			Zeit zum Stapeln ZEIT$_2$	59 %
			Beschädigungen PROB$_3$	17 %
			Frustration VERHALT$_2$	38 %
			Schrinkfolie AUSRÜST$_6$	93 %
			Leistungsdaten DOC	19 %
2	Verlorene Zeit	PROB$_1$	Späte Änderungen KUNDANF$_6$	49 %
			Späte Ankunft der Lkws PROB$_7$	55 %

Abbildung 5.11: Einfache beschreibende Statistik auf Basis der Feldnotizen

oft in Verbindung mit anderen Codes erscheinen. So zum Beispiel beinhalten Diskussionen über gemischte Paletten oft die Probleme des Stapelns (73 Prozent), der erforderlichen Zeit (59 Prozent) und der Schäden (17 Prozent), um nur einige Probleme zu nennen. Betrachtet man diese einfache Art von deskriptiver Statistik, werden wichtige Beziehungen innerhalb der Daten ersichtlich. Die ersten Überlegungen zu den Feldnotizen von den 60 Beobachtungen zur Vorbereitung von gemischten Paletten wurden geprüft und ergaben, dass gemischte Paletten oft zu Frustration führten und außerdem zu einem übermäßigen Verbrauch an Schrinkfolie.

Widersprüche innerhalb der Daten

Eine ganze Reihe von Erkenntnissen kam dadurch zustande, dass die Daten auch auf Widersprüche hin überprüft wurden. Ein beispielhafter Widerspruch erfolgte durch einen Manager und seinen Mitarbeiter. Der Manager äußerte sich folgendermaßen: »Gemischte Paletten sind für uns kein Thema, weil sie nur einen kleinen Prozentsatz unserer gesamten Paletten ausmachen.« Sein Mitarbeiter nahm hingegen wie folgt zu dem Problem Stellung: »Jede dringende Bestellung scheint auch eine gemischte Palette zu sein.« Mitarbeiter in zwei Lagern sagten aus, dass die von ihnen gestapelten gemischten Paletten stabil seien, obwohl beobachtet wurde, dass der Fahrer des Gabelstaplers beim Verladen große Probleme mit der Stabilität der gemischten Paletten hatte. (Dies ist ein Beispiel für Beschönigungen.) Befragte aus mehreren Lagern bestätigten, dass ihr Ansatz bezüglich der gemischten Paletten einzigartig sei (»Niemand sonst macht das so wie ich.«) Allerdings haben die Beobachtungen gezeigt, dass bei den einzelnen Schritten der Vorbereitung sehr viele Gemeinsamkeiten exisiteren, was wiederum belegt, dass die Aussagen der Befragten schlichtweg falsch waren.

5.3 Zusammengefasste Ergebnisse

5.3.1 Verfassen der detaillierten Beschreibung

Die Forschung sammelte eine beachtliche Anzahl von Daten und die Lagertechnik GmbH verlangte, dass das Forschungteam eine Powerpoint-Präsentation vorbereitete. Wie wir bereits in Kapitel 4 diskutiert haben, erfordert der ethnographische Ansatz, dass die Resultate in einer detaillierten Beschreibung zusammengefasst werden. Wunschgemäß wurde für die Vorbereitung der Präsentation eine 10-seitige Beschreibung der allgemeinen Ergebnisse erstellt, die dann auf einer Seite zusammengefasst wurden (vgl. hierzu Abbildung 5.12). Um die Herleitung der Ergebnisse gut nachvollziehen zu können, wurden die wichtigsten Punkte in dieser Zusammenfassung genutzt, um die Folien vorzubereiten, und zwar mit Hilfe von Fotos und Videoaufnahmen, um einige Aspekte zu illustrieren. (Beachten Sie bitte, dass Forscher visuelle Materialien danach aussuchen sollten, welches Material die Ergebnisse erklärt und illustriert. Die interessantesten Videoclips sind zwar oft die unterhaltsameren, aber oft nicht zielorientiert. Vielmehr sollte das Material mit der Zusammenfassung zusammenpassen!)

Projektziele

1. Untersuchung des Einflusses von gemischten Paletten auf die Abläufe eines Lagers.
2. Identifizierung der Probleme, die im Zusammenhang mit gemischten Paletten auftauchen, die dann zu neuen Produktideen führen könnten.

Forschungsmethodik

Insgesamt 48 Stunden Datensammlung vor Ort in fünf Lagern (plus einer Pilotstudie). Mehrere Datenquellen wurden genutzt und mehr als 3500 Codierungen wurden in der Analyse angewendet.

Ergebnisse

Lagerhaltung

- Ein typisches Lager läuft 24 Stunden an sieben Tagen pro Woche und verarbeitet etwa 1000 Versendungen pro Monat, mit einer starken Saisonalität je nach der Art der Produkte, die gelagert werden. Mitarbeiter und Management werden an ihrer Fähigkeit gemessen, Lkw korrekt zu beladen, und zwar pünktlich (innerhalb eines Zeitfensters von 15 Minuten) und ohne Kundenbeschwerden.
- Gemischte Paletten sind nur ein kleiner Prozentsatz aller Versendungen (5 bis 10 Prozent), beeinflussen die Abläufe in einem Lager aber sehr stark. Dies liegt daran, dass späte Bestelländerungen fast immer gemischte Paletten betreffen (65 Prozent der Fälle) und eine übereilte Vorbereitung der Paletten zu Beschädigungen führen kann. Es ist hauptsächlich manuelle Arbeit erforderlich. Im schlimmsten Fall muss ein bereits teilweise beladenener Lkw ausgeladen werden, um die Paletten zu erreichen, die umgepackt werden müssen (ein Mitarbeiter verglich diesen Prozess mit dem Ausladen von Gepäckstücken in einem Flugzeug, wenn ein Passagier die Maschine verpasst hat). Gemischte Paletten werden deshalb oft zum Schluss verladen, aber oft sind späte Bestelländerungen »nur« das Aufteilen einer kompletten Palette in zwei Paletten mit 50 Prozent des einen Produkts und 50 Prozent des anderen.
- Beschwerden werden sehr ernst genommen, weil insbesondere Supermärkte extremen Druck auf ihre Lieferanten ausüben. Die meisten Beschwerden (56 Prozent) stehen irgendwie in Verbindung mit gemischten Paletten. Es wurde herausgefunden, dass die benötigte Zeit für die Bearbeitung von Bestellungen mit gemischten Paletten sogar das Beladen von Lkw behindern kann, bei denen gar keine gemischten Paletten verladen werden.
- Die Automatisierung der Vorbereitung von gemischten Paletten wurde von allen sechs Lagermanagern als »unrentable Investition« bezeichnet.
- Interessanterweise wurden die Probleme mit gemischten Paletten vom jeweiligen Lagermanagement nicht wahrgenommen, während die Mitarbeiter, die aktiv an der Kommissionierung und beim Stapeln beteiligt waren, die Probleme klar erkannt hatten. Die Mitarbeiter bereiteten gerne gemischte Paletten vor, wenn sie nicht unter Zeitdruck standen. Die erfahreneren Mitarbeiter konnten auf eine Stückliste für eine gemischte Palette schauen und bereits die Art und Weise der Stapelung beschreiben. In jedem Lager dachten die Mitarbeiter dies sei einzigartig, aber das generische Problem mit dem Stapeln der gemischten Paletten wurde von allen »Spezialisten« in ähnlicher Weise gelöst.

Kulturelle Aspekte: Die Mitarbeiter in einem Lager sind »ungelernt« im konventionellen Sinne, eignen sich aber ein sehr großes Wissen über die gelagerten Produkte an und wie diese effizient kommissioniert und zügig auf Lkw verladen werden können. Allerdings ist die Fluktuationsquote sehr hoch (typischerweise 30 Prozent). Dies hat zur Folge, dass die Mitarbeiter mit etwas mehr Erfahrung sehr stolz darauf sind, wie sie gemischte Paletten stapeln, während sich unerfahrene Mitarbeiter unter Zeitdruck zu sehr beeilen und dann schnell resignieren. Leider werden sie oft aufgrund des Zeitdruckes und der Änderungen von Bestellungen in letzter Minute daran gehindert, ihre Aufgabe professionell zu erledigen. In den meisten Lagern werden bestimmte Mitarbeiter zumeist aufgrund ihrer Erfahrung von ihren Kollegen als besonders gut beim Lösen des »dreidimensionalen Puzzles« eingeschätzt.

Auswirkungen
Lager brauchen ein besseres System für den Umgang mit den folgenden Problemen:
1. Personalfluktuation: was bedeutet, dass die Erfahrung mit dem Umgang der gemischten Paletten ständing verloren geht.
2. Neue Produkte haben oft andere Ausmaße bei der Verpackung, so dass die Zusammenstellung der gemischten Paletten sich ständig ändert.
3. Stabilität: die Anwendung von ganzen Rollen Schrinkfolie und Holzteilen ist nicht sehr effektiv.
4. Zeitdruck: Änderungen in letzter Minute bewirken gemischte Paletten.
5. Wenn Lkw beladen werden, muss nachvollzogen werden können, an welcher Position im Lkw eine bestimmte Palette steht, so dass spätere Bestelländerungen der Kunden effektiver bearbeitet und umgesetzt werden können.
6. Mitarbeiter möchten gemischte Paletten professionell vorbereiten, trotz des unumgänglichen Zeitdrucks.

Abbildung 5.12: Zusammenfassung des Projekts für die Lagertechnik GmbH (Um Rückschlüsse auf die wahre Identität der Lagertechnik GmbH auszuschließen, wurde die Abbildung leicht modifiziert.)

5.3.2 Auswirkungen der Ergebnisse

Auf Basis der identifizierten Themen (Abbildung 5.12) wurde eine Reihe von Möglichkeiten für die Lagertechnik GmbH festgehalten, die bei der Entwicklung weiterer Produkte und Dienstleistungen berücksichtigt werden, um die Produktpalette der Firma zu erweitern. Obwohl die genauen Details der ausgewählten Produkte vertraulich sind, kann gesagt werden, dass die Lagertechnik GmbH ihre Strategie geändert hat. Als ein »innovativer Lösungsanbieter« in der Logistik, hat die Lagertechnik GmbH festgestellt und verstanden, dass es unabdingbar ist die Lagertätigkeiten ständig zu beobachten, zu prüfen und auch die versteckten Themen zu berücksichtigen. Als eine Folgerung dieser Einsicht werden zum Beispiel Mitarbeiterteams aus verschiedenen Abteilungen dafür trainiert, wie die Sicht der Kunden intern Beachtung finden kann, und zwar regelmäßig und konstant.

5.4 Fazit

Das Lagerprojekt wandte den Forschungsansatz an, den wir in Kapitel 4 präsentiert haben. Die einzelnen Schritte der Datensammlung, der Stichproben, die Methoden der Datensammlung etc. wurden alle sehr bewusst gewählt. Bei ethnographischer Marktforschung ist es wichtig, systematisch, aber auch den Zielsetzungen gemäß, vorzugehen. Wir denken nicht, dass »ein Ansatz« für alle richtig ist, wenn es um Ethnographie geht, und glauben auch nicht, dass es nur einen richtigen Weg gibt, wenn man eine Forschungsfrage in Angriff nimmt, egal wie offensichtlich oder komplex sie erscheint«[4]. Deshalb sollte der von uns gegebene Rahmen idealerweise als Struktur für den Start eines Projektes gesehen werden, von dem aus sich jedes beliebige Projekt weiterentwickeln kann. Mit der nötigen Erfahrung werden Forscher die Struktur als das zugrunde liegende Thema ansehen, auf dessen Basis verschiedene Variationen möglich sind.

Die Hidden-Needs-Analyse konzentriert sich auf die Identifikation von Kundenproblemen. Dieses Projekt war erfolgreich, einige Themen in diesem Bereich in den

Lagern festzuhalten. Der Schlüssel war die Erkenntnis, dass gemischte Paletten nur ca. 10 Prozent der Verladungen ausmachen, aber den Großteil der verlorenen Zeit, die Mehrheit der Beschwerden und ingesamt zum Zusammenbrechen der effizienten Abläufe im Lager beitragen. Aufgrund dieser Erkenntnisse entwickelt die Lagertechnik GmbH nun eine Reihe von Produkten, die die Kommissionierung und das Stapeln von Paletten schneller und stabiler macht.

Zusätzlich zu den spezifischen Informationen, die über die Möglichkeiten für neue Produkte gesammelt wurden, identifizierte das Projekt einige Hürden bei der Anwendung von ethnographischer Marktforschung bei der Lagertechnik GmbH. Diese beinhalteten die anfängliche Skepsis der Marketingabteilung bezüglich neuer Methoden und die Verwunderung des Managements, dass qualitative Daten die vorhandenen quantitativen Daten aus den Umfragen ersetzen sollen.

5.5 Zusammenfassung

Unsere Projektdiskussion bei der Lagertechnik GmbH zeigte die Komplexität von ethnographischer Marktforschung und verdeutlichte, dass:

- echte Marktkenntnis durch Beobachtung, detaillierte Notizen und die Reflektion dessen, was gesehen wurde, sowie die Codierung der Daten erworben werden kann,
- obwohl die von uns definierten Schritte und die von uns zur Verfügung gestellten Instrumente (wie Tabellen und Formblätter) für den Gebrauch gedacht sind, sollten sie in der Praxis nicht als feste Rahmenbedingungen gesehen werden. Individuelle Projekte werden angepasste Ansätze brauchen, und allein die Erfahrung mag zu einem anderen Schwerpunkt führen,
- wenn man ethnographische Ansätze wählt, sollte die systematische Natur der Forschung nicht als Kompromiss verloren gehen.

Empfehlungen für die Praxis

- Identifizieren Sie ein Marktsegement, in dem Ihre Firma bisher noch nicht erfolgreich war und initiieren Sie dort ein ethnographisches Forschungsprojekt, um Ideen für neue Produkte und Dienstleistungen zu generieren.
- Vergewissern Sie sich, dass die Forschung systematisch durchgeführt wird, und die Codierung der Daten genutzt wird, um Vorurteile auszuschließen.
- Maßschneidern Sie das Forschungprojekt so, dass der richtige Grad an Einblick erreicht wird, und stellen Sie sicher, dass Ihre Angestellten so viel wie möglich über die neuen Ansätze erfahren.
- Nehmen Sie sich vor, nicht nur über den Markt zu lernen, sondern auch darüber, wie Sie die internen Barrieren in ihrer Organisation bei der Anwendung von innovativen Marktforschungstechniken überwinden können.

5.6 Quellenverzeichnis und Notizen

1 Cucka, J.: ›Scientific Research Not Limited to Anthropology‹. *Marketing News*. Vol. 33, No. 4, Februar 1999, S. 4.
2 Fall basiert auf Interviews mit Ceri Batchelder und Neil Stainton von Smith & Nephew, 2007–8 und teilweise auf Batchelder, C./Pinto, C./Bogg, D./Sharples, C./Hill, A., ›Capturing Best Practice in Establishing Customers Hidden Needs for Smith and Nephew‹. Manchester Business School. International Business Project 2006, Dezember 2006.
3 Stolzoff, N. C.: ›Mindless Action Sells Research Short‹. *Marketing News*. Vol. 38, No. 2, Februar 2004, S. 36.
4 Orban, A. (2007): ›The Truth about Ethnography: A Rebuttal‹. *PDMA Visions Magazine*. Vol. XXXI, No. 1, März, S. 6–7.

6 Repertory-Grid-Technik

Die Repertory-Grid-Technik … ist ein Versuch, in fremden Schuhen zu stehen und die Welt aus dieser Perspektive zu sehen.[1]

Einführung

Die Psychologie ist eine Wissenschaft, die zu verstehen versucht, wie das Gehirn funktioniert und wie Menschen denken. Um diese komplexen Prozesse zu verstehen, benutzen Psychologen aber keine direkten Fragen wie beispielsweise »Wie denken Sie?« Seltsamerweise verlassen sich aber sehr viele Firmen bei Fokusgruppen und Umfragen genau auf solche direkte Fragen, wenn sie versuchen, ihre Kunden zu verstehen. Die Herausforderung, Kunden zu verstehen, sollte auf keinen Fall unterschätzt werden – denn es bedarf gut durchdachter Ansätze, um Einblicke zu generieren, die dann zu bahnbrechenden Produktkonzepten führen. Deshalb ist es nicht verwunderlich, dass ein Ansatz, der für die Psychologie entwickelt wurde – nämlich die sogenannte *Repertory-Grid-Technik* – wichtige Anwendungshinweise für die Marktforschung geben kann.

Repertory Grid ist eine flexible Technik, die eingesetzt werden kann, um den Interviewpartnern zu helfen, ihre Ansichten zu artikulieren, wenn es um Themen wie ihre Gefühle während des Kaufprozesses oder ihre Meinung zu Produkten und Dienstleistungen geht. Die Technik selbst ist eine strukturierte Interviewform, die eine Matrix mit quantitativen Daten hervorbringt – das sogenannte Repertory Grid.

In der traditionellen Form von Marktforschungsumfragen beantworten Kunden Fragen zu *existierenden* Produkten und Dienstleistungen und zu ihren zukünftigen Bedürfnissen. Der Nachteil dieser Vorgehensweise ist, dass sie die Kunden verleitet, im Rahmen bereits bekannter existierender Produkte zu denken. Kunden sind meistens nicht fähig, sich die Möglichkeiten der Zukunft vorzustellen oder diese in Worte zu kleiden. Im Gegensatz dazu helfen Repertory-Grid-Interviews dabei, dass die Befragten ihre eigenen Anliegen identifizieren, und ihre Gedanken nicht gleich zu Beginn in vordefinierte Kategorien kanalisieren. Sobald die wichtigen Anliegen der Kunden identifiziert sind, ist es auch möglich, kreative Lösungen dafür zu erarbeiten.

Dieses Kapitel wird den Lesern einen detaillierten Überblick über die Möglichkeiten der Repertory-Grid-Technik geben, um deren Stärke zu verdeutlichen. Darüber hinaus enthält das Kapitel auch wichtige Hinweise darauf, wie effektive Repertory-Grid-Interviews durchgeführt werden. Die einzelnen Themen sind:

- die Geschichte der Technik,
- die Anwendung der Technik,
- die Analyse der Ergebnisse sowie
- die Vorteile und Nachteile der Technik.

6.1 Geschichte der Technik

Die Technik wurde in den 1950er Jahren von George Kelly entwickelt, der Physik und Mathematik studierte, bevor er Professor der Psychologie wurde. Kelly war der Überzeugung, dass jeder Mensch anhand bestimmter Regeln die Welt zu verstehen versucht. Und diese Regeln beeinflussen unsere Einschätzung von Situationen, Menschen, Beziehungen oder Objekten. Wir benutzen diese Regeln praktisch für fast jedes Phänomen, mit dem wir konfrontiert werden. Die Regeln, mit deren Hilfe wir all diese Situationen zu verstehen versuchen, sind unsere sogenannten *Personal Constructs*.[2]

Die *Theorie der Personal Constructs*, die von Kelly entwickelt wurde, beinhaltet einige Punkte, die für die Marktforschung relevant sind. Jeder von uns entwickelt Constructs, um Ereignisse zu erklären. Und die Constructs werden ständig anhand unserer neu gemachten Erfahrungen überdacht. Bezogen auf Produkte und Dienstleistungen bedeutet dies, dass die individuellen Constructs sich im Laufe der Zeit verändern und die Marktforschung mit diesen Veränderungen Schritt halten muss. Die Theorie sagt, dass Befragte sich dadurch unterscheiden, dass sie aus den gleichen Ereignissen unterschiedliche Constructs entwickeln. Allerdings ist es häufig so, dass von einem Interview zum nächsten viele übereinstimmende Constructs zu Tage kommen – diese nennt man *Common Constructs*. Außerdem hat sich gezeigt, dass das soziale Umfeld die individuellen Constructs beeinflusst. Deshalb zeigen verschiedene Marktsegmente typischerweise auch verschiedene Arten von Common Constructs.

Kelly definiert ein Construct als »die Art und Weise, wie zwei Dinge gleich sind und gleichzeitig anders als ein oder mehrere Dinge«[3]. Ein Repertory-Grid-Interview entlockt (d. h. identifiziert) die Personal Constructs eines Befragten. Obwohl wir Menschen ständig unsere Constructs aktualisieren, sind wir uns dessen nicht wirklich bewusst. Der Prozess, bei dem die Constructs identifiziert werden, untersucht die Ansichten eines Befragten bis zu einem Niveau, das dem Befragten selbst bis dahin gar nicht bewusst war. Wenn ein Repertory Grid fertig ist, berichten die Befragten deshalb oft, dass der Interviewprozess ihnen geholfen hat, ihre eigenen Ansichten besser zu verstehen.

In den 1960er Jahren haben Marktforscher die Bedeutung der Repertory-Grid-Technik schnell erkannt: »Wir sind der Meinung, dass Repertory Grid einen Ansatz von solch fundamentaler Bedeutung repräsentiert, dass wir glauben, er hat genauso viel Potenzial … wie keine andere Technik seit der Erfindung des Fragebogens.«[4] Daher erscheint es sonderbar, dass die Anwendung der Technik in der Marktforschung bisher selten war, und eine aktuelle Umfrage unter Marktforschungsagenturen in Europa ergeben hat, dass nur sehr wenige von ihnen diese Technik anbieten.[5] Hinzu kommt, dass Marketingmanager in kleinen wie großen Firmen die Repertory-Grid-Technik überhaupt nicht kennen. Es gibt aber mehrere Gründe dafür, warum die Technik noch nicht häufiger angewendet wird. Erstens benötigen die Interviewer spezielle Kenntnisse, bevor sie effektive Repertory-Grid-Interviews durchführen können. Zweitens hat die Flexibilität der Technik zur Folge, dass einige kritische subtile Entscheidungen bei der Vorbereitung der Repertory-Grid-Interviews getroffen werden müssen. (Allerdings ist die Technik sehr leicht und einfach anzuwenden, sobald man sie einmal gelernt hat.) Drittens haben einige Forscher die Repertory-Grid-Technik kritisiert, weil sie sich nicht ausreichend auf Theorie stützt.[6] Mit diesem (übertriebenen) akademischen Standpunkt haben sie jedoch die praktischen Vorteile der Technik ganz einfach übersehen.

Fallbeispiel 6.1

Touristenmeinungen zu Reisezielen

Die Tourismusindustrie ist für viele Länder sehr wichtig. Noch wichtiger ist es zu verstehen, welche Faktoren für die Touristen bei der Wahl des Reisezieles entscheidend sind. In diesem Bereich hat die Repertory-Grid-Technik ein großes Potenzial. Einer ihrer Vorteile ist nämlich, dass sie die Eindrücke von Touristen zu bestimmten Reisezielen bereits abfragen kann, bevor die Touristen überhaupt dort gewesen sind. Die Grid-Interviews können somit aufzeigen, wodurch die Ansichten der Touristen beeinflusst werden: Was sie gelesen, von Freunden gehört, in der Werbung gesehen oder aber durch die Medien allgemein mitbekommen haben. Eine Untersuchung der Eindrücke über Londons Touristenattraktionen – einschließlich der Galerien und Museen – hat beispielsweise zu besseren Marketingideen geführt.[7] Eine andere Untersuchung hat sich die Meinungen zu verschiedenen Ferienresorts am Meer angeschaut.[8] Eine dritte Studie sollte verschiedene Ferienländer vergleichen und half, den österreichischen Tourismusmanagern zu verstehen, wie ihr Land vergleichsweise zur Schweiz, ihrem größten Wettbewerber, gesehen wird.[9] Letztes Beispiel ist eine Studie, die sich die Vorlieben von Neuseeländern bei der Auswahl von Kurzreisen näher angeschaut hat. Dabei kam heraus, dass die Ergebnisse der Repertory-Grid-Interviews stark von dem abwichen, was die Tourismusmanager bisher angenommen hatten. Die Schlussfolgerung dieser Studie war dann, dass Repertory Grid »eine wirtschaftliche Technik ist, die von Marktforschern im Tourismus noch nicht ausgeschöpft wurde«[10].

6.2 Anwendung der Technik

6.2.1 Überblick

Um Ihnen einen Überblick zu geben, wie die Repertory-Grid-Technik eingesetzt werden kann, werden wir die Technik anhand des Beispiels eines IT-Dienstleisters namens Equant erläutern, der die Bedürfnisse seiner Kunden besser verstehen wollte. Die Firma Equant installiert und wartet Computernetzwerke für Geschäftskunden (siehe auch Fallbeispiel 1.2 für nähere Informationen zu dieser Firma). Um Ideen für ein besseres Dienstleistungsportfolio zu generieren, wurden Repertory-Grid-Interviews mit Managern aus dem Bereich Einkauf ihrer Kundenfirmen durchgeführt. Die Interviewpartner wurden aufgefordert, sechs Dienstleistungen, mit denen sie vertraut sind, zu benennen – wir werden diese als Dienstleistung A, B, C, D, E und F bezeichnen. Die Dienstleistungen sind in diesem Fall das, was man als *Elemente* des Repertory-Grid-Interviews bezeichnet. Der Name jeder Dienstleistung wurde jeweils auf eine (postkartengroße) Karte geschrieben, wie in Abbildung 6.2 (A) dargestellt. Jeder Interviewpartner benannte unterschiedliche Dienstleistungen, und Abbildung 6.1 zeigt beispielhaft die Liste eines Befragten, der unter anderem die Themen Facility Management, Finanzaudits, Equants IT-Service und den Service eines Mitbewerbers von Equant (Dienstleistung E) benannte. Dabei wird deutlich, dass nicht nur die Dienstleistungen von Equant selbst, sondern durchaus auch völlig andere Arten von Dienstleistungen als Elemente zugelassen waren.

Dienstleistungsprodukte
Dienstleistung A – Facility-Management (Sicherheit und Reinigung) Dienstleistung B – Equant Dienstleistungen (IT Service-Dienstleister) Dienstleistung C – Data Warehousing Dienstleistung D – Finanzaudits Dienstleistung E – IT-Service des Mitbewerbers Dienstleistung F – Mitarbeiter-Seminare

Abbildung 6.1: Die Dienstleistungen (Elemente) eines Interviewpartners

Wie in Abbildung 6.2 dargestellt, waren die Karten vorher durchnummeriert und gemischt (5, 1, 4, 3, 2 und 6), um eine zufällige Reihenfolge der Karten zu erhalten. Man kann zum Beispiel erkennen, dass der Name der ersten Dienstleistung (»A«) auf die Karte mit der Nummer »5« geschrieben wurde, und Dienstleistung B auf der Karte mit der Nummer »1« steht. Nachdem die Karten mit den Namen der Dienstleistungen versehen worden waren, wurden sie wieder aufsteigend von 1 bis 6 sortiert. Im Endeffekt wurden sie also gemischt, weil sie nicht in dieser Reihenfolge genannt wurden. Als nächstes wurde dem Interviewpartner eine Kombination aus drei Karten (genannt ein *Triad*) vorgelegt. Abbildung 6.2 (B) zeigt, dass das erste Triad aus den Karten 1, 2 und 3 bestand, die sich auf die Dienstleistungen B, E und D bezogen. Als das Triad präsentiert wurde, wurde dem Interviewpartner folgende Frage gestellt: »Warum sind zwei dieser Dienstleistungen gleich, unterscheiden sich aber von der dritten?« Diese Frage hat dann ein *Construct* – also ein Attribut der Dienstleistung – hervorgebracht. Und zwar hat der Befragte erklärt, dass bei zwei Anbietern einer Dienstleistung die »Zusammenarbeit leicht ist«, wobei sie beim dritten Dienstleister eher als »schwierig« bezeichnet werden kann. Das erste Construct jeder Dienstleistung des Triads wurde dann auf einer 5-Punkte-Skala bewertet, siehe Abbildung 6.2 (C). Dienstleistung B wurde sehr hoch eingestuft (eine »1«, als »sehr leichte Zusammenarbeit«), wobei Dienstleistung D die schlechteste Einstufung erhielt (»5«, also »schwierige Zusammenarbeit«). Im Anschluss daran wurde der Interviewpartner auch noch aufgefordert, die drei anderen Dienstleistungen, die nicht Teil des Triads waren (A, C und F), genauso auf der Skala 1–5 einzustufen.

Dem Interviewpartner wurden dann weitere Triads vorgelegt, und immer wurde die gleiche Frage gestellt: »Warum sind zwei dieser Dienstleistungen gleich, unterscheiden sich aber von der dritten?« Dem Interviewpartner war nicht erlaubt, ein Construct zu wiederholen, und so förderte jedes neue Triad ein neues Dienstleistungsattribut zu Tage. Als die einzelnen Attribute genannt wurden, wurde der Interviewpartner gebeten, deren Bedeutung etwas näher zu beschreiben, z. B. beim Construct »schnelle Reaktion«. Die Interviews selbst wurden auf Tonband aufgenommen, sodass solche Erläuterungen festgehalten wurden und somit auch Einblicke in die Auffassungen der befragten Manager gesammelt werden konnte.

Nach jedem Construct, das erarbeitet wurde, wurde der Befragte gebeten, alle Dienstleistungen auf der 5-Punkte-Skala einzustufen. Das Ergebnis ist in Abbildung 6.3 dargestellt. Um die Constructs besser zu verstehen, wurde der Interviewpartner auch gebeten, den *Gegenpol des Constructs* zu nennen, also das Ende der Skala im negativen Sinne, und dieser Gegenpol wurde in der Matrix in der rechten Spalte notiert.

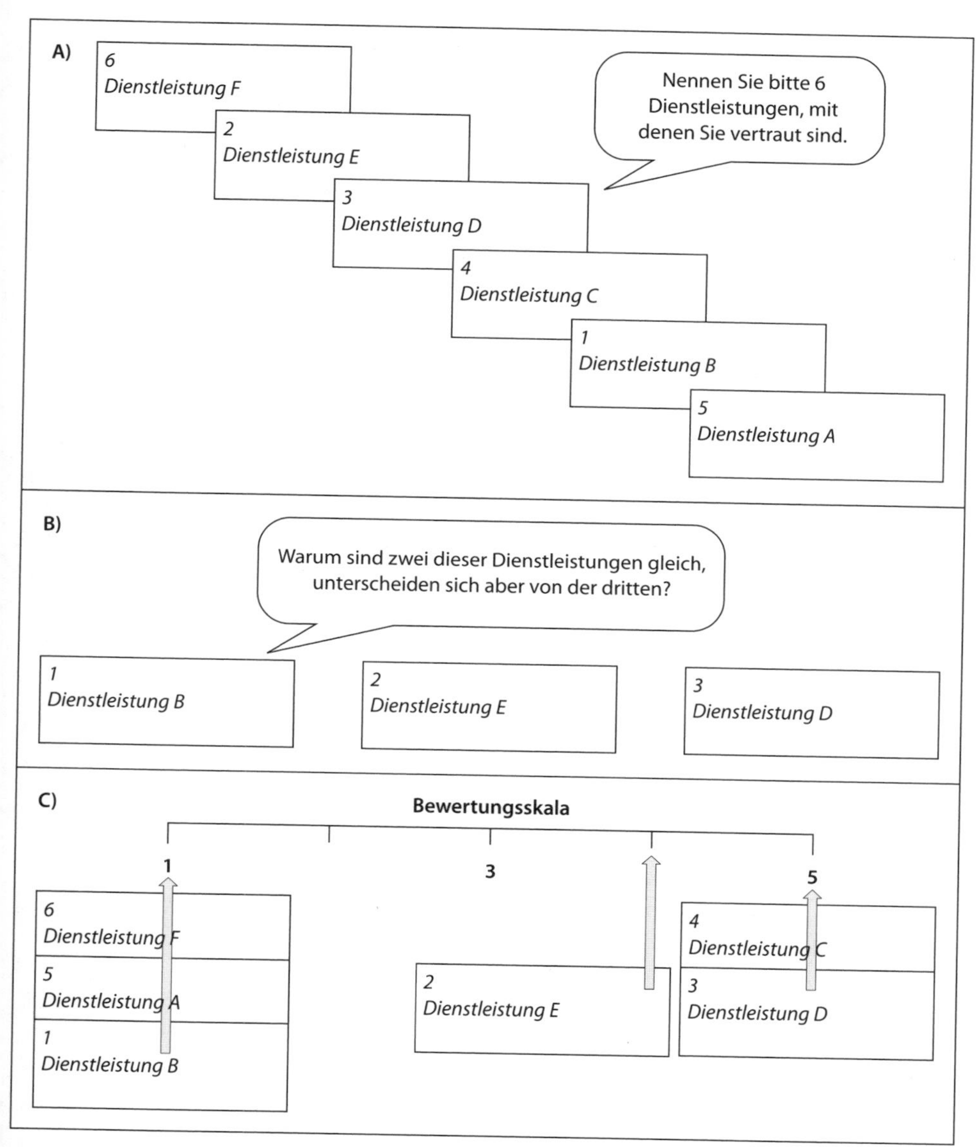

Abbildung 6.2: Beispiel eines Repertory-Grid-Interviews[11]
A) Die Elemente des Tests – Dienstleistungen – auf Karten aufgeschrieben
B) Das erste Triad, das dem Interviewpartner gezeigt wird
C) Die Einstufung der Dienstleistungen des ersten Triads

Abbildung 6.3 zeigt die sechs Elemente – Dienstleistungen A bis F – als erste Zeile des Repertory Grid. In der linken Spalte sind die Service-Attribute dargestellt, die während des Interviews identifiziert wurden. Die Sterne (*) vor und hinter der Einstufungszahl im Grid selbst zeigen, welche Triads vorgelegt wurden bzw. welche Triads zur Identifikaton welches Attributs geführt haben. Das erste Attribut wurde zum Beispiel auf Basis eines Triads aus den Karten 1, 2 und 3 (dargestellt mit den Einstufungen *1*, *4*, *5*) erarbeitet. Wenn man sich die Einstufungen bzw. die Rangfolge genauer anschaut, wird ersichtlich, dass beim Attribut »schnelle Reaktion bei Problemen« die Dienstleisung C (Karte 4) als befriedigend (»3«) eingestuft wurde, beim Attribut »absolut verlässlicher Service (Garantie)« sogar als schlecht (»5«).

Typischerweise werden während eines Repertory-Grid-Interviews, das 45–50 Minuten dauert, etwa 8–12 Constructs erarbeitet. Die Einstufungen geben uns dabei nicht nur Aufschluss darüber, wie der Befragte die Dienstleistungen von bestimmten Firmen benotet, sondern hilft uns auch, die Bedeutung der einzelnen Service-Attribute zu verstehen. Die Einstufungen beim Attribut »klar definiertes Serviceprodukt« sind zum Beispiel nicht so weit auseinander (gehen nur von »1« bis »3«) wie beim Attribut »gutes Preis-Leistungsverhältnis« (wo die Einstufungen von »1« bis »5« gehen). Diese Werte zeigen, dass das letztere Attribut ein stärkeres Unterscheidungsmerkmal zwischen den einzelnen ausgewählten Elementen ist.

Mit Hilfe der Repertory-Grid-Technik können versteckte Bedürfnisse identifiziert werden, weil diese oft mit schlechten Benotungen quer über alle Elemente deutlich werden. In Abbildung 6.3 wird zum Beispiel gezeigt, dass keine der Dienstleistungen als sehr verlässlich eingestuft wird (alle Bewertungen sind entweder »4« oder »5«).

Von den vielen Repertory-Grid-Interviews, die durchgeführt wurden, identifizierte Equant mehrere Möglichkeiten, um seine Dienstleistungen zu verbessern. Ein Faktor, der bei diesem Prozess geholfen hat, war die Tatsache, dass die Elemente nicht spezifisch auf Dienstleistungen im IT-Bereich eingeschränkt waren (weil diese eher ähnliche Dienstleistungsangebote hatten).

CONSTRUCTS (Dienstleistungsattribute)	KARTE 1 Dienstleistung B	KARTE 2 Dienstleistung E	KARTE 3 Dienstleistung D	KARTE 4 Dienstleistung C	KARTE 5 Dienstleistung A	KARTE 6 Dienstleistung F	CONSTRUCT Gegenpol
Einfache Zusammenarbeit	*1*	*4*	*5*	5	1	1	Schwierig
Schnelle Reaktion bei Problemen	1	4	5	*3*	*4*	*4*	langsam
Professionelle Angestellte	*2*	5	*3*	4	*1*	1	Wenig Know-how
Klar definiertes Dienstleistungsprodukt	3	*2*	1	*3*	1	*1*	Schlecht definiertes …
Dienstleistung hat gutes Preis-Leistungs-Verhältnis	*3*	*3*	5	*1*	5	5	Teuer
Absolut verlässlicher Service (Garantie)	5	4	*4*	*5*	5	*5*	Gleichgültig
Liefern Leistungsstatistiken	2	*4*	*1*	3	*4*	2	Keine Kennzahlen
Schlagen Verbesserungen vor	4	5	*2*	*4*	*5*	4	Keinerlei Diskussion

Abbildung 6.3: Ein Repertory Grid über Dienstleistungsfirmen

Das Beispiel von Equant zeigt, wie die Repertory-Grid-Technik eingesetzt werden kann, um Möglichkeiten für neue Dienstleistungen zu identifizieren. Die Technik kann aber natürlich auch angewendet werden, um Ideen für industrielle Produkte zu finden. Der Geschäftsbereich Medizintechnik von Hewlett Packard nutzte die Technik in den 1990er Jahren und erarbeitete dabei, dass Produktattribute wie »einfacher Set-up (Verbindung zum Patienten)« und »einfach zu reinigen und zu sterilisieren« wichtige Entscheidungsfaktoren im Bereich der Medizintechnik sind[12]. Bei der weiteren Produktentwicklung wurde ganz speziell auf diese Punkte geachtet.

6.2.2 Entscheidungen bei der Planung eines Repertory Grid

Bei der Planung eines Repertory Grid zur Anwendung in der Marktforschung müssen eine Reihe von Entscheidungen getroffen werden, angefangen damit, wie die Elemente ausgewählt und die Constructs erarbeitet werden. Insgesamt geht es um sechs Entscheidungen:

- die passende Stichprobe der Befragten,
- die Auswahl der Elemente,
- die Präsentation der Elemente,
- die Erarbeitung der Constructs,
- die Anwendung der Bewertungsskala und
- die Durchführung des Interviews.

Die Stichprobe

Normalerweise werden Repertory-Grid-Interviews in der explorativen Forschung angewendet. Das heißt, sie werden eingesetzt, um Constructs zu identifizieren, die wiederum dazu dienen, Ideen für neue Produkte und Dienstleistungen zu bekommen oder aber als Basis für eine Umfrage. Die logische Konsequenz daraus ist, dass die Anzahl der Repertory-Grid-Interviews, die durchgeführt werden, normalweise nicht sehr hoch ist.

Bei der Auswahl einer geeigneten Stichprobe sind verschiedene Aspekte zu berücksichtigen. Zunächst besagt die Personal-Construct-Theorie, dass jede Person ganz persönliche Constructs besitzt. Schon allein deshalb ist es wichtig, mehrere Interviews zu führen, um die gemeinsamen Constructs innerhalb eines gewissen Marktsegments zu erhalten. Erfahrungswerte der Repertory-Grid-Technik haben gezeigt, dass etwa 30 Interviews ausreichen, um alle Constructs einer bestimmten Zielgruppe herauszufinden. Dies wurde beispielsweise in einer Untersuchung gezeigt, die F&E-Ingenieure befragt hatte.[13] Als Teil der Studie wurden jeweils sechs Ingenieure in fünf verschiedenen Firmen befragt. Die 30 Interviews führten insgesamt zu 272 Constructs und ein Vergleich dieser 272 Constructs führte (zuerst) zu 65 unterschiedlich definierten Constructs. Um zu überprüfen, ob die Liste der Constructs tatsächlich vollständig war, wurde anschließend eine Pareto-Analyse durchgeführt. Abbildung 6.4 zeigt, dass 27 unterschiedliche Constructs (entsprechen 54 Prozent der Gesamtsumme von 65) während der ersten fünf Interviews identifiziert wurden, weitere zwölf in der zweiten untersuchten Firma, was einer kumulierten Summe von 72 Prozent der unterschiedlichen Constructs entspricht. Das Diagramm zeigt, dass die 30 Interviews ausreichend waren, um eine umfassende Liste von Constructs zu ermitteln, und man

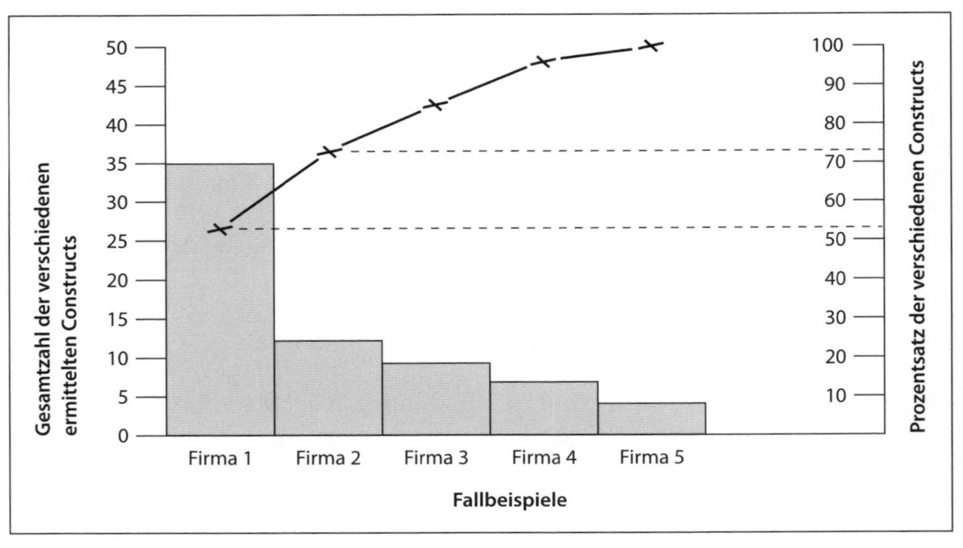

Abbildung 6.4: Pareto-Diagramm der Constructs aus sechs Fallstudien[14]

kann mit großer Sicherheit davon ausgehen, dass weitere Interviews nicht noch zu weiteren bisher unbekannten Constructs geführt hätten.

Es ist also angemessen, zwischen 20 und 30 Repertory-Grid-Interviews innerhalb eines zu untersuchenden Marktsegments zu führen. Die Anwendung eines Pareto-Diagramms ist dabei eine effektive Methode zur Prüfung, ob genügend Interviews geführt wurden. Die Auswahl der Stichprobe ist außerdem eng mit der Auswahl der Elemente verknüpft, die wir nun diskutieren werden.

Die Elemente

Es ist sehr wichtig, dass die Art der ausgewählten Elemente mit den Zielen der Untersuchung übereinstimmt. Abbildung 6.5 zeigt einige Beispiele für Elemente, die in verschiedenen Marktforschungsprojekten genutzt wurden, zusammen mit den Zielen der Studie und der ausgewählten Zielgruppe. Beispiel 1 zeigt etwa, dass eine Versicherungsfirma ein tiefes Verständnis über die Einschätzung der Kunden erhalten hat, nachdem sie Repertory-Grid-Interviews mit Finanzprodukten als Elemente durchgeführt hat. Als Kontrast dazu dient Beispiel 4, wo der Hersteller von Maschinen für die pharmazeutische Industrie ganz bestimmte Teile des Herstellungsprozesses als Elemente benutzt hat, weil die Produktionsmitarbeiter kein Wissen über die gesamte Produktionsanlage vorweisen konnten. Dabei kam interessanterweise heraus, dass diese neuartige Wahl der Elemente zu spezifischen Constructs geführt hat, die wiederum zum Design eines sehr innovativen neuen Produktionssystems geführt hatten.

Die Beispiele in Abbildung 6.5 umfassen nicht nur die produzierende Industrie, sondern auch den Dienstleistungsbereich. Sie zeigen, dass die Auswahl der Ziele, Elemente und Interviewpartner aufeinander abgestimmt werden muss. Wenn man die Art der Elemente auswählt, muss man eine Reihe von Punkten beachten. Elemente müssen grundsätzlich klar definiert und abgrenzbar sein (zum Beispiel Produkte, Menschen oder Ereignisse). Wenn sie nicht klar abgrenzbar und definierbar sind, wird der Unterschied zwischen den einzelnen Triads für den Befragten nicht klar sein, und der Befragte wird zwangsläufig verwirrt. Der Interviewpartner muss mindestens Aussagen zu fünf Elementen treffen können, weil sonst nicht genügend Triads vorliegen. Bei der Auswahl der Triads ist auch ein gewisses Maß an Kreativität notwendig. Wenn z. B. Produkte als Elemente gewählt werden, sollte die Auswahl nicht auf sehr ähnliche Produkte begrenzt sein. Dies wurde zum Beispiel bei Hewlett-Packards (HP) Untersuchung von OP-Geräten gemacht (siehe Beispiel 5 in der Abbildung 6.5), wo nicht nur die OP-Geräte von HP selbst, sondern auch völlig andere medizinische Geräte ausgewählt wurden.

Die Notwendigkeit, eine große Auswahl an Produkten als Elemente auszuwählen, was dadurch bedingt ist, dass genügend Triads gebraucht werden, wirkt sich auch in anderer Hinsicht positiv aus. Denn je unterschiedlicher die Produkte sind, desto interessanter werden die Constructs und desto besser sind die gewonnenen Einblicke für die Firmen. Außerdem spielt bei der Auswahl der Elemente das Thema Einfachheit eine Rolle – klar definierte Elemente unterstützen also die Effektivität der Interviews. Mit Hilfe von Pilotinterviews sollte geprüft werden, ob die ausgewählten Elemente den Interviewpartnern etwas sagen und ob sie für das Ziel der Untersuchung passen. Es ist auch sehr wichtig, sich daran zu erinnern, dass die Befragten zu allen Elementen etwas sagen können, denn sonst ist es ihnen nicht möglich, sinnvolle Vergleiche anzustellen.

In einer der ursprünglichen Anwendungen der Repertory-Grid-Technik im Bereich Psychologie, einem Test namens *Role Construct Repertory Test*, wird der Befragte gebeten, Elemente zu nennen, die verschiedenen spezifischen Rollen entsprechen, beispielsweise »ein Lehrer den sie mochten«, »die intelligenteste Person, die sie kennen«. Die Spezifizierung von Rollen ist ein allgemein üblicher Ansatz in der Psychologie, und auch im Bereich Marktforschung kann er angewendet werden, zum Beispiel »drei Lieferanten, mit denen sie eng zusammenarbeiten« und »drei, mit denen sie nur selten Kontakt haben« (siehe Beispiel 6 in Abbildung 6.5).

In der Regel werden die Elemente von den Interviewpartnern benannt, dann spricht man von sogenannten *Personal Elements*, also persönlichen Elementen. In manchen Interviews werden die Elemente aber auch schon im Vorfeld vom Forscher festgelegt – diese werden *Provided Elements,* also vorgegebene Elemente genannt. Die vorgegebenen Elemente sind in allen Interviews gleich, das erleichtert den anschließenden Vergleich der Repertory Grids. Allerdings müssen sich alle Interviewpartner mit den vorgegebenen Elementen auskennen, was sich als schwierig erweisen kann. In solchen Fällen ist es sinnvoll, die Interviewpartner aus einer Auswahl von vorgegebenen Elementen diejenigen auswählen zu lassen, zu denen sie etwas sagen können. Die Konsequenz davon ist, dass zumindest einige Interviews teilweise auf den gleichen Elementen basieren. In einer Studie im Bereich Tourismus, die im Fallbeispiel 6.1 beschrieben wurde, waren die Länder »Schweiz« und »Österreich« vorgegebene Elemente, wurden dann aber individuell durch weitere Länder ergänzt.

Nr.	Auftraggeber der Untersuchung	Ziel der Untersuchung	Elemente	Zielgruppe (Interviewpartner)	Kommentare
1	Versicherung (VirginMoney)	Verstehen, wie Kunden im mittleren Alter die Versicherungsprodukte wahrnehmen	Auswahl von Finanzprodukten (z. B. Hypotheken, Rentenfonds etc.)	Repräsentative Stichprobe von Kunden und Nicht-Kunden der Versicherung	Gab Einblicke in die Wahrnehmung und Ängste der Kunden bei der Auswahl komplexer Finanzprodukte und lieferte Ideen für innovative Produktlösungen
2	Luftfracht-Dienstleister (Malaysia Airlines)	Festlegung der Faktoren, die die Kundenzufriedenheit bestimmen, sowie Verstehen der Zugeständnisse, die Kunden zwischen Qualität und Preis machen	Luftfracht-Dienstleistungen von verschiedenen Fluglinien	Logistikmanager, die regelmäßig Ware aus Asien einfliegen lassen	Ermöglichte dem Dienstleister zu verstehen, wie Kunden Qualität wahrnehmen und lieferte Faktoren für eine anschließende Conjoint-Analyse (Fallbeispiel 6.2)
3	Kleine Firma, die Hausverschönerungen anbietet (Fascia Mania)	Verstehen von Hausbesitzern und deren Wahrnehmung zum Thema Kauf und Installation von Hausverschönerungen	Verschiedene Arten der Hausverschönerung	Aktuelle und potenzielle Kunden von Fascia Mania	Zeigte, wie Kunden während des Kaufprozesses Unterstützung brauchen. Zeigte, dass die Methode auch kleinen Firmen helfen kann (Fallbeispiel 6.3)
4	Hersteller von Produktionsanlagen für die pharmazeutische Industrie (Bosch Packaging Technology)	Festlegung des Designs von Produktionsanlagen, um die Bedienbarkeit zu optimieren	Einzelne Abschnitte des aktuellen Produktionsprozesses	Produktionsleiter, Ingenieure und Maschinenführer	Offenbarte viele kleine Probleme, die zusammen die Effizienz der Produktion beeinträchtigen. Lieferte Ideen für innovative neue Produkte.
5	Hersteller von medizinischen Geräten (Hewlett-Packard)	Sammeln von Ideen und Trends zu den Anforderungen an die Ausrüstungen in einem OP	Auswahl von medizinischen Geräten, die in OPs genutzt werden (nicht nur HP-Geräte)	Auswahl von medizinischem Personal: Ärzte, OP-Schwestern, Ingenieure	Zeigte, wie wichtig für medizinische Angestellte das Design der Geräte im Hinblick auf Wartung und Training ist.

Nr.	Auftraggeber der Untersuchung	Ziel der Untersuchung	Elemente	Zielgruppe (Interviewpartner)	Kommentare
6	Wissenschaftliche Studie (die sich mit den Herausforderungen von Zulieferern der Automobilindustrie beschäftigt)	Identifikation der Anforderungen von Herstellern an ihre Lieferanten	Automobilzulieferer: drei, mit denen eine enge Geschäftsbeziehung besteht, drei mit einer lockeren Geschäftsbeziehung, und drei mit durchschnittlicher	Einkaufsleiter von produzierenden Firmen	Zeigte, dass die Faktoren, die von den meisten Kunden genannt wurden, nicht unbedingt die wichtigsten sind (siehe Details im Abschnitt Analyse)
7	Hersteller von Hautpflegeprodukten (Beiersdorf)	Festlegung der Kriterien, nach denen Menschen mit Hautproblemen ihre Hautpflegeprodukte auswählen	Hautpflegeprodukte, aber auch andere Hygieneprodukte	Menschen mit Hautproblemen (Ekzemen)	Zeigte, dass Kunden nicht nur ein einziges Produkt benötigen (Fallbeispiel 6.4)

Abbildung 6.5: Beispiel für die Auswahl der Elemente in der Marktforschung (für Dienstleistung und Industrie)[15]

Fallbeispiel 6.2

Qualität der Luftfrachtdienstleistung bei Malaysia Airlines[16]
Welches sind die wichtigsten Faktoren für Firmen, die ihre Produkte regelmäßig von Asien per Luftfracht importieren? Ein Forscher von Malaysia Airlines benutzte die Luftfrachtdienstleistungen als Elemente für Interviews mit 19 Logistikmanagern. Insgesamt wurden 44 verschiedene Constructs in Bezug auf die Servicequalität herausgearbeitet, und die wichtigsten wurden identifiziert. Das Interessante dabei war, dass die Repertory-Grid-Methode mit einer Conjoint-(Trade-off)-Analyse kombiniert wurde. Nachdem die wichtigsten Constructs identifiziert waren, wurden einige davon benutzt, um die Zugeständnisse zwischen Preis und Qualität näher zu untersuchen, wenn die Auswahl mehrerer Airlines zur Verfügung stand. Das ist ein klassisches Beispiel dafür, wie die Kombination von mehreren Methoden zu verlässlicheren Ergebnissen führt. Malaysia Airlines hat zunächst die wichtigsten Faktoren ihrer Kunden herausgefiltert, und dann erst die Abwägungen zwischen Preis und Qualität bei genau diesen Faktoren untersucht. Viele andere Firmen legen die Faktoren selbst fest, von denen sie denken, sie seien wichtig für die Kunden, und benützen diese dann in der Conjoint-Analyse. Eine solche Vorgehensweise schränkt die Verlässlichkeit der Ergebnisse aber sehr stark ein.

Die Präsentation der Elemente

Um bedeutende Constructs herauszuarbeiten, muss der Forscher überlegen, wie die Elemente dem Befragten vorgelegt werden sollen. Es besteht die Möglichkeit, einen PC zur Durchführung des Repertory-Grid-Interviews zu nutzen, das werden wir im Abschnitt Administration nochmals ansprechen. Normalerweise jedoch wird jedes Element auf eine Karte geschrieben, und die verschiedenen Triads werden dem Befragten manuell und persönlich im Rahmen eines Interviews präsentiert.

Die Anzahl der verfügbaren verschiedenen Triads hängt von der Anzahl der verwendeten Elemente ab (siehe Abbildung 6.6). Falls der Interviewpartner also nur drei Elemente nennen kann, kann logischerweise nur ein Triad definiert werden und ein wiederholtes Herausarbeiten von Constructs ist nicht möglich. Deshalb sind fünf oder mehr Elemente nötig, um eine ausreichende Anzahl von Triads zu gewährleisten.

Anzahl der Elemente	**Anzahl möglicher Triads**
1	0
2	0
3	1
4	4
5	10
6	20
7	35
8	56
9	84
10	120

Abbildung 6.6: Anzahl möglicher Triads für eine bestimmte Zahl von Elementen[17]

Die Kombination der Elemente in jedem Triad ist wichtig. Wenn die darauf folgenden Triads zu ähnlich sind, ist es schwerer, neue Constructs herauszuarbeiten. Deshalb ist im Repertory Grid, der in Abbildung 6.3 gezeigt wird, bei jedem neuen Triad darauf geachtet worden, dass jedes mindestens zwei neue Karten hat (und die ersten beiden Triads sind vollkommen unterschiedlich, d. h. keine Karte wiederholt sich). Wissenschaftliche Untersuchungen haben sogar ergeben, dass die Constructs weniger bedeutend und hilfreich ausfallen, wenn bei jedem Triad nur eine Karte ausgetauscht wird.[18] Deshalb ist es ratsam, mindestens zwei Karten zwischen den einzelnen Triads auszutauschen. Abbildung 6.6 zeigt deutlich, dass bei genügend Elementen auch viele mögliche Triads zur Verfügung stehen. Allerdings ist es in einem Interview von 45–50 Minuten in der Regel nicht möglich, mehr als 10–15 verschiedene Triads zu präsentieren.

Normalerweise werden Triads in Dreiergruppen präsentiert. Es gibt aber auch die dyad-Methode, bei der nur zwei Elemente genutzt werden. Diese Vorgehensweise ist besonders effektiv, wenn man Repertory-Grid-Interviews mit Kindern durchführt.[19] Es ist auch sinnvoll, wenn man z. B. die Geschäftsbeziehungen von Firmen untersuchen will, also etwa »Firma X im Vergleich zu Firma Y«, oder »Firma X im Vergleich zu Firma Z« und so weiter.

Normalerweise werden die Elemente auf Karten geschrieben, aber falls vorgegebene Elemente genutzt werden (die also im Vorfeld bekannt sind) können auch Fotos angewendet werden.[20] Visuelle Stimuli können sinnvoll sein, wenn verschiedene Produkte verglichen werden, und bei einfachen Produkten ist es sogar möglich, die eigentlichen Produkte anstelle von Karten zu benutzen. Eine Marktforschungsstudie zum Thema »idealer Käse« hat zum Beispiel die Befragten aufgefordert, die Triads von unterschiedlichem Käse zu probieren![21]

Die Erarbeitung der Constructs

Ein wichtiger Bestandteil bei der Erarbeitung der Constructs ist die zentrale Frage, die dem Interviewpartner mit jedem neuen Triad gestellt wird. Die allgemeine Form dieser Frage aus Kellys Grundlagenarbeit lautet: »Wo liegen die Gemeinsamkeiten der beiden und gleichzeitig die Unterschiede beider zum dritten?« Diese Frage muss allerdings an die jeweilige Untersuchung angepasst werden, und zwar unbedingt ohne eine Art von Beeinflussung. Beispielweise sollten Einschätzungen wie »Wie sind zwei davon besser als das dritte?« unbedingt vermieden werden.

Die eingesetzte Frage muss auf alle Fälle in einem Pilotlauf getestet werden. Die Formulierung ist eine Gratwanderung zwischen dem »an die Hand nehmen der Befragten«, um hilfreiche Constructs zu generieren, und dem Fehler, Dinge zu sehr zu beeinflussen. Nehmen wir ein Beispiel aus einer Konsumentenforschung über die Leistungsmerkmale von Pkw. Die Befragten bekommen vorbestimmte Triads (verschiedene Pkw-Modelle mit Namen und Fotos) und die Frage, die mit jedem Triad gestellt wird, lautet »Welches sind die Gemeinsamkeiten zweier Pkw-Modelle und deren Unterschiede zum dritten hinsichtlich der Leistung?« Diese Fragestellung lenkt den Befragten ganz klar auf die Leistungsmerkmale und nicht auf triviale Antworten wie »zwei davon sind blau und eines rot«. Allerdings ist die Anwendung eines solchen Satzes mit »in Bezug auf ...« mit Vorsicht zu betrachten, weil damit wichtige Constructs von vornherein ausgeblendet werden können.

Das Thema von unterwarteten oder trivialen Antworten ist eine besondere Herausforderung bei Repertory-Grid-Interviews. Sollte man als Forscher ein Construct ablehnen, das genannt wird? Hier ist Vorsicht geboten, denn ein Construct, das zunächst unwichtig erscheint, kann nach genauerem Hinterfragen durchaus an Bedeutung gewinnen. Generell sollten also keine Constructs abgelehnt werden, es sei denn, dass es von vornherein klar ist, dass sich das Construct total außerhalb des Themas der Untersuchung befindet. Wichtig ist, dass die Forscher ihre Fähigkeiten, Interviews zu führen, regelmäßig üben, um durch das Hinterfragen der Constructs schnell die Bedeutung derselben einschätzen zu können.

Grundsätzlich gibt es zwei Arten von Constructs: persönliche (*Personal Constructs*) und vorgegebene (*Provided Constructs*). Der häufigste Ansatz in der explorativen Forschung ist, persönliche Constructs zu erarbeiten. Das heißt, der Befragte erläutert seine Constructs auf Basis eines Triads, ohne dass der Forscher irgendwelche Vorschläge macht. Quer über eine Gruppe von Befragten zu einem speziellen Thema wird es immer gemeinsame Constructs geben. Wenn man diese gemeinsamen Constructs zusammenfügt und gruppiert, muss man sehr sorgfältig vorgehen. Die Befragten benutzen oft ähnliche Begriffe, um ganz unterschiedliche Aspekte zu beschreiben, aber wir kommen auf diesen Punkt zurück, wenn wir die Analyse von verschiedenen Repertory Grids erläutern.

Vorgegebene Constructs sind, wie der Name schon sagt, vom Forscher vorselektiert worden. Dann wird der Befragte nur noch gebeten, die Rangordnung der Elemente mit den vorgegebenen Constructs einzustufen. Wissenschaftliche Untersuchungen haben ergeben, dass die Befragten ihre Gedanken viel besser ausdrücken, wenn sie eigene Constructs erarbeiten und äußern können. In der Marktforschung kann man aber auch im ersten Teil des Interviews persönliche Constructs erarbeiten und danach noch einige vorgegebene Constructs bewerten lassen[22]. Solch ein vorgegebenes Construct könnte zum Beispiel das Thema »Preis-Leistungsverhältnis« sein, wenn der Forscher Informationen über die Wahrnehmung zu diesem Thema sucht, und nicht nur zu den Themen, die die Interviewpartner selbst generieren.

Für Marktforscher, die ihr erstes Repertory-Grid-Interview entwerfen, ist es unabdingbar, die Erarbeitung der Constructs zu üben, zum Beispiel mit Hilfe von Pilotinterviews bei Kollegen, Freunden oder in der Familie.

Fallbeispiel 6.3

Fascia Mania – Wie ticken Hausbesitzer?[23]

Fascia Mania ist eine kleine Firma mit Sitz in Birmingham, UK, die Hausverschönerungen anbietet. Die Firma wurde von den Brüdern Andy und Clyde Scothern gegründet, und beschäftigt ca. 30 Angestellte, die Hausverschönerungen vermarkten, verkaufen und installieren. Die Hauptprodukte sind Fassadenverkleidungen und Dachblenden – das sind die Holzbretter, an denen das Ende der Wände die Unterseite des Hausdachs trifft. Normalerweise müssen Dachblenden regelmäßig gewartet, gereinigt und gestrichen werden. Ersatzteile sehen aber sehr viel hübscher aus, und sind fast wartungsfrei, da sie aus hochwertigem, weißen Plastik sind.

Viele Firmen, die in Großbritannien Produkte zur Hausverschönerung verkaufen, haben einen schlechten Ruf, und viele Kunden nennen sie deshalb »Cowboyfirmen«. Ganz besonders jene Firmen, die an der Haustür Isolierverglasungen für Fenster verkaufen. Fascia Mania wollte, dass ihre Dienstleistung als sehr zuverlässig wahrgenommen wird. Deshalb engagierten sie einen Marktforscher, um Repertory Grids in Kombination mit Kontextinterviews durchzuführen.

Als Elemente für das Repertory Grid wurden verschiedene Arten der Hausverschönerung ausgewählt. Die Constructs, die herausgearbeitet wurden, gaben Fascia Mania sehr wichtige neue Erkenntnisse. Sie zeigten, dass der Ersatz der Dachblenden als der letzte, wichtige Schritt wahrgenommen wird, um das Heim »perfekt« zu machen. Daraus wurden weitreichende Schlüsse gezogen. Die Verkaufsteams sollten vor allem Kunden ansprechen, die bereits die Fenster erneuert hatten, eine neue Küche besaßen und so weiter. Außerdem führte das schlechte Serviceimage von vielen Renovierungsfirmen dazu, dass Fascia Mania besondere Sorgfalt darauf verwendete, die Kunden zufriedenzustellen, zugesagte Liefertermine einzuhalten, usw. Insgesamt zeigt diese Fallstudie, dass die Repertory-Grid-Technik sehr wichtige Erkenntnisse für die Vertriebsstrategie, aber auch für die Anforderungen an Produkte und Dienstleistungen liefern kann.

Die Anwendung der Bewertungsskala

Im Beispiel des Repertory Grid von Equant (siehe Fallbeispiel 1.3), wurde jedes Element auf einer 5-Punkte-Skala bewertet. Andere Möglichkeiten sind die Anwendung von anderen Rankingsystemen oder die Nutzung eines breiteren Bewertungsschemas.

Obwohl die Einstufung bzw. das Ranking eine einfache Methode ist, um festzuhalten, wie die Interviewpartner die Elemente wahrnehmen, ist es eine vereinfachte Messmethode und erlaubt deshalb noch keine einfache statistische Analyse. Denn der Unterschied zwischen den einzelnen Elementen könnte immer verschieden groß sein. Die Konsequenz daraus ist, dass die Bewertung nur eingeschränkten Nutzen hat und normalerweise nicht für die Repertory-Grid-Technik anwendbar ist. Außerdem wurde bereits beobachtet, dass die Einstufung der Elemente für die Befragten ein sehr langweiliger Vorgang sein kann.[24]

In den meisten Fällen ist eine 5-Punkte-Skala angebracht, obwohl hoch entwickelte Interviews auch mit komplizierteren Bewertungsskalen auskommen können. In einer Konsumentenforschung wurde zum Beispiel eine 11-Punkte-Skala angewendet, um größere Differenzierungen ausdrücken zu können.[25] An dieser Stelle ist es wichtig zu betonen, dass je mehr Punkte auf der Skala sind, desto mehr Zeit für die Einstufung der Elemente gebraucht wird, und genau das kann für die Befragten sehr unangenehm werden. Es sollte eine Skala verwendet werden, mit der der Interviewpartner sinnvolle Bewertungen vornehmen kann.

Ein wichtiges Thema ist auch die *Range of Convenience*, also der Grad der Zweckmäßigkeit eines Constructs. Jedes Construct hat eine eingeschränkte Anwendbarkeit, und es kann vorkommen, dass ein Interviewpartner einige Elemente nicht anhand eines bestimmten Constructs bewerten kann. In diesen Fällen sollten die Forscher ein »N/A« für »*not applicable*« oder »*nicht anwendbar*« in das Repertory Grid eintragen

Die Durchführung der Interviews

Obwohl die Repertory-Grid-Interviews an sich flexibel gestaltet werden können, besteht jedes Interview aus:

- der Festlegung der Elemente,
- der Erarbeitung und dem Verstehen von jedem einzelnen Construct,
- der Bewertung der Elemente in Bezug auf jedes Construct sowie
- dem Beenden des Interviews.

Die grundsätzliche Entscheidung besteht darin, ob das Interview manuell oder mit einem Computerprogramm durchgeführt wird, das die Interviews automatisch führt (quasi als »Dialog« zwischen dem Befragten und dem Computer). Ein Interview unter vier Augen hat große Vorteile, weil der Forscher zusätzliche Fragen stellen kann, mit denen er Constructs besser verstehen und differenzieren kann. Manuelle Interviews sind also wahrscheinlich die bessere Wahl. Allerdings, vor allem wenn eine größer angelegte Umfrage in Form von Repertory-Grid-Interviews geplant ist, kann die PC-Unterstützung die einzige praktikable Lösung sein.

Bei der Durchführung der Interviews muss der Forscher drei Aufgaben gleichzeitig erfüllen: Das Erarbeiten und Verstehen von sinnvollen Constructs, die Erarbeitung eines umfassenden Grids und das Erhalten der Aufmerksamkeit des Befragten. Um diese Aufgaben parallel professionell durchzuführen, bedarf es einiger Übung. Die Interviewpartner werden nicht sehr viel Geduld mit einem Forscher haben, der viel Zeit benötigt, um die Triads auszuwählen (zum Beispiel durch das Sortieren der Karten) oder wenn er oder sie keine sinnvollen Fragen stellt, um die Bedeutung der Constructs genauer zu klären. Es gibt drei wichtige Handwerkszeuge, die für Interviews benötigt werden

- die Karten,
- ein Interview-Skript und
- ein vorbereitetes Blanko-Grid (siehe Anhang 3 u. 4).

In Abbildung 6.6 wird gezeigt, dass mit zehn Elementen, 120 verschiedene Kombinationen von Triads möglich sind. Allerdings sind viele dieser Triads ähnlich, und es sollten deshalb die ausgewählt werden, die am unterschiedlichsten sind. Der Interviewpartner wird in der Regel nach 45–50 Minuten müde, und in dieser Zeit werden erfahrungsgemäß zwischen 8 und 12 Constructs erarbeitet. In der Marktforschung, bei der der Befragte normalerweise ein Freiwilliger ist, sollte man deshalb vor Beginn des Interviews eine Dauer von etwa einer Stunde vereinbaren. Das Repertory Grid an sich sollte aber nur 45 Minuten dauern, damit die verbleibenden 10–15 Minuten dafür genutzt werden können, zusätzliche Fragen zu stellen und dem Interviewpartner eine Rückmeldung zur Untersuchung an sich und seinem persönlichen Grid zu geben.

Fallbeispiel 6.4

Beiersdorf Hautpflege – Wahrnehmung von Eucerin[26]

Die Beiersdorf AG ist eine bekannte deutsche Firma mit einer langen erfolgreichen Geschichte für Produktinnovationen. Die Firma wurde 1882 in Hamburg gegründet und stellt ein breites Produktsortiment her, unter anderem unter der bekannten Marke *Nivea*. Das vorhandene Know-how auf dem Gebiet der Hautpflegeprodukte ist sehr hoch. Ein Schwerpunkt des Unternehmens liegt auf »Innovationen durch die Entwicklung von Produkten mit Ideen, die unseren Kunden bessere Antworten auf vorhandene Probleme und neue Antworten auf neue Probleme geben«[27].

Eucerin wurde entwickelt, um trockene Haut und Ekzeme zu behandeln. Das Produkt hatte in den Tests hervorragend abgeschnitten, besonders bei Verbrauchern mit anhaltenden und irritierenden Hautproblemen. Der Hauptgrund für die erfolgreiche Wirkung des Produkts war der Bestandteil an Urea. Allerdings wurde Urea oft bewusst oder unbewusst mit Urin in Verbindung gebracht. Deshalb war es schwierig, das Produkt mit diesem Argument zu vermarkten. Eucerin wurde zwar von einigen Kunden in Großbritannien gut aufgenommen, aber es schaffte nicht wirklich einen echten Durchbruch im Massenmarkt. Deshalb entschied sich der Produktmanager dafür, Untersuchungen zu den Kunden-Wahrnehmungen in Auftrag zu geben.

Mit den Teilnehmern der Fokusgruppen, die aus Mitgliedern von Selbsthilfegruppen rekrutiert wurden, sind Repertory-Grid-Interviews geführt worden. Es wurden vorbestimmte Elemente genutzt, nämlich eine Reihe von Produkten der direkten Konkurrenz von Eucerin, aber auch andere verwandte Kosmetikprodukte, die nicht verschreibungspflichtig sind. Nach den Repertory-Grid-Interviews wurde in Fokusgruppen überprüft, wie die Menschen mit Hautleiden die verschiedenen Marken in Bezug auf verschiedene Kriterien einschätzten.

Das Ergebnis der Studie war eine hohe Anzahl von identifizierten Constructs. Interessanterweise standen die produktbasierten Kriterien (wie etwa Wirkungsweise und Zusammensetzung), von denen das Produktmanagement dachte, es wären die wichtigsten Kriterien, nicht im Vordergrund. Die wichtigsten Faktoren für die Verbraucher waren stattdessen der Aspekt »klinisch« (ob ein Produkt als Kosmetik oder Medizin wahrgenommen wird), »irritierend« (die Wahrscheinlichkeit, dass Hautreaktionen auftreten können) und »Vertrauen« (die Wahrnehmung, dass das Produkt wirklich effizient ist und nicht nur ein Jahrmarktzauber).

Ein Ergebnis der Studie war die Verbesserung des Marketings der Eucerin-Produktlinie. Das Produkt wurde als »hochwertige« Anwendung in Bezug auf Effizienz und medizinischem Effekt positioniert. Der Bestandteil Urea wurde betont, weil man herausgefunden hatte, dass dies keinerlei negativen Effekt hat (weil Menschen mit Hautproblemen wissen dass z. B. Urin von Tieren ein ganz normales Mittel gegen Hautprobleme in Afrika ist).

Innerhalb von zwölf Monaten nach Änderung der Positionierung, hatte Eucerin rekordverdächtige Verkaufszahlen und verdoppelte seinen Marktanteil. Die Produktlinie wurde erweitert und beinhaltet inzwischen auch eine Gesichtscreme etc. Dieses Beispiel zeigt, dass es genauso wichtig ist, innovative Ansätze in der Marktforschung anzuwenden, um die Positionierung des Produkts zu verbessern, anstatt immer nur an den Produkteigenschaften zu drehen.

6.3 Analyse der Ergebnisse

Marktforscher sollten beachten, dass die Analyse von Repertory Grids immer sowohl *qualitative* Daten (von den Interviewprotokollen) als auch *quantitative* Daten (statistische Analyse der Einstufungen bzw. Bewertungen) beinhaltet. Die Datenanalyse sollte immer sehr sorgfältig geplant und vorbereitet werden. Die Planung sollte unbedingt vor den Interviews erfolgen, weil es sehr riskant ist, Daten in einem Grid zu sammeln, bevor man definiert hat, wie diese Daten analysiert werden sollen.

6.3.1 Das Beispiel Lieferantenleistungen

Wir haben bisher das Beispiel Equant benutzt, um viele Aspekte von Repertory Grids darzustellen. Jetzt werden wir ein anderes Beispiel anwenden, dass auf Forschungsergebnissen beruht, die die Beziehung zwischen Herstellern der Automobilbranche und ihren Lieferanten untersucht hat. Produzierende Unternehmen der Automobilbranche sind sehr anspruchsvoll, und genau deshalb müssen die Lieferanten genau verstehen, was von ihnen erwartet wird. Für eine Studie zu den Anforderungen solcher Hersteller wurden mit 39 Managern aus Automobilfirmen Repertory-Grid-Interviews geführt[28]. Dabei hat sich gezeigt, dass die Repertory-Grid-Technik tiefer geht als direkte Befragungen. Sie half den Lieferanten nämlich, die Dienstleistungsbereiche zu identifizieren, die noch verbessert werden sollten. Wie wir in den nächsten Abschnitten sehen werden, gibt ein einzelner Grid Einblick, wie ein Individuum denkt. Die Analyse einer ganzen Serie von Grids dagegen ermöglicht, die Schlüsselkriterien für ein ganzes Marktsegment zu identifizieren.

6.3.2 Analyse eines einzelnen Grids

Abbildung 6.7 zeigt beispielhaft einen Grid aus einem der 39 Interviews. Er enthält die Zusammenfassung der Wahrnehmungen eines Managers im Einkauf, der als Befragter 5/9_5 bezeichnet wurde. Dabei wurden neun persönliche Elemente genutzt, denn der Manager wurde aufgefordert drei Lieferanten zu nennen, mit denen seine Firma eine »enge« Geschäftsbeziehung führt, drei mit denen nur ein »loser« Kontakt besteht und drei mit denen ein »durchschnittlicher« Kontakt besteht. Diese neun Elemente sind quer über den Grid in der ersten Zeile zu sehen (Lieferanten 1 bis 9). Während des Interviews wurden zwölf Constructs identifiziert, darunter zum Beispiel »aktive Pflege der Beziehung« (mit einem Pol »keine Beziehungspflege«) und »zusätzliche Dienstleistungen«. Eine 5-Punkte-Skala wurde genutzt und das Grid enthält die Bewertungen von jedem Element aller identifizierten Constructs. Eine visuelle Überprüfung von Abbildung 6.7 zeigt, dass die Bewertungen bei manchen Constructs weiter auseinanderliegen als bei anderen. Zum Beispiel geht die Bewertung von »aktive Beziehungspflege« von »1« bis »5«, wobei beim Thema »Preis« die Bewertung nur von »1« bis »3« geht. Manche Elemente sind bei fast allen Constructs sehr hoch eingestuft. Lieferant 8, zum Beispiel, hat mit Ausnahme von einer Bewertung, überall eine Einstufung mit »1« bekommen.

	CONSTRUCTS (ATTRIBUTE DER LIEFERANTEN)	Lieferant 1	Lieferant 2	Lieferant 3	Lieferant 4	Lieferant 5	Lieferant 6	Lieferant 7	Lieferant 8	Lieferant 9	CONSTRUCT POLES
1	Aktive Beziehungspflege	*1*	*5*	*5*	3	1	3	5	1	3	Keine Beziehungs-pflege
2	Engagiert	1	5	5	*2*	*1*	*2*	3	1	3	Nicht engagiert
3	Zusätzliche Dienstleis-tungen	1	5	5	3	1	3	*5*	*1*	*3*	Keine zusätzlichen Dienstleistungen
4	Als A-Kunde bewertet	*3*	*5*	5	3	1	2	2	1	*4*	Als C-Kunde bewertet
5	Hoher Umsatz	1	5	*5*	*2*	1	2	1	*1*	1	Niedriger Umsatz
6	Fähigkeit für Produktent-wicklung	3	5	5	3	*1*	*2*	*5*	1	3	Keine Fähigkeit zur Produkt-entwicklung
7	Niedriges Preisniveau	*1*	3	*1*	1	*3*	1	3	1	3	Hohes Preisniveau
8	Kleine Familienfirma	5	*5*	5	*3*	1	*5*	1	1	3	Großes Unternehmen
9	Spezielle einzigartige Produkte	5	5	*5*	5	*5*	5	*5*	1	3	Keine speziellen Produkte
10	Persönliche Beziehung	3	5	5	*1*	1	*3*	3	*1*	3	Reine Geschäfts-beziehung
11	Ernsthaft und verlässlich	1	*5*	*3*	3	*1*	2	2	1	3	Fragwürdig
12	Vom Lieferanten abhängig	4	2	1	*3*	*4*	1	*3*	5	5	Unabhängig vom Lieferanten

Abbildung 6.7: Repertory Grid der Wahrnehmungen eines Einkaufsmanagers im Bereich Automobilzubehör (Interview 5/9_5)

Sobald die erste grobe visuelle Prüfung des Grids abgeschlossen ist, werden die Daten aus dem Repertory Grid normalerweise in eine spezielle Softwareanwendung eingegeben. Diese Software bietet zahlreiche Möglichkeiten, und man sollte sich mit diesen unbedingt schon beschäftigen, bevor man mit der Datensammlung bzw. den Repertory-Grid-Interviews beginnt. Es würde den Rahmen dieses Kapitels sprengen, um jedes der verfügbaren Software-Pakete im Detail zu bewerten, aber die Anbieter von *Idiogrid*[29] und *WebgridIII*[30] bieten eine adäquate Analysemöglichkeit an. Die PC-Analyse bietet folgende Vorteile:

- statistische Kennzahlen für die Elemente,
- statistische Kennzahlen für die Constructs, inklusive der Abhängigkeiten (Inter-Korrelationen),
- Eine *Cognitive Map* – also eine diagrammartige Darstellung der Wahrnehmungen eines Interviewpartners.

Statistiken für die Elemente

In Abbildung 6.8 sind die Statistiken für die Elemente dargestellt. Darin sieht man beispielweise, dass die beste Bewertung von Lieferant 8 eine »1« war, die niedrigste eine »5«, und der Durchschnitt »1,33«. Die Elemente, die bei manchen Constructs eine sehr gute Bewertung, bei anderen aber eine schlechte haben, können anhand einer hohen Standardabweichung identifiziert werden. Die Bewertungen von Lieferant 1 sind relativ breit gestreut, was zu einem Wert für die Standardabweichung von 1,62 führt. Der Lieferant mit der schlechtesten durchschnittlichen Bewertung ist Lieferant 2, dieser hat eine Standardabweichung von 0,99.

Mit Statistiken dieser Elemente können wir verstehen, wie jeder Lieferant wahrgenommen wird. Sie können beispielsweise Einblicke liefern, wie Wettbewerber eingeschätzt werden, und somit auch Ideen für Marketingstrategien geben.

Elements	Beste Bewertung des Elements	Durchschnittliche Bewertung des Elements	Schlechteste Bewertung des Elements	Reichweite der Bewertungen
	Minimum	**Durchschnitt**	**Maximum**	**Standard-Abweichung**
1. Lieferant 1	1	2,42	5	1,62
2. Lieferant 2	2	4,58	5	0,99
3. Lieferant 3	1	4,16	5	1,59
4. Lieferant 4	1	2,66	5	1,07
5. Lieferant 5	1	1,75	5	1,42
6. Lieferant 6	1	2,58	5	1,31
7. Lieferant 7	1	3,17	5	1,53
8. Lieferant 8	1	1,33	5	1,15
9. Lieferant 9	1	3,08	5	0,90

Abbildung 6.8: Beschreibende Statistiken für die Elemente eines Einkaufsmanagers

Statistiken für die Constructs

In Abbildung 6.9 sind die beschreibenden Statistiken für die Constructs eines Einkaufsmanagers dargestellt. Es wird deutlich, dass die Elemente in Bezug auf das Construct »aktive Beziehungspflege« von »1« bis »5« mit einem Mittel von 3,00 bewertet wurde. Die Spreizung der Bewertungen in Bezug auf jedes einzelne Construct variiert, und das Construct »Preisniveau« hat zum Beispiel eine sehr geringe Spreizung. Ein ganz wichtiger Aspekt ist die Variabilität eines jeden Constructs innerhalb eines Grid. Die Zahl der Variabilität ist der Prozentsatz der gesamten Spreizung der Bewertungen innerhalb eines Grids in Bezug auf ein Construct. Die Variabilität ist ein Indikator für die wichtigsten Constructs eines Befragten, weil es diejenigen Constructs verdeutlicht, bei denen die Bewertung zwischen den Elementen am unterschiedlichsten ist[31]. Das Construct Nummer 8 hat die höchste Variabilität von allen, mit einem Wert von 11,69 Prozent.

Eine niedrige Variabilität mit einer hohen durchschnittlichen Bewertung deutet auf ein Construct hin, bei dem alle Produkte hoch bewertet sind. Ein solches Construct ist aber nicht automatisch das wichtigste. Ein Beispiel hierfür ist Construct 7 (»Preis«), mit 3,77 Prozent Variabilität und einer durchschnittlichen Bewertung von 1,89.

Ganz besonders wichtig sind Constructs, die sowohl eine niedrige Variabilität als auch eine niedrige durchschnittliche Bewertung haben – dies können versteckte oder gerade erst bedeutend werdende Themen beinhalten. »Spezielle Produkte« beispielsweise sind wichtig für den Befragten, werden aber nur von wenigen Firmen angeboten (die durchschnittliche Bewertung liegt bei 4,33, die Variabilität ist 6,79 Prozent und nur die Lieferanten 8 und 9 liefern einen guten Service, mit Bewertungen von »1« bzw. »3«).

	Beste Bewertung	**Durchschnittliche Bewertung**	**Schlechteste Bewertung**	**Spreizung der Bewertung**
Constructs	**Min.**	**Durchschnitt**	**Max.**	**Variabilität (%)**
1. Aktive Beziehungspflege	1	3,00	5	10,18
2. Engagiert	1	2,56	5	8,58
3. Zusätzliche Dienstleistungen	1	3,00	5	10,18
4. Bewertet als A-Kunde	1	2,89	5	8,01
5. Hoher Umsatz	1	2,11	5	9,71
6. Fähigkeit zur Produktentwicklung	1	3,11	5	8,86
7. Preisniveau	1	1,89	3	3,77
8. Kleine Familienfirma	1	3,22	5	11,69
9. Spezielle Produkte	1	4,33	5	6,79
10. Persönliche Beziehung	1	2,78	5	8,29
11. Ernsthaft und verlässlich	1	2,33	5	5,94
12. Abhängig vom Lieferanten	1	3,11	5	8,01

Abbildung 6.9: Beschreibende Statistiken für die Constructs

Zusätzlich zu den Statistiken für die individuellen Constructs, rechnen die Softwareanwendungen auch die Korrelationen zwischen den verschiedenen Constructs aus und zeigen, welche gegebenenfalls in Beziehung zueinander stehen. In Abbildung 6.10 wird gezeigt, dass Construct 1 (»aktive Beziehungspflege«) und Construct

	Construct Nummer											
Constructs	**1**	**2**	**3**	**4**	**5**	**6**	**7**	**8**	**9**	**10**	**11**	**12**
1. Aktive Beziehungspflege	1,00											
2. Engagiert	**0,91**	1,00										
3. Zusätzliche Dienstleistungen	**1,00**	0,91	1,00									
4. Bewertet als A-Kunde	0,66	0,85	0,66	1,00								
5. Hoher Umsatz	0,68	0,86	0,68	0,77	1,00							
6. Fähigkeit zur Produktentwickl.	**0,89**	0,85	**0,89**	0,76	0,64	1,00						
7. Preisniveau	0,27	0,27	0,27	0,07	–,06	0,23	1,00					
8. Kleine Familienfirma	0,31	0,46	0,31	0,71	0,63	0,41	–,37	1,00				
9. Spezielle Produkte	0,41	0,30	0,41	0,31	0,35	0,47	0,11	0,44	1,00			
10. Persönliche Beziehung	0,74	0,86	0,74	0,82	0,77	0,80	0,13	0,71	0,38	1,00		
11. Ernsthaft und verlässlich	0,76	0,85	0,76	0,82	0,76	0,68	0,30	0,48	0,27	0,64	1,00	
12. Abhängig vom Lieferanten	–,66	–,59	–,66	–,42	–,73	–,51	0,24	–,62	–,65	–,61	–,45	1,00

Abbildung 6.10: Die Beziehungen innerhalb der Constructs

3 (»zusätzliche Dienstleistungen«) perfekt miteinander korrelieren (1,00 in fett und unterstrichen dargestellt in der Abbildung). Die anderen miteinander korrelierenden Constructs sind 1 und 2 (0,91 Korrelation); 1 und 6 (eine Korrelation von 0,89); 2 und 3 (korrelieren mit 0,91); und 3 und 6 (0,89). Natürlich beweist eine Korrelation noch keinen ursächlichen Zusammenhang, aber die Korrelationen können Marktforschern dabei helfen, wichtige Verbindungen innerhalb der Daten zu bemerken.

Die Cognitive Map

Hierbei handelt es sich um eine zweidimensionale Darstellung eines Befragten, wobei die Wahrnehmungen eines Elements in Beziehung zu einem Construct gestellt werden. Sofern sich Marktforscher bewusst sind, dass diese Darstellung auch Einschränkungen unterliegt, ist es eine nützliche Form, Daten basierend auf der sogenannten *Principle-Components-Analyse* (PCA) zusammenzufassen. PCA deckt die stärksten Beziehungen innerhalb der Daten auf und extrahiert zwei Dimensionen: *Komponente 1* und *Komponente 2*. Beide Komponenten sind mathematische Kombinationen der Constructs, die so ausgewählt sind, dass diese zwei Dimensionen so viel wie möglich über die Variationen in den Daten aussagen. Ein Grid mit vielen Constructs zu nehmen und diese dann in zwei Dimensionen zu »zwängen« ist allerdings ein Kompromiss.

Abbildung 6.11 zeigt die Cognitive Map für den Einkaufsmanager und fasst die Daten des Grid (Abbildung 6.7) zusammen. Der Kreis definiert den *Component Space* – das heißt den Rahmen der Wahrnehmungen des Befragten. Man sieht deutlich, dass die Constructs rund um den Kreis dargestellt und mehrere eng mit der Komponente 1 verbunden sind. Zum Beispiel »fragwürdig« (der Pol von »engagiert«),

Fallbeispiel 6.5

Italienischer Wein – das Design der Verpackung[32]

Winzer wissen, dass Konsumenten bei der Kaufentscheidung oft auf die Flasche und Verpackung achten, um die Qualität des Weines einzuschätzen. Um dieses Phänomen besser zu verstehen, beauftragte ein italienisches Weingut die Universität von Florenz mit einer entsprechenden Forschungsstudie. Insgesamt wurden 30 Interviews geführt, halb mit Frauen, halb mit Männern, und mit einer Stichprobe quer über alle Altersgruppen und mit einer verschieden starken Ausprägung für Interesse an Wein. Die Interviews beinhalteten sowohl ein Repertory Grid als auch semi-strukturierte Diskussionen. Die Elemente des Repertory Grid waren verschiedene Weine, die den Befragten in Form von Triads bestehend aus drei Flaschen (vorbestimmte Elemente) präsentiert wurden.

Die Ergebnisse wurden analysiert, um die Schlüsselfaktoren in den verschiedenen Grids zu identifizieren. Das war in diesem Fall einfach, weil die Befragten alle mit den gleichen (vorbestimmten Elementen) konfrontiert wurden. Es stellte sich heraus, dass die Wahrnehmungen der Kunden hauptsächlich um zwei Themen kreisten: die Farbe und Form der Flasche und die »Aufmachung« (also das Design des Etiketts und der Kapsel). Interessanterweise wendeten die Verbraucher diese beiden Faktoren bei der Qualität von Weiß- und Roséweinen unterschiedlich an. Ein besseres Verständnis über die Wahrnehmung der Flaschen wurde erzielt, als die Interviewpartner Begriffe wie »Flaschen wie traditionell aus dem Bordeaux« oder »hell gefärbtes Glas« versus »innovative Flasche« und »dunkel gefärbtes Glas« anwendeten. Sie sprachen auch von »traditionellen« versus »kleinen und auffällig bunten« Etiketten, und Kapseln mit einem geprägten Firmensymbol oder Logo wurden als qualitativ höhere Weine eingestuft als solche ohne Prägung oder Logo.

Bei einem Produkt wie Wein muss sich ein Verbraucher ohne spezielles Wissen im Zweifel auf die Produktverpackung verlassen. Deshalb haben Weingüter, die aufgrund von Repertory Grids ein besseres Verständnis über die Wahrnehmung der Kunden haben, eine viel bessere Position, um ihre Produkte richtig zu gestalten. Insbesondere, wenn sie die richtige Balance zwischen Innovation und Qualität finden wollen, um einen neuen Wein auf den Markt zu bringen.

»C-Kunde«, und »reine Geschäftsbeziehung« sind alle eng mit Komponente 1 verbunden. Im Gegensatz dazu ist das einzige Construct, das eng mit der Komponente 2 verbunden ist, das Construct »hoher Preis«. Die Klammern nach den Komponenten im Diagramm zeigen, dass 63,208 Prozent der Variabilität des Grids mit Komponente 1 und 14,42 Prozent mit Komponente 2 erklärt werden können. Deshalb erklären also die Komponenten 1 und 2 insgesamt 77,62 Prozent der Variabilität innerhalb der Daten des Grids. Wenn die Variation, die von den beiden Komponenten erklärt wird, nicht höher als 70 Prozent ist, ist die Cognitive Map ein zu großer Kompromiss, weil die Daten nicht repräsentativ genug in zwei Dimensionen dargestellt werden können. Deshalb sollte diese Faustregel immer geprüft werden, bevor man damit beginnt, die Daten des Cognitive Map zu interpretieren.

Die Elemente sind entsprechend ihrer Bewertung im sogenannten *Component Space* positioniert. Die Lieferanten 1 und 6 sind beispielsweise relativ niedrigpreisig, aber mit mittlerer Leistung bei vielen Constructs eingestuft (das heißt sie sind in der Mitte der Skala von Komponente 1). Lieferanten 8 und 5 werden positiv wahrgenommen, weil sie aktiv Beziehungspflege betreiben, ernsthaft und verlässlich sind, spezielle Produkte anbieten, abhängig sind etc. Es wird also deutlich, dass die Cognitive Map detaillierte Einblicke in die Meinung eines Befragten zum Thema Lieferanten gibt und zusammenfasst, wie die Elemente (in diesem Fall die Lieferanten) bei den

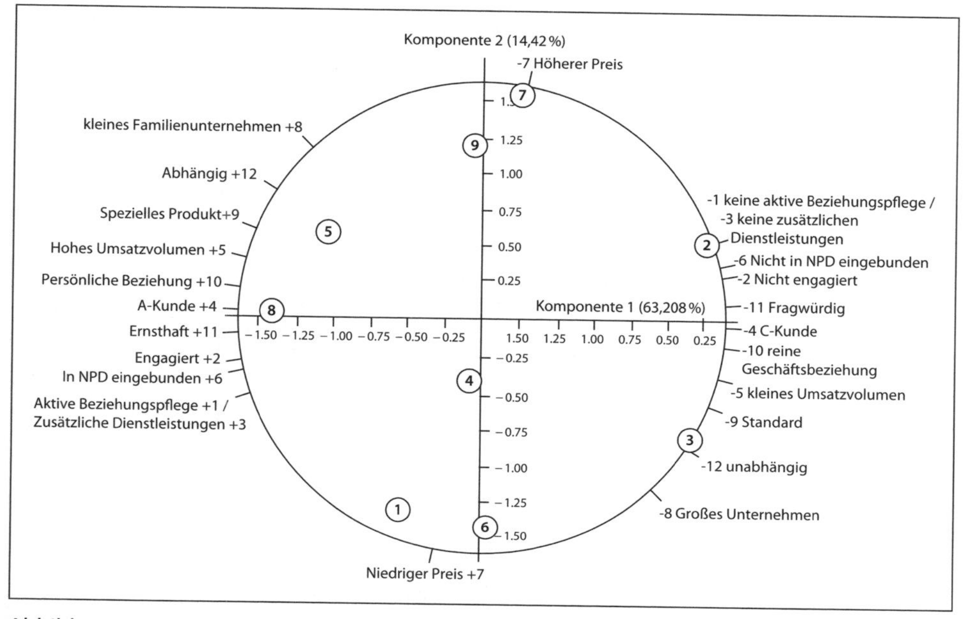

Abbildung 6.11: Die Cognitive Map eines Einkaufsmanagers (Interview 5/9_5)

Constructs stehen. Im Key-Account-Management wäre der Marktforscher nur an der Wahrnehmung einer einzigen Firma interessiert, dann würde die Cognitive Map des Einkaufsmanagers einzigartige Erkenntnisse und Ideen generieren, wie die Geschäftsbeziehung noch besser gestaltet werden könnte.

6.3.3 Analyse von mehreren Grids

Während den 39 Interviews mit Einkaufsmanagern wurden insgesamt 411 persönliche Constructs erarbeitet. Viele davon waren überlappend, das heißt, sie wurden von mehreren Befragten genannt. Die Analyse von mehreren Grids beinhaltet deshalb:

- Das Zusammenfassen der Constructs in sinnvolle Kategorien,
- die Identifizierung der wichtigsten Constructs.

Zusammenfassen der Constructs

Um zu zeigen, wie Constructs zusammengefasst werden, beinhaltet Abbildung 6.12 zwei Constructs mit beispielhaften Zitaten der Befragten und den zugeordneten Kategorien. Die unterstrichenen Worte in jedem Zitat erklären, wie die Kategorien erarbeitet wurden. Insgesamt haben 23 der Befragten (also 59 Prozent von allen) das Construct »Flexibilität« erarbeitet. Auf Basis der Zitate wird deutlich, dass die Befragten selbst das Wort »flexibel« benutzten. Eine Analyse der Interviewabschriften hatte ergeben, dass alle 23 Befragten tatsächlich die Worte »flexibel« oder »Flexibilität« benutzten, und so wurde letzteres als Name für die Kategorie ausgewählt. Allerdings ist die Zuordnung eines Namens für eine Kategorie nicht immer so einfach wie in diesem Beispiel der Flexibilität. Interviewpartner können auch unterschiedliche Worte anwenden, um das gleiche Phänomen zu beschreiben, deshalb muss der For-

Construct Name	Pole	Beispielhafte Erläuterung eines Befragten	Häufigkeit
Flexibilität	Flexibel (1) Unflexibel (5)	■ « Ein **flexibler** Lieferant ist darauf vorbereitet, Wochenendschichten zu arbeiten, um kurzfristige Bestellungen realisieren zu können. Der Lieferant ist fähig, schnell zu produzieren und zu liefern. Andere Lieferanten, die **Unflexiblen**, sind nicht in der Lage diese Wünsche zu erfüllen« (ein Geschäftsführer – elektrotechnische Firma). ■ »Wenn wir etwas kurzfristig bestellen – sagen wir an einem Freitag – ist der Lieferant so **flexibel**, dass er sogar Samstag und Sonntag arbeiten würde, um die Teile am nächsten Werktag liefern zu können, also am Montag. Das Gleiche gilt, wenn nur eine Mindermenge bestellt wird. Ein **flexibler** Lieferant kann verschieden große Mengen liefern, nicht nur Großbestellungen. Ein **unflexibler** Lieferant auf der anderen Seite kann nicht zu jeder Zeit oder in jeder Menge liefern, sondern nur das, was vor vielen Jahren im Vertrag ausgehandelt wurde« (ein Einkaufsleiter – Ingenieurfirma)	23
Gemeinsame Problemlösung	Gemeinsam (1) Allein (5)	■ »Ich kann einen Lieferanten anrufen, falls ich ein Problem habe und kann ihn direkt fragen, ob er mir helfen kann. Einige suchen **gemeinsam** mit mir eine Lösung für das Problem, andere helfen **überhaupt nicht**« (ein Geschäftsführer – elektrotechnische Firma). ■ »Einige Lieferanten helfen uns dabei, unsere Probleme zu lösen. Ich bekomme wirklich jede denkbare Hilfe, um Antworten für unsere Probleme zu bekommen. Ich kann sie jederzeit anrufen und ich bin sicher, dass wir einen Weg finden, das Problem partnerschaftlich in den Griff zu bekommen. Ich würde auch einen anderen Lieferanten anrufen, aber die anderen haben offensichtlich Schwierigkeiten, die Probleme aus unserer Perspektive zu sehen und sind deshalb nicht in der Lage, **gemeinsam** mit uns eine Lösung zu finden. Sie verstehen einfach nicht, was ich damit meine. Wir versuchen immer, ihnen unsere Lage klar zu machen, aber aus irgendwelchen mir unbekannten Gründen, scheinen sie das Problem und dessen Dringlichkeit nicht zu sehen. **Sie tun es einfach nicht.**« (ein Einkaufsleiter – elektrotechnische Firma)	6

Abbildung 6.12: Wie Constructs kategorisiert und mit Namen versehen werden

scher diese dann unter einem passenden Namen zu einer Kategorie gruppieren. Abbildung 6.12 zeigt zum Beispiel, dass eine Kategorie namens »gemeinsame Problemlösung« aufgrund der Constructs von sechs Befragten generiert wurde. Aus den Zitaten geht hervor, dass ein Befragter von »partnerschaftlicher« Problemlösung sprach, während der andere den Ausdruck »gemeinsame« Problemlösung benutzte.

Um sicherzugehen, dass das Zusammenfassen der Constructs korrekt ist, können mehrere Ansätze verfolgt werden, manchmal sogar in Kombination. Die Interviewprotokolle können manuell analysiert werden, um Tabellen mit ähnlichen Constructs zu generieren. Alternativ können sie in ein Softwareprogramm für Textanalyse eingegeben werden, wie z. B. NVivo, das sehr effizient für die Codierung von qualitativen Daten arbeitet. Verschiedene Forscher können die Daten parallel gruppieren und danach kann die gemeinsame Verlässlichkeit der Gruppierungen gemessen werden.

Identifizierung der wichtigsten Constructs

Sobald die Constructs gruppiert sind, kann eine Tabelle mit allen unterschiedlichen Constructs und deren Häufigkeit erstellt werden. Abbildung 6.13 zeigt die 20 am häufigsten erwähnten Constructs aus allen 39 Interviews. Erfahrungsgemäß sind Constructs, die von mehr als 25 Prozent der Befragten genannt werden, wichtiger als andere. Die Constructs, die diese Voraussetzung erfüllen, sind in der dritten Spalte von Abbildung 6.13 grau hinterlegt, insgesamt gibt es davon 14 Stück (Nummern 1–14). Im Gegensatz dazu, sind die letzten sechs Constructs in der Abbildung weniger als 10-mal genannt worden und deshalb wahrscheinlich eher unwichtig.

Die Häufigkeit eines Constructs ist aber nur ein Ansatz für die Wichtigkeit. Ein Construct, das sehr häufig genannt wird, kann z. B. auch nur ganz einfach offensichtlich sein und wird deshalb automatisch sehr häufig genannt. Ein anderer Ansatz zur Identifizierung der Wichtigkeit ist deshalb die Variabilität. Ein Construct mit einer großen Spreizung bei den Bewertungen differenziert stark zwischen den Elementen und diese Spreizung (relativ zu den anderen Constructs) ist die Variabilität, die wir bereits im vorigen Abschnitt bei der Analyse eines einzelnen Grid erwähnt hatten.

Die Variabilität hängt von der Anzahl der Constructs in einem einzelnen Grid ab. Wenn ein Befragter zum Beispiel fünf Constructs erarbeitet, wäre die durchschnittliche Variabilität 20 Prozent (d. h. also 100 geteilt durch 5). Wenn aber 10 Constructs erarbeitet würden, wäre die durchschnittliche Variabilität zehn Prozent. Aus diesem Grund müssen die Constructs, die aus verschiedenen Grids kommen, zunächst einmal *normalisiert* werden. Dies wird gemacht, indem man die Variabilität jedes Constructs mit der Anzahl der Constructs im eigenen Grid multipliziert und danach mit der durchschnittlichen Anzahl der Constructs quer über alle Befragten – 10,54 – dividiert. Diese normalisierten Zahlen für die Variabilität werden dann für alle Grids berechnet.

Weil im Schnitt 10,54 Constructs pro Interview erarbeitet wurden, lag die durchschnittliche Variabilität pro Construct bei 9,49 (also 100 geteilt durch 10,54). Ein Construct mit einer *durchschnittlichen, normalisierten Variabilität* (DNV) höher als 9,49 bedeutet, dass das Construct stärker zwischen den Lieferanten unterscheidet. Ein Construct mit einer DNV unter 9,49 bedeutet, dass das Construct weniger stark zwischen den Lieferanten unterscheidet. Die 11 Constructs (Nummern 3, 4, 6, 7, 8, 9, 11, 12, 13, 16 und 19), die eine überdurchschnittliche Variabilität haben, sind in der vierten Spalte von Abbildung 6.13 grau hinterlegt.

Das Construct »Flexibilität« hat eine Häufigkeit von 23, aber eine DNV von 8,21. Dies bedeutet, dass »Flexibilität« oft von den Befragten angesprochen wurde, die Leistung der Lieferanten in diesem Bereich aber nicht stark voneinander abweicht und somit als ähnlich empfunden wird. Das Construct »spezielle Produkte« hat sowohl eine hohe Häufigkeit (17) als auch eine hohe DNV (12,76) und somit kann es als wichtiges Construct identifiziert werden. Wendet man diese Kombination aus Häufigkeit und Variabilität an, wurden neun wichtige Constructs identifiziert. Diese sind in der rechten Spalte von Abbildung 6.13 grau hinterlegt (Construct Nummer 3, 4, 6, 7, 8, 9, 11, 12 und 13). Diese Constructs unterscheiden am klarsten zwischen den verschiedenen Lieferanten.

Mehrere Attribute aus Abbildung 6.13 deuten auf interessante Punkte hin: »Flexibilität«, »Lieferbereitschaft«, »Qualität« und »Preisniveau« wurden alle oft genannt, haben aber keine hohe DNV (8,21; 6,83; 6,76 und 4,93). Dies zeigt, dass obwohl diese

Faktoren von vielen Befragten genannt wurden, sie nicht zu einer starken Unterscheidung der Lieferanten führen. Man könnte die Zahlen auch so interpretieren, dass die Faktoren Flexibilität, Lieferbereitschaft, Qualität und Preis die in Marketingkreisen sogenannten »Hygienefaktoren« sind, das heißt die Hersteller erwarten diese Faktoren als Grundvoraussetzung, schauen aber auf andere Dinge, wenn sie sich für einen Lieferanten entscheiden. Die wichtigste Nachricht für Lieferanten auf Basis der Abbildung 6.13 ist, dass sie nicht nur in den bekannten Bereichen gute Leistungen erbringen müssen, sondern auch sehr gute Leistungen in Bereichen wie »persönliche Beziehung«, »spezielle Produkte« etc. anbieten sollten.

Nr.	Constructs	Häufigkeit (Prozent der Befragten)	Durchschnittliche Normalisierte Variabilität (Prozent)	Wichtiges Construct?
1.	Flexibilität	23 (59 %)	8,21	Nein
2.	Lieferbereitschaft	20 (51 %)	6,83	Nein
3.	Persönliche Beziehung	18 (46 %)	11,15	Ja
4.	Spezielle Produkte	17 (44 %)	12,76	Ja
5.	Qualität	16 (41 %)	6,76	Nein
6.	Abhängigkeit	15 (38 %)	10,55	Ja
7.	Größe der Organisation	14 (36 %)	11,42	Ja
8.	Pflege der Geschäftsbeziehung	13 (33 %)	10,08	Ja
9.	Umsatzhöhe	13 (33 %)	12,45	Ja
10.	Preisniveau	11 (28 %)	4,93	Nein
11.	Rückmeldung	11 (28 %)	10,21	Ja
12.	Produktentwicklung	10 (26 %)	11,50	Ja
13.	Beschwerdeabwicklung	10 (26 %)	9,58	Ja
14.	Standort	10 (26 %)	9,48	Nein
15.	Orientierung des Kunden	8 (21 %)	7,64	Nein
16.	Bedeutung des Lieferanten (für den Hersteller)	8 (21 %)	10,24	Nein
17.	Offenheit	7 (18 %)	6,38	Nein
18.	Preisänderungen	7 (18 %)	6,35	Nein
19.	Einsatzbereitschaft	6 (15 %)	11,00	Nein
20.	Verlässlichkeit	6 (15 %)	7,81	Nein

Abbildung 6.13: Analyse der Attribute einer Lieferanten-Kunden-Partnerschaft

6.3.4 Die Bedeutung von Grids

Insgesamt liefern die Repetory Grids den Marktforschern folgende Aspekte:

- Ein tiefes Verständnis, wie einzelne Kunden Produkte oder Dienstleistungen (oder was auch immer als Elemente gewählt wurde) wahrnehmen. Dies beinhaltet auch eine Einschätzung darüber, was ein einzelner Befragter für gut oder schlecht an den Produkten oder Elementen empfindet.

- Klare Einblicke, welches die wichtigsten Constructs in einem bestimmten Marktsegment sind. Dies beinhaltet auch Ideen dazu, welche Constructs sich auf versteckte oder sich gerade erst entwickelnde Bedürfnisse beziehen.
- Constructs von Kunden, die bei der Vorbereitung von Umfragen, Fokusgruppen etc. unbezahlbar sind.

6.4 Einschränkungen

An diesem Punkt sind die vielen Vorteile der Repertory-Grid-Technik mit Sicherheit klar geworden. Um diese Grids allerdings auch effektiv anzuwenden, ist es von großer Bedeutung, dass Marktforscher sich die folgenden potenziellen Einschränkungen bewusst machen.[33]

1. Wenn die Anzahl der persönlichen Elemente zu klein ist, gibt es möglicherweise nicht genug Triads.
2. Durch die vielen Variationen beim Design eines Repertory Grid sollten Marktforscher darauf achten, den sinnvollsten und passendsten Ansatz für ihre Forschung auszuwählen.
3. Die etwas künstliche Atmosphäre bei einem Repertory-Grid-Interview kann eventuell die Constructs beeinflussen, die ein Interviewpartner erarbeitet.[34]
4. Die Technik ist zeitintensiv, normalerweise geht man von 45–60 Minuten pro Interview aus.
5. Die Einstufungen der Elemente von den Befragten sind anfällig für Beschönigungen. Einstufungen sind dann nicht objektiv, und die Werte sagen auch etwas über den Interviewpartner aus, nicht nur über die Elemente, die bewertet werden.
6. Die scheinbare Einfachheit der Datentabellen und der Cognitive-Maps kann Marktforscher dazu verführen, ungültige Interpretationen der Daten zu machen.

6.5 Zusammenfassung

Die Anwendung der Repertory-Grid-Technik in der Marktforschung und zur Identifikation von versteckten Kundenbedürfnissen hat mehrere Vorteile. Dieses Kapitel hat Folgendes gezeigt:

- Die Technik ist sehr flexibel und es gibt viele verschiedene Anwendungsmöglichkeiten, zum Beispiel, um Produkteigenschaften, Markenwahrnehmung oder Gefühle während des Kaufprozesses zu verstehen.
- Einzelne Repertory Grids geben tiefen Einblick in das Denken jedes Einzelnen und die Cognitive-Map ist eine praktische Art der Zusammenfassung. Für das Key-Account-Management beispielsweise ist es sehr hilfreich, genau zu verstehen, wie der Einkaufsmanager eines Kunden denkt.
- Eine Reihe von mehreren Grids erlaubt den Marktforschern, die Bedürfnisse eines Marktsegments besser zu verstehen und Möglichkeiten für innovative Produkte und Dienstleistungen zu identifizieren.

- Die Repertory-Grid-Technik kann sehr effektiv mit anderen Techniken kombiniert werden.
- Obwohl die Repertory-Grid-Technik auf den ersten Blick sehr einfach scheint, ist der Entwurf und die Durchführung von Interviews, um die Ziele eines ganz bestimmten Marktforschungsprojektes zu erfüllen, sehr komplex und erfordert einige Erfahrung.

Empfehlungen für die Praxis

- Identifizieren Sie die Bereiche, in denen die Repertory-Grid-Technik Ideen für die Innovation, für Produkte, Dienstleistungen, den Verkaufsprozess etc. generieren kann.
- Bestimmen Sie eine passende Stichprobe für die Forschung und planen Sie die Interviews so, dass sie genügend verlässliche Constructs generieren.
- Kombinieren Sie Repertory-Grid-Forschung mit anderen Techniken, um die Daten triangulieren zu können oder um Constructs zu erarbeiten, die später in Umfragen etc. genutzt werden können.
- Nutzen Sie die Technik, um Ideen für Produkte und Dienstleistungen zu sammeln, die sich elementar von denen Ihrer Wettbewerber unterscheiden.

6.6 Weiterführende Literatur

1. Fransella, F./Bannister, D.: *A Manual for Repertory Grid Technique*. Wiley: Chicherster, UK, 2. Aufl., 2004, ISBN 0-470-85490-1.
   Wichtiges Handbuch, das die wichtigsten Themen zum Entwurf eines Grid, zur Verlässlichkeit und Validität enthält.
2. Pope, M.L./Keen, T.R.: *Personal Construct Psychology and Education*. Academic Press: London, 1981, ISBN 0-12-561520-5.
   Ebenfalls ein hilfreiches Buch zur Technik.
3. Jankowitz, D.: *The Easy Guide to Repertory Grids*. Wiley: Chichester, UK, 2004, ISBN 0-470-85404-9.
   Dieses Buch hat einige hilfreiche Abschnitte zum Thema Grid-Analyse.

6.7 Quellenverzeichnis und Notizen

1 Fransella, F./Bannister, D.: *A Manual for Repertory Grid Technique*. Wiley: Chichester, UK, 2. Aufl., 2004, ISBN 0-470-85490-1, S. 6.
2 Der englische Fachbegriff *personal constructs* kann am ehesten mit *persönlichen Denkstrukturen* übersetzt werden. Wir werden aber die Fachterminologien in diesem Kapitel im englischen Original weiterverwenden.
3 Kelly, G.A.: *The Psychology of Personal Constructs* (Vol. 1 and 2), Norton, New York, 1955.
4 Frost, W.A.K./Braine, R.L.: ›The Application of the Repertory Grid Technique to Problems in Market Research‹. *Commentary*. Vol. 9, No. 3, Juli 1967, S. 161–175.
5 Im Jahr 2007 befragte die Cranfield School of Management zehn führende Europäische Marktforschungsagenturen. Keine davon setzte Repertory-Grid-Technik ein.
6 Grunert, K.G./Sorensen, E./Johansen, L.B./Nielsen, N.A.: ›Analysing Food Choice from a Means-end Perspective‹. *European Advances in Consumer Research*. Vol. 2, 1995, S. 366–371.
7 Coshall, J.: ›Measurement of Tourists Images: The Repertory Gird Approach‹. *Journal of Travel Research*. Vol. 39, No. 1, August 2000, S. 85–89.
8 Riley, S./Palmer, J.: ›Of Attitudes an Latitudes: A Repertory Grid Study of perceptions of Seaside Resorts‹. *Journal of the Market Research Society*. Vol. 17, No. 2, 1975, S. 74–89.

9 Embacher, J./Buttle, F.: ›A Repertory Grid Analysis of Austria's Image as a Summer Vacation Destination‹. *Journal of Travel Research*. Vol. 27, No. XX, 1989, S. 3–7.
10 Pike, S.: ›The use of repertory grid analysis to elicit salient short-break holiday destination attributes in New Zealand‹. *Journal of Travel Research*. Vol. 41, No. 3, Februar 2003, S. 315–320.
11 Abgedruckt (mit vorgeschlagenen Verbesserungen von Koners, U.) mit der Erlaubnis von Sage Publications Ltd from Goffin, K. Repertory Grid Technique in: Partington, D. (Hrsg.) *Essential Skills for Management Research*. Sage, London, 2002. Copyright © (Keith Goffin 2002).
12 Goffin, K.: ›Understanding Customers Views: A Practical Example of the Use of Repertory Grid Technique‹. *Management Research News*. Vol. 17, No. 7/8, 1994, S. 17–28.
13 *A.a.O.*
14 Goffin, K./Koners, U.: ›Tacit Knowledge, Lessons Learned and New Product Development‹. *Journal of Product Innovation Management*. Vol. 28, No. 3 (2011), S. 300–318.
15 Beispiele wurden von den Autoren aufgrund persönlicher Erfahrungen bei der Durchführung von Marktforschungsstudien zum Thema Repertory-Grid-Technik gesammelt.
16 Khan, A.: ›Perceived Service Quality in the Air Freight Industry‹. *PhD Thesis,* Cranfield School of Management. UK, 1993.
17 Goffin, K.: ›Repertory Grid Technique in Partington‹. D. (Hrsg.) *Essential Skills for Management Research*. Sage, London, 2002.
18 Bender, M. P.: ›Provided versus Elicited Constructs: An Explanation of Warr and Coffman's Anomolous Finding‹. *British Journal of Social and Clinical Psychology*. Vol. 13, 1974, S. 329–330.
19 Ryle, A./Lunghi, M. W.: ›The Dyad Grid: A Modification of Repertory Grid Technique‹. *British Journal of Psychiatry*. Vol. 117, 1970, S. 323–327.
20 Fransella, F./Bannister, D.: *op cit*, S. 35.
21 O'Cinneide, B.: ›The Cheesecraft Case‹. In: O'Cinneide, B. (Hrsg.) *The Case for Irish Enterprise.* Dublin Enterprise Publications, 1986.
22 Landfield, A. W.: ›Meaningfulness of Self, Ideal and Other as related to Own versus Therapist's Personal Construct Dimensions‹. *Psychological Reports*. Vol. 16, 1965, S. 605–608.
23 Fallbeispiel basiert auf einer Markforschungsstudie, die von einem Autor im Jahr 2005 für Fascia Mania durchgeführt wurde.
24 Pope, M.L./Keen, T. R.: *Personal Construct Psychology and Education*. Academic Press: London, 1981, ISBN 0-12-561520-5, S. 46).
25 Hudson, R.: ›Images of the Retailing Environment: An Example of the Use of the Repertory Grid Methodology‹. *Environmental Behaviour*. Vol. 6, No. 4, Dezember 1974, S. 470–494.
26 Fallstudie basiert auf einem Interview mit dem UK Business Development Manager von Eucerin, ca. 2000.
27 www.beiersdorf.de
28 Goffin, K./Lemke, F./Szwejczewski, M.: ›An Exploratory Study of Close Supplier-Manufacturer Relationships‹. *Journal of Operations Management*. Vol. 24, No. 1, 2006, S. 189–209.
29 www.idiogrid.com/
30 http://tiger.cpsc.ucalgary.ca/
31 Smith, M.: ›An Introduction to Repertory Grids – Part Two: Interpretation of Results‹. *Graduate Management Research*. Vol. 3, No. 2, Herbst 1986, S. 4–24.
32 Rocchi, B./Stefani, G.: ›Consumers Perception of Wine Packaging: A Case Study‹. *International Journal of Wine Marketing*. Vol. 18, No. 1, 2006, S. 33–44.
33 Goffin, K.: ›Repertory Grid Technique in Partington‹. D. (Hrsg.) *Essential Skills for Management Research*. Sage, London, 2002, ISBN 0-7619-7008-8.
34 Open University, *Block 4 data Collection Procedures,* DE304 Research Methods in Education and the Social Sciences Series, Open University Press, Milton Keynes, 1979, S. 30.

7 Die Einbindung der Anwender

Bestehende Methoden gehen nicht weit genug, um (Marktforschern) zu helfen, ihre Kunden besser zu verstehen.[1]

Einführung

Bei der traditionellen Marktforschung werden Kunden auf Abstand gehalten. Sie werden zwar gefragt, *welche* Art von Produkten und Dienstleistungen sie gerne hätten, aber darüber hinaus sind sie weiter nicht in den Prozess der Produktentwicklung involviert. Bei solch kurzen Zusammentreffen mit Marktforschern ist es für die Kunden aber sehr schwierig, genau zu erläutern, welche Attribute eines Produktes sie sich wünschen würden, besonders dann, wenn sie sich nicht mit den technischen Möglichkeiten auskennen. Andererseits gibt es manche Kunden, die genau wissen, was technologisch möglich ist, und wieder andere haben bestehende Produkte vielleicht bereits so umgebaut, dass die bekannten Schwachstellen eliminiert sind. Den Terminus *Einbindung der Anwender* nutzen wir, um eine Reihe von Techniken zu beschreiben, die Firmen für die Sammlung von Kundenideen anwenden können. Vor allem dann, wenn Firmen die Erfahrung der Kunden nutzen wollen, um innovative Produkte und Dienstleistungen zu entwickeln.

Durch das Internet hat sich die Möglichkeit, enge Kontakte zu einer großen Anzahl von Kunden und Verbrauchern zu knüpfen, enorm verbessert. Deshalb gibt es auch viele verschiedene Wege, um Anwender in die Produktentwicklung einzubinden. Dieses Kapitel gibt einen Überblick über die wichtigsten Ansätze und beinhaltet:

- die Geschichte der Anwendereinbindung in die Produktentwicklung,
- die Bedeutung der Anwendereinbindung,
- die Lead-User-Technik,
- die Virtuellen Communities,
- das Crowdsourcing,
- die Experimente und Prototyping und
- die Vor- und Nachteile der verschiedenen Techniken.

7.1 Die Geschichte der Anwendereinbindung

Das Konzept, dass der Nutzer zur Produktentwicklung beitragen kann, ist alles andere als neu. Bereits im Jahre 1776 stellte Adam Smith fest, dass viele Maschinen der industriellen Revolution Erfindungen von »gewöhnlichen Arbeitern« waren.[2] Später, während der Boomjahre der industriellen Produktion, haben die Nutzer einige Produktentwicklungen maßgebend vorangetrieben. Das T-Modell von Ford beispielsweise war als Limousine gestaltet, aber in den 1920er Jahren veränderten Farmer das Fahrzeug, um damit Korn zu mähen und Holz zu sägen. Diese Veränderungen waren die Anfänge der landwirtschaftlichen Maschinenindustrie mit Verbrennungsmotor. Sehr viel später wurden Mountainbikes erfunden, und zwar von enthusiastischen Radfahrern, die spezielle Bergrouten fuhren und deren Fahrräder nicht mehr ihren Ansprüchen genügten. Daher begannen sie, diese mit zusätzlichen Komponenten wie Motorradbremsen an das raue Gelände anzupassen. Selbst als die ersten richtigen Mountainbikes bereits auf dem Markt waren, haben diese Enthusiasten ihre Räder weiter entwickelt, zum Beispiel mit besseren Stoßdämpfern und anderen Accessoires.[3]

Es war vor allem die wissenschaftliche Arbeit von Professor Eric von Hippel vom MIT, der die Bedeutung von User-Communities bei Innovationen aufgezeigt hat. Im Jahr 1986 führte von Hippel einen Prozess ein, der heutzutage als Ansatz mit Namen *Lead-User* bekannt ist. Mit den Argumenten für diesen Ansatz, kritisierte er die traditionellen Marktforschungsmethoden[4] und betonte stattdessen den Wert der Einbindung von Anwendern, die sehr tiefgehendes Wissen über die Anwendung (und falsche Anwendung) von Produkten haben.

Die Einbindung von Anwendern, Nutzern oder Konsumenten trifft aber nicht nur auf die produzierende Industrie zu, sondern auch auf den Dienstleistungsbereich. In den 1960er Jahren waren die Konsumenten beispielsweise mit einer neuen Welle von Selbstbedienungsgeschäften konfrontiert: Supermärkte und Fastfood-Restaurants. Damals wurden diese als »echte Innovationen« angesehen und die Supermärkte entwickelten sogar Werbeanzeigen mit Erläuterungen, wie in den Läden eingekauft werden soll. Die Idee, sich selbst an den Regalen zu bedienen, war zwar neu, aber sehr erfolgreich, und sie wurde bis heute von führenden Anbietern wie IKEA weiterentwickelt, die ihre Kunden sogar ermuntern, Selbstbedienungskassen zu benützen.

Der wichtigste Treiber bei der Einbindung von Kunden in die Produktentwicklung war bisher aber das Internet. Ende der 1970er Jahre gründeten wissenschaftliche Forscher Verteilerlisten und Themengruppen, um ihre Gedanken zu spezifischen Themen auszutauschen. Genau das war die Geburtsstunde der User-Communities, wie wir sie heute noch kennen. Seit Beginn der 1990er Jahre bietet das Internet verbesserte Möglichkeiten, die Anwender in die Produktenwicklung einzubinden. Darüber hinaus wurde es für Marktforscher auch billiger und einfacher, diese Einbindung zu steuern (siehe Fallbeispiel 7.1). Was landläufig als *Web 1.0* (die erste Phase des Internets) bezeichnet wird, brachte Menschen in Chatrooms zusammen, half ihnen persönliche Informationen und Ideen mit Hilfe von eigenen Homepages auszutauschen, und diese wiederum waren die Vorgänger der Blogs und der sozialen Netzwerke. Ein Teil der Informationen, die im Internet ausgetauscht wurden, waren Erfahrungen (und frustrierende Erlebnisse) mit Produkten. Die Explosion des Internets Mitte der 1990er Jahre führte dann zu einem enormen Wachstum dieser *virtuellen Communities*, beispielsweise unabhängige Nutzergruppen von bestimmten Produkten und Dienstleistungen. Es gibt inzwischen Hunderttausende dieser virtuellen Communities und diejenigen, die sich mit Produkten und Dienstleistungen beschäftigen, sind die wichtigsten und relevantesten für die jeweiligen Firmen.

Das *Web 2.0* tauchte ungefähr im Jahr 1994 auf und zeichnet sich durch eine dynamische anstatt einer statischen Programmiersprache aus. Es geht um Interaktion und Zusammenarbeit und hilft Anwendern, persönliche Inhalte zu gestalten. Die Welle von Web 2.0-Communities traf das öffentliche Bewusstsein ab dem Jahr 2000 mit sozialen Netzwerken wie Flickr, Facebook und Xing. Ein ähnlicher Trend war bei Firmen festzustellen, wo Communities wie LinkedIn immer mehr Einfluss bekamen. Anwender können sich hier aktiv einbringen, durch Blogs, das Einstellen von Fotos, Videos etc. Die Möglichkeiten von Web 2.0 werden auch immer mehr professionell genutzt. Die extremste Form nennt sich *Crowdsourcing*, bei der spezifische Aufgaben an eine unbekannte Gruppe von Menschen im Internet vergeben werden.

Fallbeispiel 7.1

Procter & Gamble – vom Nutzer generierter Inhalt und Emotion[5]
Der Geschäftsbereich Düfte von P&G hat seine Zentrale in Genf in der Schweiz. Neben der Lieferung von Düften für bekannte Namen wie Boss und Lacoste, hat P&G auch eigene Marken, wie zum Beispiel SK-II. In der Duftindustrie werden luxuriöse Düfte, die in Parfum, Aftershave etc. eingesetzt werden als »Juice« bezeichnet und ein solches Produkt zu entwickeln, ist komplett anders als die Entwicklung eines Ingenieurproduktes wie zum Beispiel ein Auto. Bei Düften ist die Produktentwicklung viel mehr ein künstlerischer Prozess, bei dem Emotionen eine große Rolle spielen.
Ryan Jones, ein Amerikaner mit MBA, hat in Genf vier Jahre lang als Marken-Manager für die HUGO BOSS-Düfte gearbeitet: »Bei Luxusprodukten haben wir andere Spielregeln. Wir machen Marktforschung, aber wir sind auch in sehr engem Kontakt mit Modehäusern, Trendagenturen und Konsumenten, um Marktmöglichkeiten zu entdecken. Diese Informationen werden gesammelt und dem Designerteam als »Input« zur Verfügung gestellt. Seine Aufgabe ist, einen »Juice« zu entwickeln, der die richtigen Emotionen hervorruft. Am Ende ist jedoch immer der Kunde ausschlaggebend bei P&G. Unser Produkt muss bei den Kunden funktionieren, bevor wir es auf den Markt bringen.« Damit Emotionen, Loyalität und Interesse an der Marke hervorgerufen werden, führte das HUGO-Team eine Website ein, auf der die Kunden Beiträge abgeben konnten, und zwar im Rahmen eines Wettbewerbs für das Verpackungsdesign einer limitierten Ausgabe eines HUGO-Männerduftes. Eine Website www.hugocreate.com wurde entwickelt, auf der die Internetanwender ihre Entwürfe einstellen konnten und »der Enthusiasmus, der dadurch kreiert wurde und auch die Qualität der Entwürfe waren exzellent, insbesondere wenn man bedenkt, dass wir im ersten Jahr keine Werbung gemacht haben …«, so Jones, »die Nachricht hat sich einfach per Social Networking herumgesprochen.«
Die Macht der Kundeneinbindung und die Art und Weise, wie das Internet die Marketingmethoden verändert hat, führten dazu, dass Jones im Jahr 2009 zum Head of E-Commerce für die P&G Prestige Products Division ernannt wurde. Sein Hintergrund als IT-Manager »wurde sehr hilfreich bei meiner Arbeit, Innovationen zu managen. Es ist erstaunlich, wie viel Wissen man heute über den Markt bekommt, hört man nur dem Web zu … Du bekommst unverzüglich Online-Reviews deines neuen Produktes und ich bin immer mehr damit beschäftigt, diesen Kreis zu schließen, sodass wir diese Informationen direkt in die F&E zurück einspeisen, um bessere Produkte zu entwickeln, die unsere Kunden erfreuen«.

Der Begriff *anwendergenerierter Inhalt (User-generated-Content)* kam in den späten 1990er Jahren auf und bezieht sich auf Informationen auf Webseiten, die von Kunden und Nutzern des Internets generiert wurden. Manchmal ist die von Anwendern generierte Information auch nur Teil einer Webseite. Bei Amazon.com beispielsweise ist der Hauptteil der Seite von der Firma eingestellt, aber die Reviews von Kunden bzw. Lesern von Büchern werden von den Besuchern der Website zur Verfügung gestellt. Andere bekannte Beispiele für anwendergenerierte Inhalte sind: Wikipedia, tripadvisor.com, picasa.com oder auch myspace.de

Von Anwendern generierter Inhalt kann aber auch sehr viel weiter gehen als simple Webseiten. Die eigentliche Produktentwicklung selbst kann nämlich von Anwendern durchgeführt werden. Die *Open-Source-Software* wie das Linux-Betriebssystem ist ein bekanntes Beispiel dafür. Die Tatsache, dass Anwender tatsächlich freiwillig Open-Source-Software entwickeln, hat nochmals bestätigt, dass die Internetnutzer sich gerne austauschen.[6] Deshalb ist die von Anwendern getriebene Innovation auch ein soziales Phänomen. Die ursprüngliche Idee und der Name »Open Source« stammen von einer Strategiesitzung in Palo Alto, gefolgt vom ersten »Open Source Summit«[7] in 1998. Zu Beginn des 21. Jahrhunderts begannen manche Firmen damit, Teile ihres Source-Codes zu veröffentlichen, aber man muss hier zwischen den eingeschränkten Arten von Open-Source-Software und völlig offenen wie Linux (Betriebssystem), Apache (HTTP Webserver), Mozilla Firefox (Webbrowser) und Mediawiki (Wiki Server Software) unterscheiden. Der Erfolg der Open-Source-Software basiert auf dem Enthusiasmus von Amateuren und den Firmen, die vom Einsatz solcher Produkte profitieren.[8]

Einige Jahre lang waren auch die Nutzer von Videospielen mehr oder weniger in die Produktentwicklung involviert. Spielergruppen tauschten untereinander oft selbst erstellte Anleitungen für Spiele, machten einfache Adaptionen an Spielen, oder entwickelten sogar komplette Spiele.[9] Führende Firmen in diesem Bereich stellen eine Art Werkzeugkasten zur Verfügung, um den Spielern bei ihrer Entwicklungsarbeit zu helfen.

Die Wichtigkeit, enge Verbindungen zu Kunden und Anwendern aufzubauen, war nie größer und intelligente Firmen werden ohne Zweifel sehr kreativ sein, um neue Wege zu finden, wie sie die Energie und den Enthusiasmus dieser Kunden nutzen können. Ein Großteil der Einbindung von Anwendern wird über das Internet geschehen, deshalb wird die Arbeit der Ethnographen, die momentan mittels der sogenannten *Webnography* Wege suchen, um Kunden zu verstehen, ebenfalls an Bedeutung gewinnen. Konkret geht es bei Webnography um Studien über Konsumenten, die über das Web geführt werden, aber auf ethnographischen Prinzipien beruhen.[10]

7.2 Die Bedeutung der Kundeneinbindung

7.2.1 Überblick

Sowohl Firmen als auch Politiker haben die Bedeutung von User-Communities und der Einbindung von Kunden erkannt. Obamas erfolgreiche Präsidentschaftskampagne ist ein oft zitiertes Beispiel für die Macht der sozialen Netzwerke. Ein weiteres Beispiel ist die dänische Regierung, die von Verbrauchern geleitete Innovationen mit einer Investitionssumme von 100 Mio. Dänischen Kronen (etwa 13,5 Mio. Euro) von 2007 bis 2010[11] unterstützt. Ziel des Programms ist, die Rolle der Anwender im Innovationsprozess zu untersuchen, Best Practices zu identifizieren und die Innovationkraft von dänischen Firmen durch die Einbindung von Kunden in die F&E-Aktivitäten zu verbessern.

Untersuchungen haben ergeben, dass zwischen 10 und 40 Prozent von Anwendern in die Weiterentwicklung, Modifikation oder Verbesserung von bestehenden Konsumprodukten involviert sind.[12] Firmen können auf diese Art schnell lernen, wie die neuen Technologien von den Kunden wahrgenommen werden und wie das Potenzial für neue Märkte aussieht. Dies ist insbesondere in einer Zeit wichtig, in der die Mehrheit der Kunden sich der entwickelnden neuen Technologien gar nicht bewusst ist,[13] was es wiederum sehr schwierig für sie macht, sich zukünftige Produkte vorzustellen.

Firmen müssen die Zeitspanne zwischen der Ideenfindung und der Markteinführung (time-to-market)[14] verkürzen, aber sie müssen gleichzeitig sichergehen, dass die Produkte erfolgreich sind. Kontakt mit potenziellen Kunden über das Internet kann genutzt werden, um die Akzeptanz am Markt zu testen[15], und somit auch die Anzahl der Flops reduzieren. Gleichzeitig kann die Einbindung von Anwendern die Beziehung zwischen Marken und den Konsumenten verstärken, so wie virtuelle Communities eine Art soziale Beziehung zwischen einer Marke und einer großen Zahl an Verbrauchern generiert.

7.2.2 Arten der Einbindung von Anwendern

Wie in Abbildung 7.1 dargestellt, gibt es viele Wege, wie Anwender in die Marktforschung und die Produktenwicklung integriert werden können. Der Begriff User Communities wird oft synonym mit den Begriffen virtuelle oder Online-Communities benutzt, aber User-Communities, die über das Internet rekrutiert werden, treffen sich oft auch persönlich (siehe Fallbeispiel 7.4). Virtuelle Communities treffen sich nur online, aber die Web 2.0-Technologie hat die Möglichkeiten der Interaktion in der Marktforschung und Produktentwicklung buchstäblich revolutioniert. Für manche Produkte kann sogar der Lead-User-Ansatz teilweise oder ganz über Web 2.0 durchgeführt werden, und somit die Workshops ersetzen (dargestellt in Form der gestrichelten Linie in Abbildung 7.1).

Fallbeispiel 7.2

United Airlines – modische und funktionelle Uniformen[16]

United Airlines hatte die Uniformen der Flugzeugbesatzung über zehn Jahre lang nicht verändert. Im Jahre 2010 wurde entschieden, die bekannte Modedesignerin Cynthia Rowley damit zu beauftragen. Anstatt sie in ihrem Atelier arbeiten zu lassen, wurde ihr erlaubt, Tausende von Kilometern mit United Airlines zu fliegen, um die Besatzung während der Arbeit zu beobachten und deren Ideen, wie die ideale Uniform aussehen sollte, einzusammeln. Rowley wusste, dass es eine echte Herausforderung war, zehn neue Arten von Uniformen zu entwerfen (jeweils Männer und Frauen, für die Kabinencrew, Piloten, Kundenservice und die Mitarbeiter im Wartungsbereich). Einerseits sollten die Anforderungen der Mitarbeiter einbezogen werden, die ihr sagten, sie wollen »professionell« aussehen, andererseits sollte die Kleidung aber auch funktionellen Ansprüchen genügen. Zum Beispiel sollte die Kabinenbesatzung ohne Einschränkungen nach oben und unten greifen und sich im beengten Gangraum frei bewegen können. Anstatt nur ihre eigenen Ideen umzusetzen, diskutierte Rowley mit der Belegschaft mögliche Lösungsansätze, wie zum Beispiel den Einsatz von elastischen Gummibündchen und Reißverschlüssen, um es den Mitarbeitern einfacher zu machen, sich zu strecken und in die Knie zu gehen.

United Airlines war sich bewusst, dass die Investition in neue Uniformen extrem wichtig ist. Tim Simons, der Geschäftsführer im Bereich Marketing, sagte »neue Uniformen helfen den Leuten (Kabinenbesatzung), besser auszusehen und sich besser zu fühlen. Sie sind auf Erfolg eingestellt, was zu besserem Kundenservice führt, was wiederum zu einer höheren Kundenbindung beiträgt.«

7.2.3 Zeitpunkt der Einbindung von Anwendern

Durch das Internet müssen sich Firmen nicht länger allein auf den F&E-Bereich und internes Wissen verlassen. Von Anwendern geführte Innovation und die Einbindung von Kunden kann an unterschiedlichen Stellen im Produktentwicklungsprozess integriert werden:[17]

- Ideenfindung: Hier generieren Konsumenten und Kunden Ideen für neue Produkte und/oder Dienstleistungen. Die Einbindung von Kunden und Anwendern bezieht sich also auf die Entdeckung von Bedürfnissen und Anforderungen.[18]
- Design und Entwicklung: Hier entwickelt der Kunde in enger Kooperation mit der Firma und/oder anderen Anwendern neue Produkte. Das ist *User-led-Innovation* im eigentlichen Sinn.
- Modifikation und neue Anwendungsmöglichkeiten: Hier verwenden Kunden bestehende Produkte in einer neuer Art und Weise und/oder modifizieren sie, um weitere Funktionalitäten zu ermöglichen.
- Markteinführung: Hier ist der Kunde in den Test des Marketing-Mix involviert, bevor ein Produkt schlussendlich auf dem Markt eingeführt wird (siehe Fallbeispiel 7.3).

Mehrere Studien haben gezeigt, dass die Einbindung von Anwendern in die frühen Phasen der Produktenwicklung sicherstellt, dass die Bedürfnisse der Kunden berücksichtigt werden und die Marktakzeptanz dementsprechend hoch ist. Allerdings sollten Firmen keine radikalen neuen Ideen erwarten, wenn sie »typische« Anwender in die frühen Phasen der Produktentwicklung einbinden. Firmen werden eher ein besseres Verständnis der jetzigen Bedürfnisse der Anwender erhalten (was wiederum bedeuten kann, dass die Strategie neu überdacht werden muss).[19] Insgesamt verändert sich die Rolle des Kunden im Produktentwicklungsprozess vom passiven Beitrag in der Marktforschung zu einem aktiven Mitgestalter und manchmal sogar zu einem unabhängigen Innovator.[20]

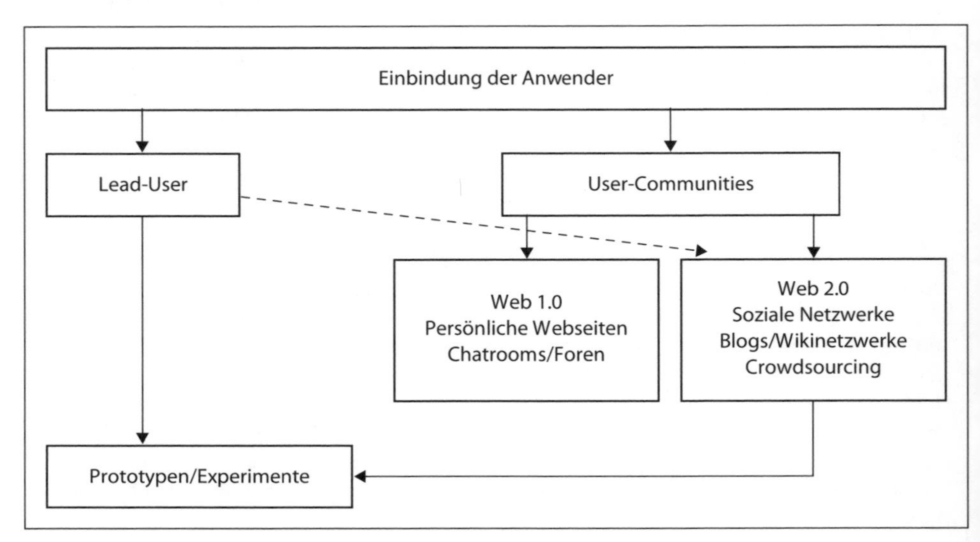

Abb. 7.1: Einbindung von Anwendern

Fallbeispiel 7.3

Sample U – der Marketing-Mix im Versuch[21]

Schon seit einigen Jahren versorgen führende Hersteller ihre Schlüsselkunden mit Prototypen oder Proben von neuen Produkten, um deren Meinungen und Reaktionen zu sammeln. *Sample U*, ein »Tryvertising Research Center« in San Diego, Kalifornien, hat diese Technik optimiert. Der Präsident von *Sample U*, Michael Senger, betont: »Menschen Produkte testen zu lassen, ist ein hervorragender Weg, um besser zu verstehen, was sie denken«. Konsumenten – oder »Trysumers™«– wie Senger sie nennt, werden gebeten, demografische und psychographische Fragebögen zu beantworten, so dass *Sample U* ein sehr tiefgehendes Verständnis über die psychologische Denkstruktur jedes einzelnen Befragten hat. Die Befragten nehmen dann an Produktversuchen in einer »out of home« kontrollierten Umgebung teil und Forscher sammeln Informationen über die Reaktionen zu speziellen Produkteigenschaften, der Leistung des Produktes insgesamt und die Erfahrungen der Anwender. Zusätzlich, werden die Befragten aufgefordert, das Produkt mit nach Hause zu nehmen und zu prüfen, wie es sich in der eigenen Umgebung verhält. Firmen, die mit *Sample U* zusammenarbeiten, bekommen aussagekräftige Ergebnisse innerhalb von 48 Stunden.

Die Einbindung der Anwender ist ein mächtiges Werkzeug, um die Meinung über »buchstäblich alles« einzusammeln, wie Senger betont, »sei es das Produkt, die Verpackung, der Preis, die Botschaft, eine Promotion oder Anzeige – tatsächlich lernen wir alles über den gesamten Marketingmix, noch bevor das Produkt auf den Markt gebracht wird, und genau das garantiert den Erfolg für unsere Kunden«.

7.3 Lead-User-Technik

7.3.1 Überblick

Die Lead-User-Technik wird weltweit von vielen führenden Firmen angewandt. Sie wurde außerdem bereits mit einer ganzen Reihe von bemerkenswerten Markterfolgen in Verbindung gebracht. Hilti beispielsweise, ein globaler Marktführer für Baumaschinenprodukte mit Sitz in Liechtenstein, rekrutiert Lead-User von Universitäten und Instituten und bringt sie mit den eigenen Experten aus der Firma zusammen[22]. Andere Lead-User werden mit Hilfe von Kundenumfragen selektiert, bei denen herausgefunden wird, ob Kunden Interesse daran haben, bei der Produktentwicklung involviert zu werden. Sobald Lead-User rekrutiert wurden, ist der nächste Schritt ein Workshop zur Entwicklung von Produktkonzepten. Die besten davon werden später in Prototypen umgesetzt und mit ausgewählten Kunden getestet.

Es ist wichtig zu betonen, dass es bedeutende Unterschiede zwischen Lead-Usern und normalen Anwendern gibt. Lead-User sind Kunden, die sehr hoch entwickelte Bedürfnisse haben und bei der Anwendung eines Produkts oder einer Dienstleistung als Experten gelten. Sie haben heute bereits Anforderungen, die vom Marktsegment an sich erst in der Zukunft, also einige Zeit später, geäußert werden: »Ein echter Lead-User sollte ein Fenster in die Zukunft sein und nicht ein Anker in der Vergangenheit.«[23] In der Marketingsprache sind Lead-User *Innovatoren* und sogar den sogenannten *Early Adopters* voraus. Innovatoren sind die ersten Kunden, die ein Produkt kaufen, und Early Adopters verändern die Produkte schnell.

Weitere Erläuterungen, wie frühe Innovatoren und Early Adopters den Markt beeinflussen können, finden sich in der Arbeit von Professor E. M. Rogers.[24]

Lead-User haben ein starkes Interesse daran, ihre spezifischen Probleme zu lösen und haben einen großen Vorteil, wenn sie eine Lösung dafür bekommen.[25] Deshalb sind Lead-User oft auch bereit, ihre Produktideen offenzulegen und bei Produkttests mitzumachen. Manchmal haben Lead-User mehr Wissen über ein spezielles Produkt

Fallsbeispiel 7.4

Lego – Mindstorming von besseren Produktideen[26]

Seit der Markteinführung im Jahr 1998 ist der Lego-Mindstorm-Roboterbausatz ein großer Erfolg mit Verkaufszahlen von mehr als 40.000 Stück im Jahr. Der Bausatz beinhaltet einen großen Elektronikbaustein, der in Kombination mit einer Reihe von Motoren, Lichtern, Sensoren und ähnlichen Teilen genutzt werden kann, um sehr intelligente Maschinen zu bauen – zum Beispiel einen Roboter, der den Zauberwürfel von Rubik bedienen und lösen kann. Die Kontrollprogramme für solche Bauteile zu schreiben, ist eine komplexe und schwierige Aufgabe, die mittels eines Laptops bewältigt wird. Der Markt für Mindstorms hat sich in zwei unterschiedliche Segmente aufgeteilt. Eltern kaufen den 200 Dollar teuren Bausatz für Teenager, die wild aufs Ingenieurwesen sind und erwachsene Fans (»Geeks«) kaufen ihn, weil sie in ihrer Freizeit begeistert programmieren. Diese Geeks sind außerdem versessen darauf, ihre Kreationen beim jährlichen »Brickfest«-Treffen von Lego auszustellen.
Als Lego sich entschloss, das Mindstorms-Produkt zu verbessern, entschieden sie sich auch dafür, einige der Geeks von Anfang an in den Produktentwicklungsprozess einzubeziehen. Nachdem sie eine Vertraulichkeitserklärung unterzeichnet hatten, wurden vier Geeks eingeladen, um ihre Ideen zum bestehenden Produkt in einem abgeschirmten Chatroom auszutauschen. Der Chatroom wurde von Seren Lund, dem Direktor von Mindstorms, verwaltet. Während der nächsten Jahre waren die Lead-User in regelmäßigem Kontakt mit Lego und gaben der Firma zahlreiche Ideen für bedeutende Verbesserungen an Mindstorms. Die Einbindung der vier Enthusiasten zu einem so frühen Zeitpunkt führte Lego dazu, ein völlig anderes Produkt zu entwickeln, das auf deren Vorschlägen basierte. Das neue Produkt, das im August 2006 eingeführt wurde, sieht völlig anders aus und ist nicht rückwärtskompatibel. Der neue Roboterbaustein hat mehr Kapazität, nutzt eine verbesserte Programmiersprache und wird mit einem enorm verbesserten Sortiment an Motoren, Sensoren und (neu entworfenen) Bauteilen geliefert. Interessant ist außerdem, dass die vier engagierten Enthusiasten für das Projekt von enormer Bedeutung waren und einen starken Einfluss auf das endgültige Design des Produkts hatten, trotzdem aber nicht von Lego dafür bezahlt wurden. Die Prototypenbausätze, die Anerkennung der Gleichgesinnten und die Möglichkeit die Produktentwicklung zu beeinflussen war ihnen Motivation genug.
In der ursprünglichen Entwicklung von Mindstorms hatte Lego die Schwierigkeiten eines Projektes kennengelernt, das sowohl Elektronik als auch Software beinhaltet (da beides meilenweit von Plastikbauteilen entfernt ist). Deshalb wurde die grundsätzliche Überarbeitung der Mindstorms-Software ausgelagert. Der Schock kam, als Wochen nach der Einführung des Produktes, ein Stanford-Absolvent den Roboterbaustein »zurückentwickelt« hatte und alle Informationen über die Kontrollfunktion und die Software im Internet veröffentlichte. Lego dachte daraufhin über gerichtliche Schritte nach, entschied sich aber dagegen, weil es dem Image von Mindstorms widersprechen würde. Inzwischen beinhaltet die Softwarelizenz, die in jedem Bausatz mitgeliefert wird, eine ausdrückliche Erlaubnis zum »Hacking«. Deshalb hat sich die weltweite Gemeinschaft der Mindstorms-Anhänger sehr schnell vergrößert und die Einbindung von Kunden in die Produktentwicklung bei Lego wird sicherlich weitergeführt.

oder eine Dienstleistung als der Hersteller selbst (siehe Fallbeispiel 7.4). Im Gegensatz zur traditionellen Marktforschung, die Wert darauf legt, repräsentative Kunden zu finden, konzentriert sich die Lead-User-Technik auf eine einzigartige und oft elitäre Gruppe von Kunden.

7.3.2 Anwendung der Lead-User-Technik

Die Lead-User-Technik hat zum Ziel, die Erfolgsrate neuer Produkte und Dienstleistungen zu erhöhen, in dem die zukünftigen Anforderungen von Kunden analysiert werden. Sie basiert in der Regel auf vier Schritten:[27]

- Identifikation relevanter Trends,
- Rekrutierung von Lead-Usern,
- Durchführung eines Workshops mit Lead-Usern und
- Entwicklung von Produktkonzepten.

Identifikation relevanter Trends

Die erste Stufe beinhaltet die Identifikation von relevanten Trends bezüglich der Anforderungen von Kunden und Anwendern in der Industrie, der Gesellschaft, der Technologie und so weiter. Die Analyse von Trends ist oft ein Teil des jährlichen Strategieprozesses in einer Firma. In der Praxis ist die Identifikation von Trends oft die Kombination von Fakten und Daten mit Vorhersagen für die Zukunft. (Beachten Sie, dass Vorhersagen, egal ob Verkaufszahlen oder Technologieentwicklung, generell sehr schwierig sind.) Falls das interne Wissen einer Firma beschränkt ist, können *Trendworkshops* mit Experten durchgeführt werden. Alternativ können auch Telefoninterviews mit anerkannten Experten in einem bestimmten Gebiet geführt werden.

Rekrutierung von Lead-Usern

Der beste Ansatz, Lead-User zu identifizieren, ist Kunden mit extremen Bedürfnissen zu finden (*Extreme Users*),[28] auch wenn dies sehr schwierig sein kann.[29] Hersteller von Wanderschuhen wenden sich beispielsweise oft an professionelle Wanderer und Kletterer, die auf qualitativ hochwertige Stiefel angewiesen sind. Sobald einige Extreme Users identifiziert wurden, werden weitere durch Weiterempfehlung gefunden (sogenanntes Schneeballprinzip). Bei Konsumprodukten (fast moving consumer goods oder FMCG) werden Lead-User oft mit Hilfe von Umfragen und/oder Telefoninterviews identifiziert. Bei industriellen Produkten kann die Anzahl der Extreme Users sehr klein sein, weil die Kundenbasis an sich eingeschränkt ist. Ein Anzeichen dafür, dass es sich um Extreme Users von industriellen Produkten handelt, ist die Tatsache, dass ihre Ausrüstung öfter ausfällt als die von anderen, weil sie sie in anspruchsvollerer Umgebung nutzen. In solchen Fällen kann es hilfreich sein, Aufzeichnungen der Hotline durchzugehen oder den werkseigenen Kundendienst zu befragen.

Extreme Anwender sind »extrem« im Sinne von Anforderungen, die sie an Produkte und Dienstleistungen haben, und das tiefe Wissen, wie die Produkte an ihre speziellen persönlichen und/oder professionellen Anforderungen angepasst werden können.[30] Sie sind nicht zwingend aktuelle Kunden, aber generelle Meinungsbildner in ihrem Umfeld.

Eine andere Form von Lead-Usern sind die Analogen Anwender *(Analogous User)*, die aus einem anderen Sektor stammen, aber mit ähnlichen Themen wie Extreme Users konfrontiert sind. Weil die Analogen Anwender aus einem völlig anderen Sektor stammen (zum Beispiel erfordert das Verpacken von sehr hochwertiger Schokolade ähnliche Details wie das Verpacken von elektronischen Sensoren), gibt es keine Wettbewerbsproblematik, und die Bereitschaft, Erfahrungen mit Anwendern aus anderen Industrien zu teilen und zu diskutieren, ist generell sehr groß.

Es ist wichtig, Lead-User zu rekrutieren, die relevantes Wissen und außerdem ein gutes Netzwerk haben. Eine Beziehung mit Lead-Usern aufzubauen, erfordert sehr viel Zeit und Mühe von Seiten des Managements, deshalb ist es wichtig, die Anwender mit dem stärksten Netzwerk zu identifizieren, die unbezahlbar sind, wenn ein Produkt oder eine Dienstleistung auf den Markt gebracht wird. Je größer der Vorteil ist, den ein Lead-User von einem verbesserten Produkt oder einer verbesserten Dienstleistung hat, desto wahrscheinlicher ist es, dass er direkt bei der Entwicklung dieses Produkts oder dieser Dienstleistung mithilft.[31]

Durchführung von Workshops mit Lead-Usern

Sobald die Lead-User ausgewählt sind, wird ein Workshop mit ihnen organisiert, der normalerweise in der jeweiligen Firma stattfindet (siehe Fallbeispiel 7.5 für ein typisches Beispiel). Es ist wichtig, allen Teilnehmern von Anfang an zu sagen, dass die veranstaltende Firma ein kommerzielles Interesse an den diskutierten Ideen haben könnte und somit gleich die Fragen des geistigen Eigentums zu klären. Manche Firmen bieten monetäre Entschädigungen an, aber dies ist oft unnötig, weil sich die Teilnehmer oft schon durch die Einladung geehrt fühlen. Allerdings ist es gängige Praxis, zumindest die Unkosten für die Teilnahme an den Workshops zu übernehmen.

Lead-User-Workshops bestehen normalerweise aus sechs separaten Schritten:

1. einer vorläufigen Sitzung mit Maßnahmen zur Teambildung, um die Lead-User einander vorzustellen,
2. einem Review der Trends, die von der Firma identifiziert wurden, durch die Lead-User,
3. jeder der relevanten Trends wird einer Teilgruppe zugeordnet, die die entsprechenden Themen weiter diskutiert und über mögliche Lösungen nachdenkt,
4. jede Teilgruppe präsentiert ihre Ideen und Lösungsansätze der gesamten Gruppe,
5. jede Gruppe beurteilt die Originalität, Machbarkeit und Vollständigkeit jeder Idee,
6. die vielversprechendsten Ideen werden ausgewählt und in einem oder mehreren Konzepten zusammengeführt.

Während des Workshops, werden alle neuen Produktideen identifiziert, ganz besonders die grundlegend neuesten bzw. gewagtesten Ideen.

Entwicklung von Produktkonzepten

Sobald die vielversprechenden Konzepte ausgewählt sind, müssen sie mit einer größeren Anzahl von Kunden getestet werden, um zu prüfen, ob die Idee auch für den sogenannten »Mainstream« interessant ist. Diese Prüfung ist wichtig, weil Innovationen nicht immer für den Großteil der Anwender gemacht sind.[32] Das Testen der Konzepte kann mit Hilfe von Experimenten durchgeführt werden, was später in diesem

Kapitel besprochen wird. »Es ist selten, dass ein Hersteller eine Lead-User-Innovation einfach so adaptiert, wie sie ist. Stattdessen basiert ein neues Produktkonzept, das den Bedürfnissen des Herstellers und des Marktes entspricht, sehr oft auf Informationen von mehreren Lead-Usern und von internen Entwicklern.[33]« Obwohl die ursprüngliche Lead-User-Technik auf Workshops mit persönlicher Präsenz abgestimmt war, werden manche Lead-User-Gruppen mit Hilfe des Internets und in virtuellen Communities abgewickelt, die wir als nächste diskutieren werden.

Fallbeispiel 7.5

Nubert Lautsprecher-Fabrik – Anwender als Innovationsquelle[34]
Wie würden Sie den Klang eines perfekten Lautsprechers beschreiben? Traditionell entwickeln Hersteller von Lautsprechern ihre Produkte in geräuschisolierten Laboratorien, und halten den Anwender vom Entwicklungsprozess fern. Günter Nubert aber, der Gründer der Nubert Elektronik GmbH, weiß, dass Klänge subjektiv wahrgenommen werden – und es gibt keinen wissenschaftlich definierten, objektiv »perfekten« Klang. Darum legen er und seine Firma solchen Wert darauf, Anwender in die Produktentwicklung einzubinden. Im Jahr 2007 hat Roland Spiegler, verantwortlich für Marketing und Vertrieb bei Nubert, die sogenannten »nuDays« ins Leben gerufen. Das sind ein- oder zweitägige Veranstaltungen, bei denen ungefähr 80 Kunden in die Firmenzentrale nach Schwäbisch Gmünd in Deutschland eingeladen werden. Einerseits, um einen detaillierten Einblick in die Firma zu bekommen, aber auch um Produktaspekte zu diskutieren. »Während der nuDays im Juni 2009«, sagt Roland Spiegler, »hatten wir ein spezielles Review der neuen »nuVero« Serie, und wir haben außerdem einige Tests durchgeführt. Wir testeten und verglichen zum Beispiel die neuen nuVeros mit Modellen der älteren »nuLine« Serie.« Abhängig vom Raum und der Umgebung, empfanden einige Kunden den neuen Klang als »heller«, während andere ihn als »dunkler« beschrieben. Tatsächlich haben Räume nämlich einen großen Einfluss auf die Klangreproduktion eines Lautsprechers, weil manche Räume den Klang abdämpfen und andere nicht. Der direkte Kundenkontakt während der nuDays ist extrem wichtig für das Entwicklungsteam. Spiegler sagt »wir bieten die nuVero jetzt mit drei verschiedenen Schaltern an, die den Kunden ermöglichen den Klangausgang an die Raumakustik anzupassen, und zwar im Rahmen von +/– 2–3dB.«
Spiegler fährt fort »wir haben unsere Kunden immer um Rückmeldung gebeten, das ist auch der Grund, weshalb jedem Lautsprecher eine spezielle Feedback-Karte beiliegt. Sie ist mit einem Gewinnspiel kombiniert, um die Rücklaufquote zu erhöhen. Ratschläge und Kommentare der Kunden, die per E-Mail oder per Brief kommen, werden direkt an die jeweilige Abteilung weitergeleitet, und wir melden uns auf jeden Fall bei jedem Kunden. Das ist ein kleines Zeichen, aber enorm wichtig, um eine Beziehung mit unseren Kunden aufzubauen«.
Wie das Nubert-Team zu sagen pflegt, braucht man vier Dinge: den perfekten Lautsprecher, technisches Wissen, ein hohes Maß an Kreativität und ein paar gut trainierte Ohren, um die Meinung der Kunden zu hören.

7.4 Virtuelle Communities

Virtuelle Communities sind heutzutage ein fester Bestandteil unserer Gesellschaft. Zahlreiche Webseiten informieren zu unterschiedlichen Themen, wie z.B. Partnerbörsen, Behandlungsmethoden für Krankheiten, verschiedenen Hobbies und der Auswahl oder Anwendung eines Produkts. Aus diesem Grund ist es für Firmen heutzutage wichtig, das Internet für Marktforschung und Innovation zu nutzen.

7.4.1 Überblick

Virtuelle Communities, auch bekannt als *E-Communities* oder *Online-Communities*, sind Gruppen von Menschen, die gemeinsame Interessen haben und über Online-Newsletter, E-Mail, Online-Netzwerke, soziale Netzwerkseiten und über Chatrooms interagieren, anstatt sich persönlich zu treffen. Die Kommunikation kann dabei sowohl soziale, berufliche, weiterbildende oder andere Ziele verfolgen. Virtuelle Kommunikation (wie das berühmte Facebook) kann auch die persönlichen Treffen von Bekannten ergänzen. Teilnehmer von virtuellen Communities mögen es, schnell und einfach Kontakt miteinander aufzunehmen. Zudem ist es für die Mitglieder solcher Communities ebenfalls wichtig, Tipps, Empfehlungen und Erfahrungen zu Produkten und Dienstleistungen untereinander auszutauschen. Manchmal entwickeln sie sich sogar zu sogenannten Brand-Communities, bei denen die Teilnehmer bestimmte Werte und Weltanschauungen teilen, gleiche Rituale und Traditionen haben, und ein gewisses Maß an Verantwortung für eine Marke empfinden.[35] Beispiele sind die Nutzer von iPhones oder Fahrer des Mini oder von Harley-Davidson-Motorrädern. Sie teilen die Leidenschaft für ein spezielles Produkt oder eine Dienstleistung. Die britische Transportfirma Eddie Stoddard zum Beispiel hat einen Fanclub mit einem Online-Blog.

7.4.2 Anwendung von virtuellen Communities

Das Internet kann den Kontakt mit Kunden in vielfacher Hinsicht erleichtern.[36] Gleichzeitig bietet es Firmen die Möglichkeit, kreative und innovative Menschen, die nicht Teil der eigenen Organisation sind, in die Produktentwicklung einzubinden.[37] Anstelle von kurzen Zusammentreffen mit Kunden während der Marktforschung sind Firmen nun in der Lage, einen anhaltenden und wiederkehrenden Dialog mit mehreren Kundengruppen zu etablieren, die die gleichen Interessen, das gleiche Wissen und/oder die gleichen Werte haben. In Abbildung 7.2 werden die wichtigsten Unterschiede zwischen User-Innovation in realer und virtueller Umgebung dargestellt. Zum Beispiel wird der wichtige Unterschied zwischen der Rolle des Kunden (von passiv zu aktiv) und die Intensität des Kontakts (einseitige Befragung versus zweiseitiger Dialog) dargestellt.

Innerhalb dieser Kundengruppen gibt es oft einen Wissenspool, der vorher nur schwer erreichbar war. Deshalb sind soziale Webseiten, Blogs und Ähnliches wichtige Datenquellen. Marktforschung per Internet kann Firmen helfen, wichtige Fragen zu beantworten, wie zum Beispiel: »Was sind die aktuellen Trends bei unseren Kunden?«[38] [39] [40] Ein Hersteller von Flugzeugsitzen beispielsweise könnte in einem »Frequent Flyer Blog« teilnehmen, wo der Komfort der verschiedenen Fluglinien und die letzten Trends zum Thema Geschäftsreisen diskutiert werden. Die Frage »Welches sind Ihre Vorschläge zu neuen Geschmacksrichtungen?« wurde von der deutschen Firma Alfred Ritter GmbH & Co im Internet gestellt. Diese Firma, die die bekannte Marke Ritter Sport Schokolade mit der speziellen Verpackung herstellt, benutzt die so gesammelten Vorschläge für ihre »limitierte Sommeredition« der quadratischen Schokoladentafeln.

	Traditionelle Perspektive Reale Umgebung	Co-Entwicklungsperspektive Virtuelle Umgebung
Innovationsperspektive	Auf die Firma zentriert	Auf die Kunden zentriert
Rolle des Kunden	Passiv – Stimme des Kunden ist Input für Entwicklung und Tests neuer Produkte	Aktiv – Kunde ist Partner im Innovationsprozess
Richtung der Interaktion	Eine Richtung – von der Firma zum Kunden	Zwei Richtungen – Dialog zwischen Firma und Kunden
Intensität der Interaktion	Einmalig – auf unregelmäßiger Basis	Nachhaltig – anhaltender Dialog
Qualität der Interaktion	Schwerpunkt auf individuellem Wissen	Schwerpunkt auf sozialem Wissen bzw. Erfahrungswissen
Größe und Umfang des Publikums	Direkte Interaktion mit aktuellen Kunden	Direkte und unterstützte Interaktion mit zukünftigen und potenziellen Kunden

Abbildung 7.2: Unterschiede der User-Innovation in realen und virtuellen Umgebungen[41]

Auswahl der Communities und Rekrutierung von Mitgliedern

Mitglieder von virtuellen Communities haben in der Regel unterschiedlich gelagerte Interessen. Die Teilnahme an der Community geht dabei vom Einstellen von Kommentaren in Blogs und Newspages über das Abgeben von Verbesserungen für Produkte bis hin zu signifikant neuen Vorschlägen für das Produktdesign. Ähnlich wie bei den traditionellen Anwenderclubs teilen sich die virtuellen Communities oft in Cliquen auf oder spalten sich ab, um neue Communities zu gründen.

Normalerweise haben die Mitglieder von Communities eine »intrinsische« Motivation. Sie sind nicht wirklich auf der Suche nach Anerkennung in irgendeiner Form, sondern nehmen quasi »aus Spaß an der Freude« an der Community teil. Darüber hinaus sind sie keineswegs zurückhaltend, ihre Ideen mit anderen zu teilen, und Urheberrechtsfragen sind für sie in der Regel kein Thema. Viele Mitglieder von virtuellen Communities denken unternehmerisch, sind gut ausgebildet und ausgesprochen talentiert. Untersuchungen haben ergeben, dass neue Mitglieder immer aktiver werden, und sobald sie sehr engagiert dabei sind, können sie sogar als Chef einer Community fungieren.[42] Manche dieser führenden Mitglieder werden die Community aber wieder verlassen, sobald andere Verpflichtungen rufen oder ihr Interesse abnimmt.

Firmen müssen sich entscheiden, welche Kunden in die Produktentwicklung eingebunden werden sollen. Danach ist es wichtig, die Communities zu identifizieren, in denen solche Kunden aktiv sind. Viele Firmen haben Anwendergruppen, deshalb muss der erste Schritt sein, die Kunden auszuwerten, die bereits auf dieser Plattform aktiv sind. Die Marketingabteilung muss die Online-Communities genau beobachten, auch wenn sie nur eine sehr kurze Lebensdauer haben. Sobald einige Communities identifiziert wurden, ist es wichtig, die Qualität der Diskussion und den sogenannten »Traffic« (Benutzungshäufigkeit) der Website zu recherchieren. Der eigentliche Kontakt zu den Communities sollte über den Webmaster organisiert werden, weil Mitglieder oft negativ auf neugierige Fragen von Außenstehenden reagieren. Der Kontakt über den Webmaster erleichtert auch die Klärung der rechtlichen Fragen. Darüber hinaus ist es auch möglich, potenzielle Zahlungen an die Mitglieder professionell abzuwickeln.

Praktische Überlegungen

Wenn man mit virtuellen Communities arbeitet, ist es enorm wichtig, die Sprache der Mitglieder anzuwenden. Die Mitarbeiter der Marketing- und F&E-Abteilungen müssen sich an die Communities anpassen und auf keinen Fall andersherum.[43] Wie bereits erwähnt, haben Mitglieder von virtuellen Communities normalerweise keine monetären oder irgendwelche anderen Erwartungen. Allerdings ist es trotzdem empfehlenswert, dies im Vorfeld festzulegen, sodass die Mitglieder nicht urplötzlich die Urheberrechte einklagen, weil sie zur Produktentwicklung beigetragen haben. Anstelle von finanzieller Anerkennung, können Dinge wie Vorabinformationen zu neuen Produkten, Mustern oder die Möglichkeit, bei der Markteinführung mitzuwirken, als Motivation für die Mitarbeit der Mitglieder genutzt werden.[44]

Bevor man die Diskussion mit User-Communities startet, ist es wichtig, die nötigen Ressourcen für die Analyse der erwarteten Informationen bereitzustellen. Die meisten Teilnehmer erwarten spontanes Feedback auf ihre Ideen und wollen darüber hinaus über den Fortlauf der Produktentwicklung informiert sein. Dies zu ignorieren, kann die Beziehung zu einer Community negativ beeinflussen.

Company	Produkte oder Dienstleistungen	Einsatz von virtuellen Communities
Frosta[45]	Hersteller von hochwertiger Tiefkühlkost	Nutzt das Web 2.0 und Weblogs, um mit Kunden zu kommunizieren. Management, Produktentwickler und andere Frosta-Mitarbeiter nehmen aktiv an den Diskussionen im Web teil. Konsumenten werden aufgefordert, Produkte zu kommentieren, dies half Frosta dabei, den Marktanteil bedeutend zu erhöhen.[46]
Kraft General Food[47]	Führender internationaler Hersteller von Lebensmitteln	Laden Verbraucher ein, neue Arten von Philadelphia Frischkäse über die Firmen-Website auszuwählen. Die Initiative hat unterschiedliche Namen in den Ländern. In Deutschland heißt sie »Käsemeister Phil sucht Ihre Philadelphia Wunschsorte«. Kraft will damit auch die Marke Philadelphia stärker an die Kunden binden.
IBM[48]	Hersteller von PC-Hardware	Nutzte eine weltweite »Innovationssession«, bei der 330.000 Mitarbeiter und viele Kunden mit Ideen beigetragen und Kommentare zu Themen wie Energie, Mobilität, Gesundheitsvorsorge etc. abgegeben haben. Die IBM-Plattform basierte auf verschiedenen Web 2.0-Werkzeugen, und etwa 150.000 Anwender aus 104 Ländern haben 46.000 Ideen abgegeben. Diese wurden gruppiert, in verschiedenen Gruppen diskutiert und 31 ausgewählte Ideen wurden umgesetzt.
Linux[49]	Software-Lieferant	Das Linux-System wurde von einem Netzwerk von Software-Spezialisten entwickelt, verbunden über das Internet, und dadurch auch kontinuierlich verbessert.
Threadless[50]	US-basierte Online-Bekleidungsfirma	Lädt die Internet-Community ein, T-Shirts zu entwickeln und jede Woche einen Favoriten zu wählen, der dann produziert und über die Website verkauft wird.

Abbildung 7.3: Beispiele von virtuellen Communities in der Produktentwicklung

Falls die Community nur für eine beschränkte Zeitdauer oder für ein spezielles Produkt ins Leben gerufen wurde, ist es wichtig, die Teilnehmer zu fragen, ob sie noch einmal teilnehmen würden, und dann auch gleich deren Zustimmung zur Speicherung ihrer persönlichen Daten einzuholen. Idealerweise ergibt sich daraus eine langfristige Beziehung. In Abbildung 7.3 sind Firmenbeispiele aufgelistet, die erfolgreich mit Online-Communities arbeiten.

Die Beispiele in Abbildung 7.3 stammen alle von großen Firmen, aber auch kleinere Unternehmen nutzen inzwischen virtuelle Communities für die Marktforschung und die Produktentwicklung.

7.5 Crowdsourcing

7.5.1 Überblick

Der Begriff *Crowdsourcing* (eine Kombination aus *Crowd* und *Outsourcing*) stammt aus einem Artikel im Wired Magazin aus dem Jahr 2006.[51] Er wurde definiert als »die Handlung einer Firma oder Institution, Funktionen die vormals von Mitarbeitern erledigt wurden, an ein undefiniertes (und in der Regel großes) Netzwerk von Menschen in einem offenen Aufruf weiterzugeben.«[52] Es ist mittlerweile in den Firmen üblich, viele Menschen mithilfe der Web 2.0-Technologie anzusprechen, um spezifische Geschäftsziele zu erreichen.[53] Allerdings unterscheidet sich Crowdsourcing grundsätzlich von Wikonomics, weil es nicht von Marktsignalen oder offenen Aufrufen abhängt. Es unterscheidet sich auch vom normalen Outsourcing, weil die Aufgabe an eine *undefinierte* öffentliche Menge gegeben wird, und nicht an bestimmte Personen, die bewusst im Vorfeld ausgewählt wurden.

Crowdsourcing stellt einen bedeutenden Wandel in der Beziehung zwischen Firmen und ihren Kunden dar. Kunden werden nun als »Mit-Arbeiter« gesehen, die dazu beitragen, Mehrwert für die Firma zu generieren. Beispiele sind »Ideastorm« von Dell und die »Innocentive« Plattform von Procter & Gamble. Menschen tragen zu diesen Seiten bei »nicht weil sie eine Entlohnung wollen, sondern weil sie Leidenschaft empfinden« für die Marke.[54]

7.5.2 Anwendung

Viele Aufgaben, die auf Crowdsourcing-Webseiten eingestellt werden, replizieren die traditionellen Aktivitäten der Marktforschung.[55] Allerdings ist echtes Crowdsourcing schwierig.[56] Zum Beispiel werden hoch komplexe technologische Probleme oft eher an eine »crowd« vergeben, als die Aufgabe einem speziellen Lieferanten zu übertragen, der sich mit der entsprechenden Technologie gut auskennt. Heute werden Probleme oft von Außenseitern gelöst, die auf die veröffentlichten Probleme reagieren und dafür ihre Freizeit opfern, weil sie die »persönliche Herausforderung« lieben und die anderen, die ebenfalls an der Lösung des Problems arbeiten, schlagen wollen, indem sie zuerst eine Lösung anbieten. Crowdsourcing wird auch genutzt, um Lösungen für aktuelle Kundenprobleme zu finden. Dies kann Teil einer Strategie sein,

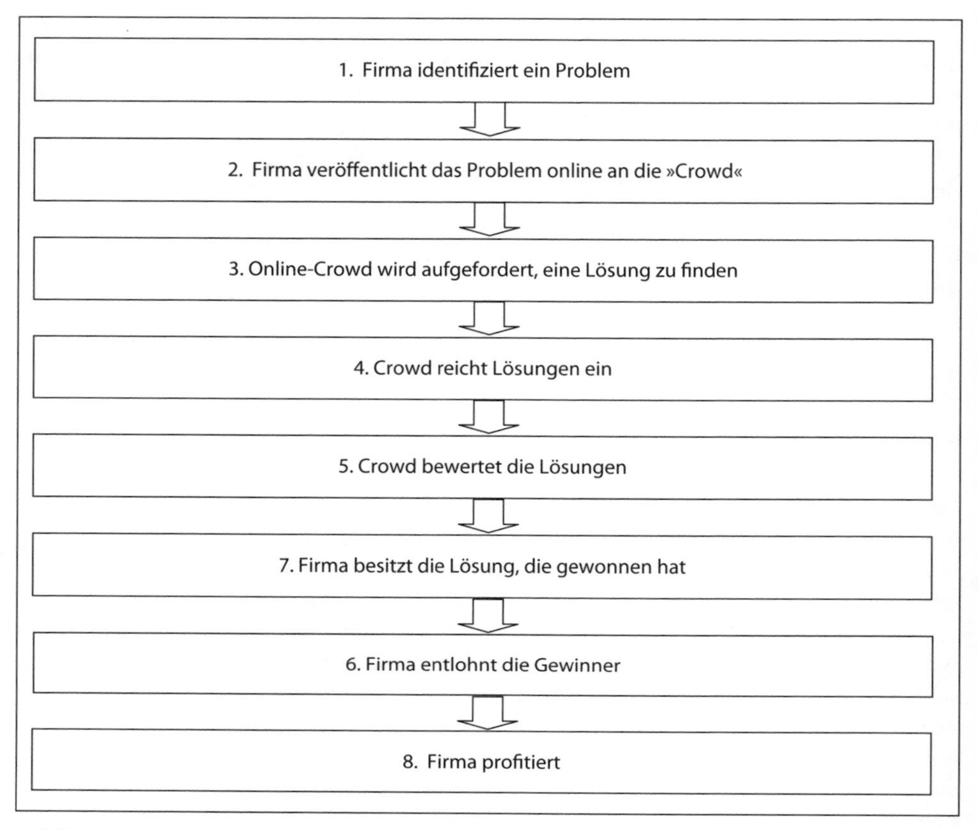

Abbildung 7.4: Das Crowdsourcing-Flussdiagramm[57]

interne Aufgaben auszulagern, um Geld zu sparen, oder wenn eine Firma ein Problem intern nicht beheben kann.

Crowdsourcing folgt acht aufeinander folgenden Schritten, wie in Abbildung 7.4 dargestellt.

Obwohl das Konzept des Crowdsourcing relativ neu ist, wird es ausgiebig genutzt und einige Start-up-Firmen basieren allein auf dieser Idee (das heißt, sie geben Probleme an die Crowd weiter und verkaufen die Lösungen an interessierte Firmen für einen höheren Preis). Diese Werkzeuge der kollektiven Intelligenz leisten einen höheren Beitrag, als Theoretiker erklären können.[58] Allerdings ist noch nicht geklärt, welche Arten von Crowdsourcing langfristig überleben werden.

7.6 Experimente und Prototyping

7.6.1 Überblick

Wann immer neue Produkte oder Dienstleistungen entwickelt werden, ist es ungemein wichtig, die Ideen von Beginn an und immer wieder mit Kunden zu testen. Der hierfür am meisten genutzte Weg für industriell gefertigte Produkte ist *Rapid Prototy-*

ping. Hier helfen neue Technologien, da es heutzutage einfach und kosteneffektiv ist, physische Modelle und Versuchssoftware bereitzustellen. Dienstleistungsprodukte können auch getestet werden. Die Bank of America hat z.B. Testfilialen, in denen neue Dienstleistungen mit Kunden ausprobiert werden, zudem wird geprüft, wie verschiedene Aspekte von Dienstleistungen die Kundenzufriedenheit beeinflussen (zum Beispiel, wie Wartezeiten von Kunden wahrgenommen werden). Viele Kunden prüfen die Reaktionen von Kunden auf Prototypen, der Ansatz der *Experimente* geht dabei einen Schritt weiter, indem verschiedene Aspekte von Produkten oder Dienstleistungen variiert und die daraus folgenden Reaktionen der Kunden untersucht werden. Tests und Experimente können durchgeführt werden, sobald Produktaspekte identifiziert und Prototypen angefertigt wurden. Deshalb ist es inzwischen auch möglich, solche Tests in den ersten Phasen der Produktentwicklung durchzuführen. »Zentrales Element der Experimente ist die Anwendung von Modellen, Prototypen, kontrollierten Umgebungen und Computersimulationen, die den Innovatoren erlauben, die vielen Ideen, die in Organisationen generiert werden, zu reflektieren, zu improvisieren und auszuwerten.«[59]

Ein anderer Grund für die Anwendung von Experimenten und Prototypen ist die Tatsache, dass Anwender oft nicht viel technisches Wissen haben und sich somit die möglichen Lösungen nicht vorstellen können, wenn ihnen keine Dummys präsentiert werden (siehe Fallbeispiel 7.6). Dienstleistungsprodukte allerdings kann man nicht anfassen, deshalb helfen hier Prototypen (in einer ähnlichen Umgebung, in der die tatsächliche Dienstleistung erbracht wird) den Kunden dabei, mehr Ideen zu generieren.

Die Arbeit mit Prototypen erlaubt Innovatoren (innerhalb der Firma) und Kunden (außerhalb der Firma), sich produktiver miteinander auszutauschen.[60] Während dieses Austauschs werden physische Prototypen angefasst, ausprobiert und getestet. Dies bringt mehr wichtige Einblicke als Umfragen zu den wahrgenommenen Bedürfnissen der Anwender.

Manchmal werden Experimente und Prototypen als Zusatz der Lead-User-Technik angewendet. Dabei werden Beobachtungen durchgeführt, wie Kunden in einer realistischen Umgebung auf greifbare Produktideen reagieren. Hierfür ist teilweise teure Prototypenausstattung nötig, aber meistens sind Experimente ein schneller und einfacher Weg, verschiedene Dinge zu pilotieren und detaillierte Einblicke zu erhalten, was funktioniert und was nicht. Die in Kalifornien beheimatete Beratungsfirma Ideo ist bekannt dafür, Prototypen für Produkte und Dienstleistungen fast immer unverzüglich anbieten zu können.

7.6.2 Anwendung

Es gibt einige Dinge zu beachten, wenn man darüber nachdenkt, Experimente durchzuführen und Prototypen anzuwenden.[61] Ein sogenanntes *Testprotokoll*, also eine Liste der unterschiedlichen Aspekte von Produkten und Dienstleistungen, die mit Kunden getestet werden sollen, ist unabdingbar. Experimente isolieren die Variable, die getestet werden soll, weil die Ergebnisse verwirrend werden, falls mehr als eine Variable zur gleichen Zeit verändert wird[62] (zum Beispiel: wenn Sie die Farbe und Form eines Produktes gleichzeitig ändern und nicht nur die Farbe oder die Form). Es ist wichtig sicherzustellen, dass keine Einflüsse von außen das Experiment stören können – deshalb sind sogenannte *kontrollierte Umgebungen* nötig. Außerdem dürfen die Mitarbeiter, die für die Produktentwicklung zuständig sind, die Ergebnisse nicht beeinflussen, indem sie ihre persönlichen Prototypen favorisieren. Andererseits kann es passieren, dass sich Kunden in einer kontrollierten Umgebung anders verhalten als in ihrer natürlichen Umgebung. Außerdem müssen Firmen darauf achten, dass die Ergebnisse auf die reale Welt übertragen werden können und nicht nur auf die Kunden, die an der Prototypen-Untersuchung teilgenommen haben.

Es gibt eine sehr bekannte Geschichte über einen Workshop bei Sony, als jungen Leuten zum ersten Mal ein Walkman-Produkt gezeigt wurde. Während der Diskussionen wurden die Teenager gefragt, welche Farben sie sich für dieses Produkt wünschen würden und die Gruppe sagte klar, dass sie helle bunte Farben präferieren. Am Ende des Workshops wurde den Teilnehmern gesagt, sie könnten sich als Dankeschön für die Teilnahme einen Walkman aussuchen. Die Sony-Ingenieure haben festgestellt, dass von den angebotenen Farben, Schwarz die beliebteste war und nicht helle, bunte Farben.[63]

Fallbeispiel 7.6

Volvo – amerikanische Frauen und der XC90[64]

Für ihr erstes SUV (Sports Utility Vehicle)-Modell hatten die Manager der Volvo Car Group festgestellt, dass es zu wenige Informationen zur Wahrnehmung weiblicher Fahrer zu SUVs gibt und entschieden deshalb, dass eine Gruppe weiblicher Fahrer in die Produktentwicklung einbezogen werden soll. Einige Mitarbeiter des Projektes waren skeptisch, weil sie die Einbindung von Kunden als »unwissenschaftlich« ansahen. Trotzdem wurden 24 Frauen in Kalifornien von einer früheren Volvo-Mitarbeiterin ausgewählt, die aufgrund ihres technischen Wissens und Erfahrungen im Projektmanagement die Gruppensitzungen moderierte.

Die Gruppe traf sich alle paar Monate während des dreijährigen Projektes mit Volvo-Mitarbeitern und diskutierte in informeller Art ihre Sicht zu SUVs. Die Teilnahme von Volvo-Managern bei den Sitzungen wurde von den Frauen sehr positiv wahrgenommen, weil sie dadurch das Gefühl hatten, dass ihre Meinung ernst genommen wird. Es stellte sich schnell heraus, dass sowohl ein großer Motor als auch ein niedriger Kraftstoffverbrauch als wichtig angesehen wurden. Darüber hinaus sollte das Design des Autos nicht »einschüchternd« wirken. Um sicherzugehen, dass die Diskussionen zu äußerem und innerem Design so effektiv wie möglich ablaufen, zeigte Volvo schon sehr früh im Projektablauf einen Prototypen aus Plastik in Originalgröße und sammelte dafür Kommentare ein wie »nicht einschüchternd, sieht aber trotzdem sicher aus«. Bei der letzten Sitzung der Gruppe, konnte jede Teilnehmerin die endgültige Version des Volvo XC90 Probe fahren.

Obwohl die Frauen nur 50 Dollar Aufwandsentschädigung für jedes zweistündige Treffen bekommen haben, war die Teilnahmedisziplin sehr gut und 16 Frauen haben von Anfang bis zum Ende mitgemacht. Zahlreiche Ideen der Gruppe wurden im endgültigen Modell des Volvo XC90 umgesetzt, so zum Beispiel der doppelte Ladeboden im Kofferraum, einige Punkte des äußeren Designs, die Auswahl der Innentextilien und der geforderte Treibstoffverbrauch.

7.7 Vorteile und Nachteile

Die Einbindung der Anwender, ob in Form der Lead-User-Technik oder irgendeines anderen Ansatzes, den wir hier diskutiert haben, bietet eine Vielzahl von Vorteilen. Dies ist auch der Grund dafür, dass sie in den letzten Jahren vermehrt in der Marktforschung und in der Produktentwicklung eingesetzt wurden. Weil die verschiedenen Arten der Kundeneinbindung in vielerlei Hinsicht doch ähnlich sind (und auch oft kombiniert werden – zum Beispiel bekommen virtuelle Communities Prototypen für Softwaretests), werden wir die Vor- und Nachteile für alle Methoden gemeinsam betrachten.

7.7.1 Vorteile

Reduzierung von Kosten und Zeit

Der Kontakt mit Anwendern ist oft billiger und schneller als die konventionellen Methoden der Marktforschung. Die Ergebnisse können auch sehr bedeutend sein. Firmen, die Lead-User-Technik anwenden, haben beispielsweise herausgefunden, dass aufgrund der klaren schrittweisen Vorgehensweise, die Entwicklung innovativer Ideen schneller geht.[65] Also können Anwender den Entwicklungsprozess beschleunigen, weil innerhalb kurzer Zeit zahlreiche Ideen generiert werden können.

Virtuelle Communities haben einen zusätzlichen Vorteil, weil sie sehr kostengünstig den Kontakt zu vielen Anwendern ermöglichen, und das 24 Stunden täglich, sieben Tage die Woche. Die Bezahlung der Ideen ist nicht immer notwendig, nicht einmal bei Crowdsourcing-Projekten, bei der ein spezielles Problem gelöst werden muss. Auch Prototypen sparen Kosten, weil das Risiko, einen Flop auf den Markt zu bringen, reduziert wird.

Kreativitätssteigerung

Die Einbindung von Anwendern regt ganz generell die kreativen Prozesse innerhalb einer Firma an. Lead-User-Workshops zum Beispiel bringen völlig unterschiedliche Anwender zusammen, stimulieren intensive Diskussionen und sind in der Regel für die teilnehmenden Mitarbeiter der Firma höchst motivierend. Wenn virtuelle Communities eingesetzt werden, profitieren die Firmen von einem größeren Wissenspool und vielen Talenten im Vergleich zur eigenen Organisation, weil ein großer Pool an »Ressourcen« von außerhalb angezapft werden kann. User-Communities ermöglichen direkte Kommunikation und Zusammenarbeit mit einer großen Zahl von Kunden, von denen sehr detaillierte Informationen bezogen werden können.

Hohe Kundenakzeptanz

Die Konzepte, die aus der intensiven Zusammenarbeit mit Anwendern resultieren, sind oft sehr innovativ und stellen praktische Lösungen für komplexe Probleme dar. Mitglieder der Community und Teilnehmer von Lead-User-Workshops geben ihre Zustimmung zu einem neuen Konzept, einer Geschäftsstruktur oder einem Produkt,[66] das wiederum die ideale Basis für die Markteinführung ist. Produktflops werden damit seltener (siehe Fallbeispiel 7.7). Es gibt bereits deutliche Hinweise darauf, dass Lead-User-Workshops Produkte mit sehr hohen Umsätzen generieren.[67] Marktforschung durch User-Communities hilft außerdem, die Identifikation der Kunden mit der Marke und/oder dem Produkt zu erhöhen. Erlaubt man Kunden und Anwendern bereits zu einem frühen Zeitpunkt, Produkte zu testen, können danach noch Änderungen am finalen Produkt bzw. der Endversion der Dienstleistung vorgenommen werden. Das wiederum erhöht nochmals die Kundenakzeptanz.

Fallbeispiel 7.7

Unkonventionelle Filme – am Puls des Filmgeschäfts[68]

Im Jahr 2003 gründeten Vernon Mortensen, Kelly Parks und Neil Trusso die Firma *Unconventional Films* in Los Angeles. Es handelt sich dabei um eine Produktionsfirma, die auf Genre-Filme, TV und neue Medienfilme spezialisiert ist. Die Firma hat für das Filmgeschäft einen ungewöhnlichen Ansatz. Sie produzierte beispielweise verschiedene Serien im Internet. Mortensen erklärt. »Wir haben uns vorgenommen, ein Pionier im internetbasierten Vertrieb zu sein. Wenn Sie nicht das anbieten, was der Markt will, sind sie sofort aus dem Geschäft. Einige Ideen kommen von Leuten, die daran interessiert sind, einen bestimmten Film zu schauen. Das merken wir uns genau.« Aber wie?

Mortensen und sein Team haben regelmäßige Treffen mit Vertriebspartnern, um herauszufinden, wonach diese suchen. Die Vertriebspartner sind die direkten Kunden und Vernon sagt: »Vertriebspartner brauchen einen wirklichen Filmstar, sie brauchen einen bestimmten Betrag an Produktionskosten und so weiter. Wenn wir ihnen das nicht anbieten, würden sie es ganz einfach nicht akzeptieren.«

Momentan fragen die Vertriebspartner nach Sportfilmen und hinzu kommt, dass der südamerikanische Markt anfängt, interessant zu werden. »Ohne den Input von Vertriebspartnern«, so Mortensen »hätten wir sicher nicht entschieden, einen Boxfilm mitten in Mexico City zu machen.« Der letzte Film heißt »Chamaco« und zeigt den Boxchampion Marco Antonio Barrera zusammen mit den Filmstars Martin Sheen, Michael Madsen, Alex Perea und anderen. 80 Prozent der Schauspieler stammt aus Lateinamerika und ab Juli 2010 wird der Film in allen AMC-Kinos der USA gezeigt.

Verbesserte interne Prozesse

Die Einbindung von Anwendern in den Innovationsprozess hat auch für die internen Produktentwicklungsprozesse mehrere Vorteile. Insgesamt erfordern User-Communities eine fundamentale Änderung im Innovationsprozess, weil sie Kunden in einer völlig neuen Art und Weise einbinden, insbesondere im Vergleich zu traditionellen Fokusgruppen, Interviews oder Umfragen (die Rolle des Kunden verändert sich von passiv zu aktiv). Gleichzeitig unterstützen Kunden auch dabei, die Entwicklungsleistung an sich zu verbessern,[69] weil sie zu einer Reduzierung der benötigten Ressourcen und einer besseren Qualität der Resultate beitragen (wie oben beschrieben). Darüber hinaus wird auch noch das Konfliktpotenzial zwischen F&E und den Marketingabteilungen reduziert, weil jeder in den Dialog mit Kunden eingebunden ist und somit sehen kann, wie die Produktanforderungen auf den Kenntnissen von den Kunden beruhen. Um es kurz zu machen: User-Communities können zu einem strategischen Pfund für die Produktentwicklung einer Firma werden.

7.7.2 Nachteile

Obwohl User-Communities immer beliebter werden und vermehrt in der Produktentwicklung eingesetzt werden, gibt es auch fünf Nachteile, die man sich vor Augen führen muss. Die Nachteile können aber eingeschränkt werden – etwa indem man die Ergebnisse der Kundeneinbindung mit den anderen in diesem Buch diskutierten Techniken vergleicht.

Zeit, Aufwand und Erfahrung, die benötigt wird

Wie bereits erwähnt, ist die Identifikation und Rekrutierung von Lead-Usern ein schwieriger und zeitraubender Prozess. Prototypen und Experimente können darüber hinaus teuer sein. Andererseits können die Ergebnisse verhindern, dass Investitionen in die falschen Produkte oder Dienstleistungen getätigt werden.

Entwicklungsteams haben oft keine Erfahrung damit, Lead-User-Workshops durchzuführen. Die Einbindung von Kunden erfordert Erfahrung und birgt immer das Risiko, zu abhängig von Außenstehenden zu werden. Wenn der Lead-User-Prozess aber beispielsweise von einem externen Berater unterstützt wird, kann dies ebenfalls gefährlich sein, weil »das Verstehen der Kunden eine Funktion ist, die auf keinen Fall nach außen gegeben werden darf.«[70]

Nicht repräsentative Anwender

Lead-User und Teilnehmer von virtuellen Communities sind nicht immer mit der normalen Kundenstruktur vergleichbar. Deshalb dürfen Firmen sich nicht zu sehr auf die stark vertretene Meinung einer Minderheit verlassen, und dabei die Anforderungen der anderen Kunden vernachlässigen. Dies war zum Beispiel der Fall bei einer Firma für medizinische Geräte, die ihre Produktentwicklung auf die Empfehlungen von führenden Chirurgen basiert hat.[71] Schwierigkeiten kann es auch geben, wenn eine Firma nicht mehr fähig oder willens ist, die hoch entwickelten Anforderungen der Kunden zu erfüllen. Die Antworten eines Crowdsourcing-Aufrufs, wo Kunden mit einer unbekannten Gruppe von Online-Nutzern zusammenarbeiten, birgt ebenfalls das Risiko, nicht mit den Anforderungen des allgemeinen Publikums übereinzustimmen.

Deshalb muss die Einbindung von Kunden mit separater Marktforschung ergänzt werden, um die Akzeptanz bei den »typischen« Kunden zu testen, die möglichen Vertriebszahlen abzuschätzen, die Preisposition festzulegen und so weiter. Weil die Anzahl der Konzepte, die durch die Einbindung von Kunden generiert wird, sehr groß sein kann, kann die nachgelagerte Auswertung sehr teuer sein.

Techniken können nicht angewandt werden

Bei sehr komplexen Entwicklungen wie beispielsweise chemischen, pharmazeutischen, biotechnischen oder großen mechanischen Produkten ist die Einbindung von Kunden nicht möglich.

Nicht jede Frage, die im Produktentwicklungsprozess auftaucht, kann auf »virtueller« Basis gelöst werden, weil virtueller Kontakt nicht immer den direkten Kontakt ersetzen kann. Dies trifft insbesondere deshalb zu, weil Wahrnehmungen und Meinungen normalerweise durch Körpersprache und Tonfall unterstützt werden. Beides kann aber in virtuellen Umgebungen nicht eingefangen werden. Deswegen werden

User-Communities oft kritisiert, nur kleinere Innovationen, aber keine radikalen zu ermöglichen.

Unbedeutende Ideen

Ein generelles Problem bei der Einbindung von Anwendern in den Innovationsprozess ist die Tendenz, sich auf bestehende Produkte zu konzentrieren, anstatt kreative neue Ansätze zu entwickeln. Dies kann bei Virtuellen Communities ein Thema sein. Die Ergebnisse werden außerdem auch als nichtrepräsentativ kritisiert, weil die Lead-User-Workshops außerhalb der normalen Arbeitsumgebung stattfinden und weil die Meinungen der virtuellen Communities nicht überprüft werden können.

Risiken des Wettbewerbs und des Urheberrechts

Es ist außerdem wichtig zu beachten, dass User-Communities höchstwahrscheinlich vom Wettbewerb beobachtet werden, deshalb bergen solche Plattformen immer das Risiko von »Industriespionen« oder »bösartigen Beiträgen«. Da keine rechtlich verbindliche Vereinbarung existiert, gibt es auch bei Crowdsourcing-Projekten ein gewisses Risiko. Rechtliche Ansprüche, die durch die Nutzung von Kundenideen entstehen, sollten deshalb zu Beginn geklärt werden, um jede Art von Komplikationen zu vermeiden.[72]

7.8 Zusammenfassung

Die Einbindung von Anwendern steckt immer noch in den Kinderschuhen, aber es werden sicherlich immer mehr Möglichkeiten zur Weiterentwicklung kommen. »Die Kombination aus sozialen PC-Anwendungen und einem Verständnis der sozialen Netzwerke wird es Marktforschern ermöglichen, neue Arten von Forschungsgemeinschaften aufzubauen, bei denen die Befragten nicht nur mit den Forschern, aber auch mit den Kunden und untereinander interagieren.«[73] Dieses Kapitel hat Folgendes aufgezeigt:

- Es existiert ein großes Lernpotenzial über versteckte Bedürfnisse der bestehenden und zukünftigen Kunden einer Firma. Die Einbindung von Kunden kann an verschiedenen Stufen im Produktentwicklungsprozess erreicht werden, von der Ideenfindung über die Mitarbeit bei der Entwicklung und dem Testen von Prototypen.
- Die Lead-User-Methode ist zeitintensiv, jedoch sehr effizient und ermöglicht tiefe Einblicke in die Bedürfnisse und Anforderungen von sogenannten »Early Adopters« oder Kunden, die mehr über die Produkte wissen als die Firma selbst.
- User-Communities in virtuellen Plattformen im Internet sind ein immer beliebterer Weg, um einfach viele Kunden zu erreichen und deren Bedürfnisse und Anforderungen anzuzapfen. Dabei ist es wichtig, ein Benutzerprofil des idealen Kunden zu definieren und bewusst relevante Communities auszuwählen. Idealerweise wird eine firmeneigene Plattform eingerichtet, speziell für offene Aufrufe und Crowdsourcing-Projekte.
- Die Vor- und Nachteile der Einbindung von Anwendern müssen sorgfältig betrachtet werden, aber bislang zeigen Untersuchungen, dass die Kundeneinbindung in Zukunft noch wichtiger werden wird.

Empfehlungen für die Praxis

- Stellen Sie fest, in welchem Abschnitt ihres Produktentwicklungsprozesses, die Einbindung von Anwendern zu Verbesserungen führt. Nicht alle Probleme und Fragen können bei neuen Produkten mit Hilfe der Kunden gelöst werden.
- Wählen Sie Kunden und Lead-User vorsichtig aus, weil nicht alle Kunden das Potenzial haben, einen positiven Beitrag zu leisten.
- Wägen Sie den Aufwand einer virtuellen Community und die Vorteile der Ergebnisse ab, weil die für die Organisation der Kunden benötigten Ressourcen am Anfang oft unterschätzt werden.
- Versuchen Sie die Einbindung von Anwendern in der Marktforschung sowie andere Aspekte der Produktentwicklung miteinander zu verbinden.

7.9 Weiterführende Literatur

1. Davis, R.E. (1993): ›From Experience: the Role of Market Research in the Development of New Consumer Products‹. *Journal of Product Innovation Management*. Vol. 10, No. 2, S. 309–317. Häufig zitierte wissenschaftliche Veröffentlichung, die eine gute Einführung in das Thema Kundeneinbindung beinhaltet.
2. Surowiecki, J. (2004): *The Wisdom of Crowds: Why the Many are Smarter than the Few and How Collective Wisdom Shapes Business, Economies, Societies and Nations*. Garden City: Doubleday. Dieses Buch erklärt den Wert der kollektiven Weisheit von »crowds«.
3. Von Hippel, E. (1988): *The Sources of Innovation*. New York: Oxford University Press. Standardtext zum Thema Innovation, der oft zitiert wird und wertvolle Hinweise gibt.

7.10 Quellenverzeichnis und Notizen

1 Melillo, W. (2006): ›Inside the Consumer Mind‹. *Adweek*, Jan. 16, S. 12, Zitat von Gerald Zaltman.
2 NESTA (2008): *The New Inventors, How Users are Changing the Rules of Innovation*. National Endowment for Science, Technology and the Arts (NESTA) Research Report.
3 Lüthje, C./Herstatt, C./von Hippel, E. (2002): ›The Dominant Role of ›Local‹ Information in the User Information. The Case of Mountain Biking‹. *MIT Sloan Working Paper*. No. 4377–02, July 2002.
4 Hippel von, E. (1986): ›Lead-Users: A Source of Novel Product Concepts‹. *Management Science*. Vol. 32, No. 7, S. 791–805.
5 Basiert auf einem Interview mit Ryan Jones am 27. Dezember 2009; http://www.pg.com/en_US/brands/beauty_grooming/index.shtml (January 2010); http://www.hugocreate.com/en/home (Januar 2010).
6 Tuomi, I. (2002): *Networks of Innovation*, Oxford University Press.
7 Tiemann, M. (2006): History of the OSI. Open Source Initiative. www. Opensource.org/history. Februar 2010.
8 Sonali, K.S. (2005): In: *Open Beyond Software*. Open Sources 2. Hrsg. Danese Cooper, Chris DiBona/Mark Stone. O'Reilly Media: Sebastopol, CA.
9 Postigo, H., (2003): ›From Pong To Planet Quake: post-industrial transition from leisure to work, Information‹. *Communication & Society*. *Vol.* 6, No. 4, S. 593–607.
10 Tyagi, P.K.: ›Webnography: A New Tool to Conduct Marketing Research‹. *The Journal of the American Academy of Business*. Vol. 15, No. 2, März 2010, S. 262–267.
11 Nesta (2008): ibid.
12 Piller, F. (2009): VDI Nachrichten, Weltmeister Magazin 1/2009, RWTH Aachen, S. 23.
13 Schilling, M.A./Hill, W.L. (1998): ›Managing the New Product Develoment Process: Strategic Imperative‹. *Academy of Management Executive*. Vol. 12, No. 3, S. 67–81.

14 Brown, S. L./Eisenhard, K. (1995): ›Product Development: Past Research, Present Findings, and Future Directions‹. *Academy of Management Review*. Vol. 20, S. 343–378.
15 Hippel, E. von (1977): ›Has a Customer Already Developed Your Next Product?‹ *Sloan Management Review*. Vol. 18, S. 63–74.
16 Fall basiert auf einem CNN Nachrichtenbeitrag von Sonntag, 21 März 2010: http://edition.cnn.com/video/#/video/international/2010/03/17/quest.united.uniform.cnn.
17 Füller, J./Bartl, M./Ernst, H./Mühlbacher, H. (2006): ›Community Based Innovation: How to Integrate Members of Virtual Communities into New Product Development‹. *Electronic Commerce Res.* 5, S. 57–73.
18 Lüthje, C. (2003): Methoden zur Sicherstellung von Kundenorientierung in den frühen Phasen des Innovationsprozesses, in: Herstatt, C./Verworn, B. (eds.) *Management der frühen Innovationsphasen: Grundlagen – Methoden – Neue Ansätze*, Gabler, Wiesbaden.
19 Magnusson, P.R (2009): ›Exploring the Contributions of Involving Ordinary Users in Ideation of Technology-based Services‹. *Journal of Product Innovation Management*. Vol. 26, No. 5, S. 578–593.
20 Prahalad, C. K./Rangaswamy, V. (2000): ›Co-opting Customer Competence‹. *Harvard Business Review*. S. 79–87.
21 Fall basiert auf:
- mehreren Besuchen von F. Lemke bei Sample U zwischen 2009 und 2010.
- Interview mit Craig Bongart (früherer Präsident und CEO von Sample U) durchgeführt von F. Lemke am 9. Januar 2010.
- Unterhaltung zwischen David Deal (jetziger CEO of Sample U) und F. Lemke im März 2010.

22 Boutellier, R./Völker, R. (1997): *Erfolg durch innovative Produkte. Bausteine des Innovationsmanagements.* Hanser, München.
23 Slater, S. G./Narver, J. C. (1998): ›Customer-led and Market-oriented: Let's not confuse the two‹. *Strategic Management Journal*. Vol. 19, S. 1001–1006.
24 Rogers, E. M.(2003): *Diffusion of innovations.* New York, NY: Free Press.
25 Jeppesen, L. B./Frederiksen, L. (2006): ›Why Do Users Contribute to Firm-hosted User-Communities? The Case of Computer-controlled Music Instruments‹. *Organization Science*. Vol. 17, No. 1, S. 45–63.
26 Koerner, B. I. (2006): ›Geeks in Toyland‹, *Wired.* Vol. 2, S. 108–150.
27 Herstatt, C./von Hippel, E. (1992): ›From Experience: Developing New Product Concepts via the Lead-User Method: a Case Study in a »Low-tech« Field‹. *Journal of Product Innovation Management*. Vol. 9, No. 3, S. 213–221.
28 Goffin, K./Mitchell, R. (2005): *Innovation Management. Strategy and Implementation using the Pentathlon Framework*. Palgrave Macmillan, London.
29 Cooper, R. G./Edgett, S. J.: *Generating Breakthrough New Product Ideas: Feeding the Innovation Funnel.* Product Development Institute, 2007, ISBN-10: 0-9732827-2-X
30 Herstatt, C./von Hippel E.: a. a. O., S. 213–221.
31 Schmookler, J. (1966): *Innovation and Economic Growth*. Harvard University Pess, Cambridge, M. A.
32 Rogers, E. M./Shoemaker, F. F. (1971): *Communication of Innovations. A Cross-cultural Approach*, 2. Aufl., The Free Press, New York.
33 von Hippel, E./Thomke, S./Sonnack, M. (1999): ›Creating Breakthroughs at 3M‹. *Harvard Business Review*. Sept.-Okt.
34 Fall basiert auf:
- mehreren Besuchen von F. Lemke bei Nubert elektronic GmbH von 2003 bis 2008.
- Interview mit Roland Spiegler durchgeführt von F. Lemke am 07. Januar 2010.
- mehreren Unterhaltungen zwischen Roland Spiegler, Daniel Belcher und F. Lemke im Februar und März 2010.

35 Der Begriff »Brand Community« wurde von Albert Muniz Jr. und Thomas C. O'Guinn in 1995 begründet. Ihr Artikel wurde im Jahr 2001 im Journal of Consumer Research veröffentlicht und wird häufig zitiert: Muniz, A. M./O'Guinn, T. C. (2001): ›Brand Community‹. *Journal of Consumer Research*. Vol. 27, S. 412–432.
36 Sawhney, M./Verona, G./Prandelli, E. (2005): »Collaborating to Create: The Internet as a Platform for Customer Engagement in Product Innovation«. *Journal of Interactive Marketing*. Vol. 19, No. 4, S. 4–17.

37 McKinsey & Company – German Office. (2008): *Acht Technologietrends, die Sie im Auge behalten sollten.* www.mckinsey.de,16.6.2008.
38 Jeppesen, L. B./Frederiksen, L. (2006): ›Why Do Users Contribute to Firm-hosted User-Communities? The Case of Computer-controlled Music Instruments‹. *Organization Science*. Vol. 17, No. 1, S. 45–63.
39 Muniz, A. M./O'Guinn (2001): ›Brand community‹. *Journal of Consumer Research*. 27(4), S. 412–432.
40 Williams, R. L./Cothrel, J. (2000): ›Four Smart Ways to Run Online Communities‹. *Sloan Management Review*. 41,4, S. 81–91.
41 Sawhney, M./Verona, G./Prandelli, E. (2005): ›Collaborating to Create: The Internet as a Platform for Customer Engagement in Product Innovation‹. *Journal of Interactive Marketing*. 19 (4), S. 1–15.
42 Lave, J./Wenger, E. (1991): *Situated learning: legitimate peripheral participation*. Cambridge University Press, England.
43 Bartl, M./Hück, S./Landgraf, R. (2008): ›Netnography erschließt Online-Communities als Innovationsquelle‹. *Research & Results*. Vol. 1, S. 28–29.
44 Werry, C./Mowbray, M. (2001): *Online Communities*. Prentice Hall.
45 Handelsblatt (2007): *Erfolgreiches Innovationsmanagement*, Handelsblatt Consulting, 24.9.2007, B1–B8.
46 www.frostablog.de, 05.06.2009
47 www.horizon.net. Philadelphia sucht den Dialog. 21.09.2009.
48 Hartmann, M. (2007): *Das Internet als Marktplatz der Ideen*. Handelsblatt Consulting, 24.9.2007, B2.
49 Lee, G. K./Cole, R. E. (2003): ›From a Firm-Based to a Community-Based Model of Knowledge Creation: The Case of the Linux Kernel Development‹. *Organization Science*. Vol. 4, No. 6, S. 633–649.
50 Weingarten, M. (2007): Project Runway for the t-shirt crows. Business 2.0 Magazine, 18.06.2007).
51 Howe, J. (2006): The rise of crowdsourcing. *Wired*, www.wired.com/wired/archive/14.06/crowds.html
52 Howe, J. (ibid)
53 Kleemann, F./Voß, G./Rieder, K. (2008): ›Un(der)paid Innovators: The Commercial Utilization of Consumer Work through Crowdsourcing‹. *Science, Technology & Innovation Studies*. Vol. 4, No. 1, S. 5–26.
54 Bradshaw, T. (2010): ›Original ideas prove customer knows best‹. *Financial Times*. London, 4.01.2010, S. 4.
55 Whitla, P. (2009): ›Crowdsourcing and its Application in Marketing Activities‹. *Contemporary Management Research.* Vol. 5, No. 1, S. 15–28.
56 Kleemann, F. et al (ibid).
57 Brabham, D. http://darenbrabham.com, crowdsourcing researcher.
58 Bonabeau, E. (2009): ›Decisions 2.0: The Power of Collective Intelligence‹. *MIT Sloan Management Review*. Vol. 50, No. 2, S. 44–52.
59 Thomke, Stefan. H. (2003): *Experimentation matters: Unlocking the Potential of New Technologies for Innovation*. Harvard Business School Publishing.
60 Thomke, S./von Hippel, E.: ›Customers as Innovators: A New Way to Create Value‹. *Harvard Business Review*. Vol. 80, No. 2, S. 74–81.
61 Andreasen, A. R./Smith, W. A. (2002): *Marketing Research That Won't Break The Bank: A Practical Guide To Getting The Information You Need*, 2. Aufl., Jossey-bass.
62 Sequeira, J. T. (2009): ›Take a chance on Experimenting‹. *Business Week*. 21. September.
63 Diese bekannte Anekdote über das Walkman Produkt ist nicht in der ofiziellen Historie zum Produkt auf der Sony Website enthalten. http://www.sony.net/Fun/SH/1-18/h3.html (März 2010).
64 Dahlsten, F. (2004): ›Hollywood Wives revisited: A Study of Customer Involvement in the XC90 project at Volvo Cars‹. *European Journal of Innovation Management*. Vol. 7, No. 2, 2004, S. 141–149.
65 Huxold, S. (1990): *Marketingforschung und strategische Planung von Produktinnovationen*. Erich Schmidt Verlag, Berlin.

66 McKay, L. (2010): ›Where does innovation come from?‹ *Customer Relationship Management*. Vol. 14, No. 1, S. 24–30.

67 Lilien, G. L./Morrison, P. D./Searls, K./Sonnack, M./von Hippel, E. (2002): ›Performance Assessment of the Lead-User Idea-Generation Process for New Product Development‹. *Management Science*. Vol. 48, No. 8, S. 1042–1059.

68 Fall basiert auf: Interviews mit Vernon Mortensen durchgeführt im Januar 2010 von F. Lemke und mehrere Unterhaltungen im Februar und März 2010 zwischen Vernon Mortensen und F. Lemke.

69 Iansiti, M./MacCormack, A. (1997): ›A developing products on internet time‹. *Harvard Business Review*. Vol. 75, No. 5, S. 108–118.

70 Goffin, K./Mitchell, R. (2006): ›The customer holds the key to great products‹. *Financial Times*. 24.3.2006, S. 10–11.

71 Cranfield School of Management arbeitet derzeit (2011) mit einem führenden Hersteller von medizinischen Geräten zusammen, der Lead-User-Technik angewendet hat (mit führenden Chirurgen in Lehrkrankenhäusern). Allerdings war die Firma von den resultierenden Produkten und deren Verkaufszahlen enttäuscht. Die Firma, die aus nachvollziehbaren Gründen anonym bleiben möchte, setzt nun andere Techniken ein, um versteckte Kundenbedürfnisse von typischen Krankenhäusern zu identifizieren.

72 McKinsey & Company – German Office: Acht Technologietrends, die Sie im Auge behalten sollten. www.mckinsey.de, 16.6.2008.

73 Cooke, M./Buckley, N. (2008): ›Web 2.0, Social Networks and the Future of Market Research‹. *International Journal of Market Research*. Vol. 50, No. 2, S. 267.

8 Conjoint-Analyse

Im Marketing wurden Conjoint-Experimente oft durchgeführt, um die Vorlieben von Kunden in Bezug auf die Attribute von verschiedenen Produkten oder Dienstleistungen zu messen.[1]

Einführung

Bevor ein Kunde eine Kaufentscheidung trifft, wird er oder sie vielfach mehrere Produkte vergleichen. Vermutlich hat jedes Produkt einen anderen Preis und eine individuelle Kombination von Eigenschaften. Ein teures Produkt hat sehr wahrscheinlich eine bessere »Leistung«, ist aber vielleicht optisch nicht so ansprechend. Ein anderes Produkt bietet eventuell eine Kombination von Eigenschaften mit weniger Leistung, dafür aber ein attraktives Design und einen günstigen Preis. Nehmen wir ein konkretes Beispiel: Uns gefällt der größte LCD-Fernseher mit integriertem DVD-Spieler, aber wir können uns nur einen »Mittelklasse-Fernseher« leisten, der zwar einige gute Eigenschaften besitzt, aber eben nicht alles, was wir gerne hätten. Bevor Kunden ihre endgültige Entscheidung treffen, erstellen sie ein unbewusstes Bewertungsschema für die zur Auswahl stehenden Produkte. Die *Conjoint-Analyse* (CA) ist die Methode, die uns hilft genau dieses unbewusste Bewertungsschema zu verstehen – nämlich die Art und Weise, wie Kunden verschiedene Produkte und Dienstleistungen vergleichen und bewerten.

Dieses Kapitel behandelt folgende Aspekte der Conjoint-Analyse:

- die Geschichte der Conjoint-Analyse,
- einen Überblick über die Technik,
- eine Beschreibung der Anwendung und Analyse der Technik.
- die Einschränkungen der Conjoint-Analyse.

8.1 Geschichte der Conjoint-Analyse

In den frühen 1960er Jahren begannen Wissenschaftler aus dem Gebiet der Psychologie, die feinen und zarten Fakten zu erforschen, die erklären, wie einzelne Personen Entscheidungen treffen. Sie waren ganz besonders daran interessiert, welche Kompromisse gemacht werden müssen, wenn das optimale Produkt nicht zur Verfügung steht. Müssen wir uns zwischen verschiedenen Möglichkeiten entscheiden, sind wir oft gezwungen, einen Kompromiss einzugehen: z. B. bei einem Produkt, das wir uns finanziell leisten können, das jedoch nicht alle Eigenschaften besitzt, die wir gerne hätten. Wenn wir mit sehr schweren und komplexen Entscheidungen konfrontiert werden, wägen wir bewusst oder unbewusst die verschiedenen Möglichkeiten ab und treffen dann unsere Entscheidung. Damit sie den Prozess der Entscheidungsfindung verstehen konnten, wendeten die Psychologen mathematische Modelle an. Die Professoren R. Duncan Luce (University of Pennsylvania) und John W. Tukey (Princeton

University) veröffentlichten im Jahre 1964 die Ergebnisse ihrer Forschung zum Thema Psychologie der Entscheidungsfindung.[2] Der Wert ihrer Arbeit wurde sehr schnell von der Marktforschung entdeckt.

Im Jahre 1971 fand die erste Anwendung der Arbeiten von Luce und Tukey auf dem Gebiet der Marktforschung statt.[3] Bis zum Ende der 1970er Jahre wurde die Technik ausgefeilt und weiterentwickelt und einem breiten Publikum unter dem Namen Conjoint-Analyse bekannt.[4] Der Begriff Conjoint stammt vom englischen Begriff »to join« oder »become joined together«, auf Deutsch: verbinden, miteinander kombinieren. Er symbolisiert, wie Menschen mehrere Faktoren gleichzeitig abwägen – typischerweise die Produkteigenschaften und den Preis. Zwischen 1986 und 1991 wurden alleine in Europa etwa 1.000 Projekte durchgeführt, bei denen nachweislich eine Conjoint-Analyse eingesetzt wurde.[5] Heute hat die Technik sogar noch weitere Anwendungsfelder für sich entdeckt, wie z. B. die Bewertung der Qualität der Kundenbeziehungen.[6]

8.2 Überblick über die Technik

Jeder Kunde, der den Kauf eines Produktes oder einer Dienstleistung in Erwägung zieht, wird dieses Produkt und die anderen Angebote des Marktes bewerten, und zwar anhand der Eigenschaften, der Leistung und des Preises. Ein Tisch in einer Möbelausstellung wird Kunden z. B. veranlassen, Material, Größe, Form, die Auszugsmöglichkeit, die Marke und natürlich den Preis mit anderen zu vergleichen. Die wichtige Frage für Marktforscher (und Produktentwickler) ist, *welche* Faktoren das größte Interesse hervorrufen und *welche Kombination* der Eigenschaften von Kunden bevorzugt wird. Die für Kunden und ihren Kauf entscheidenden Faktoren nennt man *Produktattribute* (z. B. Größe, Marke und Preis). Die sogenannten *Attributsausprägungen (*im Englischen *Level)* sind die verschiedenen Werte der Angebote im Markt (z. B. die verschiedenen Größen und Preise der Tische). Wenn die ideale Kombination der Attribute immer zu dem Preis verfügbar wäre, den wir uns leisten könnten, wären alle Kaufentscheidungen sehr einfach – aber natürlich sind sie das nicht. Und jeder, der schon eine größere Anschaffung sei es ein Auto oder Haus getätigt hat, weiß das ganz genau aus eigener Erfahrung. Die zentrale Idee der Conjoint-Analyse ist, den Interviewteilnehmern eine realistische Anzahl von Alternativen vorzustellen: jede mit verschiedenen Produktattributen und deren Ausprägungen. Mit der Auswahl der verschiedenen Alternativen liefern die Interviewpartner Daten, aus denen mit mathematischen Modellen die wichtigsten Faktoren für ihre Kaufentscheidung identifiziert werden können.

In einem ersten Schritt identifizieren Marktforscher alle Attribute, die für die Kaufentscheidung relevant sind. Damit die gesamte Bandbreite der Produktattribute und Ausprägungen, die im Markt erhältlich sind, ermittelt werden kann, ist eine detaillierte Wettbewerbsanalyse erforderlich. Marketingabteilungen haben oft ein bestenfalls oberflächliches Wissen über die Kundenbedürfnisse und die sogenannten Hidden Needs werden in der Regel übersehen. Betrachtet man die Attribute abstrakt, kann jedes als Dimension beschrieben werden (z. B. die »Oberflächenausführung« eines Tisches), die eine bestimmte Anzahl von Möglichkeiten (Ausprägungen – in diesem Fall die Varianten der Oberflächen, die verfügbar sind) bietet. Bei der Conjoint-Analyse wird ein »Produkt« als Kombination verschiedener Attribute und

Ausprägungen betrachtet. Natürlich könnte es bei einem Tisch Hunderte möglicher Kombinationen von Attributen und Ausprägungen geben (und noch viel mehr bei einem komplexeren Produkt oder einer Dienstleistung). Deshalb ist es sehr wichtig, die gängigsten und sinnvollsten Kombinationen aus Sicht der Kunden zu identifizieren.

Im nächsten Schritt der Conjoint-Analyse werden den potenziellen Kunden einige Kombinationen (genannt *Stimuli*) präsentiert, aus denen sie ihre persönlichen Präferenzen auswählen können. Um diesen Prozess einfach zu gestalten, wird aber nicht jede einzelne Ausprägung angeboten: Die Interviewpartner vergleichen und bewerten nur eine eingeschränkte Anzahl von Kombinationen. Es gibt mehrere Möglichkeiten, dies zu tun. Die Abbildung 8.1 stellt die sogenannte *Zweifaktormethode* (*Two-Factor Method*) bzw. die Auswahlmethode (*Trade-off Method*) dar. Nehmen wir an, ein Kunde wird gebeten, einen Tisch anhand von nur zwei Attributen zu bewerten: die Holzart (Birke, Kiefer oder Eiche) und die Oberflächenbehandlung (französischer Lack oder natur gebürstet). Nimmt man also die zwei verschiedenen Oberflächen und die drei Holzarten als Basis, hat der Interviewpartner sechs verschiedene Tische zur Auswahl, in der Matrix von Abbildung 8.1 grau hinterlegt. Mit der Auswahlmethode legen die Befragten ihre Präferenzen in der Rangfolge von 1 (attraktivste Kombination) bis 6 (unattraktivste Kombination) fest.

Oberfläche	**Birke**	**Kiefer**	**Eiche**	***MEDIAN***
Natur gebürstet	5	6	4	*5*
Franz. lackiert	2	3	1	*2*
MEDIAN	*3,5*	*4,5*	*2,5*	

Abbildung 8.1: Matrix der Auswahlmethode für einen Tisch (Rangfolge)

Die Matrix zeigt, dass ein französisch lackierter Eichenholztisch die bevorzugte Kombination des Befragten ist (Rangfolge »1«), ein französisch lackierter Tisch aus Birkenholz auf Platz »2« liegt und ein französisch lackierter Kiefernholztisch auf Rangfolge »3«. Die drei Präferenzen für französisch lackiert zeigen, dass der Befragte auf das Attribut Oberflächenbehandlung mehr Wert legt als auf das Attribut Holzart. Der Wert des Median[7] auf der rechten Seite der Matrix zeigt außerdem, dass die französisch lackierten Tische einen Median der Rangfolge »2« haben, der einer »5« bei den natur gebürsteten Tischen gegenübersteht. Die Wahl der Holzart zeigt, dass der Interviewpartner Eiche bevorzugt (Median 2,5), gefolgt von Birke (3,5) und Kiefer (4,5). Mit einer solchen Auswahlmatrix können wir also die Kundenpräferenzen interpretieren. Sobald eine größere Anzahl von Kunden ihre Präferenzen benannt haben, können die Kauftendenzen innerhalb einer Gruppe betrachtet werden.

Es darf nicht angenommen werden, dass die Entfernungen zwischen den Rangstufen gleich sind, nur weil die Bewertung auf einer Rangfolge mit Ordinalzahlen beruht (siehe Kapitel 2). So kann z. B. die Entfernung zwischen Rangfolge »1« und »2« anders sein als die Entfernung zwischen »5« und »6«. Außerdem müssen Firmen, die Daten von Rangfolgen erfassen, auch noch andere Aspekte betrachten, damit sie verstehen, weshalb Kunden unterschiedliche Vorlieben haben und welches diese Unterschiede sind (siehe Fallbeispiel 8.1).

Fallbeispiel 8.1

Bentley Motors Limited – Kundenvorlieben identifizieren[8]

Der britische Automobilherstersteller *Bentley Motors Limited* ist für seine in Handarbeit gefertigten Autos berühmt, ebenso wie »Bentley Mulliner«, die Veredlungsabteilung von Bentley, die Kundenwünsche und -träume mit perfekter Handwerksarbeit in die Realität umsetzt. Beispiele sind die Lieferung eines Flaschenkühlers, eine Spurverbreiterung oder ein voll funktionierendes mobiles Büro.

Kiran Parmar, bei Bentley für die globale Forschung und Konzeptplanung verantwortlich, betrachtet die Mulliner-Einheit aus der Perspektive der Marktforschung. Angesichts der vielfältigen individuellen Ausstattungen, sind die Kunden mit sehr vielen Möglichkeiten konfrontiert. Und Kiran Parmar muss den Prozess der Entscheidungsfindung aus der Kundensicht verstehen. Welche Alternativen gibt es z. B. bei der Auswahl der Teppiche und Fußmatten für das Auto? Und welche Bedeutung hat der einzelne Produktaspekt für die endgültige Entscheidung?

Für ein ganz bestimmtes Projekt identifizierte Bentley die wichtigsten Attribute der Teppiche zunächst mit einer Umfrage. Dabei wurden Eigenschaften wie Qualität, Praktikabilität, Haltbarkeit, Luxus und Stil betrachtet. Auf dieser Basis entwickelte Bentley verschiedene Teppicharten und das Marketingteam präsentierte den Kunden fünf Teppichmuster in zufälliger Reihenfolge. Die Muster enthielten standardmäßige, synthetische Teppiche, tieffloorige, aber auch Wilton- und Lambswoolteppiche sowie solche aus gewebter Seide. Durch diese erste Forschungsphase verstand Bentley die wichtigsten Attribute jeder Option. Anschließend wurden die Kunden gebeten, die fünf Teppichmuster von 1 (attraktiv) bis 5 (unattraktiv) zu bewerten. Dadurch bekam die Marketingabteilung einen guten Einblick, welchen Einfluss die einzelnen Attribute auf die Kaufentscheidung haben. Weil die Einschränkungen der Daten von Rangfolgen bekannt sind, stellte Kiran Parmar in den Interviews spezifische, offene Fragen, mit denen er die Unterschiede zwischen den Rangfolgen näher beleuchtete. Er fragte z. B. »Wie wichtig ist Ihnen Praktikabilität?« oder »Ist Stil für Sie eher ein Nebenprodukt des Luxusgefühls?«. »Durch die Erforschung der Ähnlichkeiten und Unterschiede der Teppichtypen konnte ich die wichtigsten Faktoren und wie diese von Kunden wahrgenommen werden, verstehen«, erklärt Kiran Parmar weiter.

Heute kann die Marketingabteilung die verschiedenen Kundengruppen mit den ermittelten Präferenzen ganz klar differenzieren. Bentley ist erstaunt über die Ergebnisse der Forschung: Das gut etablierte »traditionelle Marktsegment« hat eine exklusive Präferenz für Lambswool, Wilton und auch Seide. Deshalb wird Bentley in Zukunft dieser Kundengruppe lediglich die genannten Möglichkeiten anbieten und in Anlehnung an die Erkenntnisse gleichzeitig die Teppichalternativen reduzieren, wenn Kunden ihren neuen Bentley individuell zusammenstellen.

Obwohl die Daten von Rangfolgen bzw. Einstufungen leicht gesammelt werden können, sind sie aufgrund ihrer Einschränkungen nicht wirklich empfehlenswert.[9] Die meisten Conjoint-Studien verwenden daher sogenannte Intervall-Skalen, die eine bessere Differenzierung ermöglichen. So könnten die Interviewpartner des bereits aufgeführten Beispiels gebeten werden, die »Attraktivität« jedes der sechs Tische auf einer Skala von 1 bis 100 zu bewerten, wobei 1 als »unattraktiv« gilt und 100 als »sehr attraktiv«. Für jede Holz-Oberflächenkombination würden dann die Bewertungen eingesammelt werden, wobei der französische Lack mit »85« eingestuft wäre und »Birke natur« mit »30« (siehe Abbildung 8.2).

Die Zahlen in der Matrix sind die Utility-Values, also die sogenannten Nutzwerte, die von 10 bis 85 gespreizt sind. Die Maßeinheit wird als Utile bezeichnet. Wie auch in Abbildung 8.1 hat der Befragte die gleichen Präferenzen angegeben. Allerdings kön-

Oberfläche	Birke	Kiefer	Eiche
Natur gebürstet	30 ◄— 20 —►	10 ◄— 35 —►	45
(40)			
Franz. lackiert	70	50	85

Abbildung 8.2: Trade-off-Methode – Matrix für einen Tisch (Rangfolge)

nen wir nun mithilfe der Nutzwerte die Unterschiede zwischen den Ausprägungen – als schwarze und weiße Quadrate dargestellt – ausrechnen. Der Unterschied zwischen der Eiche-natur-Kombination (45 Utiles) und Kiefer natur (10 Utiles) beträgt also 35 Utiles. Diesen Unterschied kann man nur durch die Holzart erklären, weil die Oberflächenbehandlung in beiden Fällen gleich ist. Der Befragte bevorzugt also Eiche vor Kiefer. Wenn wir statt Kiefer Birke nehmen (+20 Utiles), wird dies als größerer Unterschied wahrgenommen, als wenn wir Birke durch Eiche ersetzten (+15 Utiles). Wenn wir die Birke-natur-Kombination mit Birke französisch lackiert vergleichen, wird deutlich, dass der Unterschied 40 Utiles beträgt. Schlussendlich, nämlich weil das Austauschen der Oberflächenbehandlung einen größeren Utiles-Wert (40 Utiles) trägt, als wenn die Holzart ausgetauscht wird (maximal 35 Utiles), ist das Attribut »Oberfläche« höchstwahrscheinlich wichtiger für unseren Befragten als das Attribut »Holzart«.

Normalerweise werden Produkte und Dienstleistungen mit mehr als zwei Attributen miteinander verglichen. Das bedeutet, dass die Interviewpartner – wie in unserem Beispiel – ihre Präferenzen für die »Holzart« und die »Oberflächenbehandlung« angeben müssen, aber auch für Attribute wie »Marke«, »Lieferzeit«, »Design« usw. Je mehr Attribute und Attributlevel also betrachtet werden, desto mehr Kombinationen muss der Befragte bewerten. Die Berechnung der Nutzwertunterschiede folgt dem gleichen Prinzip wie in Abbildung 8.2 erläutert, aber die größere Zahl von Kombinationen macht aus unserem vereinfachten Beispiel sehr schnell eine komplexe statistische Übung, die im Rahmen dieses Buches leider nicht mehr vorgestellt werden kann.[10]

Generell können wir mit der Conjoint-Analyse die Abwägungsentscheidungen verstehen, die ein Kunde beim Kauf macht und den Nutzwert identifizieren, den Kunden verschiedenen Attributen zuweisen. Sehr wichtig ist auch die Tatsache, dass sie uns erlaubt, den Wert von bahnbrechenden Produkteigenschaften abzuschätzen, und zwar basierend auf der Hidden-Needs-Analyse.

Anwendung der Technik

Prozess

Eine effektive Conjoint-Analyse besteht aus drei Schritten:

- Vorbereitung,
- Anwendung und
- Analyse.

Im Folgenden werden wir jeden Schritt[11] anhand eines realen Beispiels erläutern.

Vorbereitung

Identifizierung von Kundenbedürfnissen

Im Jahr 2004 wollte ein führender Waschmaschinen-Hersteller, den wir aus Vertraulichkeitsgründen »Waschmaschine GmbH« nennen[12], eine neue Waschmaschine für sein wichtigstes Kundensegment entwickeln. Zuerst wurde eine Umfrage durchgeführt. Deren Ergebnisse waren enttäuschend, weil sie bestätigten, was die Firma bereits wusste: Die »Qualität« (saubere Wäsche und eine lange Lebensdauer der Maschine), der »Preis«, die »Umweltfreundlichkeit« (Energie- und Wasserverbrauch) sowie die »Marke« wurden für wichtig befunden. Danach fand man mit Fokusgruppen heraus, dass Bedürfnisse wie »leise Geräusche« beim Waschen und Schleudern, »das Erkennen von besonders verschmutzter Wäsche«, »das Verhindern des Einlaufens« und »schnellere Waschprogramme« ebenfalls gewünscht wurden. Allerdings waren auch diese Kundenbedürfnisse den Marketingleuten der Waschmaschine GmbH bereits bekannt.

Letztendlich wurde mit einigen Kunden auch die innovative Repertory-Grid-Technik und ethnographische Marktforschung durchgeführt. Diese deckten weitere Bedürfnisse auf.

Die Repertory-Grid-Technik ermittelte folgende Aspekte:

- das »Sortieren« der schmutzigen Wäsche nach der Temperatur, bei der sie gewaschen werden sollte,
- die »Bügelfertigkeit«,
- das »Falten« der Wäsche und
- das nicht mehr notwendige »Umladen« der Wäsche aus der Waschmaschine in den Trockner.

Die ethnographische Marktforschung wurde eingesetzt, um den Prozess des »Waschens« im Detail zu beobachten und setzte dies in den Kontext mit Aktivitäten, die davor und danach durchgeführt werden. Dabei kamen weitere Bedürfnisse zum Vorschein:

- »Hilfe« bei der Auswahl der Programme,
- »Vorratshaltung« der Waschmittel (Waschpulver, Weichspüler, Entkalker) und
- auch das »Sortieren« oder
- das »Getrennthalten der Wäsche« (dies bezieht sich auf das Geschlecht, weil manche Religionen die Kleidung von Männern und Frauen strikt trennen und sie erst dann waschen).

Mit Kontextinterviews fand man zudem heraus, dass ein »Warnsignal« gewünscht wurde, das ertönt, wenn ein buntes Kleidungsstück versehentlich in die Weißwäsche der Maschine geraten ist.

Für das professionelle Marktsegment wurden Diskussionen mit Lead-Usern durchgeführt. Untersuchungen bei Rugby-Clubs, Wäschereien und großen Hotels zeigten, dass »Produktivität«, »Profitabilität«, »Verlässlichkeit«, »einfache Wartung« und die Möglichkeit, »große Wäschemengen« zu waschen, zusätzliche Bedürfnisse waren.

Bei der Durchführung der qualitativen Marktforschung identifizierte die Waschmaschine GmbH mehrere neue Kriterien (Attribute) aus Kundensicht. Außerdem wurden die Ausprägungen dieser neuen Attribute bestimmt. An dieser Stelle muss angemerkt werden, dass viele Marketingabteilungen – ganz im Gegensatz zur Waschmaschine GmbH – nur die Attribute benutzen, die sie bereits kennen. Eine solche Vorgehensweise schränkt die Effektivität und den Nutzen einer Conjoint-Analyse natürlich ein.

Obwohl mehrere neue Attribute identifiziert wurden, war deren relative Bedeutung noch unklar, weshalb man sich für die Durchführung einer Conjoint-Analyse entschied. Als Teil der Vorbereitung einer solchen Analyse wurde eine Übersicht der Produktattribute aufgestellt, die eine kurze Erklärung der Attribute aus Kundensicht und ihre verschiedenen Ausprägungen enthielt (siehe Abbildung 8.3).

Die Erfahrung zeigt, dass die Beschreibungen der Produktattribute sehr sorgfältig formuliert werden müssen, weil die Befragten die Attribute falsch interpretieren und dies würde die Qualität der Conjoint-Analyse negativ beeinflussen.

Ein Attribut repräsentiert quasi *eine Dimension* eines Produkts oder einer Dienstleistung, auf der die Kunden ihre Kaufentscheidung gründen. Im konkreten Fall der Firma Waschmaschine GmbH sind die Attribute »Preis«, »Umweltverträglichkeit« und »Qualität« eigentlich ziemlich generisch, denn sie könnten sich auch auf ein völlig anderes Produkt wie z. B. ein Auto beziehen. Leider analysieren sehr viele Conjoint-Analysen nur generische und damit sehr oberflächliche Attribute. Aus diesem Grund ist es sehr wichtig, alle möglichen Attribute z. B. mit der Repertory-Grid-Technik im Vorfeld zu identifizieren.

Festlegung der Ausprägungen von Attributen

Attribute von Produkten und Dienstleistungen werden als »Dimensionen« bezeichnet, weil sie verschiedene Ausprägungen haben, die festgelegt werden müssen. Dabei muss sichergestellt werden, dass die Beschreibung der Attribute und ihrer Ausprägungen klar und für den Befragten eindeutig ist. Gleichermaßen sollte die Bandbreite der Ausprägungen an die Attribute angepasst sein, ohne die Befragten mit zu vielen Ausprägungen zu überfordern, die sie bei der Bewertung in Betracht ziehen müssen.

Vereinfachte Attributsbeschreibungen wie z. B. »teuer« oder »billig« (beim Attribut Preis) oder wie »hoher Verbrauch« und »niedriger Verbrauch« (beim Attribut Energieverbrauch) sind schlecht, weil sie subjektiv sind. Deshalb sollten die Beschreibungen der Ausprägungen sehr spezifisch und aus Kundensicht bedeutend sein. Leider hetzen sich sehr viele Firmen durch genau diese Phase, mit dem Ergebnis, dass die Beschreibungen der Ausprägungen, die sie nutzen, nicht eindeutig sind (z. B. »exzellenter Kundenservice«). Und es ist schlicht und einfach unmöglich, die Ausprägungen der Attribute erst dann zu verfeinern, wenn die Conjoint-Studie bereits durchgeführt wurde.

Einzelne Attribute können bipolar sein, wenn es nur zwei realistisch vorstellbare Dimensionen dazu gibt (z. B. ein Auto wird entweder rechts oder links gelenkt). Andere Attribute wie »Farbe« können theoretisch hunderte Ausprägungen haben, die alle benutzt werden können. Wie bereits erwähnt, sind zu viele Ausprägungen in einer Conjoint-Analyse einfach unpraktisch, so dass nicht immer jede Ausprägung genutzt werden sollte. Oft ist es dann möglich, eine repräsentative Gruppierung der Ausprägungen vorzunehmen, in diesem Fall könnten z. B. die Farben Rot, Gelb, Grün und Blau als Ausprägungen für »Farbe« vollauf genügen. Mit Fokusgruppen kann geprüft werden, ob die passenden Ausprägungen ausgewählt wurden, außerdem können sie dazu beitragen, dass die Beschreibung der Attribute klar ist, denn per definitionem führen Hidden Needs zu Attributen, die nicht sofort für jeden Kunden offensichtlich sind.

Attribute	Definition	Ausprägungen
1. Lärm	Geräuschniveau während des Waschens (ohne Schleudern)	A (ruhig; unter 50 db)
		C (durchschnittlich; zwischen 50–60 db)
		E (laut; mehr als 60 db)
2. Aufbewahrung	Lagerung und Organisation der Waschmittel (Pulver, Fleckenmittel, Weichspüler und Entkalker)	Integrierte Aufbewahrungseinheit für Waschmittel in der Waschmaschine
		Aufbewahrungsmöglichkeit neben der Waschmaschine
		Keine Aufbewahrungsmöglichkeit
3. Energieverbrauch	Umweltbewusste Betrachtung der variablen Elektrizitätskosten	A (niedrig; unter 0,19 kWh/kg Kleidung)
		C (mittel; 0,23 kWh – 0,27 kWh/kg Kleidung)
		E (hoch; 0,31 kWh – 0,35 kWh/kg Kleidung)
4. Kapazität	Maximales Gewicht einer Waschladung, gemessen in kg trockener Wäsche	Klein (3–4 kg Trockengewicht)
		Mittel (5–6 kg Trockengewicht)
		Groß (7–8 kg Trockengewicht)
5. Hilfreiche Hinweise	Klare einfache Anweisungen auf einem Display zu den besten Programmen für eine bestimmte Waschladung	Detaillierte graphische Anweisungen werden auf einem Display gezeigt
		Kurze Anweisungen werden auf einem Display gezeigt
		Es werden gar keine Anweisungen gegeben
6. Erwartete Produktlebensdauer	Länge der erwarteten Lebensdauer (Anzahl der Nutzjahre)	25 Jahre
		10 Jahre
		5 Jahre
7. Waschergebnis	Qualität des Waschvorgangs	Waschergebnis A (sehr gut)
		Waschergebnis C (durchschnittlich)
		Waschergebnis E (schlecht)
8. Waschgeschwindigkeit	Zeitersparnis durch schnelle Waschprogramme	Alle Waschprogramme sind schneller
		Manche Waschprogramme sind schneller
		Waschgeschwindigkeit entspricht dem Standard
9. Wasserverbrauch	Umweltbewusste Betrachtung der variablen monatlichen Wasserkosten	A (niedrig)
		C (mittel)
		E (hoch)
10. Marke	Name des Herstellers	International bekannte Marke
		National bekannte Marke
		No-Name-Produkt

Abbildung 8.3: Attribute (Definitionen und Ausprägungen)

Auch Produktexperten sollten einen Rat abgeben, wie viele Ausprägungen pro Attribut benötigt werden, weil sie am besten entscheiden können, wo mehr Ausprägungen gebraucht werden, um die wichtigen Nuancen herauszufinden, mit denen die Kunden Produkte und Dienstleistungen bewerten. Konsumenten fühlen sich schnell überfordert, wenn sie mit zu vielen verschiedenen Ausprägungen konfrontiert werden. Wie viele Ausprägungen ausgewählt werden, ist deshalb ein Balanceakt zwischen der Informationsfülle, die erreicht werden kann und der Zeit, die ein Befragter dazu braucht (und der Komplexität der Aufgabe, die ihm gegeben wird). Dieses optimale Gleichgewicht sollte auf jeden Fall durch Pilotstudien ermittelt werden. In der Praxis sind drei Ausprägungen pro Attribut ein guter Kompromiss, weil dies die Reichweite der Dimension abedeckt und gleichzeitig einen Mittelwert bietet.

Abbildung 8.3 listet zehn Attribute und ihre Ausprägungen auf, die im Projekt der Waschmaschine GmbH benutzt wurden. Der Hersteller hatte entschieden, sich bei dem Attribut »Energieverbrauch« an den offiziellen Regelungen der Europäischen Union für elektrische Hausgeräte zu orientieren, weil diese in privaten Haushalten mehr und mehr geläufig sind. Diese Skala geht von »A« bis »G«, aber nur »A«, »C«, und »E« wurden ausgewählt.

Die in Abbildung 8.3 dargestellten Attribute sind eine Mischung aus bekannten und weniger offensichtlichen Produkteigenschaften. So entstand das Attribut »hilfreiche Hinweise« z. B. durch Beobachtungen und Kontextinterviews, bei denen die Marktforscher Notizen auf Post-it-Zetteln an den Waschmaschinen sahen, auf denen die am häufigsten verwendeten Waschprogramme notiert waren. Diese Notizen wurden in der Regel von Frauen angebracht, damit die Männer die Waschmaschine bedienen können, falls sie selbst einmal nicht in der Nähe sind. Ähnliche Notizen machten die Angehörigen von älteren Rentnern, die mit der Vielfalt von Programmen überfordert waren. Eine solche Attributstabelle, die mit Beispielen in Form von Notizen oder Fotos ergänzt wird, ist sehr hilfreich für die Entscheidung, welche Attribute in der Conjoint-Studie enthalten sein sollen.

Auswahl der Kombinationen von Attributen und ihren Ausprägungen

Ein fertiges Produkt charakterisiert eine Reihe von Attributen – in unserem Beispiel zehn Stück – mit jeweils spezifischen Kombinationen. Nicht alle Kombinationen sind realistisch, denn eine Waschmaschine wird wahrscheinlich nicht die besten Attribute und gleichzeitig den niedrigsten Preis haben. Deshalb müssen auch nicht alle Kombinationen aus Attribut und Ausprägung den Befragten präsentiert werden – die unrealistischen Kombinationen können von vornherein ausgeschlossen werden (siehe Fallbeispiel 8.2).

Fallbeispiel 8.2

IKEA – Ausschluss unrealistischer Kombinationen[13]

Die Bedeutung von Produkten, die nach ökologischen Gesichtspunkten gefertigt werden, ist schon seit Jahren bekannt. Der schwedische Möbelhersteller und -händler IKEA konzentriert sich auf einen ökologischen Produktionsprozess und wollte herausfinden, wie sich der Einsatz von nachhaltigem Holz (mit einem Öko-Zertifikat) auf die Kaufentscheidung für einen Tisch (Modell Sörgaarden) auswirken würde. Deshalb wurden in Norwegen und Großbritannien Interviews mit 258 Kunden auf Basis einer Conjoint-Analyse durchgeführt.

Der »fragliche« Tisch hatte viele Attribute. Es wurden jedoch nur drei ausgewählt, damit der Schwerpunkt der Studie nicht aus den Augen verloren wurde: »Preis« (drei Ausprägungen: Basispreis, plus 10 Prozent, plus 25 Prozent), »Holzart« (zwei Ausprägungen: Birke, Kiefer) und »Öko-Zertifikat« (zwei Ausprägungen: ja, nein). Das ergab zwölf Kombinationen, von denen zwei als unrealistisch betrachtet wurden: die Kombination kein Öko-Zertifikat und der 25 Prozent höhere Preis sowie der Tisch mit Öko-Zertifikat zum Basispreis. Beide Kombinationen können theoretisch sowohl in Birke als auch in Kiefer angeboten werden, aber dies würde wiederum vier unrealistische Kombinationen ergeben. Deshalb reduzierte der Ausschluss dieser Kombinationen die Anzahl der möglichen Kombinationen auf acht. Dies macht die Conjoint-Analyse realistisch, einfacher und vor allem können die Befragten die Fragen schneller beantworten.

Es war interessant, was die Studie herausfand: In England waren die Kunden bereit, für einen Tisch mit Öko-Zertifikat 16 % mehr zu zahlen, die norwegischen Kunden hingegen akzeptierten nur einen Aufpreis von 2 %.

Anwendung

Auswahl und Präsentation der Stimuli

Während eines auf einer Conjoint-Analyse basierten Interviews, können die Stimuli – also die Kombinationen von Attributen und Ausprägungen – den Befragten auf verschiede Arte und Weise gezeigt werden. Die *Trade-off- oder Zwei-Faktor-Methode* ist in Abbildung 8.4 dargestellt.

Energieverbrauch	**Erwartete Produktlebensdauer**		
	5 Jahre	**10 Jahre**	**25 Jahre**
Klasse A			
Klasse C			
Klasse E			

Abbildung 8.4: Trade-off-Methode (Waschmaschine)

Eine solche Matrix ist leicht zu verstehen und zu beantworten, weil die Befragten immer nur zwei Attribute gleichzeitig miteinander vergleichen (z. B. erwartete Lebensdauer und Energieverbrauch). In der Abbildung hat jedes der zwei Attribute drei Ausprägungen. Deshalb muss der Befragte diesen die Rangfolgen von 1 bis 9 zuteilen. Bei realen Kaufentscheidungen betrachten die Kunden aber alle Attribute auf einmal, so dass der Vergleich von nur zweien eventuell als »künstlich« empfunden wird. Obwohl die Trade-off-Matrizen für die Befragten sehr leicht auszufüllen sind, braucht man sehr viele davon (weil jedes Attribut mit jedem anderen Attribut verglichen werden muss[14]). Darum besteht auch das Risiko, dass die Befragten mit der Zeit gelangweilt sind und schlicht und einfach die gleichen Rangfolgen in allen Matrizen angeben, z. B. mit einer 1 in der rechten Ecke beginnen und mit einer 9 in der linken unteren Ecke aufhören.

In der sogenannten Vollprofilmethode (*Full Profile Method*) betrachten die Befragten eine ganze Reihe von Attributen anstatt immer nur zwei gleichzeitig. Abbildung 8.5 zeigt das Profil einer Washmaschine mit sechs Attributen (ausgewählt von Abbildung 8.3). Mehr als sechs Attribute sollten einem Befragten in der Vollprofilmethode allerdings niemals gezeigt werden, weil Psychologen herausgefunden haben, dass Individuen nicht mehr als sechs Informationen gleichzeitig verarbeiten können.[15] Wenn Befragte mit zu vielen Informationen überfordert werden, stellen Sie sich automatisch unterbewusst darauf ein und ziehen nur zwei bis drei Fakten in ihre Entscheidung ein.

Der sogenannte paar-weise Vergleich (*Pair-wise Comparison*) macht es den Befragten leichter, sich für ihre jeweiligen Präferenzen zu entscheiden. Dabei werden zwei Profile gleichzeitig präsentiert und die Befragten geben zunächst ihre Präferenzen an und danach dann die Rangfolge anhand einer Skala. Bei realen Produkten müssen die Kunden jedes Attribut gleichzeitig und sofort betrachten[16], deshalb müssen die sechs Attribute, die auf den Profilkarten aufgeführt sind, quasi mit der gesamten Liste der Attribute durchgemischt werden, um realistisch zu sein. Die Reihenfolge der Attribute auf der Karte zu ändern, kann auch dazu beitragen, dass die Befragten anhand der Position eines Attributs auf einer Karte nicht voreingenommen sind. Abhängig von der Anzahl der Profile, ist es für die Befragten empfehlenswert, die Profile zunächst so zu ordnen, dass sie ihren Präferenzen entsprechen. Danach kann eine spezielle Einstufung für jedes Profil erfolgen, z. B. anhand der Skala »2« (sehr gut) bis «–2« (sehr schlecht) wie in Abbildung 8.6 dargestellt.

- Leises Betriebsgeräusch (Klasse A, unter 50 db)
- Energieverbrauch: mittel (Klasse C, 0,23 kWH – 0,27 kWH pro kg Trockengewicht)
- Hoher Wasserverbrauch (Klasse E)
- Erwartete Produktlebensdauer: 10 Jahre
- Aufbewahrungsmöglichkeit für Waschmittel in der Nähe der Waschmaschine
- Keine Hinweise

Abbildung 8.5: Vollprofil-Methode für eine Waschmaschine

Bei einer typischen Conjoint-Studie mit drei Attributen und jeweils drei Ausprägungen ergeben sich $3 \times 3 \times 3 = 3^3 = 27$ Profile. Dabei ist es sehr wichtig, dass dem Befragten auf jeden Fall alle Profile für die Bewertung präsentiert werden. In diesem Fall sprechen wir von einem Voll-Faktor-Design (*Full Factorial Design*). Wenn allerdings komplexere Produkte betrachtet werden, wären es zu viele Profile, um jedes von den Befragten evaluieren zu lassen.

■ Leises Betriebsgeräusch (Klasse A, unter 50 db) ■ Energieverbrauch: mittel (Klasse C, 0,23 kWH – 0,27 kWH pro kg Trockengewicht) ■ Hoher Wasserverbrauch (Klasse E) ■ Erwartete Produktlebensdauer: 10 Jahre ■ Aufbewahrungsmöglichkeit für Waschmittel in der Nähe der Waschmaschine ■ Keine Hinweise	■ Lautes Betriebsgeräusch (Klasse E, mehr als 60 db) ■ Energieverbrauch: sehr gut (Klasse A, unter 0,19 kWH pro kg Trockengewicht) ■ Niedriger Wasserverbrauch (Klasse A) ■ Erwartete Produktlebensdauer: 5 Jahre ■ Keine Aufbewahrungsmöglichkeit für Waschmittel ■ Hilfreiche Hinweise werden bei Programmwahl auf dem Display angezeigt

–2 –1 0 1 2

Abbildung 8.6: Vollprofil-paarweiser Vergleich bei einer Waschmaschine

	Attribute der Waschmaschinen									
	1	**2**	**3**	**4**	**5**	**6**	**7**	**8**	**9**	**10**
Waschmaschinen-Profile	**Geräusch**	**Aufbewahrung**	**Energieverbrauch**	**Kapazität**	**Hinweise**	**Lebensdauer**	**Waschergebnis**	**Waschdauer**	**Wasserverbrauch**	**Marke**
# 1	Leise	In der Nähe	Niedrig	Groß	Kurz	10	Sehr gut	Alle	Mittel	No-name
# 2	Laut	In der Nähe	Mittel	Groß	Keine	25	Mittel	Alle	Hoch	Internat.
# 3	Mittel	Keine	Mittel	Groß	Detailliert	25	Sehr gut	Einige	Mittel	National
# 4	Mittel	Integriert	Mittel	Mittel	Kurz	10	Sehr gut	Einige	Hoch	Internat.
# 5	Laut	Integriert	Niedrig	Mittel	Detailliert	5	Schlecht	Einige	Mittel	No-name
# 6	Mittel	Keine	Hoch	Mittel	Kurz	25	Schlecht	Alle	Mittel	Internat.
# 7	Leise	Integriert	Hoch	Mittel	Keine	25	Mittel	Einige	Niedrig	National
# 8	Mittel	In der Nähe	Niedrig	Mittel	Kurz	5	Mittel	Standard	Niedrig	Internat.
# 9	Laut	Keine	Mittel	Mittel	Detailliert	10	Mittel	Alle	Niedrig	No-name
# 10	Laut	Integriert	Hoch	Groß	Keine	5	Sehr gut	Standard	Mittel	Internat.
# 11	Mittel	Keine	Niedrig	Klein	Keine	25	Mittel	Standard	Mittel	No-name
# 12	Leise	Keine	Mittel	Klein	Detailliert	5	Schlecht	Standard	Hoch	Internat.
# 13	Leise	In der Nähe	Hoch	Klein	Detailliert	10	Mittel	Einige	Mittel	Internat.
# 14	Laut	Keine	Hoch	Klein	Kurz	10	Sehr gut	Standard	Niedrig	National
# 15	Leise	Keine	Niedrig	Mittel	Keine	5	Sehr gut	Alle	Hoch	National
# 16	Mittel	Integriert	Niedrig	Groß	Detailliert	10	Mittel	Standard	Hoch	National
# 17	Leise	Integriert	Mittel	Groß	Kurz	25	Schlecht	Standard	Niedrig	No-name
# 18	Leise	Integriert	Niedrig	Klein	Detailliert	25	Sehr gut	Alle	Niedrig	Internat.
# 19	Laut	In der Nähe	Niedrig	Klein	Kurz	25	Schlecht	Einige	Hoch	National
# 20	Leise	Keine	Hoch	Groß	Kurz	5	Mittel	Einige	Hoch	No-name
# 21	Laut	Integriert	Mittel	Klein	Kurz	5	Mittel	Alle	Mittel	National
# 22	Mittel	Integriert	Hoch	Klein	Keine	10	Schlecht	Alle	Hoch	No-name
# 23	Leise	In der Nähe	Mittel	Mittel	Keine	10	Schlecht	Standard	Mittel	National
# 24	Laut	In der Nähe	Hoch	Mittel	Detailliert	25	Sehr gut	Standard	Hoch	No-name
# 25	Mittel	In der Nähe	Hoch	Groß	Detailliert	5	Schlecht	Alle	Niedrig	National
# 26	Laut	Keine	Niedrig	Groß	Keine	10	Schlecht	Einige	Niedrig	Internat.
# 27	Mittel	In der Nähe	Mittel	Klein	Keine	5	Sehr gut	Einige	Niedrig	No-name

Abbildung 8.7: Orthogonales Design für Untersuchungen von Waschmaschinen

Für ein Produkt mit sechs Attributen, jedes davon mit drei Ausprägungen, gibt es $3^6 = 729$ mögliche Profile und somit ist die Voll-Faktor-Design-Methode unpraktisch. Die Alternative ist das fraktionelle Faktor-Design (*Fractional Factorial Design)*, in der dem Befragten nur ein »Bruchteil« aller theoretisch möglichen Profile präsentiert wird. In unserem Beispiel wird sehr deutlich, dass einige der Profile sehr ähnlich wären. Stellen Sie sich vor, wir würden dem Befragten zunächst das Profil aus Abbildung 8.6 präsentieren. Danach würden wir das linke Profil mit einem Profil austauschen, das fast identisch ist, und nur das Attribut »erwartete Lebensdauer« mit fünf Jahren anstatt mit zehn Jahren angeben. Weil das rechte Profil ja gleich bleibt, ist der gesamte Stimulus bzw. Anreiz der Attribute und Ausprägungen dem vorhergehenden sehr ähnlich. Deshalb sollten *orthogonale* Profile ausgewählt werden, die so unterschiedlich wie möglich sind.[17] Zusätzlich sollte jede Ausprägung eines Attributs in mindestens einem Profil enthalten sein, um ausbalancierte Stimuli gewährleisten zu können. Der Auswahlprozess orthogonaler Kombinationen von Attributen und deren Ausprägungen ist sehr komplex[18] und wird idealerweise mit einem Sofwarepaket durchgeführt (z. B. PASW, früher SPSS[19]).

Die Firma Waschmaschine GmbH wollte ursprünglich zehn Attribute mit jeweils drei Ausprägungen untersuchen. Das hätte zu mehr als 50.000 Kombinationen geführt. In Abbildung 8.7 sind 27 repräsentative Profile dargestellt, die mit einer Software ausgewählt wurden. In der ersten Zeile werden zehn Attribute gezeigt, mit den passenden Ausprägungen aus Abbildung 8.3. Sobald Hersteller verstehen, welche hypothetischen Profile ihre Kunden bevorzugen, sind sie in einer guten Position und können ihre eigenen Angebote definieren (siehe Fallbeispiel 8.3).

Fallbeispiel 8.3

Bayernwerk AG – Angebotsdefinition mit einer Conjoint-Analyse[20]

Als der deutsche Energiemarkt dereguliert wurde, kamen neue Anbieter wie »Yello« und »Privatstrom« in diesen sehr umkämpften Markt. Elektrizität wurde zu einem Verbrauchsgut, die Marktpreise fielen schnell um 20 Prozent, die Bayernwerk AG verlor Kunden. Lars Weber, Chef der Marktforschung, musste dringend eine passende Antwort finden. Er wollte herausfinden, ob Elektrizität wirklich nur ein Verbrauchsgut ist oder ob die Kunden die verschiedenen Anbieter klar differenzieren. Um darauf einen objektive Antwort zu bekommen, führte er eine Wettbewerbanalyse durch und stellte einen Vergleich der Marktangebote auf, inklusive Preis pro kWh, Energiequelle (nuklear, Kohle), lokale und auswärtige Lieferanten sowie Art des Kundenservice (Hotline oder Internet). Im nächsten Schritt wurde mit einer Conjoint-Studie untersucht, welchen Wert die Kunden auf jedes dieser Attribute legten.

Weber fand heraus, dass es ein Marktsegment gab, das mehr für Elektrizität bezahlen würde, wenn die Energie aus nachhaltigen Quellen stammt und von lokalen Erzeugern. Weil Bayernwerk sehr nahe der Bayrischen Alpen liegt, konnte der gesamte Strombedarf mit Wasserkraft erzeugt werden. Und da die Conjoint-Studie ganz klar gezeigt hatte, dass Strom aus Wasserkraft als hochwertiger angesehen wird, wurde ein neues Produkt definiert, mit dem Namen »AquaPower«, damit es vom Wettbewerb ganz klar differenziert werden konnte. Dieser Ansatz war zum Zeitpunkt der Produkteinführung einzigartig und anschließend sehr erfolgreich für die Bayernwerk AG.

8.3 Analyse der Ergebnisse

Berechnung der Teilwerte

Bei Conjoint-Studien müssen die Befragten entweder ein Attributen-Paar (Trade-off-Methode) oder volle Profile bewerten. Jedes Produkt hat einen bestimmten »Wert« für jeden Kunden und in der Conjoint-Terminologie wird dieser Wert als *Utility* bezeichnet. Die gesamte Utility eines Produktes ist die Summe der Werte der einzelnen Attributsausprägungen (sogenannte Teil-Werte). Die Utilities werden in der Regel mit Hilfe von Software berechnet (z. B. ACA[21]), und zwar basierend auf den Vorlieben der Kunden. (Siehe auch Abbildung 8.2, in der wir die Unterschiede zwischen den verschiedenen Attributsausprägungen erläutert haben.) Die Utiliy-Werte können entweder für einzelne Interviewpartner oder über alle Befragten hinweg als Durchschnitt errechnet werden.[22]

Im Fall der Waschmaschine, sind die drei Teilwerte für die drei Ausprägungen des Attributs »Kapazität« in Abbildung 8.8 dargestellt. Die Teilwerte gehen von –70 bis –45 Utiles. Die Spannbreite der Teilwerte hängt von den Vorlieben der Kunden ab, worauf wir später nochmals genauer eingehen werden. Zunächst ist es wichtig anzumerken, dass ein negativer Teilwert nicht zwangsläufig bedeutet, dass diese Ausprägung für den Kunden unattraktiv ist. Es bedeutet nur, dass sie im Vergleich zu den anderen Ausprägungen weniger stark bevorzugt wird. In Summe addieren sich die Teilwerte immer auf 0 und sind somit voneinander abhängig. Das Beispiel zeigt, dass – im Durchschnitt gesehen – die Kunden eine größere Kapazität bevorzugen. Ein Produkt besteht aber immer aus mehreren Attributen, und der Einfluss von jedem Attribut auf die gesamte Utility variiert. Ein Kunde legt z. B. mehr Wert auf die Kapazität als auf den Preis, wenn er eine Waschmaschine kauft. Der Einfluss eines bestimmten Attributs hängt davon ab, wie groß die Bandbreite seiner Teilwerte im Vergleich zur gesamten Utility des Produktes ist. Die Bandbreiten werden in Prozensätze umgerechnet, um eine Reihe von Bedeutungswerten der Attribute zu bekommen, die in Summe 100 Prozent ergeben.

Ausprägung	**Teilwerte (Utiles)**
Klein 3–4 kg Trockengewicht	–70
Mittel 5–6 kg Trockengewicht	+25
Groß 7–8 kg Trockengewicht	+45

Abbildung 8.8: Angaben der Teilwerte pro Ausprägung für das Attribut »Kapazität«

Attribute	**Ausprägung**	**Bandbreite der Teilwerte**	**Gesamte Bandbreite***	**Bedeutung der Attribute**
Kapazität	Groß (7–8 kg) bis klein (3–4 kg)	+45 - –70	115	46,00 %
Marke	International – No-Name	+60 - –30	90	36,00 %
Preis	300 €– 6000 €	+15 - –30	45	18,00 %
		Total	250	100 %

* Die Einheiten werden typischerweise »Utiles« genannt, was vom englischen Begriff »Utility Values« abgeleitet wird.

Abbildung 8.9: Einfluss der Attribute auf den Gesamtwert

In Abbildung 8.9 werden drei Attribute verglichen (Kapazität, Marke und Preis). Die ACA-Software ermittelt die Utility der Waschmaschine mit 250 Utiles. Die Bandbreite bei der Kapzität ist 115, bei Marke und Preis aber nur 90 bzw. 45 Utiles. Deshalb wird ersichtlich, dass als Prozentsatz aus der gesamten Bandbreite von 250, die Kapazität die größte Auswirkung auf die Kaufentscheidung hat – nämlich 46 %. Das bedeutet, dass für die Kaufentscheidung dieser Kundengruppe die Kapazität wichtiger ist als der Preis.

In den meisten Studien werden die durchschnittlichen Werte der Attribute errechnet, aber wenn die Befragten nicht homogen sind, sollten die Kundensegmente auch separat analysiert werden (siehe Fallbeispiel 8.4). Im unserem Waschmaschinenbeispiel sollten die Marksegemente Haushalt und professionelle Wäschereien separat analysiert werden.

Fallbeispiel 8.4

Motorola – per Funk sprechen[23]

Motorola wurde 1928 gegründet und ist Weltmarktführer auf den Gebieten Kommunikation und elektronische Geräte. Die Firma war führend bei der Vermarktung von Autoradios in den 1930er Jahren, erfand weltweit das erste tragbare Handy im Jahre 1983 und preiswerte Funksprechgeräte in den späten 1990er Jahren.

Ende der 1990er Jahre war es unklar, welche Eigenschaften die Kunden von Funksprechgeräten am meisten schätzten und ob sie für neue Produkteigenschaften mehr zu zahlen bereit wären. Das »TalkAbout«-Produkt ist passend für Outdoor-Aktivitäten wie Wandern, Campen, Bergsteigen, Segeln und Mountainbiken. Die Herausforderung der Marketingmanagerin Maria Townsend-Metz bestand darin, die Kundenwahrnehmung zu möglichst vielen Produkteigenschaften festzuhalten. Dies waren Dinge wie visuelles Design, technische Spezifikationen, Batterielaufzeit, Reichweite usw. »Wir konnten nicht alle Dinge, an die wir dachten, in das Funkgerät integrieren, also mussten wir herausfinden, welche davon für unsere Kunden am wertvollsten sind, um damit auch die meisten Geräte zu verkaufen«, erläutert Townsend-Metz.

Motorola beauftragte die Marktforschungsfirma POPULUS, eine Conjoint-Studie durchzuführen und konzentrierte sich auf sechs Märkte in den USA. Während der Studie analysierte das Team 18 verschiedene Attribute, inklusive dem Preis. Auf Basis der Studienergebnisse entwickelte die Firma ein tiefes Verständnis für die Bedürfnisse, die Outdoor-Kunden heute haben. Motorola bietet deshalb 18 sehr unterschiedliche Versionen des TalkAbout-Modells an, um die spezifischen Anforderungen dieses noch wachsenden Outdoor-Kundensegments bedienen zu können.

Berechnung der Utility-Indizes

Sobald die Teilwerte jeder Ausprägung aller Attribute ausgerechnet (Abbildung 8.8) und ihre Bedeutung für die Kaufentscheidung verstanden wurde (Abbildung 8.9), kann der *Utility-Index* (UI) jedes Produktprofils mit folgender Formel berechnet werden:

$$UI = (\text{Attribut}_1\ TW \times \text{Attribut}_1\ AB) + (\text{Attribut}_2\ TW \times \text{Attribut}_2\ AB) + (\text{Attribut}_n\ TW \times \text{Attribut}_n\ AB)$$

UI = Utility-Index
TW = Teilwert
AB = Attributbedeutung

Die Utility-Indizes liefern die Basis für den Vergleich der Produktprofile. Beispielsweise würde der UI für eine »professionelle« Waschmaschine mit einer Kapazität von 7–8 kg Trockengewicht und einem internationalen Markennamen für den Preis von 6.000 Euro folgendermaßen berechnet werden (siehe Abbildung 8.9):

$$UI = (+45 \times 0{,}46) + (+60 \times 0{,}36) + (-30 \times 0{,}18) = 36{,}90 \text{ Utiles}$$

Im Vergleich dazu würde eine billige Waschmaschine mit einer Kapazität von 3–4 kg Trockengewicht von einem No-name-Hersteller für 300 Euro folgenden Utility-Index erhalten:

$$UI = (-70 \times 0{,}46) + (-30 \times 0{,}36) + (+15 \times 0{,}18) = -40{,}30 \text{ Utiles}$$

Diese beiden Berechnungen zeigen, dass die erste Waschmaschine der zweiten vorgezogen wird, weil sie einen höheren Utility-Index hat (36,9 gegenüber –40,3 Utiles). Eine Conjoint-Analyse ähnelt in vielerlei Hinsicht einem Experiment, in dem der Utility-Index die abhängige Variable ist, während die Attribute die unabhängigen Variablen darstellen. Ändern sich die Ausprägungen der Attribute, wird sich auch die Kundenwahrnehmung des Produktes ändern.

Auwahl der Modelle zur Analyse

Es gibt drei wichtige Modelle für die Datenanalyse:[24]

- Modell der ersten Wahl (*First Choice Model*),
- Modell der anteiligen Präferenzen (*Share of Preference Model) und*
- Modell der Kaufwahrscheinlichkeit (*Purchase Likelihood Model*).

Das Modell der ersten Wahl nimmt an, dass ein Kunde immer das Produkt auswählt, das den höchsten Utility-Wert hat (die sogenannte *Maximum Utility Rule*). Dieses Modell konzentriert sich lediglich auf die erste Wahl des Kunden. Werden z. B. Antworten von 3000 Kunden gesammelt, ist es möglich, den hypothetischen Marktanteil von zwei verschiedenen Waschmaschinen (Profilen) zu errechnen. Wenn z. B. 900 von den 3000 Befragten die professionelle Waschmaschine bevorzugen, dann wird erwartet, dass diese Maschine 30 Prozent Marktanteil erzielt. Der Nachteil dieses Modells ist, dass es die extremen Vorlieben ausrechnet und somit unrealistische Marktanteile herauskommen können.

Das Modell der anteiligen Präferenzen berücksichtigt, dass nicht alle Kunden rationale Entscheidungen treffen und nicht immer das Produkt mit der höchsten Utility ausgewählt wird. Es vergleicht alternative Produkte und sagt die Wahrscheinlichkeit der Auswahl für jedes Produkt voraus. Weil in diesem Modell alle Produkte betrachtet werden, bekommt jedes auch einen Anteil an der Präferenz. Der Markt wird dann zwischen allen Produkten, die im Angebot sind, aufgeteilt.

Das Modell der Kaufwahrscheinlichkeit schaut sich die Auswahlwahrscheinlichkeit jedes Produktes unabhängig von den anderen an. Daher sind diese Ergebnisse besonders wichtig für bahnbrechende (»Erster am Markt«) Produkte und Dienstleistungen, die noch keinem direkten Wettbewerb gegenüberstehen. Sobald andere Firmen allerdings ihre Wettbewerbsprodukte einführen, empfehlen wir die Vorhersagen auf das anteilige Präferenzmodell zu basieren (wenn der Kauf weniger rational ist, beispielsweise bei Spontaneinkäufen) oder auf das Modell der ersten Wahl (wenn das Produkt mehr als Investition angesehen wird). In manchen kommerziellen und wissenschaftlichen Studien, werden die Daten mit allen drei Modellen analysiert und die unterschiedlichen Ergebnisse führen zu weiteren interessanten Einblicken.

Die Firma Waschmaschine GmbH identifizierte die ideale Kombination der Ausprägungen der Attribute basierend auf den Kundenpräferenzen. Darum kann die Conjoint-Analyse in den frühen Phasen der Produktentwicklung in jeder Firma eine bedeutende Rolle spielen.

Fallbeipsiel 8.5

Der UK-Traktor-Markt – stimmen die Regeln der Marke?[25]

Der Markt für landwirtschaftliche Traktoren in Großbritannien liegt bei ca. 15.000 Stück pro Jahr. Eine Reihe bekannter Marken sind im Markt präsent: Massey-Fergusson, Fendt, New Holland und John Deere. Für eine Studie, die mit Unterstützung einer Universität durchgeführt wurde, wurde die Methodik Conjoint-Analyse ausgewählt, um die Bedeutung der Marke im Vergleich zu anderen Faktoren bei den Kaufentscheidungen von Landwirten zu untersuchen. Fünf Attribute mit unterschiedlichen Ausprägungen wurden für die Studie ausgewählt: Markenname (fünf Ausprägungen der führenden Marken), Preis (£ 30.000, £ 35.000 und £ 40.000), die Nähe der Händler (0–15, 16–30, über 30 Meilen), die Servicequalität des Händlers (»durchschnittlich«, »gut«, »sehr gut«), und die Erfahrungen der Käufer mit dem Händler (zwei Ausprägungen: »habe nie zuvor einem Traktor von diesem Händler gekauft«, »habe bereits ein oder zwei Traktoren bei diesem Händler gekauft«). Obwohl ursprünglich vorgesehen, wurde das Attribut »technische Leistung« der Traktoren interessanterweise nicht in die Analyse einbezogen. Die Attribute und Ausprägungen wurden in 25 Profile kombiniert, die den Befragten in einer postalischen Umfrage präsentiert wurden, so dass sie ihre Präferenzen und deren Reihenfolge angeben konnten. Aus einer Datenbank von 15.000 Landwirten wurde eine zufällige Stichprobe von etwa 1.500 Landwirten befragt und die Rücklaufquote lag bei 28 Prozent.

Oberflächlich betrachtet, wurde die Macht der Marke von den Ergebnissen bestätigt: 39 Prozent der Kaufentscheidungen konnten damit erklärt werden. Preis (26 Prozent) und Service (15 Prozent) waren die danach wichtigsten Attribute. Allerdings hatte die Studie Attribute von einer alten Studie aus dem Jahr 1979 benutzt, ergänzt durch Interviews mit nur zwei Landwirten und einem Bauunternehmer. Ein besserer und effektiverer Ansatz wäre gewesen Repertory-Grid-Interviews einzusetzen, um die heutigen Schlüsselfaktoren herauszufinden und diese dann als Attribute in der Studie zu verwenden.

8.4 Einschränkungen

Einschränkungen von Conjoint-Analysen sind:

- Wenn eine Conjoint-Analyse effektiv sein soll, muss jedes aus Kundensicht wichtige Attribut identifiziert und einbezogen werden (siehe Fallbeispiel 8.5). Traditionelle Ansätze reichen hier nicht aus und somit müssen Conjoint-Studien immer mit einer kompletten Hidden-Needs-Analyse verbunden werden.
- Die Komplexität bei der Analyse steigt mit der Anzahl der Attribute und Ausprägungen, so dass die Befragten überfordert sein können.[26]
- Wenn der Preis als ein Attribut einbezogen wird, muss er sorgfältig interpretiert werden. Oft zahlen Kunden mehr, wenn sie mehr Gegenwert dafür bekommen, und somit wird der Preis relativ zum Angebot und kann nicht mehr als unabhängiges Attribut angesehen werden. Es kann somit eine noch komplexere Analyse verursachen.[27]

- Kundenmeinungen ändern sich mit der Zeit und somit kann eine Conjoint-Analyse immer nur einen Schnappschuss der gegenwärtigen Situation liefern.
- Die Beschreibungen der Attribute und Ausprägungen, die den Befragten präsentiert werden, sind relativ kurz und bringen nicht in jedem Fall die eigentliche Bedeutung zum Ausdruck. Oder aber sie sind für die Befragten schwer zu verstehen. Aus diesem Grund sollten die Beschreibungen die »Sprache der Kunden« verwenden.
- Kaufentscheidungen werden manchmal von einer Gruppe getroffen (einer sogenannte *Decision Making Unit* oder DMU). Beispiel: Eine Familie entscheidet sich gemeinsam für einen neuen Flachbildschirm. Conjoint-Studien schauen sich aber nur individuelle Präferenzen an, so dass die Gruppendynamik gar nicht einbezogen wird.

8.5 Zusammenfassung

Obwohl die Conjoint-Analyse keine Kundenbedürfnisse aufdeckt, ist sie eine wichtige Technik, die den wahrgenommenen Wert der Produktattribute ermittelt: für bekannte und verstecke Bedürfnisse und bei großen Stichproben. Deshalb ist sie eine sehr geeignete Methode, mit der geprüft werden kann, wie ein Produkt oder eine Dienstleistung, die versteckte Kundenbedürfnisse abdeckt, im Markt wahrgenommen wird. Dieses Kapitel hat Folgendes aufgezeigt:

- Der erste Schritt besteht darin, die wichtigen Produktattribute und ihre Ausprägungen festzulegen.
- Von den vielen möglichen Kombinationen (Profilen) muss eine abwickelbare Reihe von orthogonalen ausgewählt werden.
- Für jedes der ausgewählten Profile, werden Karten mit maximal sechs Attributen vorbereitet und diese werden den Befragten paarweise präsentiert.
- Die Befragten geben ihre Präferenzen an, indem sie die verschiedenen Profile mit einer Rangfolge bewerten, die ihnen paarweise gezeigt werden.
- Die Bewertungen jedes Befragten werden mit Hilfe der Sofware ACA als Durchschnitt berechnet und außerdem werden die Utility-Indizes der verschiedenen Profile berechnet.
- Diese Analyse einer Reihe von Profilen erlaubt die Identifikation einer optimalen Reihe von Produkteigenschaften, deckt Kundensegmente auf und zeigt den Preis, den ein Kunde zahlen wird.

Empfehlungen für die Praxis

- Wenden Sie Conjoint-Studien an, um sicherzustellen, dass ihre Produkte und Dienstleistungen die ideale Eigenschaftskombination haben, eine passende Preispositionierung und wettbewerbsfähig sind. Solche Studien können außerdem feststellen, welche Eigenschaften tatsächlich Hidden Needs adressieren.
- Stellen Sie sicher, dass alle Attribute in der Analyse beinhaltet sind.
- Wenden Sie die passende Software an, um die Analyse schneller und einfacher zu gestalten.

8.6 Weiterführende Literatur

1. Curry, J. (1996): Understanding Conjoint Analysis in 15 Minutes. Sawtooth Software Research Paper Series, Sequim, USA: Sawtooth Software.
Dieser Bericht liefert einen sehr schnellen Überblick über die Conjoint-Analyse und führt den Leser mit praktischen Beispielen durch die grundlegenden Prinzipien dieser Methode.
2. Gustaffson, A./Herrmann, A./Huber, F. (Hrsg.): *Conjoint Measurement: Methods and Applications*. Springer-Verlag: Berlin, 2001, ISBN 3-540-42323-0.
Liefert eine Übersicht der aktuellen Entwicklungen im Bereich Conjont-Analyse und erläutert die unterschiedlichen Methoden mit Beispielen.
3. Louviere, J. J./Hensher D. A./Swait, J. D.: *Stated Choice Methods: Analysis and Application*. Cambridge University Press: Cambridge, UK, 2000, ISBN 0-521-78830-7.
Diskutiert die Theorie hinter den verschiedenen Entscheidungsmodellen und stellt die präferierten Methoden vor. Das Buch erläutert, wie die Daten von beiden Arten kombiniert werden können, stellt die Nutzung bei Fallstudien dar und erläutert die Validierung der Ergebnisse.

8.7 Quellenverzeichnis und Notizen

1 Kessels, R./Goos, P./Vandebroek, M. (2008): ›Optimal Designs for Conjoint Experiments‹. *Computational Statistics & Data Analysis*. Vol. 52, No. 5, S. 2369–2387.
2 Luce, R. D./Tukey, J. W. (1964): ›Simultaneous Conjoint Measurements: A New Type of Fundamental Measurement‹. *Journal of Mathematical Psychology*. Vol. 1, No. 1, S. 1–27.
3 Green, P. E./Rao, V. R. (1971): ›Conjoint Measurement for Quantifying Judgemental Data‹. *Journal of Marketing Research*. Vol. 8, No. 3, S. 355–363.
4 Green, P. E./Srinivasan, V. (1978): ›Conjoint Analysis in Consumer Research: Issues and Outlook‹. *Journal of Consumer Research*. Vol. 5, No. 2, S. 103–123.
5 Wittink, D./Vriens, M./Burhenne, W. (1994): ›Commercial Use of Conjoint Analysis in Europe: Results and Critical Reflections‹. *International Journal of Research in Marketing*. Vol. 11, No. 1, S. 41–52.
6 Naudé, P./Buttle, F. (2000): ›Assessing Relationship Quality‹. *Industrial Marketing Management*. Vol. 29, No. 4, S. 351–361.
7 Für eine Rangfolge ist der Median ein besserer Wert für eine Tendenz als der Durchschnitt. Der Nachteil von Rangfolgen ist, dass die meisten statistischen Methoden, inklusive den arithmetischen Durchschnitten, nicht gültig sind. Deshalb sind in diesem Fall die Median-Werte besser. Beachten sie aber, dass bei nur zwei Werten das arithmethische Mittel und der Median identisch sind.
8 Fall basiert auf einem Interview von F. Lemke mit Kiran Parmar vom 25. Januar 2010 und mehreren Unterhaltungen im Januar und Februar 2010.
9 Louviere, J. J./Hensher D. A./Swait, J. D. (2000): *Stated Choice Methods: Analysis and Application*. Cambridge, UK, Cambridge University Press.
10 *ibid.*
11 Churchill, G. A. J. (1999): *Marketing Research: Methodological Foundations*. 6. Aufl., London, The Dryden Press.
12 Das Beispiel stammt von einem führenden Hersteller von Waschmaschinen und die genaue Liste der Faktoren/Attribute sowie spezifische Details wurden gekürzt, um die Technik der Conjoint-Analyse in diesem Kapitel vereinfacht darstellen zu können.
13 Veisten, K.,(2007): ›Willingness to Pay for eco-labelled Wood Furniture: Choice-based Conjoint Analysis Versus Open-ended Contingent Valuation‹. *Journal of Forest Economics*. Vol. 13, No. 1, S. 29–48.
14 Anzahl der Matrizen = Anzahl der Attribute (Anzahl der Attribute-1)/2. Mit 10 Attributen ergeben sich also 45 Matrizen.
15 Miller, G. A. (1956): ›The Magical Number Seven, Plus or Minus Two: Some Limits on Our Capacity for Processing Information‹. *The Psychological Review*. Vol. 63, No. 2, S. 81–97.

16 Huber, J. (1997): *What We Have Learned from 20 Years of Conjoint Research: When to Use Self-Explicated, Graded Pairs, Full Profiles or Choice Experiments*. Sawtooth Software Research Paper Series.
17 Keppel, G./Wickens, T. D. (2004): *Design and Analysis: A Researcher's Handbook*. 4. Aufl., Upper Saddle River, New Jersey, Person, S. 76–79.
18 Hahn, G. J./Shapiro, S. S. (1966): *A Catalog and Computer Program for the Design and Analysis of Orthogonal Symmetric and Asymmetric Fractional Factorial Experiments*. General Electric Research and Development Center. Technical Report: 66-C 165.
19 PASW (Predictive Analytics Software) wurde früher SPSS (Statistical Package for the Social Sciences) genannt. Es ist ein statistisches Analyseprogramm, das Ende der 1960er Jahre entwickelt wurde und über die Jahre verschiedenen Veränderungen unterlag. Heute stellt PASW/SPSS einen weltweit akzeptierten Standarf für Statistik-Software dar.
20 Der Fall basiert auf: Brown, G./Vandenbosch, M. (2003) *Bayernwerk A. G. (A): Responding to Deregulation*. IMD Case Study: IMD-5-0590; Brown, G./Vandenbosch, M. (2003) *Bayernwerk A. G. (B): Aquapower*. IMD Case Study: IMD-5-0599; http://www.eon-bayern.com (Zugriff 29. Mai 2008); http://www.yellostrom.de (Zugriff 29. Mai 2008) und http://www.rwe.com (Zugiff 29. Mai 2008).
21 Adaptive Conjoint Analysis (ACA) Software von Sawtooth Software, Inc. ist ein PC-basiertes interaktives Conjoint-Paket, das in der Industrie verbreitet ist.
22 Dieser Abschnitt über die Berechnung der Utilities basiert auf: Orme, B. (2002) *ACA User Manual Version 5*. Sequim, WA, Sawtooth Software, Inc.
23 Das Fallbeispiel basiert auf: Lipke, D. J. (2001) ›Product by Design‹. *American Demographics*. Vol. 23, No. 2, 38–41. http://www.motorola.com (Zugriff 19. Februar 2010); und http://www.populus.com (Zugriff 19. Februar 2010).
24 Detaillierte mathematische Beschreibungen über das Analysemodell können in den Hinweisen zur weiterführenden Literatur gefunden werden, die am Ende des Kapitels aufgeführt sind.
25 Walley, K./Custance, P./Taylor, S./Lindgreen, A./Hingley, M. (2007): ›The Importance of Brand in the Industrial Purchase Decision: A Case Study of the UK Tractor Market‹. *Journal of Business and Industrial Marketing*. Vol. 22, No. 6, 2007, S. 383–393.
26 Das Problem mit der Überforderng kommt vor allem bei der Vollprofil-Methode vor, wenn Produkte mehr als sechs Attribute haben und diese gleichzeitig bewertet werden müssen. Diese Komplexität kann mit einem sogenannten »Bridging Design« vermieden werden, bei dem alle Attribute in verschiedene Reihen aufgesplittet werden und diese kleinere Anzahl auf den Profilkarten notiert wird. In den Reihen muss mindestens ein Attribut identisch sein. Mit dieser Methode wird die Variabilität der Attribute reduziert. Mit Hilfe der Attribute, die auf allen Reihen gefunden werden können (die Bridging-Attribute) können die einzelnen Ergebnisse in Relation zu den Ergebnissen quer über alle Reihen gesetzt werden. Außerdem ist es möglich, die einzelnen Attribute in ein übergeordnetes Meta-Attribut zusammenzufassen, um die Anzahl der Attribute zu reduzieren (eine Beschreibung steht u. a. in: Oppewal, H./Louviere, J. J./Timmermans, H. J. P. (1994): ›Modeling Hierarchical Conjoint Processes With Integrated Choice Experiements‹. *Journal of Marketing Research*. Vol. 31, No. 1, S. 92–105). Wir haben diese Technik in diesem Buch nicht beschrieben, weil in der Praxis die Adaptive Conjoint Analysis (ACA) von Sawtooth Software mit diesen Schwierigkeiten umgehen kann und als Standard etabliert ist.
27 Rao, V. R./Sattler, H. (2001): ›Measurement of Price Effects with Conjoint Analysis: Separating Information and Allocative Effects of Price‹. In: Gustafsson, A./Herrmann, A./Huber, F. (Hrsg.): *Conjoint Measurement: Methods and Applications*. Berlin, Springer-Verlag. S. 47–66.

9 Kombination der Techniken: Design bahnbrechender Produkte und Dienstleistungen

Firmen sagen, sie wollen bahnbrechende Produkte, aber die meisten haben sehr viel mehr Erfahrung darin, bestehende Produktlinien mit kleinen Veränderungen zu verbessern.[1]

Einführung

Zu Beginn dieses Buches haben wir auf die zahlreichen neuen Produkte und Dienstleistungen hingewiesen, die sich als Flop erweisen. Und wir haben außerdem betont, dass das Verstehen der Hidden Needs der eigenen Kunden dringende Voraussetzung für die erfolgreiche Entwicklung von bahnbrechenden Produkten ist. Um Hidden Needs zu identifizieren, müssen innovative Techniken der Marktforschung mit den traditionellen Techniken kombiniert werden. Die Anwendung einer Kombination verschiedener Techniken bringt nämlich detailliertere Einblicke und erlaubt außerdem eine *Triangulation* (quasi ein Quer-Checken) der Ergebnisse. Allerdings ist die Erkenntnis, dass es Hidden Needs gibt, nur die erste Herausforderung. Denn schwierig ist vor allem, kreative Produkt- und Dienstleistungskonzepte zu entwickeln, die diese Hidden Needs adressieren. In diesem Kapitel erläutern wir, wie verschiedene Techniken in der Marktforschung kombiniert werden können, um tiefere Einblicke in den Markt zu bekommen. Im Anschluss daran diskutieren wir, wie diese Einblicke für das Design von bahnbrechenden Produkten genutzt werden können. Wir präsentieren keinen theoretischen Ansatz. Er basiert auf unserer praktischen Erfahrung mit einer Reihe von führenden Unternehmen wie Agilent Technologies oder Bosch Packaging Technology aus dem Bereich Maschinenbau und Virgin Money aus dem Finanzsektor.

Die wichtigsten Abschnitte in diesem Kapitel

- erklären die kritischen Phasen auf dem Weg von den Hidden Needs zu bahnbrechenden Produkten und Dienstleistungen,
- diskutieren die Marktforschungsphase, in der die wichtigsten Themen der Kunden mit Hilfe einer Kombination verschiedener Techniken identifiziert werden,
- geben Details, wie die Konzeptentwicklungsstufe organisiert werden sollte, indem Problembeschreibungen formuliert und kreative Techniken für das Design bahnbrechender Produkte und Dienstleistungen angewendet werden.

9.1 Von Hidden Needs zu Durchbrüchen

9.1.1 Wichtigste Phasen

In Kapitel 1 definierten wir Hidden Needs als Themen und Probleme, mit denen Kunden konfrontiert sind, von denen sie aber selbst noch nichts ahnen – wenn Hidden Needs vom Produktdesign angesprochen und erfüllt werden, sind die Kunden sowohl überrascht als auch begeistert.

Wie in Abbildung 9.1 dargestellt, gibt es bei der Generierung bahnbrechender Produkte zwei Hauptphasen: die Erforschungsphase und die Konzeptentwicklungsphase. In der Erforschungsphase muss eine passende Kombination der Marktforschungstechniken ausgewählt werden, um einen möglichst tiefen Einblick in den Markt zu bekommen – ein Verständnis der zentralen Probleme und Themen, mit denen die Kunden konfrontiert sind. In den vorigen Kapiteln haben wir erläutert, wie ethnographische Marktforschung und andere Techniken uns die Möglichkeit geben herauszufinden, was Kunden denken (auch wenn sie es vielleicht nicht verbal ausdrücken) und wie Hidden Needs identifiziert werden. Innovative Techniken, wie z. B. Repertory-Grid, werden normalerweise mit traditionellen Umfragen und Fokusgruppen kombiniert.

In der zweiten Phase werden die Ergebnisse der Marktforschung in Problembeschreibungen der Kunden umformuliert, die wiederum die ermittelten Probleme und Themen der Kunden ausdrücken. Im Anschluss werden Kreativitätstechniken angewendet, um Lösungswege für die Probleme zu finden. An dieser Stelle muss betont werden, dass man beim Verstehen der Kunden (Phase 1) stark auf die Sprache der Kunden achtet, Problembeschreibungen selbst sich aber normalerweise nicht der Sprache der Kunden bedienen. Der Grund hierfür ist, dass die Problembeschreibung sich auf Hidden Needs konzentriert, die ja gar nicht direkt verbal geäußert wurden.

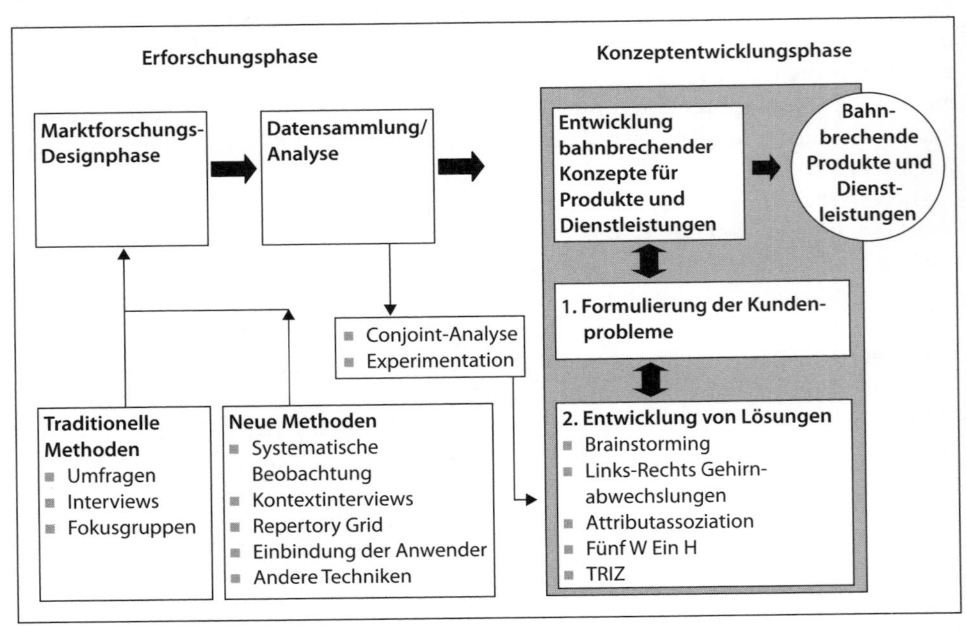

Abbildung 9.1: Hidden-Needs-Analyse in der Produktentwicklung

Miele, der deutsche Hersteller von Staubsaugern, fand zum Beispiel mit Hilfe von Kontextinterviews heraus, dass Menschen mit Kindern, die allergisch auf Hausstaub reagieren, mehrmals pro Woche saugen und aufräumen. Diese Eltern wurden dabei beobachtet, dass sie die Matratzen ihrer Kinder mehrmals hintereinander absaugten. Wenn man sie nach dem Grund fragte, antworteten sie ganz einfach »weil ich erst dann weiß, dass die Matratze staubfrei ist«. Dieses Kundenzitat demonstriert, wie subtil Hidden Needs sein können. Die Eltern waren so sehr an vorhandene Staubsauger gewöhnt, dass sie ihr eigentliches Problem gar nicht erkannten. Das eigentliche Problem war nämlich, dass sie mehrmals saugen mussten, um sicher zu sein, dass die Matratze staubfrei ist. Ein solcher Einblick kann dann wie folgt in eine Problembeschreibung umformuliert werden: *Eltern von allergischen Kindern sind gezwungen, viel Zeit für die Reinigung aufzuwenden, weil sie keine Möglichkeit haben herauszufinden, ab wann die Matratzen komplett staubfrei sind.* Die Lösung war ein Staubsauger mit

Fallbeispiel 9.1

Miele – Teams, die zuhören und beobachten[2]

Eine Möglichkeit, Hidden Needs zu erkennen, ist das, was ein deutscher Hersteller von Haushaltsgeräten getan hat, als ihm bewusst wurde, wie stark die Anzahl der Menschen mit Allergien zunimmt. Die Firma Miele führte einen Staubsauger auf dem Markt ein, der anzeigt, wenn der gesaugte Untergrund staubfrei ist. Ein Hygienesensor an der Düse hat eine »Ampelanzeige«, die von Rot über Orange bis auf Grün wechselt, während der Saugvorgang durchgeführt wird. Dieser Sensor ist ein bahnbrechendes Produktattribut für die wachsende Zahl der Menschen mit Allergien: Er zeigt dem Anwender, wann ein Raum wirklich sauber ist, oder die Matratze eines allergischen Kindes staubfrei bzw. von allen Staubmilben befreit ist.

Die Marktforschung hinter dem Produkt wurde in enger Zusammenarbeit mit dem deutschen Allergie- und Asthmabund (DAAB) durchgeführt, einem Verband für Menschen mit Allergien. Durch einen innovativen Ansatz in ihrer Marktforschung erkannte Miele nicht nur die Notwendigkeit für einen Hygienesensor, sondern identifizierte auch ein wichtiges neues Segment. Menschen mit Allergien müssen nämlich auch mit ihrer Wäsche sehr vorsichtig sein. Deshalb entwickelte Miele eine neue Waschmaschine, die ein spezielles Programm für Kopfkissen und einen zusätzlichen Spülprozess hat, um Waschmittelrückstände zu entfernen. Zusätzlich wurde ein Trockner entworfen, der die statische Elektrizität auf ein Minimum reduziert, da diese Allergien verschlimmern kann.

Alle diese Produkte basierten auf Marktforschung und Ideen aus der Zusammenarbeit mit dem DAAB und einzelnen Kundengruppen. Olaf Dietrich, Marketing- und Produktentwicklungsmanager für das Segment Staubsauger bei Miele sagt: »Wir stehen regelmäßig in Kontakt mit Anwendern und haben generell eine Philosophie des *Zuhörens* und *Beobachtens* bei Miele. Damit ist gemeint, dass es uns bewusst ist, dass nicht nur die Marketingabteilung, sondern auch die Ingenieure die wichtigen Themen mit eigenen Augen beim Kunden sehen müssen. Nur wenn sie selbst dort sind, verstehen sie die Themen wirklich.« Die Netzwerke mit dem DAAB und anderen vergleichbaren Organisationen bedeuten auch, dass die Firma Miele sich einen Wettbewerbsvorteil geschaffen hat, weil ihre Innovationen schwerer zu kopieren sind.

Der Kern des Miele-Ansatzes ist der regelmäßige und intensive Kundenkontakt und die parallele Verwendung der Perspektiven von Marketing und Technik. »Für uns geht es bei der Marktforschung vor allem darum, die echten Probleme der Kunden zu verstehen. Sobald wir diese identifiziert haben, setzen wir auf heterogene Teams aus verschiedenen Unternehmensbereichen, um geeignete Lösungen festzulegen«, so Herr Dietrich.

einem bahnbrechenden Lösungsansatz – einer Anzeige für das Staublevel (siehe Fallbeispiel 9.1).

Abbildung 9.1 zeigt, dass für die Entwicklung der Problembeschreibungen von Kunden (also für die Adressierung der Hidden Needs) Kreativitätstechniken angewendet werden. Die Kreativitätstechniken, die hierfür genutzt werden können, beinhalten *Attributassoziationen* (hier wird jedes Attribut eines Produkts oder einer Dienstleistung betrachtet und Ideen für deren Modifikation gesammelt), *Brainstorming* und das sogenannte *TRIZ* – eine Methode für Problemlösung, die auf Patentdatenbanken beruht. In der Konzeptentwicklungsphase können die Attribute eines neuen Produkts oder Dienstleistung auch mittels *Experimenten* (z. B. *Rapid Prototyping*) mit potenziellen Kunden getestet werden. Gleichermaßen können die Präferenzen von Kunden und die Kompromisse, die sie eingehen würden, z. B. zwischen Produkteigenschaften und Preis, mit Hilfe einer *Conjoint-Analyse* (siehe Kapitel 8) besser verstanden werden. Die Abbildung zeigt zudem, dass sowohl Experimente als auch Conjoint-Analyse typischerweise beide Phasen umfassen, weil beide nützlich sind, um die Reaktionen von Kunden auf neue Produkte und Dienstleistungen abzutasten.

9.1.2 Eigenschaften von bahnbrechenden Produkten und Dienstleistungen

Die Anwendung der verschiedenen Kreativitätstechniken für die Entwicklung von Produkt- und Dienstleistungskonzepten ist normalerweise ein iterativer Prozess. Während der Iterationen empfiehlt es sich, das F&E-Team auf das Ergebnis zu konzentrieren, und zwar: bahnbrechende Produkte und Dienstleistungen (oder bahnbrechende Produkt-Dienstleistungskombinationen). Die wichtigsten Eigenschaften von bahnbrechenden Produkten, die man im Kopf behalten sollte und deren Auswirkungen, sind in Abbildung 9.2 aufgelistet.[3] Aus dieser Auflistung wird ersichtlich, dass die

Kategorie	Attribute	Auswirkungen
Markt/Kunde	■ Neu für den Kunden. ■ Bezogen auf sich entwickelnde Kundentrends. ■ Verändern oft Marktstrukturen. ■ Fordern von Kunden zu lernen und ihr Verhalten zu ändern. ■ Brauchen typischerweise länger, um sich auszubreiten. ■ Erschaffen neue Kategorien.	Bahnbrechende Produkte sind normalerweise »Erster am Markt« und bedürfen deshalb eines effektiven Marketings und eines Lernprozesses bei den Kunden, um zuerst die Innovatoren, dann die »early adopters« und danach die frühe Mehrheit zu erreichen[4].
Produkt	■ Bieten einzigartige Vorteile. ■ Evolution ist weniger vorhersehbar. ■ Notwendigkeit, schwer kopierbar zu sein. ■ Notwendigkeit, das Design[5] sowohl beim Produkt als auch bei der Verpackung zu durchdenken (siehe Fallbeispiel 9.2).	Unternehmen müssen sicherstellen, dass ihre bahnbrechenden Produkte schwer zu kopieren sind, um die Wettbewerber davon abzuhalten, von ihrer Pionierarbeit zu profitieren.
Technologie	■ Beinhalten neue Technologien. ■ Beinhalten vielleicht auch neue Prozesse, die eine neue Infrastruktur verlangen.	Prozesstechnologie kann dabei helfen, Produkte und Dienstleistungen schwer kopierbar zu machen.

Abbildung 9.2: Eigenschaften von bahnbrechenden Produkten

Herausforderung darin besteht, Produkte und Dienstleistungen mit einem einzigartigen Wert zu erschaffen, Märkte zu informieren und zu entwickeln und dafür zu sorgen, dass die Wettbewerber nicht Schritt halten können. Wie wir quer durch das gesamte Buch betont haben: »Traditionelle Ansätze in der Marktforschung haben sich als besonders ungeeignet erwiesen, wenn man bahnbrechende Produkte bekommen will.[6]«

Fallbeispiel 9.2

Blandford Consulting – die Verpackung der Marke[7]

Kate Blandford hat über 20 Jahre Erfahrung im Design und Markenmanagement in der Handelsindustrie. Nach ihrem beruflichen Anfang in einer Designagentur arbeitete Blandford zehn Jahre lang für die Britische Supermarktkette Sainsbury's und war dort für das Packungsdesign aller Eigenmarken zuständig. Heute hat sie ihre eigene Beratungsfirma, die sich auf den Relaunch von Marken spezialisiert hat.

Untersuchungen haben ergeben, dass die Erfolgsquote neuer Produkte im Lebensmittelsektor im Durchschnitt nur zehn Prozent beträgt. Da jedes Jahr weltweit Tausende neue Produkte auf den Markt gebracht werden, müssen Unternehmen jedes Produktdetail sehr genau durchdenken, und das, so Blandford, muss unbedingt auch die Verpackung beinhalten. »Ich habe so viele Produkte gesehen, die unpassend präsentiert werden. Ich bin tief davon überzeugt, dass effektives Design der Grundstein für jede Art von Markenmanagement ist. Eine wirklich gute Verpackung ist ästhetisch ansprechend, ergonomisch, umweltfreundlich, wirtschaftlich machbar usw. Aber es ist auch das Gesicht ihrer Marke, wenn der Konsument seine Kaufentscheidung fällt. Eine Marke kann aufgrund der Verpackung aufblühen oder zu Grunde gehen, deshalb ist es so wichtig, diesen Aspekt richtig zu machen!«

Blandford arbeitet sowohl mit der Lebensmittelindustrie als auch mit dem Handel und vernetzt diese mit Designagenturen. »Eine meiner Herausforderungen ist, dass Designagenturen oft skeptisch sind, Kunden einzubinden. Sie sind besorgt, weil ihre Verpackungsentwürfe von Kunden bewertet werden – vergleichbar zu einem Schönheitswettbewerb. Aber ich muss unbedingt Kunden einbinden, um deren Auffassung der Verpackung zu verstehen, insbesondere die unausgesprochenen und emotionalen Reaktionen. Man muss genau diese Reaktionen verstehen, wenn man ein Design schaffen will, das die Werte der Marke personifizieren soll«, erklärt Blandford. Ihr Ansatz beinhaltet eine Mischung der Techniken: Unterhaltung mit und Beobachtung von Kunden – dadurch werden Schlüsse aus den Handlungen der Kunden gezogen, anstatt deren Aussagen wortwörtlich zu übernehmen –, und den Einsatz von intelligenten Materialien, die als Stimuli in traditionellen Fokusgruppen, aber auch bei Beobachtungen im heimischen Umfeld genutzt werden.

Ein Beispiel für die Arbeit von Blandford und den Einfluss der Verpackung ist ihr Redesign der Bio-Produktreihe von Sainsbury's »SO«, wo sie nicht nur ein oder zwei Produkte überarbeitet, sondern die gesamte Kategorie aufgefrischt und neu positioniert hat. Die Verpackung war bis zu diesem Zeitpunkt hauptsächlich in Beige-Tönen gehalten. Marktforschung hatte aber ergeben, dass diese Farbe von den Kunden implizit als geschmacksneutral gesehen wird, d. h. Kunden empfinden unterbewusst, dass die Produkte nach nichts schmecken. Ein Wechsel zu intensiveren Farben und die Einbindung von Fotos auf den wichtigsten Produkten veränderte die Wahrnehmung der Kunden bezüglich Wert und Geschmack der Produkte und die gesamte Kategorie verkaufte sich sehr viel besser.

Für die Zukunft denkt Blandford, dass »es ein größeres Verständnis über den Wert von Design, Verpackungen und die Marke in den Chefetagen geben wird – schließlich würde ohne sie der Verbraucher vielleicht gar nie herausfinden, wie gut das Produkt ist!«

9.2 Die Erforschungsphase

Ein entscheidender Punkt, wenn man die Philosophie der Hidden Needs anwendet, ist die Erkenntnis, dass diese neueren Marktforschungstechniken in Kombination mit den traditionellen genutzt werden müssen. Dies erlaubt tiefere Einblicke und Triangulation – also den Vergleich der Ergebnisse von verschiedenen Techniken, um verlässlichere Ergebnisse zu erhalten. Die Bedeutung der Anwendung von multiplen Methoden kann nicht stark genug betont werden: »Eine Methode für Hidden-Needs-Einblicke ist nicht ausreichend, es muss vielmehr eine Kombination der Methoden sein.«[8]

9.2.1 Auswahl der passenden Kombination der Techniken

Für jedes Marktforschungsprojekt muss die passende Kombination der Techniken ausgewählt werden. Um bei dieser Entscheidung zu helfen, stellt Abbildung 9.3 die Vor- und Nachteile der in diesem Buch diskutierten Techniken nochmals im Überblick dar. Generell kann gesagt werden, dass innovative Techniken wie ethnographische Marktforschung, Repertory-Grid und Lead-User-Technik zu Beginn der sogenannten Erforschungsphase angewendet werden, wo ein breit angelegtes Verständnis des Marktes benötigt wird. Kundenbeobachtung und Kontextinterviews liefern solche Informationen auch, aber ein Experte zum Thema Marktforschung sagte einmal: »Die Beobachtung von Verhaltensweisen ist für sich allein genommen selten ausreichend.[9]« Also müssen wir überlegen, welche andere Technik eine andere Perspektive bieten kann, weil »alle Konsumenten relevante *bewusste Gedanken* haben, bei deren Artikulation sie spezielle Hilfe brauchen. Hinzu kommt, dass alle Konsumenten auch relevante *versteckte Gedanken* haben: Ideen, von denen sie nicht wissen, dass sie sie haben, die sie aber gerne mitteilen, sobald sie entdeckt werden.[10]« Repertory-Grid und Projektion decken Faktoren auf, die nicht durch direkte Befragung aufkommen würden, und sie erlauben den Forschern, zwischen den Faktoren zu unterscheiden, die Kunden am häufigsten nennen (beispielsweise weil sie offensichtlich sind) und den Faktoren, die am wichtigsten sind. Es ist wichtig zu betonen, dass »die Häufigkeit der Nennung kein wirklich gutes Surrogat für die Wichtigkeit ist.[11]«

In der Erforschungsphase ist das Ziel, die Hidden Needs durch intensive Techniken mit einer kleinen Anzahl von Kunden zu identifizieren und dann zu testen, ob die Erkenntnisse auch auf eine größere Zahl von Kunden übertragbar sind. Um diesen zweiten Punkt zu untersuchen, werden typischerweise Interviews, Umfragen und Fokusgruppen durchgeführt, deren Fragen sich auf die Erkenntnisse der früheren Einblicke beziehen.

	Ansatz	Überblick	Anwendung/Vorteile	Nachteile
1.	Umfragen und Interviews (Kapitel 2)	■ Direkte Fragen, um die Meinung von Kunden zu erhalten, was aus ihrer Sicht ihre Anforderungen sind. ■ Offene Fragen erlauben den Befragten etwas Freiheit für kreative Ideen. ■ Kann als postalische Umfrage, per Telefon, Internet oder als direktes Interview durchgeführt werden.	■ Breit angewendete Methode zur Sammlung von Kundenmeinungen. ■ Ideal um eine hohe Zahl von Kundenmeinungen zu sammeln, insbesondere im Vergleich zu anderen Methoden (Stichprobengröße ist normalerweise größer).	■ Man geht oft davon aus, dass Fragebögen leicht zu entwickeln sind. Tatsächlich ist das Gegenteil der Fall und viele Umfragen sind schlecht entworfen und ergeben deshalb auch unklare Ergebnisse. ■ Die Rücklaufquote ist oft gering, was wiederum die Frage aufkommen lässt, ob die Ergebnisse repräsentativ für den Markt sind. ■ Hohe Rücklaufquoten (beispielsweise über das Internet) sind auch nicht immer repräsentativ. ■ Befragte haben eventuell Schwierigkeiten damit, Antworten zu offenen Fragen zu formulieren.
2.	Projektion (Kapitel 2)	■ Projektion ist eine statistische Methode, die in der qualitativen Marktforschung genutzt wird. ■ Verwendet verschiedene statistische Szenarien, um die Wahrscheinlichkeit der Ergebnisse zu erhöhen. ■ Kann als »Persönlichkeits-Test« angewendet werden, durch den Einsatz von Tintenflecken, Bildern etc., um damit die Formulierung von persönlichen Meinungen herauszukitzeln.	■ Hilft Teilnehmern, Gedanken und Meinungen zu äußern, die sie normalerweise nicht ausdrücken können. ■ Unterstützt ehrliche Rückmeldung, weil es direkte Befragung vermeidet.	■ Analyse von Daten einer Projektion wird kritisiert und als gleich belastbar wie »Traumdeutung« abgestempelt. ■ Teilnehmer und ihre Antworten können durch den Moderator voreingenommen sein. ■ Interpretation und Analyse der Ergebnisse hängt stark vom Können und Wissen der Marktforscher ab.
3.	Fokusgruppen (Kapitel 3)	■ Kleine Gruppen ausgewählter Anwender oder Nicht-Anwender werden für die Diskussion von Produktanforderungen bezahlt.	■ Helfen bei der Definition von Kundenproblemen und liefern eher Hintergrundinformationen als Lösungshinweise.	■ Die oft etwas künstlich generierte Situation kann die Effektivität einschränken. ■ Bestimmte Teilnehmer können die Diskussion dominieren. Deshalb ist eine gute Moderation unersetzlich.

	Ansatz	Überblick	Anwendung/Vorteile	Nachteile
3.	Fokusgruppen (Kapitel 3)	■ Diskussionen werden mit einer ersten Frage und durch Produktmuster im Raum stimuliert. ■ Ein Moderator leitet die Diskussion. ■ Marktforscher beobachten die Diskussion oft durch einen spanischen Spiegel.	■ Anwender werden normalerweise aus ihrer normalen Umgebung herausgeholt. ■ Fokusgruppen können dazu genutzt werden, die Ergebnisse von Umfragen und statistischen Daten zu interpretieren. ■ Fokusgruppen können genutzt werden, um ein detailliertes Bild über das Kernthema zu erhalten, nachdem eine Umfrage durchgeführt und analysiert wurde.	■ Manche Firmen versuchen Kosten zu sparen, indem sie unerfahrene Moderatoren einsetzen. Das aber verschwendet das Potenzial einer Fokusgruppendiskussion.
4.	Ethnographische Marktforschung (Kapitel 4 & 5)	■ Eine ganze Bandbreite von Ansätzen, die wichtigsten davon sind die systematische Beobachtung und Kontextinterviews. ■ Viele anekdotenhafte Beispiele zeigen, dass die Ansätze zu bahnbrechenden Produkten führen können.	■ Werden immer beliebter. ■ Geben ein tiefes und kulturelles Verständnis über die Modelle der Produktanwendung von Kunden und Anwendern. ■ Kontextinterviews sind in vivo und die Umgebung gibt wertvolle Informationen.	■ Systematische Beobachtung ist nicht einfach und somit ist der Einsatz von Spezialisten wahrscheinlich am sinnvollsten (ansonsten sollten Sie die Studie auf jeden Fall auf ein passendes Codierungsschema aufsetzen, siehe Tabelle 5.3) ■ Es werden meist riesige Mengen von qualitativen Daten erzeugt, die einer effektiven Analysestrategie bedürfen.
5.	Repertory-Grid-Technik (Kapitel 6)	■ Anwender oder Kunden unterziehen sich einem strukturierten Interview, in dem sie Elemente (typischerweise Produkte oder Dienstleistungen) diskutieren.	■ Repertory-Grid-Technik ist sehr effektiv darin, Anwendern und Kunden zu helfen, ihre Themen zu formulieren. ■ Sehr hilfreich, um wichtige und kommende Produktattribute zu erkennen, die Kunden gefallen könnten.	■ Die Technik ist nicht sehr bekannt. ■ Die Befragten müssen mit 5–6 verschiedenen Produkten oder Dienstleistungen Erfahrungen haben, damit die Technik funktioniert.

	Ansatz	Überblick	Anwendung/Vorteile	Nachteile
5.	Repertory-Grid-Technik (Kapitel 6)	■ Die Befragten werden dazu angeregt, sogenannte Constructs – Produktattribute – zu identifizieren, indem sie gebeten werden, Triads von verschiedenen Produkten und/oder Dienstleistungen zu vergleichen.	■ Oft die ideale Vorbereitung für eine Umfrage. ■ Die Technik zapft das implizite Wissen der Hidden Needs an.	■ Die Interviewer brauchen ein spezielles Training, um die Technik anzuwenden, auch wenn es dann relativ einfach ist. ■ Die Interviews sind recht zeitintensiv.
6.	Einbindung der Anwender (Kapitel 7)	■ Lead-User: Identifikation von Anwendern mit extremen Anforderungen und Anwendern mit gleichen Anforderungen in anderen Sektoren. Üblicherweise wird ein Workshop mit solchen Anwendern durchgeführt, um Produktkonzepte zu entwickeln.	■ Der Workshop bringt unterschiedliche Anwender zusammen und stimuliert dadurch kreative Diskussionen. ■ Kann mit Experimenten kombiniert werden, um die Konzepte aus den Workshops zu testen.	■ Lead-User sind schwer zu identifizieren. ■ Workshops sind sehr zeitintensiv und die Lead-User können schwer zu motivieren sein, ihre Zeit zu opfern. ■ Workshop ist außerhalb der normalen Arbeitsbedingungen (auch wenn er mit einem Besuch im Umfeld der Teilnehmer kombiniert werden kann).
		■ Virtual Communities: Anwender in Foren des Web 1.0 oder 2.0, die freiwillig an Diskussionen, Sessions zur Generierung von Ideen etc. teilnehmen. ■ Spezifische Anwendungen sind beispielsweise Blogs, Foren, Wiki-Netzwerke, Soziale Netzwerke etc.	■ Leichter und günstiger Zugang zu einer großen Anzahl von aktuellen und/oder potenziellen Anwendern. ■ Hohe Produktnähe der Teilnehmer. ■ Vorzeitige Bestätigung der Produktakzeptanz innerhalb der Communitiy, sogar vor der offiziellen Markteinführung.	■ Manchmal nicht für sehr komplexe Entwicklungen geeignet. ■ Virtueller Kontakt kann das persönliche Gespräch unter vier Augen in der Marktforschung nicht ersetzen. ■ Generelles Risiko, Innovationsprozesse auch für die Konkurrenz und »bösartige Spitzel« zu öffnen, weil die Communities anonym und die Suchmaschinen sehr weit entwickelt sind.

	Ansatz	Überblick	Anwendung/Vorteile	Nachteile
6.	Einbindung der Anwender (Kapitel 7)	■ Experimente: den Kunden werden frühe Prototypen der Produkte (oder Dienstleistungen) präsentiert und ihre Vorschläge basieren auf diesen. Sehen und Anwenden von Produkten, die man anfassen kann, hilft Kunden sehr oft dabei, ihre Ansichten besser zu artikulieren.	■ Beobachtung in einem realistischen Szenario, wie Kunden auf konkrete Produktideen, die anfassbar sind, reagieren. ■ Kann eine Erweiterung der Lead-User Methode sein.	■ Kann teure Ausrüstung für das virtuelle Prototyping erfordern. ■ Es wird oft angenommen, dass Dienstleistungen schwer in Prototypen umsetzbar sind. Beispiele wie die Bank of America, die regelmäßig ihre Dienstleistungen prototypisieren und die Reaktionen einsammeln, widersprechen dieser Annahme.
7.	Conjoint-Analyse (Kapitel 8)	■ Identifiziert die Abwägungen, die Kunden bei der Wahl zwischen verschiedenen Produkten machen. ■ Kunden werden Beschreibungen von Produkten (oder Dienstleistungen) gezeigt mit verschiedenen Arten von Attributen und müssen dann ihre präferierte Kombination auswählen.	■ Identifiziert die Produktattribute, die Kunden als wichtigste Priorität ansehen. ■ Entwicklung von Preismodellen, bei denen die impliziten Abwägungen der Kunden zwischen Eigenschaften und Preis, offensichtlich werden.	■ Falls die falschen Attribute in die Analyse eingespeist werden, wird die Priorisierung nicht nützlich sein (stattdessen wird es dazu führen, dass unwichtige Produktattribute weitergeführt werden). ■ Die manchmal etwas künstliche Natur d er Entscheidungen kann die Genauigkeit der Ergebnisse einschränken. ■ Relativ komplexe Methode, die Unterstützung von Experten erfordert.

9.2.2 Beweise für den Nutzen der Technik

In Kapitel 1, Abbildung 1.4 haben wir viele Beispiele aufgelistet, bei denen verschiedene Techniken für die Identifikation von Hidden Needs zur Entwicklung von erfolgreichen Produkten und Dienstleistungen geführt hat. Leider sind diese Beispiele zwar aufmunternd, aber immer noch anekdotenhaft, weil es noch zu wenige Studien zum Wert der neueren Marktforschungsmethoden gibt. Allgemein gibt es einen dringenden Bedarf an Forschungsansätzen, die die Vorteile und Nachteile jeder Marktforschungsmethode identifizieren (dies ist ein Gebiet, auf dem wir an der Cranfield School of Management gerade sehr aktiv sind[12]).

Eine Umfrage unter 160 US-Firmen untersuchte die Wahrnehmung von Managern bezüglich der verschiedenen Methoden. Die Forscher kommentierten, dass ethnogra-

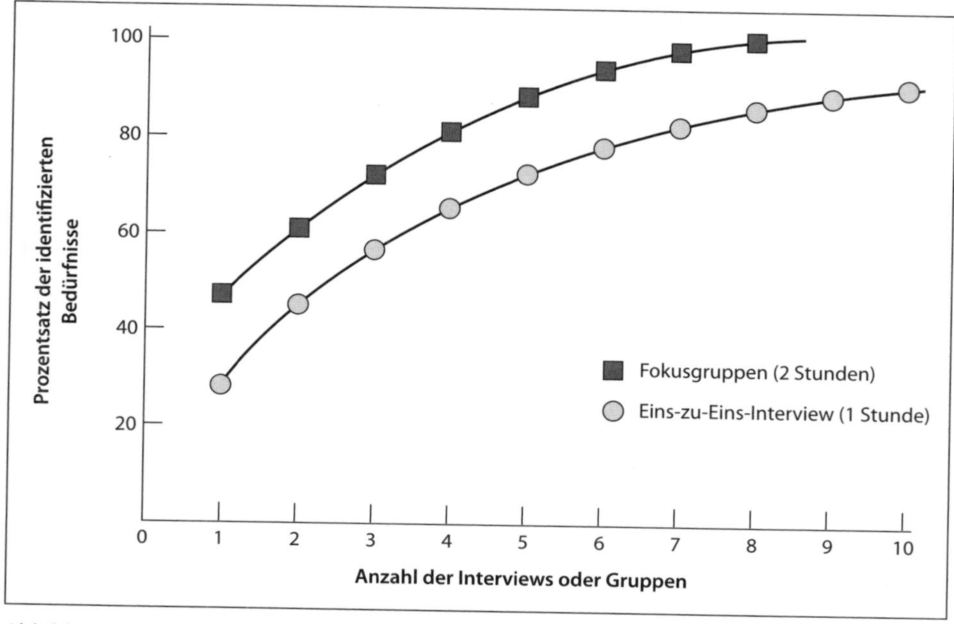

Abbildung 9.4: Vergleich von Interviews und Fokusgruppen[13]

phische Marktforschung »bei den Praktikern nicht so beliebt war … (obwohl) die Methode vielleicht die tiefsten Einblicke und das detaillierteste Wissen über die unerfüllten und unausgesprochenen Bedürfnisse von Kunden generiert« [14]. Der größte Nachteil dieser Studie war, dass sie die Wahrnehmung der Manager als »Maßeinheit« für die Effektivität der Methoden anwandte und nicht versuchte herauszufinden, wie die Methoden in Kombination angewendet werden könnten. Die Studie schloss mit folgendem Satz: »Es gibt keine substanzielle Forschung, die die effektivsten Quellen (für neue Produktideen) aufdeckt.« [15]

Abbildung 9.4 zeigt die Ergebnisse einer wichtigen Studie der Professoren Abbie Griffin (inzwischen an der Universität von Utah) und John Hauser (MIT) – die die Effektivität von Fokusgruppen mit der von Interviews verglichen hat[16]. Sie zeigt, dass durchaus eine große Zahl von Interviews oder Fokusgruppen nötig sind, um eine umfängliche Liste von Marktanforderungen zusammenzustellen. Beispielsweise wurden fünf Interviews unter vier Augen oder drei Fokusgruppen benötigt, um ca. 70 Prozent der Marktanforderungen zu identifizieren. Zehn Interviews oder sechs Fokusgruppen wurden gebraucht, um beinahe 90 Prozent der Bedürfnisse zu identifizieren. Abbildung 9.4 gibt uns eine Idee davon, wie viele Interviews oder Fokusgruppen benötigt werden, aber es ist immer wichtig, eine Pareto-Analyse durchzuführen, um die theoretische Sättigung zu überprüfen.

Eine weitere wichtige Erkenntnis dieser Arbeit ist, dass idealerweise drei oder mehr Marktforscher (»Analysten«) die Daten prüfen sollten. Abbildung 9.5 zeigt, dass über 80 Prozent der Kundenforderungen aus Fokusgruppen oder Interviews identifiziert werden, wenn drei Marktforscher die Daten parallel analysiere.

Leider vergleicht die Studie von Griffin und Hauser nur Fokusgruppen und Interviews und auch nicht zwischen bekannten, unerfüllten und versteckten Bedürfnissen

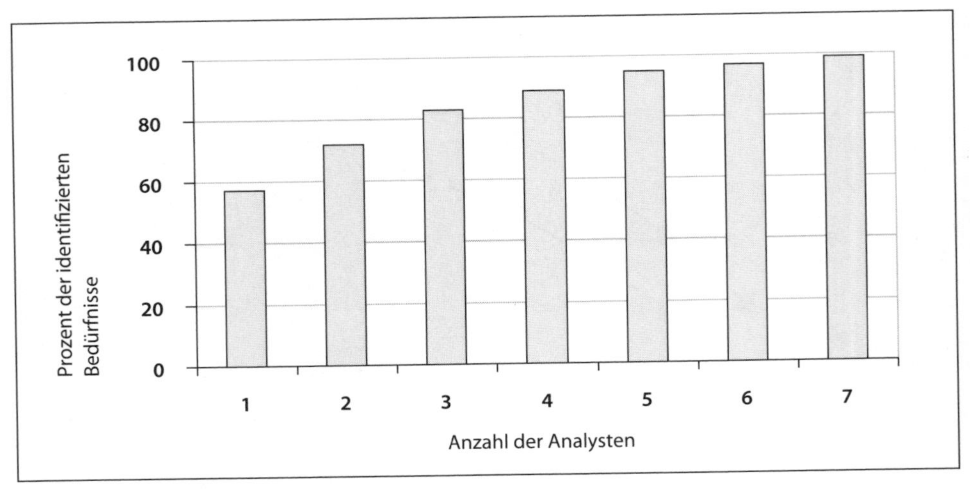

Abbildung 9.5: Anzahl der benötigten Analysten[17]

zu unterscheiden. Weil der wissenschaftliche Beweis für die beste Kombination der verschiedenen Techniken also noch nicht erstellt wurde, werden wir nun einen typischen Ansatz beschreiben – basierend auf den vielen Projekten, die wir bereits für Unternehmen durchgeführt haben.

9.2.3 Kombination der Techniken

Jedes Marktforschungsprojekt, das versucht Hidden Needs zu entdecken, muss eine passende Kombination der Techniken anwenden – sozusagen »mix and match« Marktforschung. Abbildung 9.6 zeigt eine sehr typische Kombination eines vertraulichen Projektes, das zum Ziel hatte, die Anforderungen an PCs zu verstehen. Hierfür wurde Repertory-Grid-Technik eingesetzt, um die Wahrnehmung der Kunden zu den existierenden Produkten zu verstehen: die Attribute, die für sie am wichtigsten waren, die Attribute, die bestehende Produkte nicht erfüllen, und die Sprache, die Kunden bei der Diskussion der Produkte benutzen. Parallel zu den Repertory-Grid-Interviews wurde ethnographische Marktforschung (und Lead-User-Technik) angewendet: Damit konnte systematisch beobachtet weden, wie Kunden die Produkte benutzen, um zu identifizieren, mit welchen wichtigen Themen sie dabei konfrontiert sind, und um Schlüsse über die Kultur der wichtigsten Kundensegmente zu ziehen. Die Daten dieser beiden Quellen wurden auf ihre theoretische Sättigung geprüft und anschließend wurden die Hidden Needs mit Triangulation identifiziert. Diese erste Analyse gab sehr deutliche Hinweise darauf, welche Themen für die Kunden wichtig sind, die dann wiederum mit einer größeren Stichprobe mit Fokusgruppen und einer Online-Umfrage verifiziert wurden. Auf diese Art und Weise wurde bestätigt, dass die unerfüllten und versteckten Bedürfnisse einer kleineren Gruppe von Kunden auch für das breitere Kundenspektrum wichtig waren.

Sobald die wichtigsten Themen identifiziert waren, wurde eine Beschreibung des Kundenproblems formuliert. Dieses wurde mit Anwendern diskutiert, die bei der Kommentierung des Produktkonzeptes involviert waren, und später auch mit Hilfe des Prototyps diskutiert. Parallel dazu wurde eine Conjoint-Analyse durchgeführt, um die ideale Kombination der Produktattribute (inklusive dem Preis) abschätzen zu können. Beachten Sie bitte, dass die Attribute, die in der Conjoint-Analyse verwendet wurden, auf den Ergebnissen der Repertory-Grid-Interviews und den Fokusgruppen beruhten. Also nicht auf dem, was die Produktmanager dachten, was der Markt wohl am wichtigsten finden würde. Ein anderes Beispiel, wie verschiedene Techniken in Kombination angewendet werden können, zeigt auch das Fallbeispiel der Bosch Packaging Technology in Kapitel 10.

9.3 Management der Konzeptentwicklungsphase

Während der Konzeptentwicklungsphase müssen wir:
- Kreativitätstheorien anwenden, wenn wir Einzelpersonen und Teams auffordern, bahnbrechende Produktkonzepte zu entwickeln.
- Problembeschreibungen formulieren, die den Kern der Themen treffen, die bei unseren zukünftigen Produkten und Dienstleistungen beachtet werden sollten.
- Kreativitätstechniken mit unseren neuen Produktentwicklungsteams anwenden.

9.3.1 Hinweise aus der Kreativitätstheorie

Es gibt drei Arten von industrieller Kreativität: spürsinnige, erforschende und normative. Spürsinnige Kreativität geschieht durch Zufall. Das berühmteste Beispiel ist das »Post-it« von 3M, wobei ein Klebstoff entwickelt werden sollte, der zwei Dinge zusammenklebt. Das ist zwar misslungen, jedoch wurde eine sehr erfolgreiche, uns allen bekannte Alternative gefunden. Per definitionem ist die spürsinnige Kreativität schwer zu managen, obwohl es hilfreich sein kann, nach Ideen aus verschiedenen Sektoren zu suchen oder Experten aus anderen Gebieten zu befragen, denn »die besten Innovatoren sind nicht einsame Genies, sondern es sind Leute, die eine Idee, die in einem Kontext offensichtlich ist, in einem anderen Kontext in einer nicht so offensichtlichen Art und Weise anwenden«.[18]

Erforschende Kreativität deckt das ab, was die meisten Menschen unter Kreativität verstehen, nämlich Kreativität mit dem Ziel neue (ungewöhnliche) Möglichkeiten zu identifizieren. »Unkonventionelles Denken, welches frühere Ideen verändert oder ablehnt, erläutert die unklaren oder schlecht definierten Probleme bei der Entwicklung von neuen Ansichten oder Meinungen.«[19] Die Identifikation von Problemen, die echte Möglichkeiten für neue Geschäfte bewirken, ist das, worum es bei der Identifikation von Hidden Needs eigentlich geht. Aber es ist wichtig, dass Manager ganz genau die Märkte und Marktsegmente spezifizieren, auf die sich die Marktforschungsmitarbeiter konzentrieren sollen. Beispielsweise spezifizierte die Firma Bosch Packaging Technology (siehe Fallbeispiel in Kapitel 10) einen neuen Markt, in den sie eintreten wollte und beauftragte das Marketing damit, die Bedürfnisse und Möglichkeiten in diesem Markt zu erforschen.

Bei der normativen Kreativität wird originelles Nachdenken dazu genutzt, bereits bekannte Probleme zu lösen, und genau das ist von zentraler Bedeutung für die Hidden-Needs-Analyse. Wissenschaftliche Forschung stellt Innovation als Tätigkeit dar,

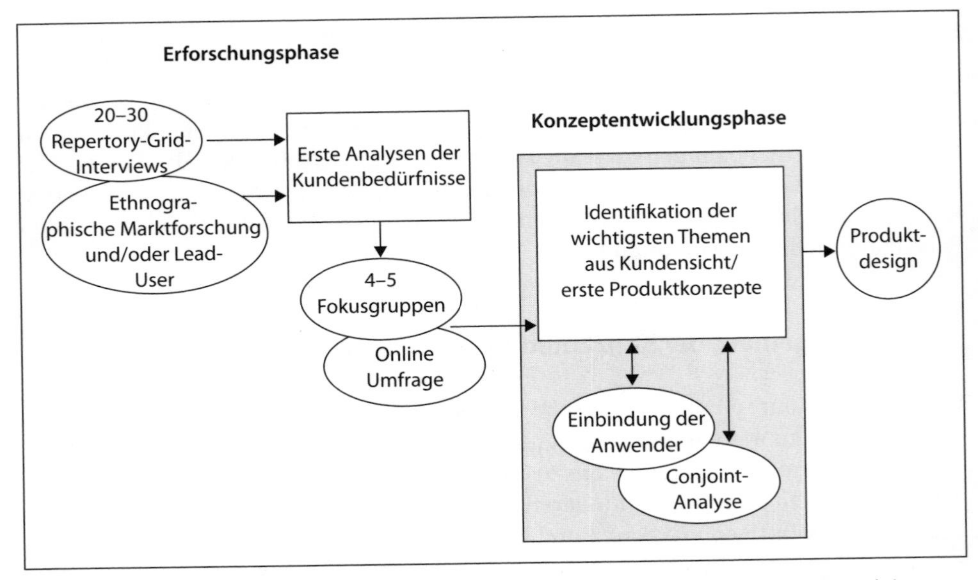

Abbildung 9.6: Eine typische Kombination der Methoden (für eine Studie zum PC-Markt)

mit der eine Reihe von Problemen gelöst werden müssen. Dies beinhaltet auch die Beachtung von Kundenthemen und die Lösung von vielen technischen Problemen, die auftauchen können, beispielsweise beim Design eines neuen Pkw[20]. Die klare Spezifizierung von Problemen und Themen ist ein wichtiger Schritt bei der Maximierung der Kreativität. Dies ist auch der Grund, warum wir empfehlen, dass die Ergebnisse der explorativen Marktforschung in Form von Beschreibungen der Kundenprobleme formuliert werden müssen.

Die große Mehrheit der Innovationprojekte bedient sich eines Teams. Deshalb müssen Manager dafür sorgen, dass die Kreativität dieses Teams stimuliert wird. Professor Teresa Amabile aus Harvard hat eine Reihe von Studien durchgeführt und herausgefunden, dass Manager sich auf sechs Themen konzentrieren sollten.[21]

1. Die passende Gruppe von individuellen Personen muss mit der richtigen Herausforderung zusammengebracht werden – die Menschen müssen also auf das Projekt abgestimmt werden.
2. Den Teams muss die Freiheit gegeben werden, klar definierte Probleme mit den von ihnen gewünschten Mitteln zu bearbeiten.
3. Die notwendigen Ressourcen müssen zur Verfügung gestellt werden (inklusive Zeit und Geld). Ein gewisser Zeitdruck kann positiv sein, aber realistische Zeitpläne sind ebenfalls von großer Bedeutung.
4. Heterogene Teams sollten zusammengestellt werden und diese sollten dazu motiviert werden, das Projekt als aufregendes Abenteuer zu betrachten.
5. Kurzfristige und pragmatische Unterstützung von oben muss zugesichert sein. Wenn das Management zum Beispiel zu lange braucht, um gewisse Entscheidungen zu treffen, ist dies sehr demotivierend für das Team.
6. Die Teams müssen von der Firmenpolitik so weit wie möglich ferngehalten werden.

Die Kreativitätstheorie zeigt uns also die Bedeutung der klaren Formulierung von Kundenproblemen und der Nutzung von heterogenen Gruppen (beispielsweise interne Teams aus verschiedenen Abteilungen ergänzt durch externe Experten). Designer mit ihrem Schwerpunkt auf Materialien, Ästhetik und dem Entwurf einzigartiger Produkte oder Dienstleistungen können beispielsweise eine sehr wertvolle andere Perspektive einbringen (siehe auch Fallbeispiel 9.3). Mehr als alles andere, muss das Management »bei den Teams ein Gespür für Wunder und Abenteuer entfachen, das in den Produktentwicklungsprozess eingebracht wird« [22].

Fallbeispiel 9.3

Boxer – Bacon Butties, brasilianisches Bier und das Branding von Birmingham[23]
Was ist der wirkliche Wert von Design? Ist es nur die Art und Weise, wie ein Produkt hübsch gemacht wird? Oder ist es ein Weg, um Kreativität in eine Firma zu bringen? Wie wertvoll ist Design für die meisten Firmen? Das Team der Boxer Design Consultants, die in Birmingham und Chicago Büros haben, sind täglich mit diesen Fragen konfrontiert und sehen ihre Herausforderung darin, die kreativen und rationalen Aspekte der Geschäftswelt auszubalancieren. Sie haben 45 festangestellte Mitarbeiter und einen Umsatz von fünf Millionen Pfund.

Wenn Menschen an Design denken, so denken die meisten an die aerodynamische Linienführung eines Sportwagens oder ein visuell unheimlich tolles Küchenaccessoire von Alessi. Allerdings ist Design mehr als die pure Ästhetik. Boxer hat eine Reihe von herausfordernden Projekten durchgeführt, angefangen mit dem Rebranding eines brasilianischen Bieres, über Fast-Food-Verpackungen, bis zum Bearbeiten des Images einer Großstadt. Die Herausforderung beim Bier war, dem bestverkauften Bier in Brasilien dabei zu helfen, sich in Großbritannien als Premiummarke im stilbewussten Segment zu positionieren, also war ein innovativer Ansatz nötig. Hier hatte Boxer die Idee, einen Wettbewerb unter angehenden Künstlern auszurufen, die »Six-Pack«- Verpackungen für die Bierflaschen entwerfen sollten. Mehr als zwei Millionen Verpackungen für Flaschen und »Six-Packs« wurden mit dem Design des Gewinners gedruckt. Gleichzeitig fuhren speziell bemalte Busse durch die Großstädte, um die einschlägigen Clubs zu besuchen und das Bier zu promoten. Und die Kampagne wurde als eine der besten in der Lebensmittelindustrie nominiert.

Vom brasilianischen Bier zur Marke von Birmingham: Boxer wurde damit beauftragt, eine Kampagne zu entwickeln, die nicht nur das veraltete Image von Englands zweitgrößter Stadt herausforderte, sondern Birmingham zudem auch als »neugeborene« Großstadt präsentierte, die energiegeladen ist und eine unglaubliche kulturelle Vielfalt bietet. Boxer definierte daraufhin die Markenidentität der City von Birmingham in strategischer Hinsicht und baute die Kampagne auf folgender Aussage auf: »*Many worlds, one great city.*« Die Kampagne wurde über mehrere verschiedene Medien ausgerollt, beispielsweise Radiowerbung, Printanzeigen und Onlineaktiviäten. Da sehr viele Organisationen und Firmen diese Marke mitbenutzen würden, entwickelte Boxer außerdem auch die Markenrichtlinien.

Ein Teil von Boxers Firmenkultur ist das sogenannte »Soack-it-up«-Teammeeting am Freitag, das kreative Ideen fördern soll. Die ganze Agentur und die Kundenteams unterhalten sich dabei über Designbeispiele und alle möglichen Erfahrungen, die die Teams in der vergangenen Woche gesammelt haben … Und sie essen währenddessen *Brummie bacon butties* (Schinkensandwiches aus Birmingham). Die Absicht dabei ist zweierlei: das Suchen nach Ideen in einem breiteren Umfeld und das Stimulieren einer Diskussion über das Design anderer Teams, um Inspirationen in die eigenen aktuellen Projekte einfließen zu lassen.

Angelique Green, Chief Operating Officer bei Boxer, hat nicht nur die Verantwortung für das Management der Firma, sondern spielt auch eine große Rolle bei den kreativen Projekten wie z. B. bei einem Projekt für McDonalds in den USA. »Meine Rolle ist es, die allgemeine Richtung der Firma zu führen und zu inspirieren, deshalb sind die Soak-it-up-Initiativen sehr wichtig. Kunden suchen nach inspirierenden und kreativen Lösungen, die zu wirklichen Vorteilen im Geschäft führen. Deshalb müssen wir uns sowohl auf einer ganz praktischen operativen Ebene mit unseren Designern zusammentun als auch auf einer strategischen Ebene bei der Entwicklung des Geschäftsmodells.« Der Schlüssel bei der Erarbeitung von führenden Lösungen für Unternehmen ist, die Herausforderungen zu verstehen und das Kreative und Rationale auszubalancieren. Deshalb wird Angelique von anderen Direktoren wie Julian Glyn-Owen unterstützt. Mit einem Diplom in Design, internationaler Praxiserfahrung und einem MBA, kann sich Glyn-Owen darauf konzentrieren, rationale Geschäftsvorteile für Kunden zu entwickeln, während die Designer bahnbrechende Entwürfe liefern. Glyn-Owens Interessen liegen in der Entwicklung der Fähigkeiten, die benötigt werden, um die Kundenbedürfnisse in bahnbrechendes Design zu übersetzen. »Wir sehen oft, wie Eigentümer von globalen Marken Positionierung und Analyse perfekt betreiben. Was sie aber nicht tun, aus verständlichen kulturellen, organisatorischen und professionellen Gründen, ist den Sprung von ihren wertvollen Analysen zu einer emotional bedeutenden Erfahrung für den Konsumenten zu machen. Unsere Kunden brauchen Hilfe dabei, das Wörtliche in das *Emotionale* zu *übersetzen* – das ist das, was wir jeden Tag tun, wenn wir attraktive, starke, vielleicht sogar magische Ideen für die angepeilten Kunden entwickeln.«

9.3.2 Formulierung der Kundenprobleme

Richtig durchgeführte Marktforschung wird nicht nur die Bedürfnisse von Kunden und Anwendern identifizieren, sondern auch ihre Prioritäten und auch ihre Hidden Needs. Der nächste Schritt ist die Umformulierung der Markteinblicke in Problembeschreibungen mit einem sogenannten *kulturellen Aspekt*. Abbildung 9.7 zeigt drei Beispiele. Einige Leser fragen sich vielleicht, ob der Aufwand für die Formulierung einer Problembeschreibung sich wirklich lohnt. Um dies zu beantworten, möchten wir betonen, dass die Forschung zu Kreativität, die wir oben diskutiert haben, den Wert einer klaren Problembeschreibung zeigt (und gleichzeitig ist der Wert einer klaren Problembeschreibung aus dem Gebiet des Qualitätsmanagement sehr wohl bekannt). Klare Problembeschreibungen entwickeln sich aus einem intensiven Kontakt mit den Kunden (siehe Fallbeispiel 9.4). Darüber hinaus sollte man sich immer an den bekannten Satz erinnern »man denkt nicht klar, bevor man es nicht aufschreibt« – der Prozess der Formulierung einer Problembeschreibung ist also eine gute Übung, um eine klare Denkweise zu entwickeln.

	Firma	Zentrales Problem/Kultureller Aspekt	Resultierendes bahnbrechendes Produkt
1.	Miele (siehe Fallbeispiel 9.1)	■ Die Eltern von Kindern mit Allergien müssen deren Zimmer öfter und mehrmals reinigen, um zu gewährleisten, dass diese staubfrei sind. ■ Der kulturelle Aspekt ist, dass Eltern nur beruhigt sind, wenn sie die Matratzen mehrmals hintereinander absaugen (»Weil ich dann weiß, dass sie sauber ist«)	■ Staubsauger mit Staublevel-Indikator. ■ Co-Branding mit einer Organisation für Menschen mit Allergien. ■ Völlig neue Produktlinie abgestimmt auf Familien mit Mitgliedern, die Allergien haben.
2.	Bosch Packaging Technology (Fallbeispiel 10.1)	■ Wenn pharmazeutische Unternehmen Ausstattungen für ihre schnellen Produktionslinien kaufen, dauert die Installation, Abnahme und das Hochfahren auf hohe Stückzahlen zu lange (und ist teuer). ■ Verlässlichkeit und Flexibilität von Verpackungsausrüstung für die pharmazeutische Industrie ist nicht so, wie die Kunden sie brauchen. ■ Die Integration von pharmazeutischen Verpackungsausrüstungen mit anderen Teilen des Produktionsprozesses birgt viele Probleme (wie Zugang und Platzbedarf).	■ Das Bosch FXS5100 System hat: – Viele der Verlässlichkeitsthemen gelöst, im Vergleich zu existierenden Systemen. – Benötigt weniger Platz und erlaubt einfachen (einseitigen) Zugang. – Hat verbundene Dienstleistungen für die Installation und das Training.
3.	Lagertechnik GmbH (siehe Kapitel 5)	■ Vorbereitung von gemischten Paletten in Lägern ist zeitintensiv, teuer und solche Paletten neigen zu Beschädigungen und späten Anforderungen für Änderungen. ■ Der kulturelle Aspekt ist, dass die Lagermitarbeiter die Herausforderung mögen, gemischte Paletten vorzubereiten, wenn sie genug Zeit dafür haben.	■ Vertraulich – befindet sich noch in der Entwicklung

Abbildung 9.7: Beispiele für kundenorientierte Problembeschreibungen

Fallbeispiel 9.4

Fiat Iveco – extreme Produkttests[24]

IVECO ist eine Tochterfirma von Fiat, die industrielle Fahrzeuge, Busse und Dieselmotoren produziert und vertreibt. Die Firma ist dreißig Jahre alt und in Geschäftsfeldern organisiert: leichte industrielle Fahrzeuge, Lkw, Busse, Züge und spezielle Fahrzeuge. IVECO wurde als Zusammenschluss verschiedener europäischer Lkw-Hersteller gegründet – der Name ist eine Abkürzung des Begriffs *I*nternational *Ve*hicle *Co*mpany. In einem normalen Jahr produziert Fiat Iveco 160.000 Lkw in den vier Geschäftsbereichen und 400.000 Dieselmotoren werden weltweit verkauft. Die Firmenzentrale ist in Turin, darüber hinaus gibt es eine Reihe von Entwicklungs- und Produktionsstandorten in Europa.

Lkw-Fahrer leben während langer Fahrten in ihren Fahrzeugen. Deshalb ist ein Teil der Entwicklung eines Fahrzeugs auch die Entwicklung dieses Lebensraumes. Massimo Fumarola, der Platform-Development-Manager für Lkw sagt, »man kann die Bedürfnisse von Lkw-Fahrern nicht mit Hilfe einer Umfrage oder Fokusgruppen verstehen. Diese Jungs sind anspruchsvoll, weil ihre Arbeit extrem anspruchsvoll ist«. Um die Bedürfnisse von Lkw-Fahrern wirklich zu verstehen, verlagerte Fumarola sein gesamtes Marketing-Team für zwei Wochen an eine Lkw-Raststätte südlich der Alpen. Seine Leute hatten somit engen Kontakt mit den Fahrern, und zwar zu jeder Tages- und Nachtzeit. »Wir lebten zwei Wochen lang mit den Lkw-Fahrern und sind auch nachts nicht nach Hause gegangen. Wir gingen mit den Fahrern auf Fahrt, aßen mit ihnen, schliefen in den Lkw und sammelten einen Berg von Ideen … jetzt ist unsere Herausforderung, Wege zu finden, wie wir diese Ideen in die nächsten Produkte einbringen.«

Lkw werden erbarmungslos benutzt, deshalb muss das Design immer robust sein. Einer von Ivecos schweren Lkw wurde vor kurzem gewartet und hatte nach nur einem Jahr unglaubliche 250.000 km auf dem Tachometer (verglichen mit einem Durchschnitt von 120.000 km pro Jahr). Dieses Fahrzeug wird für Non-Stop-Touren durch Westeuropa eingesetzt, mit verschiedenen Fahrern, die in Schichten fahren. Iveco nutzt solche Fahrzeuge als Nährboden für Ideen, denn ein solch unerbittlicher Einsatz führt zu einer ganzen Reihe von Anforderungen an das Design.

Viele Hersteller entwickeln das Produkt der nächsten Generation, in dem sie sich darauf konzentrieren, welche Bedürfnisse die Anwender zum Zeitpunkt der Produkteinführung haben. »Wir haben gelernt, weiter voraus in die Zukunft zu sehen, weil unsere Produktlebenszyklen recht lang sind. Deshalb entwickeln wir Produkte mit Eigenschaften, die für den Markt auch dann noch relevant sind, wenn wir uns am Ende des Produktlebenszyklus befinden, nicht nur zur Produkteinführung. Das kann bedeuten, dass wir 20 Jahre im Voraus denken müssen«, sagt Fumarola. Er hat vor kurzem von den Lkw zum Geschäftsbereich Motoren gewechselt, findet aber viele Gemeinsamkeiten. »In beiden Geschäftsfeldern ist die effektive Entwicklung neuer Produkte von großer Bedeutung – aber die wirkliche Herausforderung ist bei allem was wir tun, innovativ zu sein, in der gesamten Firma und bei jedem Prozess.«

9.3.3 Kreativitätstechniken für die Innovation

Eine große Bandbreite an Kreativitätstechniken ist für Innovationsprojekte relevant. Professor Daniel Couger von der Universität Colorado beschreibt 22 Kreativitätstechniken mit Empfehlungen, wie diese bei Einzelpersonen oder Teams eingesetzt werden können und ob sie für erforschende oder normative Kreativität geeignet sind.[25] Wir werden an dieser Stelle nur die fünf Alternativen diskutieren, die wir als die effektivsten kennengelernt haben. Unternehmen können die passende Technik für das anstehende Problem auswählen und so den übertriebenen Einsatz von Brainstorming vermeiden, der dazu führen kann, dass Mitarbeiter das Interesse am Kreativitätsprozess verlieren.

Brainstorming und Brainwriting

Die wohl bekannteste Kreativitätstechnik ist das Brainstorming, das in den 1950er Jahren entwickelt wurde. Eine Gruppe von Mitarbeitern wird aufgefordert, alle Ideen zu beschreiben, die ihnen als Lösung für ein Problem in den Sinn kommen (normative Kreativität) oder als Möglichkeiten für neue Produkte, Dienstleistungen oder Geschäftsfelder (erforschende Kreativität). Die Ideen werden auf ein Flipchart geschrieben, sodass sie von jedem gelesen werden können, und eine Idee kann zur nächsten führen. Ein erfahrener Moderator nimmt die Ideen in der Regel auf, reflektiert diese zurück zur Gruppe und bewirkt dadurch eine weitere Diskussion. Die Auswertung, ob jede Idee überhaupt machbar ist, wird während der Ideensammlung ausgelassen, sodass potenzielle gute Ideen nicht vorzeitig aussortiert werden, die Gruppe während der Diskussion immer »am Ball bleibt« und möglichst viele Ideen generiert.

Brainstorming geht davon aus, dass Menschen von Natur aus kreativ sind und verschiebt die Bewertung der Qualität der Ideen bis zu dem Zeitpunkt, an dem eine gewisse Menge an Ideen generiert wurde, sodass von allen die wirklich guten ausgewählt werden können. Eine Einschränkung des Brainstormings ist allerdings, dass einige Personen die Diskussion dominieren können und deshalb oftmals besser die Variante Brainwriting, angewendet werden sollte. Hierbei werden die Ideen zunächst auf Karten geschrieben, bevor sie mit der Gruppe diskutiert werden.

Links-rechts-Abwechslungen im Gehirn

Um eine Möglichkeit oder eine Problemlösung zu identifizieren, bedient sich diese Technik eines Ansatzes, der das gesamte Gehirn einbezieht. Typische Funktionen der linken Gehirnhälfte sind Sprechen, Schreiben, Rechnen, Logik und so weiter. Im Gegensatz dazu kontrolliert die rechte Hirnhälfte unsere Fähigkeit zur Intuition, zur räumlichen Wahrnehmung, für Kunst und Visualisierung. Eine gegebene Kreativitätsaufgabe kann aber so formuliert werden, dass sie den Einsatz beider Hirnhälften benötigt. So können also zwei Spalten auf einem Flipchart genutzt werden, um die miteinander kontrastierenden Ideen zusammenzufassen. Ordentlich entwickelte Dienstleistungen und Produkte sollten die Emotionen der Kunden wecken, und das hauptsächliche Denken der Designer mit der rechten Hirnhälfte ist ein wohltuender Gegenpol zur typischen logischen Ingenieursdenke.[26]

Die Technik kann beispielsweise eingesetzt werden, um eine Dienstleistung zu verbessern, und zwar indem man die Dienstleistung von einer linken (analytischen) Perspektive analysiert und Fragen stellt wie: Was ist das Kernprodukt? Wie schnell kann es geliefert werden? Was sind die wichtigsten Leistungsmerkmale? Im Gegensatz würde der Einsatz einer rechten Perspektive dazu führen, beispielsweise folgende Fragen zu stellen: Wie empfindet der Kunde ihre Dienstleistung? Was fühlen die Kunden, wenn sie an die Dienstleistung denken? Der Kontrast zwischen den daraus erarbeiteten Einblicken hilft dann bei der Entwicklung neuer Ideen.

Assoziation von Attributen

Die Technik der Assoziation von Attributen kann angewendet werden, um ein bekanntes Problem mit einem Produkt, einem Prozess oder einer Dienstleistung zu lösen (normative Kreativität) oder um neue Möglichkeiten zu identifizieren. Der Ausgangspunkt ist dabei das Zusammenstellen einer Liste von Attributen (also Eigenschaften) eines bestehenden Produkts oder Dienstleistung. Eine solche Liste mit Produkteigenschaften kann entweder aus der Betrachtung bestehender Produkte resultieren, oder sie kann ein Resultat mehrerer Repertory-Grid-Interviews sein. Die Liste der Eigenschaften am Beispiel des Staubsaugers könnte Dinge wie sauberer Teppichboden, ebener Untergrund, Treppen, Ecken etc. beinhalten ebenso wie andere Faktoren wie Manövrierbarkeit, Design usw. Jede Eigenschaft wird genauer betrachtet, anhand der Ansätze, die in Abbildung 9.8[27] aufgelistet sind.

Die genaue Betrachtung der Eigenschaften und die Modifizierung der Attribute erfordert Übung und praktische Erfahrung, denn es gibt keine festen Regeln, welcher Ansatz (beispielsweise Subtraktion oder Multiplikation) in Abbildung 9.8 der beste für eine bestimmte Dienstleistung oder ein bestimmtes Produkt ist. Komplexe Produkte profitieren meistens von der Subtraktion oder der sogenannten *Task Unification*. Und selbstverständlich sollte die Betrachtung der Attribute nicht nur intern erfolgen, denn der Prozess ist weitaus effektiver, wenn er zusammen mit Kunden oder Anwendern durchgeführt wird.

Die »Fünf Ws und ein H«-Technik

Diese Technik ist extrem vielseitig und kann in jeder Innovationsstufe angewendet werden. Sie hilft uns dabei, das Verständnis für ein vorgegebenes Problem oder eine Chance zu verbessern, indem man fünf »W-Fragen«, nämlich who bzw. wer, what bzw. was, where bzw. wo, when bzw. wann und why bzw. warum sowie eine »H-Frage«, nämlich how bzw. wie stellt. Je nach Thema werden spezifische W- und H-Fragen entwickelt und die Antworten zu den Ws erzählen uns mehr über viele verschiedene Themen. Die Antwort zur H-Frage bietet Wege für die Umsetzung der Ideen, die aus den W-Fragen generiert wurde. Die Technik ist sehr hilfreich für die Analyse von Berichten über Produkt- und Qualitätsprobleme und ermöglicht, neue Produktkonzepte zu erarbeiten.

TRIZ

Eine Diskussion über den Einsatz von Methoden und Techniken zur Innovation und Kreativität wäre nicht vollständig, wenn man das Potenzial von TRIZ nicht erwähnen würde – eine kreative Problemlösungsform, die von einem Russen namens Genrich Altschuller entwickelt wurde.[28] Das Akronym TRIZ steht für die vier russischen Worte »Theorie zur Lösung von Erfindungsaufgaben«. Altshuller, der im Moskauer Patentbüro gearbeitet hat, gründete seine Idee auf die Analyse von Patenten. Seine Arbeit

	Ansatz	Erläuterung	Beispiele aus Industrie und Dienstleistung
1.	Modifikation von bestehenden Attributen bzw. Produkt-Eigenschaften	Wird auch Product Morphology Analysis genannt. Dieser Ansatz nimmt die Hauptattribute oder Eigenschaften eines Produktes und prüft, wie diese modifiziert werden können.	■ Eine Hausversicherung deckt normalerweise die Kosten von Reparaturen ab. Die Allianz hat dieses Produkt erweitert und bietet einen Schutzbrief mit Notfalldiensten an, mit einer zentralen Nummer, die im Notfall die passenden Handwerker für jedes potenzielle Problem vermittelt. ■ Bei handelsüblichen Kaffeemaschinen für Privathaushalte gab es eine normale Glaskanne, in der der Kaffee nach dem Aufbrühen aufbewahrt wurde. Braun hat dieses Attribut in eine Vakuumkanne abgeändert, sodass der Kaffee bis zum tatsächlichen Verzehr warm bleibt.
2.	Subtraktion oder Vereinfachung von bestehenden Attributen bzw. Produkt-Eigenschaften	Die Wegnahme von bestimmten Attributen kann ein Produkt vereinfachen und es gleichzeitig für ein bestimmtes Segment attraktiver machen. Dies ist ein Versuch, das zu verhindern, was manche Autoren als »Spezifikations-Overload« bezeichnen. Nämlich die Tendenz von Entwicklungsteams, ein Produkt mit immer mehr Eigenschaften zu überfrachten.	■ Einige Mobilfunkfirmen haben erfolgreich einen Vertrag eingeführt, der nur die Annahme von Anrufen erlaubt, jedoch eigenes Wählen nicht. Dieser Vertrag ist besonders bei Eltern sehr beliebt, die ihre Kinder zwar jederzeit erreichen möchten, deren Möglichkeit zum Telefonieren aber lieber einschränken. ■ Allerdings gelingt nicht jeder Versuch der Subtraktion bzw. nicht jeder wird von den Kunden als positiv bewertet. Die farblose Crystal Pepsi beispielsweise enttäuschte komplett, als sie 1993 eingeführt wurde.
3.	Multiplikation von bestehenden Attributen bzw. Produkt-Eigenschaften	Eine bestehende Produkteigenschaft wird kopiert und – mit einer Modifikation der Funktion des wiederholten Attributs – mehrmals im Produkt angeboten. Diese Multiplikation führt dann zu einem spezifischen Produktvorteil.	■ Ein klassisches Beispiel ist der Mach-3-Rasierer von Gillette. Alle drei Klingen schneiden, aber die ersten beiden stehen in einem anderen Winkel, gleiten über die Haut und nehmen dabei die Barthaare etwas nach oben, die dann von der zweiten oder dritten Klinge geschnitten werden. ■ Ein Dienstleistungsbeispiel ist der mehrfache Mietvertrag bei Europcar. Vielbeschäftigte Manager können Mietverträge bündeln. Das heißt, sie kaufen fünf Tage im Monat, aber dieser Vertrag kann für fünf Eintagestouren an verschiedenen Flughäfen eingesetzt werden.

Abbildung 9.8: Techniken zur Assoziation von Attributen

begann in den 1940er Jahren und seitdem sind mehr als 2,8 Millionen internationale Patente analysiert worden.

Patente dokumentieren, wie bestimmte Probleme gelöst werden. Wenn man zahlreiche Patente dahingehend analysiert, können bestimmte Muster identifiziert werden. Der erste Vorteil dieser Vorgehensweise ist, dass Patente nach einem generischen Problem, das sie lösen, sortiert werden können. Beispielsweise behandelt ein Patent aus dem Automobilbereich das Thema Motortemperatur, aber im generischen Sinne geht es um Kühlung. Altshuller sortierte Patente nach solchen generischen Problemen und fand heraus, dass wegen der zugrunde liegenden physischen Eigenschaften der Materialien, es normalerweise eine beschränkte Zahl von Wegen gibt, wie ein bestimmtes Problem gelöst werden kann. Deshalb ist der erste Vorteil einer TRIZ-Datenbank die Tatsache, dass alle Ingenieure bei ihrer Vorgehensweise für eine bestimmte Problemlösung alle generischen Wege nachschlagen können. Auf diese Weise hilft der Einsatz einer TRIZ-Datenbank bei der Problemlösung, dass keine mögliche Lösung vergessen wird – was durchaus passieren könnte, wenn man sich nur auf ein Brainstorming mit dem Wissen um einen Tisch herum begnügen würde. Darüber hinaus liefert eine solche Datenbank Beispiele, wie ähnliche Probleme bereits gelöst wurden. Zudem bietet eine TRIZ-Datenbank den Zugang zum Wissen mehrerer Generationen von Wissenschaftlern und Ingenieuren.

Der zweite TRIZ-Vorteil ist, dass Trends im Design identifiziert und somit auch Möglichkeiten für Verbesserungen entdeckt werden können. Design tendiert zu Beginn häufig zu klaren Linien und Formen und entwickelt dann im Laufe der Zeit komplexere Linienformen. Der Vergleich eines Produkttyps in einer bestimmten Industrie mit diesen Trends kann nützliche Ideen zu Tage bringen. Die Mars-Gruppe nutzt TRIZ in regelmäßigen Abständen – ein gutes Beispiel hierfür ist der allseits bekannte Schokoladenriegel Mars. Die Umverpackung hatte zunächst gerade Linien und war wie ein Paket verschlossen. Das Resultat war, dass er nur kompliziert zu öffnen war. Heutzutage sind die Enden der Verpackungshülle gezahnt, sodass sie sehr leicht eingerissen und geöffnet werden kann.

Der dritte Weg für den Einsatz von TRIZ ist das Schaffen von Möglichkeiten, wie mit Designkompromissen umgegangen werden kann: z. B. muss eine bestimme Produktkomponente aus Stabilitätsgründen verstärkt, darf jedoch nicht schwerer werden. Hier erlaubt TRIZ den Designern wiederum nachzuschlagen, wie ein solcher Kompromiss von vielen anderen in der Vergangenheit gelöst wurde. Denn noch einmal: TRIZ erlaubt den Zugang zum gesammelten Wissen von Millionen Erfindungen. Irgendwo, irgendwann wurde das technische Problem, mit dem sich ein Produktentwicklungsteam gerade plagt, sicherlich schon einmal gelöst. Und das Lernen von früheren Lösungen ist sicherlich effektiver als nochmals von vorn zu beginnen.

Leider führte der Kalte Krieg dazu, dass TRIZ bis vor kurzem in der westlichen Welt eher unbekannt war. Heutzutage wird es verbreitet genutzt, wenn es darum geht, schnelle Lösungen für Probleme mit dem Produktdesign zu bekommen. Allmählich wird TRIZ auch im Dienstleistungsbereich eingesetzt, auch wenn es bisher noch keine umfassenden Datenbanken der Ideen gibt, so wie bei den Patenten.

9.3.4 Lösungen für Kundenprobleme

Die beschriebenen Kreativitätstechniken liefern schnelle Antworten und Lösungen für die Themen, die in den Problembeschreibungen der Kunden beinhaltet sind. Insbesondere dann, wenn sie in heterogenen Teams aus verschiedenen Funktionsbereichen angewendet werden. Bitte denken Sie daran, dass der Prozess iterativ sein muss und einige Zeit und Mühe in Anspruch nimmt. Andererseits kann dieser Teil der Entwicklung eines neuen Produkts oder einer neuen Dienstleistung aber auch der sein, der sich am schnellsten wieder bezahlt macht. Darüber hinaus kann Kreativität an dieser Stelle im Prozess auch neue Ideen dafür liefern, wie ein gewöhnlicher

Gebrauchsgegenstand von ähnlichen Produkten differenziert werden kann (siehe Fallbeispiel 9.5).

Fallbeispiel 9.5

Grundfos – rund um die Uhr pumpen und den »Kunden« verstehen[29]

Grundfos, eine dänische Firma, kann als führender Hersteller im Bereich der Technologie für Pumpen und Pumpsysteme bezeichnet werden. Die produzierten Pumpen werden in Zentralheizungen eingesetzt, deshalb arbeiten Millionen ausgelieferte Pumpen im Winter rund um die Uhr. Das Unternehmen wurde 1947 gegründet und hat momentan acht Produktionsstandorte mit über 17.000 Mitarbeitern weltweit. Im Jahr 2010 lag der Umsatz bei über 2.6 Milliarden Euro. Der wahrscheinlich wichtigste Grund für den Erfolg der Firma liegt darin begründet, dass Grundfos ein exzellentes Verständnis für die Wünsche der eigenen Kunden hat und unaufhörlich danach strebt, eine sehr hohe Kundenbindung zu erreichen. Nur wenige Unternehmen haben ein solch breites Verständnis dafür entwickelt, wer ihre »Kunden« sind. Aber natürlich waren auch nur wenige Unternehmen so erfolgreich darin, sich über bestimmte Merkmale zu differenzieren.

Dr. Peter Elvekjaer, der Group Senior Vice President Global Research and Technology bei Grundfos, erklärt dies folgendermaßen: »Es ist ehrlich gesagt, sehr sehr schwierig unsere Kunden wirklich zu kennen, weil es ein sehr langer Vertriebsweg bis hin zum Endkunden ist, und jeder, der in diesen Vertriebsweg involviert ist, unterschiedliche Ansichten und Bedürfnisse hat.« Das ist auch einer der Gründe dafür, warum Grundfos Anthropologen aus Universitäten damit beauftragt hat, ethnographische Studien darüber durchzuführen, welche Personen in die Kaufentscheidung für eine Heizpumpe involviert sind. Dabei wurde sowohl auf die Bedürfnisse der eigentlichen Endverbraucher (Hausbesitzer) geachtet, aber auch auf die der Firmen für Heizungsinstallation, der Wartungsbetriebe, der Ingenieure, die Heizsysteme entwickeln etc. »Durch den ethnographischen Ansatz waren wir fähig, ein Blatt mit einem *Persönlichkeitsprofil* für unsere verschiedenen Kundenkreise zu entwickeln, auf dem die Charaktere und die verschiedenen Anforderungen erläutert waren. Das war extrem hilfreich, um intern die richtige Aufmerksamkeit auf die Anforderungen des Marktes zu lenken«, erläutert Elvekjaer. Nach zwei bereits durchgeführten Projekten mit Anthropologen rät er: »Solche Studien können großartige Ergebnisse liefern, aber es ist wichtig, sich zu konzentrieren und sicherzustellen, dass die Studien nicht nur in wissenschaftlicher Hinsicht interessant sind, sondern auch wirklich einen kommerziellen Mehrwert haben.«

Viele Firmen versuchen, sich durch Technologie einen Wettbewerbsvorteil zu verschaffen, aber Grundfos konzentriert sich auch auf die verschiedenen Arten von »Kunden« inklusive der politischen Entscheidungsträger. In den späten 1980er Jahren beobachtete die Firma, dass der Energieverbrauch der über 200 Millionen Heizpumpen in Europa enorm hoch ist. Grundfos hatte dann den sogenannten »First-mover«-Vorteil, als sie ihre erste Pumpengeneration einführte, die mit weniger Energie auskam. Aber damit nicht genug. Sie arbeiteten auch hart daran, Verbindungen zum Europäischen Parlament aufzubauen, um zu verstehen, wie die Gesetzgebung für Heizsysteme zustande kommt. Über viele Jahre spielte Grundfos eine wichtige Rolle bei einer Initiative der Europump (der europäische Verband der Pumpenhersteller), um darauf einzuwirken, dass auf Heizpumpen eine Information über deren Energieverbrauch angebracht wird. Der Erfolg dieser Initiative gepaart mit dem technologischen Vorteil der Grundfos-Pumpen (die 10 % weniger Energie verbrauchen als noch vor 20 Jahren) hat die Firma in eine einzigartig wettbewerbsfähige Position gebracht. In Deutschland beispielsweise erhalten Hausbesitzer, die ihr Heizsystem erneuern, zwischen 1.000 und 2.000 Euro, wenn sie auch ihre Pumpe durch eine neuwertige mit niedrigerem Energieverbrauch ersetzen. Eine solche Pumpe ist die Grundfos Alpha2 (sie erfüllt die EU-Norm EnEV § 14.3 und verbraucht nur 90 kWh pro Jahr verglichen mit

400 kWh bei den typischen Pumpen, die sie ersetzt). »Unterstützung aus der Politik und der Gesetzgebung zu erhalten, war ein sehr langer Prozess, aber auch ein wichtiger Schlüssel für uns. Jetzt wird auch an entsprechenden Gesetzen für Elektromotoren gearbeitet, damit diese effizienter werden. Das ist ein weiterer wichtiger Teil unseres Geschäfts und natürlich haben wir auch die passende Technologie.«
Bei Grundfos folgt die Forschung & Entwicklung einem pragmatischen Ansatz: »Unsere generelle Mission ist: Forschung für das Geschäft.« Alles was wir in der F&E tun, muss technologisch einwandfrei sein, auf unserem Verständnis der Kunden basieren und einen bedeutenden wirtschaftlichen Beitrag leisten«, sagt Elvekjaer.

9.4 Zusammenfassung

In diesem Kapitel haben wir beschrieben, wie Einblicke aus dem Markt genutzt werden können, um Ideen für bahnbrechende neue Produkte und Dienstleistungen zu generieren. Bahnbrechende Produkte und Dienstleistungen liefern nicht nur Basismerkmale und Leistungsmerkmale, sondern bieten darüber hinaus auch die sogenannten Begeisterungsmerkmale (Kano-Modell – siehe Kapitel 1). Um diese bahnbrechenden Produkte und Dienstleistungen zu bekommen, haben wir die Bedeutung der folgenden Aspekte erläutert:

- Ein detaillierter und tiefer Einblick in die Marktbedürfnisse ist unabdingbar. Dieser kann durch die Kombination von verschiedenen Forschungsmethoden, die parallel und wiederholend eingesetzt werden, gewonnen werden.
- Der Abgleich bzw. die Triangulation der Ergebnisse von verschiedenen Marktforschungstechniken ist enorm wichtig.
- Es muss sichergestellt sein, dass die Marktkenntnis und deren Übersetzung in Form einer Beschreibung der Kundenprobleme auch den kulturellen Hintergrund betrachtet, also auch die Umgebung, in der das Produkt angewendet wird.
- Beschreibungen von Kundenproblemen sollten mit Kreativitätstechniken angegangen werden, durch die dann wiederum Ideen für bahnbrechende Produktkonzepte entwickelt werden.

Wir haben uns in diesem Kapitel auf den Prozess konzentriert, wie Marktkenntnis zu bahnbrechenden Produkten und Dienstleistungen führen kann. Allerdings muss die Hidden-Needs-Analyse zwangsläufig Teil der Unternehmenskultur werden, wenn sie erfolgreich sein soll. Diesen Aspekt werden wir in Kapitel 10 behandeln.

Empfehlungen für die Praxis

- Stellen Sie sicher, dass Ihre Organisation effektive Marktforschung betreibt, um alle Arten von Kundenbedürfnissen zu identifizieren.
- Behandeln Sie die Probleme und Hidden Needs Ihrer Kunden als Möglichkeiten für neue Produkte und Dienstleistungen. Entwickeln Sie Konzepte, die Ihre Kunden nicht nur überraschen, sondern auch begeistern.
- Nutzen Sie verschiedene Gruppen und Wissensgeber, die von der Kreativitätstheorie gefordert werden.
- Wenden Sie eine passende Mischung von Kreativitätstechniken an, um Lösungen zu entwickeln.

9.5 Weiterführende Literatur

1. Cooper, R. G./Edgett, S. J.: *Generating Breakthrough New Product Ideas: Feeding the Innovation Funnel.* Product Development Institute, 2007, ISBN-10: 0-9732827-2.
Nützliche Übersicht der internen und externen Quellen für Produktideen. Liefert leider nur sehr wenig Details zu den verschiedenen Techniken.
2. Evans, S./Burns, A./Barrett, R.: *Empathic Design Tutor.* Cranfield University: Bedford, UK, 2002, ISBN 1-86194-086-6.
Kleines Büchlein mit sehr hilfreichen Ideen zu verschiedenen »empathischen Designwerkzeugen«
3. Deszca, G./Munro, H./Noori, H.: ›Developing Breakthrough Products: Challenges and Options for Market Assessment‹. *Journal of Operations Management*. Vol. 17, No. 6, 1999, S. 613–630.
Gute Veröffentlichung über die Herausforderungen bei der Suche nach den richtigen Wegen, um die nötigen Einblicke für die Entwicklung bahnbrechender Produkte zu bekommen.
4. Verganti, R. (2009): *Design-Driven Innovation – Changing the Rules of Competition by Radically Innovating what Things Mean*. Boston, MA: Harvard Business Press.
Exzellente Diskussion über den Wert, zu dem Design beitragen kann, indem es Produkte entwirft, die positive Emotionen hervorrufen.

9.6 Quellenverzeichnis und Notizen

1 von Hippel, E./Thomke, S./Sonnack, M.: ›Creating Breakthroughs at 3M‹. *Harvard Business Review*. Vol. 77, No. 5, September-Oktober 1999, S. 47–57.
2 Fall abgeändert aus: Goffin, K./Mitchell, R.: ›The Customer Holds the Key to Great Products‹. *Financial Times*. FT Mastering Uncertainty, Freitag 24. März 2006, S. 10–11.
3 Modifiziert und erweitert aus: Deszca, G./Munro, H./Noori, H.: ›Developing Breakthrough Products: Challenges and Options for Market Assessment‹. *Journal of Operations Management*. Vol. 17, No. 6, 1999, S. 613–630.
4 Rogers, E. M. (1995): *Diffusion of Innovations.* The Free Press: New York, ISBN 0-02-926671-8.
5 Verganti, R. (2009): *Design-Driven Innovation – Changing the Rules of Competition by Radically Innovating what Things Mean*. Boston, MA: Harvard Business Press.
6 Deszca, G./Munro, H./Noori, H.: ›Developing Breakthrough Products: Challenges and Options for Market Assessment‹. *Journal of Operations Management*. Vol. 17, No. 6, 1999, S. 613.
7 Fall basiert auf einem Interview zwischen K. Goffin mit Kate Blandford am 6. Januar 2010 und http://kateblandfordconsulting.com/ (abgerufen January 2010).
8 Batchelder, C./Pinto, C./Bogg, D./Sharples, C./Hill, A.: *Capturing Best Practice in Establishing Customers' Hidden Needs for Smith and Nephew.* Manchester Business School, International Business Project 2006, Dezember 2006, S. 27.
9 Chisnall, P.: *Marketing Research.* McGraw Hill: London, 4. Aufl. 1992, ISBN0-07-707429-7, S. 34.
10 Zaltman, G./Coulter, R. H.: Seeing the Voice of the Customer: Metaphor-Based Advertising Research'. *Journal of Advertising Research*. Vol. 35, No. 4, Juli/August 1995, S. 35–51.
11 Griffin, A./Hauser, J. R.: ›The Voice of the Customer‹. *Marketing Science*. Vol. 12, No. 1, Winter 1993, S. 19.
12 Zum Zeitpunkt des Schreibens (Juli 2011) führten wir Marktforschung mit mehreren Organisationen durch. In jeder dieser Firmen nahmen wir 100 Kunden, teilten diese nach dem Zufallsprinzip in fünf Gruppen ein und wandten dann verschiedene Martkforschungmethoden parallel an. Und zwar Umfragen, Fokusgruppen und Repertory-Grid-Interviews. Falls Sie nähere Details interessieren, schauen Sie bitte unter: http://www.som.cranfield.ac.uk/som/p1400/Research/Research-Centres/The-Centre-for-Innovative-Products-and-Services/
13 Mit Erlaubnis von: Griffin, A./Hauser, J. R.: ›The Voice of the Customer‹. *Marketing Science*. Vol. 12, No. 1, Winter 1993, S. 1–27. Copyright (1993), the Institute for Operations Research and the Management Sciences (INFORMS), 7240 Parkway Drive, Suite 300, Hanover, MD 21076 USA.

14 Cooper, R. G./Edgett, S. J.: ›Ideation for Product Innovation: What are the Best Methods?‹ *PDMA Visions Magazine*. Vol. XXXII, No. 1, März 2008, S. 12.
15 Ibid, S. 12.
16 Griffin, A./Hauser, J. R.: ›The Voice of the Customer‹. *Marketing Science*. Vol. 12, No. 1, Winter 1993, S. 1–27.
17 Mit Erlaubnis von: Griffin, A./Hauser, J. R.: ›The Voice of the Customer‹. *Marketing Science*. Vol. 12, No. 1, Winter 1993, S. 1–27. Copyright (1993), the Institute for Operations Research and the Management Sciences (INFORMS), 7240 Parkway Drive, Suite 300, Hanover, MD 21076 USA.
18 Hargadon, A./Sutton, R. I.: ›Building an Innovation Factory‹. *Harvard Business Review*. Vol. 78, No. 3, (Mai-Juni 2000), S. 157.
19 Couger, J. D.: *Creative Problem Solving and Opportunity Finding*, Boyd and Fraser, (1995), ISBN 0-87709-752-6.
20 Thomke, S./Fujimoto, T.: ›The Effect of ›Front-Loading‹ Problem-Solving on Product Development Performance‹. *Journal of Product Innovation Management*. Vol. 17, No. 2, (März 2000), S. 128–142.
21 Amabile, T. M./Hadley, C. N./Kramer, S. J.: ›Creativity Under the Gun‹. *Harvard Business Review*. Vol. 80, No. 8, August 2002, S. 52–61.
22 Mascitelli, R.: ›From Experience: Harnessing Tacit Knowledge to Achieve Breakthrough Innovation‹. *Journal of Product Innovation Management*. Vol. 17, No. 3, 2000, S. 186.
23 Fall basiert auf Interviews mit Angelique Green und Julian Gwyn-Owen, durchgeführt von K. Goffin in September 2009. Siehe auch: http://www.boxercreative.co.uk/
24 Fall basiert auf einem Interview mit Massimo Fumarola, durchgeführt in 2005 von K. Goffin.
25 Couger, J. D., *Creative Problem Solving and Opportunity Finding*, Boyd and Fraser, (1995), ISBN 0-87709-752-6.
26 Verganti, R. (2009): *Design-Driven Innovation – Changing the Rules of Competition by Radically Innovating what Things Mean*. Boston, MA: Harvard Business Press.
27 Goldenberg, J./Mazursky, D.: *Creativity in Product Innovation*, Cambridge: Cambridge University Press, 2002, ISBN 0-521-80089-7.
28 Altshuller, G.: *And Suddenly the Inventor Appeared*. Worchester, MA, Technical Innovation Center Inc: 1996.
29 Fall basiert auf einem Interview von K. Goffin mit Peter Elvekjær am 15. Januar 2010 sowie Homepage www.grundfos.com (aufgerufen im Januar 2010).

10 Verankerung der Hidden-Needs-Philosophie in der Unternehmenskultur

Innovation kann nicht von oben vorgegeben werden … sie besteht nicht aus dem Nachverfolgen bestehender Routine.[1]

Einführung

Viele Unternehmen, die sich immer bemühen, auf der Höhe der Zeit zu sein, möchten neue Marktforschungstechniken und insbesondere Hidden Needs einsetzen. In sehr vielen Organisationen gibt es allerdings Hürden bei der Einführung einer Hidden-Needs-Philosophie, die man nicht unterschätzen sollte. Manchmal kennt die Führungsebene diese neuen Techniken überhaupt nicht. Manchmal ist der F&E-Bereich, der nur sehr wenig über die Sozialwissenschaften weiß, sehr skeptisch. Aber der stärkste Gegenwind kommt in der Regel aus dem Marketingbereich. Manche Marketingfachleute fühlen sich als Beschützer des Wissens, das die Firma in der Vergangenheit über die Kundenbedürfnisse gesammelt hat. Gleichzeitig sind sie natürlich nur zögerlich dazu bereit zuzugeben, dass sie dringend neue Ansätze lernen müssen. Denn ein solches Zugeständnis könnte von anderen leicht als Zeichen von Schwäche interpretiert werden. Eigentlich sollte die Erkenntnis, dass detailliertere Einblicke in die Kundenbedürfnisse mit Hilfe von neueren Marktforschungsmethoden dringend benötigt werden, als ein Zeichen von Stärke gewertet werden. Aber genau das schafft nur die Crème de la Crème der Marketingabteilungen. Zusätzlich zur Opposition aus dem Marketingbereich gibt es noch eine Reihe von anderen Gründen, warum es für eine Organisation eine Herausforderung darstellt, sich auf die Hidden Needs zu konzentrieren. Deshalb behandelt dieses Kapitel folgende Themen:

- Ein ausführliches Fallbeispiel innerhalb eines Geschäftsbereiches der Firma Bosch, und wie dieser Geschäftsbereich zu der Entscheidung kam, neue Methoden in der Marktforschung einzuführen.
- Eine Kommentierung des Fallbeispiels Bosch und der darin enthaltenen Themen.
- Die Identifikation der Hürden, die ein Unternehmen beim Einsatz der Philosophie der Hidden Needs spüren wird.
- Die Zusammenfassung der wichtigsten Schritte, um eine Unternehmenskultur herbeizuführen, die sich auf Hidden Needs konzentriert und somit bahnbrechende Produkte und Dienstleistungen entwickelt.

10.1 Fallbeispiel Bosch Packaging Technology

Dieses Fallbeispiel erzählt die Entwicklungsgeschichte einer sehr komplexen Produktionsanlage, die für die Produktionsausrüstung im medizinischen Sektor benötigt wird. Es wurde von der Bosch Packaging Technology entwickelt. Das Fallbeispiel zeigt sehr deutlich, dass die Hidden-Needs-Technik auch im Business-to-Business (B2B)-Sektor angewendet werden kann. Und zwar mit genauso viel Erfolg wie im Markt für Konsumenten (B2C). Das Fallbeispiel von Bosch ist die Geschichte einer sehr erfolgreichen Produktentwicklung. Achten Sie beim Lesen darauf, was genau es war, das den schnellen Einsatz des Hidden-Needs-Ansatzes in dieser Organisation möglich machte.

Fallbeispiel 10.1

Bosch Packaging Technology – die FXS 5100 wirklich herausragend machen[2]

Die Bosch-Gruppe beschäftigt weltweit 280.000 Mitarbeiter. Der Geschäftsbereich Packaging Technology bedient die Industriezweige Lebensmittel, Pharmazie, Kosmetik sowie Chemie. Ein Teil dieses Geschäftsbereichs, die Bosch-Produktionsstätte in Crailsheim (nordöstlich von Stuttgart) entwirft und produziert hochtechnologische Ausstattungen für die Produktionslinien in der pharmazeutischen Industrie. Beispielsweise wird in Crailsheim eine Reihe von Produkten hergestellt, die für die Verpackung von pharmazeutischen Materialien gebraucht werden, etwa Systeme zum Abfüllen kleiner Flaschen mit flüssigen Medikamenten. Solche Systeme können bis zu mehreren Millionen Euro kosten, sind dann aber fähig, automatisch Hunderte von Flaschen pro Minute zu füllen. Außerdem garantieren sie genaueste und sterile Abfüllbedingungen, die aufgrund der hohen Anforderungen der FDA (Food and Drugs Administration) erfüllt werden müssen.
Das Aufkommen von pharmazeutischen Produkten aus dem bio-technologischen Bereich in den 1990er Jahren führte zu neuen Verpackungsanforderungen. Bio-technologische Produkte sind so teuer, dass die Abfüllung extrem akkurat und extrem schnell sein soll. Zudem wird Sterilität als »Muss« angesehen. Bereits im Jahr 2000 wurden flüssige Medikamente immer mehr direkt in vorsterilisierte Einmalspritzen gefüllt anstatt wie früher in kleine Fläschchen, aus denen dann die Spritzen aufgezogen wurden. Dafür gibt es zwei Gründe: Erstens sind Einmalspritzen für die medizinischen Mitarbeiter einfacher in der Anwendung (sie müssen die Spritze nicht mehr aus den Fläschchen aufziehen). Zweitens gibt es bei den teureren bio-technologischen Produkten weniger Verlust und Abfall – denn es bleibt immer ein Rest im Fläschchen, wenn eine Spritze daraus aufgezogen wird.
Somit entwickelte sich für Bosch ein sehr interessanter und attraktiver Markt … aber es gab auch Schwierigkeiten.

Die Herausforderung »4. im Markt«

Das Management in Crailsheim überlegte im Jahr 2003, ob es größere Investitionen tätigen sollte, um ein Produkt zu entwickeln, das den Eintritt in den sogenannten SCF-Markt – »Sterile-Clean-Fill-Market« – möglich machen würde. Der Name dieses Marktes kommt vom Produktnamen SCF™ der Firma Becton & Dickinson, dem ersten Lieferanten von vorsterilisierten Spritzen. Das Problem, dem Bosch gegenüberstand, war die Tatsache, dass einige Firmen bereits Verpackungssysteme für die Befüllung von vorsterilisierten Spritzen anboten. Insbesondere drei führende Wettbewerber – Inova, Groninger und Bauch + Ströbel – boten Produkte mit umfangreichen Eigenschaften und hatten bereits einen beachtlichen Marktanteil.
Eine Analyse der Wettbewerbsprodukte sowie Besuche bei wichtigen Kunden halfen der Marketingabteilung von Bosch dabei, die typischen Eigenschaften zu identifizieren, die ein Produkt im Markt für die Abfüllung von vorsterilisierten Spritzen brauchte. Zusätzlich

hatte ein Team von Ingenieuren in Crailsheim eine vorläufige Analyse durchgeführt und glaubte, ein Produkt entwickeln zu können, das höhere Spezifikationen aufweisen würde als die Produkte der »Platzhirsche«. Auf der anderen Seite hatte das Management in Crailsheim ernste Bedenken. Denn als vierter großer Anbieter in den Markt zu kommen, würde bedeuten, dass die Konkurrenz so groß und intensiv ist, dass nur ein ganz klar differenziertes Produkt Erfolg haben könnte – also eines, das sich wirklich aus der Masse abhebt. Weil die Investition in F&E für die Entwicklung eines solchen SCF-Systems sehr hoch war, entschied sich das Management dafür, die Entscheidung so lange zu vertagen, bis man einen zweiten Blick auf den Markt geworfen hatte.
Und so bekam der Marketingbereich genau vier Monate Zeit, um herauszufinden, ob es für Bosch die Möglichkeit gab ein Produkt zu entwickeln, das sich wirklich vom Wettbewerb differenzieren und absetzen konnte.

Marktforschung – die zweite
Um die erforderlichen Einblicke in den Markt zu erhalten, beschloss das Marketing-Team aus Crailsheim, dass es an der Zeit sei, einen neuen Ansatz anzuwenden. »Wir mussten die gesamte Umgebung verstehen, in dem die SCF-Abfüllsysteme angewendet werden, und nicht nur die Eigenschaften, die bereits angeboten wurden«, sagt Klaus Schreiber, Leiter des Produktmanagements Pharma Liquid. Im Sommer 2003 machte er sich zusammen mit Produktmanager Klaus Ullherr auf die Suche nach den Marktbedürfnissen.
In ihrem ersten Ansatz hatte die Marketingabteilung aus Crailsheim eine Analyse jeder einzelnen Eigenschaft der Wettbewerbsprodukte durchgeführt. Hinzu kamen Interviews mit Kunden, die bereits Abfüllanlagen für vorsterilisierte Spritzen hatten. Obwohl all dies einen guten Überblick über den Markt gab, »hatten wir das Gefühl, dass das, was die Kunden uns erzählten, viel zu eng auf die bereits angebotenen Produkteigenschaften unserer Wettbewerber bezogen war. Und die Ansichten waren teilweise schon veraltet«, berichtet Schreiber. Deshalb bat Bosch in Crailsheim eine Business School um Hilfe, um sie bei der zweiten Runde der Marktforschung zu unterstützen. Eine weitere wichtige Entscheidung, die von der Marketingabteilung in Crailsheim getroffen wurde, war den Bedarf für ein »Service-Paket« zu untersuchen Es könnte das eigentliche Produkt ergänzen bzw. abrunden. Denn weil die Anlagen für die Abfüllung und Verpackung sehr komplex sind, brauchen pharmazeutische Firmen Hilfe bei der Installation und Wartung ihrer Produktionsanlagen. »Wir wussten, dass wir nach der richtigen Kombination aus Produkt und Dienstleistung suchen müssen«, erinnert sich Ullherr.
Die Konsequenz daraus war die Entscheidung für drei weitere Marktforschungstechniken: Kontextinterviews, eine Umfrage und Repertory-Grid-Interviews.

Kontextinterviews
Sowohl in Fabriken in Europa als auch in den USA wurden detaillierte Kontextinterviews mit Managern und Maschinenführern aus der Pharmaproduktion vereinbart. Diese Interviews wurden geführt, um ein tieferes Wissen darüber zu erhalten, wie die Abfülltechnik von vorsterilisierten Spritzen genutzt wird, welche Eigenschaften erforderlich sind und welche Themen bei der praktischen Arbeit mit solchen Abfüllanlagen in der pharmazeutischen Produktion wichtig sind. Im Vergleich mit früheren Besuchen bei Kunden, verwendeten diese Interviews offene Fragen und wurden im »Kontext« durchgeführt, also in den Produktionshallen, wo die Abfüllanlagen tatsächlich eingesetzt wurden. Dies ermöglichte es auch, Fragen zu Dingen zu stellen, die in der physischen Umgebung wahrgenommen wurden. Beispielsweise wurden in der Nähe der Produktionslinien oft Grafiken mit wichtigen Leistungsdaten der Produktion gesehen. Das führte dann zu der Frage: »Wie hilft oder behindert sie ihr momentanes Abfüllsystem dabei, diese Ziele erfüllen zu können?« Diese Frage entlockte bei den Befragten manche Probleme mit der aktuellen Ausrüstung.

Manche Punkte aus den Interviews, wie z. B. die Anzahl der gefüllten Spritzen pro Minute (Kunden sagten sie brauchen 300 pro Minute) waren bereits aufgrund der Wettbewerbsanalyse klar, andere aber nicht. Die Interviews identifizierten die typischen Probleme mit Abfüllsystemen, wie z. B. kaputte Spritzen, schlechte Einführung der Stöpsel (als Verschluss der Spritzen) und verbogene Einfüllstäbe. Eine weitere Information aus den Interviews betraf das Thema Flexibilität: »Es war klar, dass ein Abfüllsystem sehr flexibel sein muss, damit es schnell zwischen verschiedenen Ladungen, Spritzengrößen und Medikamenten wechseln kann. Und es muss physikalisch kompatibel sein zum vorgegebenen Platz und den vorhandenen Einschränkungen einer typischen Fabrik«, sagt Ullherr.
Die Kontextinterviews konzentrierten sich auch sehr stark auf die Identifikation von Dienstleistungsthemen. Anstatt einfach nur die Installation und Wartung zu diskutieren, versuchten die Interviews, alle After-Sales-Themen zu identifizieren, mit denen pharmazeutische Produktionsfirmen konfrontiert sind. Dabei kam schnell heraus, dass es eine Reihe von Dienstleistungen gibt, die als die wichtigsten angesehen werden: schnelle Installation, das Training der Mitarbeiter der Produktionslinie, die »Uptime« der Anlage und die »Validation«. Uptime ist die Zeit, in der das Abfüllsystem zu 100 Prozent funktioniert und ist deshalb so wichtig, weil ein fehlerhaftes System die gesamte Produktionslinie zum Stehen bringen kann. Die Validation wird von der FDA folgendermaßen definiert: »Ausreichend dokumentierte Beweise zu liefern, die mit hoher Wahrscheinlichkeit darauf hinweisen, dass spezifische Prozesse durchweg ein Produkt hervorbringen, das die vorher festgelegten Spezifikationen und Qualitätsanforderungen erfüllt.« Obwohl die Wettbewerber After-Sales-Service anboten, wurde schnell klar, dass Bosch die Möglichkeit hatte, sehr viel bessere Servicepakete zu entwickeln, weil die pharmazeutischen Firmen den momentanen Prozess der Validation der neuen Abfüllsysteme als extrem schwierig und zeitraubend empfanden.
Als die ersten Daten von den Kontextinterviews reinkamen, »begannen wir zu spüren, dass wir nah an etwas dran waren. Es kam schnell heraus, dass es Kundenbedürfnisse gab, die von den Wettbewerbern vergessen wurden … aber wir wussten nicht, ob wir genug hatten, um das Management von der Investition zu überzeugen«, erläutert Schreiber.

Identifikation von Prioritäten – eine Umfrage
Der nächste Teil der Marktforschung war eine Umfrage zu den Prioritäten von pharmazeutischen Unternehmen bezüglich der Eigenschaften der Produkte und Dienstleistungen. Die Fragen basierten dabei auf den Produkteigenschaften und den Dienstleistungsarten, die sich bei den Kontextinterviews als wichtig erwiesen hatten. Dabei wurde herausgefunden, dass das Thema Service als genauso wichtig angesehen wurde wie das Abfüllsystem selbst. Denn es war die Kombination aus Produkt und Service das bestimmte, wie schnell ein neues Abfüllsystem validiert werden konnte. Besonders komplexe Ausstattungen mit PC-Überwachung stießen beispielsweise nicht immer auf Gegenliebe, wie ein Befragter ausführt: »Wir benutzen die Datenüberwachung (von unserem Abfüllsystem) nicht, weil es den Prozess der Validation um drei bis sechs Monate verlängert.«
… »Eine weitere wichtige Erkenntnis war, dass die Kunden eine sehr lange Liste mit Prioritäten haben«, sagt Ullherr. Die Ergebnisse der Umfrage zeigten, dass Kunden elf Faktoren als gleich wichtig einstuften, das waren unter anderem Flexibilität, Geschwindigkeit der Validation und Vollautomatisierung. Und mehrere dieser Prioritäten waren von den Wettbewerbsprodukten noch nicht abgedeckt.
»Deshalb fragten wir uns: Wenn unsere Wettbewerber, die jahrelange Markterfahrung haben, diese wichtigen Themen nicht gelöst hatten – würden wir als neuer Anbieter im Markt es schaffen, genau dies zu tun?«, erinnert sich Schreiber.

Repertory-Grid-Interviews
Der dritte Teil der Marktforschung bestand aus Repertory-Grid-Interviews mit Produktionsmanagern. Die Zustimmung der Manager zu erhalten, um mit Ihnen eine ganze Stunde das

Thema Abfüllanlagen von vorsterilisierten Spritzen zu diskutieren, brauchte einige Überzeugungskraft, aber genau diese Interviews brachten für Bosch auch einige entscheidende Einblicke.
Die Idee hinter den Repertory-Grid-Interviews war herauszufinden, welche Einschränkungen bei den bestehenden Abfüllsystemen existierten, die noch nicht in den Kontextinterviews erwähnt wurden. Dafür wurden die wichtigsten Schritte eines Abfüllsystems als Elemente für die Repertory-Grid-Technik ausgewählt. Bosch wusste nämlich bereits, dass ein typischer Prozess zur Befüllung von vorsterilisierten Spritzen aus sechs Schritten besteht:

1. Ein Fließband nimmt die Behälter mit vorsterilisierten Spritzen und befördert sie in einen sterilen Bereich.
2. Mechanische Scheren und andere Geräte öffnen die Behälter.
3. Spezialgeräte nehmen die Spritzen aus dem Behälter, typischerweise in Losgrößen von 100 Stück.
4. Die Abfüllstation füllt das gesamte Los an Spritzen akkurat und schnell mit flüssigen Medikamenten.
5. Eine Maschine bringt die Stöpsel an den Spritzen an.
6. Die schlussendlich sterile Verpackung der Spritzen wird durchgeführt.

Interessant war, dass die Interviewpartner während der Repertory-Grid-Interviews Zwischenschritte identifizierten, die aus ihrer Sicht wichtig waren. Beispielsweise Teilkomponenten, mit denen es oft Probleme gab. Sobald die Elemente definiert waren, wurden den Befragten verschiedene Dreierkombinationen dieser Elemente (Triads) mit folgender Frage präsentiert: »Wie sind zwei dieser Schritte gleich und gleichzeitig unterschiedlich vom dritten?« Die Interviews brachten mehr als 30 Constructs hervor – wie z. B. »automatische Reinigung« und »kritisch für den Prozess«. Bei der Erläuterung ihrer Constructs lieferten die Befragten weitere wichtige Details bezüglich der Probleme, mit denen Manager und Mitarbeiter bei der operativen Arbeit mit den bestehenden Abfüllsystemen konfrontiert sind. Besonders hervorzuheben ist, dass viele Details dieser Probleme auf Basis der Kontextinterviews noch gar nicht identifiziert worden waren.
Die drei Arten der Marktforschung produzierten »eine Masse an Daten und die Analyse war mehr als 100 Seiten lang. Wir mussten das alles in eine Präsentation für das Management zusammenfassen«, sagt Ullherr. »Die Investition für die Entwicklung eines neuen Abfüllsystems ist erheblich. Deshalb waren wir alle sehr nervös, wie das Management entscheiden würde«, sagt Schreiber.

Die Entscheidung ist gefallen
Während des Meetings im Oktober 2003 konzentrierte sich das Management darauf, ob ein wirklich differenziertes Produkt entwickelt werden kann, so dass das Angebot von Bosch sich deutlich vom Wettbewerb abheben würde. Der Umfang der Daten, die von der Marketingabteilung gesammelt worden waren, erwies sich als Gewinn. Jede Empfehlung für eine mögliche Produkteigenschaft oder Dienstleistungsidee wurde vom Marketing präsentiert – und zwar zusammen mit der Art und Weise wie diese Erkenntnis aus den Kundenkontakten generiert wurde. Dieses detaillierte Verständnis über die Kundenmeinungen zu den Problemen im Zusammenhang mit jedem Schritt des Abfüllprozesses wurde vom Management sehr positiv bewertet. Die Entscheidung für die Investition in die Entwicklung eines Abfüllsystems für vorsterilisierte Spritzen wurde noch während des Meetings gefällt, und zwar schneller als das Marketing erwartet hatte. Das Management gab nicht nur grünes Licht, sondern schlug außerdem eine schrittweise Markteinführung vor. Nämlich zuerst eine Abfüllstation für vorsterilisierte Spritzen und danach ein vollautomatisches System.

Entwicklung des Produktes FXS 5100

Das Abfüllen von Hunderten von vorsterilisierten Spritzen pro Minute bedarf einer komplexen Mischung von mechanischer und elektronischer Ingenieursarbeit, Industriedesign und Mechatronik. In dem Moment, in dem das Management sich für die Investition ausgesprochen hatte, wurde im F&E-Bereich in Crailsheim ein komplett neues Produktentwicklungsteam ernannt. Die Marktforschung gab diesem Team ein detailliertes Verständnis der wichtigsten Themen, mit deren Hilfe sie ein besseres Produkt als die Konkurrenz entwickeln konnten. Werner Mayer, Direktor Engineering/Entwicklung und Dokumentation, der mehr als 70 mechanische Entwickler führt, sagte »das Marketing gab uns eine Vielzahl an technischen Herausforderungen, aber es freut mich sagen zu können, dass meine Leute kreative Lösungsansätze gefunden haben, um die Problembereiche der Konkurrenzprodukte, die uns von den Kunden berichtet wurden, in unserem System besser zu lösen«. Beispielsweise entwickelte das F&E-Team die FXS 5100 so, dass sie von nur einer Seite bedient, geputzt und gewartet werden kann. Somit kann das System an einer Wand installiert werden, um Platz in der Fabrik zu sparen.

Während des zweijährigen Entwicklungsprojektes, hatte das Team aber auch mit einem mehr oder weniger »beweglichen« Ziel zu kämpfen. Ursprünglich war das Ziel für die Füllgeschwindigkeit 300 Spritzen pro Minute. Während des Projektes erhöhte sich dies zuerst auf 400 pro Minute und dann auf 500 pro Minute. Der Markt für Abfüllsysteme von vorsterilisierten Spritzen veränderte sich. »Das Konzept richtig zu erstellen und gleichzeitig mit dem Markt Schritt zu halten, war sehr wichtig und es erforderte harte, aber letztendlich positive Diskussionen«, sagt Mayer. Mitten im Projekt hatte Bosch in Crailsheim auch noch etwas Glück: Zwei Ingenieure, die Erfahrung mit SCF-Abfüllsystemen anderer Firmen hatten, bewarben sich für Positionen bei Bosch. Ihr Wissen erwies sich als sehr wertvoll bei der Erfüllung der sich verändernden Marktbedürfnisse.

Die FXS 5100-Abfüllstation ist mehrere Meter lang, zwei Meter hoch und die Bosch Ingenieure sind stolz, dass die glasumhüllte Edelstahlausstattung nicht nur effizient arbeitet, sondern auch noch wie ein technologisches Kunstwerk aussieht. Als Teil der schrittweisen Markteinführungsstrategie, wurde die FXS5100 zum ersten Mal auf der Messe Interphex USA in New York im März 2006 präsentiert. Obwohl die FXS 5100 damals nicht die vollautomatischen Eigenschaften hatte (wie z. B. das Öffnen der Behälter) war die Präsentation »ein wichtiges Zeichen an den Markt, es generierte Interesse und brachte uns weitere interessante Unterhaltungen mit Kunden«, sagt Schreiber.

Einblicke aus dem Engineering von Applikationen

Die Arbeit von Marketing und F&E und auch das sich ständig entwickelnde Design der FXS 5100 wurden stark von der Abteilung beeinflusst, die in Crailsheim für das Engineering von Applikationen verantwortlich ist. Diese Abteilung wird von Markus Kurz geleitet (Leiter Projektmanagement Bosch Crailsheim) und setzt die von den Kunden bei ihrer Bestellung angegebenen Modifikationen um. Die meisten pharmazeutischen Firmen haben spezifische Anforderungen und deshalb sind die Applikationsingenieure Experten bei der Installation, die die Produktionsanlagen aus dem »ff« kennen: insbesondere die Anforderungen der vollautomatischen Verpackungssysteme »flussaufwärts« (Öffnen von Beuteln und Behältern) und »flussabwärts« (Neuverpackung von Spritzen). Aufgrund ihrer engen Kontakte mit den Kunden auf einem sehr technischen Niveau entwickelte sich automatisch ein detailliertes Verständnis der vollautomatisierten Abfüllsysteme von vorsterilisierten Spritzen. »Unser ständiger Dialog mit Kunden war sehr wichtig. Er ermöglichte uns, über Trends zu berichten und gab uns detaillierte Informationen über technische Designs sowohl flussaufwärts als auch flussabwärts«, sagt Kurz. Zum Beispiel waren seine Ingenieure in der Lage, wichtige Einblicke in die Funktionsweise von ABO (automatic bag opening)-Ausrüstungen zu geben. »Wir gaben auch Empfehlungen dazu, wie das Produkt-Service-Paket idealerweise zusammengesetzt sein sollte«, erläutert Kurz.

Markterfolg

Selbst wenn man die hohen Investitionen in Betracht zieht, war die FXS 5100 ein durchschlagender Erfolg, und die Befürchtungen, als vierter Anbieter zu spät in den Markt zu kommen, gehören der Vergangenheit an. Die erste vollumfängliche Referenzanlage – ein vollautomatisches Abfüllsystem inklusive flussaufwärts- und flussabwärts-Komponenten – wurde im Mai 2007 bei einer großen Pharmafirma installiert. Mögliche zukünftige Kunden kommen regelmäßig zu Besuch und die Umsatzzahlen der FXS 5100 haben die Erwartungen in Crailsheim übertroffen. Verbundene Produkte wie die ATO (Automatic tub opening) und die FSX 2050 (speziell für den Asiatischen Markt entwickelt) haben sich genauso gut verkauft.

Aus der organisatorischen Perspektive war das FXS 5100 Projekt ebenfalls wichtig für Crailsheim. »Bosch hätte sich nicht für diesen Markteintritt entschieden, wenn wir die Details der zweiten Marktstudie nicht gehabt hätten«, sagt Schreiber, »es hat unseren Blick auf die Marktforschung verändert.« Insgesamt führte das FXS 5100-Team aus Marketing, F&E und Engineering ein sehr erfolgreiches Entwicklungsprojekt durch. Vielleicht ist das auch der Grund dafür, dass Bosch in Crailsheim die Verantwortung dafür bekommen hat, Wege zu finden, wie der F&E-Prozess im gesamten Geschäftsbereich verbessert werden könnte.

Folgende Lektionen können aus diesem Fallbeispiel gelernt werden:

- Bei Bosch gab es einen ausgeprägten Bedarf für einen anderen Ansatz in der Marktforschung, denn das Management erkannte die Gefahr, mit einem »Me-too«-Produkt als Vierter in den Markt zu kommen.
- Die Marketingabteilung in Crailsheim erkannte, dass ein neuer Ansatz notwendig war. Ihre früheren Versuche, Wege zu finden, um wettbewerbsfähig zu sein, hatten sich nur auf bekannte Markteigenschaften bezogen. Gleichzeitig hatte das Marketing keinerlei Hemmungen mit einer Business School zusammenzuarbeiten, um mit dieser eine verbesserte Marktstudie zu entwickeln.
- Das Management war anfangs skeptisch, ob die neuen Techniken wirklich in der Lage sind, die Hidden Needs der Kunden zu identifizieren. Aber es war dennoch offen genug, die Budgetmittel für das Marktforschungsprojekt bereitzustellen.
- Das Marktforschungsprojekt setzte mehrere Techniken ein und nahm sich ausreichend Zeit für eine detaillierte Analyse, denn das Management übte keinen unrealistischen Druck aus, um die Ergebnisse schneller zu bekommen.
- Die Marktforschungstechniken wurden in einer aufgeschlossenen, systematischen und objektiven Art und Weise eingesetzt. (Manche Firmen missbrauchen die Techniken und sammeln Daten nur, um bereits bestehende Meinungen zu rechtfertigen.)
- Bosch Crailsheim hatte bereits eine Arbeitsumgebung und Kultur, die das Gedeihen von Innovationen ermöglichte. Der strategische Ansatz zur Innovation war gut durchdacht, das Management leistete die notwendige Unterstützung, die Firma war bereit, neue Techniken auszuprobieren (trotz des Risikos, dass es schief gehen könnte), und es gab eine starke Förderung der Zusammenarbeit zwischen F&E, Marketing und Engineering.

- Das FXS 5100-Projekt war kein Einzelfall. Die Anwendung von mehreren Methoden in der Marktforschung ist einer der vielen innovativen Ansätze, der dazu geführt hat, dass Crailsheim die Verantwortung für die Verbesserung der Entwicklungsprozesse im gesamten Geschäftsbereich Packaging Technology bekommen hat.

Es wäre schön wenn wir sagen könnten, dass Bosch ein typisches Fallbeispiel ist. Leider ist es das ganz und gar nicht, denn normalerweise gibt es in Unternehmen viele Hürden bei der Einführung und Anwendung eines Hidden-Needs-Ansatzes.

10.2 Die Hürden der Hidden-Needs-Vision

Unsere eigene Forschung mit mehreren Unternehmen hat gezeigt, dass gewisse Umstände zu einer Blockade führen können und die Hidden-Needs-Technik deshalb in der Innovation nicht angewendet wird. Eine interessante Grundlagenstudie von Dr. Ceri Batchelder und Kollegen untersuchte 14 Unternehmen.[3] Die Studie schaute sich in den Firmen die verwendeten Marktforschungstechniken an, aber auch die Themen der Organisation, die mit dem Einsatz dieser Techniken zusammenhängen. Das Ergebnis: »Ein Wettbewerbsvorteil kann nicht allein durch den Einsatz von Methoden und Techniken zur Aufdeckung von verstecken Einblicken erreicht werden, sondern durch multiple [kulturelle und prozessuale] Faktoren.[4]« Deshalb ist es wichtig zu diskutieren, wie die Hürden in der Kultur und der Organisation bewältigt werden können.

10.2.1 Die zwei Hürden

Es gibt hauptsächlich zwei Hürden, die man bewältigen muss, bevor die Philosophie der Hidden Needs in einer Organisation verankert werden kann. Abbildung 10.1 zeigt, dass die erste Hürde in vielen Organisationen darin besteht, überhaupt die Absicht zu entwickeln, neue Methoden anzuwenden. Vier Faktoren tragen typischerweise zu dieser Hürde bei:

- Viele Unternehmen sind daran gewöhnt und damit zufrieden, sich auf interne Ideenquellen für neue Produkte und Dienstleistungen zu verlassen.
- Hidden Needs sind ein Teil des Innovationsmanagement, das *noch* nicht sehr bekannt ist (andere Aspekte wie z.B. *Open Innovation*[5] sind die momentanen Schlagworte).
- In vielen Unternehmen unterstützt die Unternehmenskultur keine Versuche von neuen Ansätzen.
- Sehr oft konzentriert sich die Unternehmensstrategie nicht ausreichend auf bahnbrechende Produkte und Dienstleistungen (siehe Fallbeispiel 10.2).

Selbst wenn eine Firma beabsichtigt, neue Techniken anzuwenden, um die Hidden Needs ihrer Kunden zu identifizieren, ist der Erfolg nicht garantiert. Eine zweite Hürde behindert nämlich die effektive Anwendung der Techniken. Auch diese Hürde hat vier Faktoren:

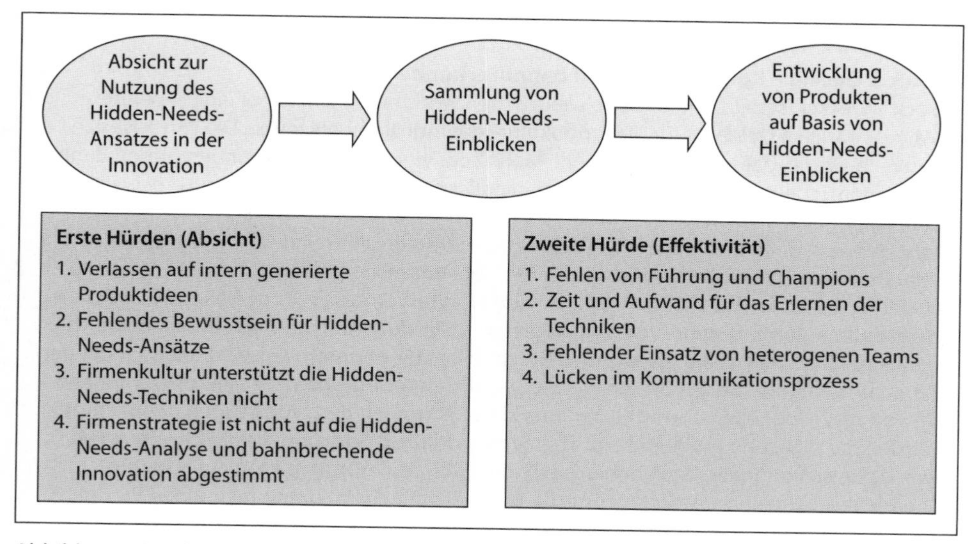

Abbildung 10.1: Organisationshürden in der Anwendung von Hidden-Needs-Techniken[6]

- Es gibt nicht genug Mitarbeiter, die sich mit den Techniken einer Hidden-Needs-Analyse auskennen und die die Führungserfahrung besitzen, um eingefahrene Wege in der Markforschung zu verändern.
- Es erfordert Zeit und Mühe, die neuen Techniken effizient anzuwenden.
- Um wirklich effektiv zu sein, muss eine Hidden-Needs-Analyse von einem heterogenen Team aus verschiedenen Abteilungen durchgeführt werden (aber viele Organisationen haben funktionale Silos).
- Ein guter Kommunikationsprozess ist eine zwingende Voraussetzung.

Um die Hürden, die der Anwendung einer Philosophie der Hidden Needs entgegenstehen, zu bewältigen, müssen Manager darüber nachdenken, wo Methoden aus dem Change-Management eingesetzt werden könnten. Dabei geht es zum Beispiel darum, welche Interessengruppe den Prozess unterstützt und welche dagegen sein wird (siehe auch die Empfehlungen am Ende dieses Kapitels). Genauso wichtig ist es, Hidden Needs nicht als Teil eines neuen Prozesses in der Produktentwicklung anzusehen. Es ist sehr viel effektiver, ein Schlüsselprojekt auszusuchen, in dem die neuen Ansätze angewendet werden können. Ein erfolgreiches Projekt schickt ein starkes Signal durch jede Organisation, und zwar ein um Längen stärkeres Signal als (irgendeine) Änderung im bestehenden Produktentwicklungsprozess.

Fallbeispiel 10.2

Black & Decker – Konzentration auf bahnbrechende Produkte[7]

Black & Decker ist bekannt für seine elektrischen Werkzeuge, führt aber eine separate Marke – nämlich DeWalt – für die Produktlinie der Industriewerkzeuge. Die Firma ist sich dessen bewusst, dass der professionelle Markt sehr viele Herausforderungen bringt, denn die Kaufentscheider suchen innovative, verlässliche und effiziente Werkzeuge, beweisen dabei aber nicht sehr viel Markentreue.

John Schiech, der Präsident von DeWalt, hat die Strategie, immer der Erste am Markt zu sein. Deshalb muss er die Kernkompetenzen der Firma so anpassen, dass diese Strategie auch umgesetzt werden kann. Beispielsweise erläutert er, dass sehr detaillierte Einblicke in die Kundenanforderungen »von Ingenieuren und Produktmanagern aus dem Marketing gewonnen werden, weil diese stundenlang auf Baustellen unterwegs sind und sich mit den Typen unterhalten, die mit diesen Werkzeugen ihren Lebensunterhalt verdienen«. Indem DeWalt professionelle Handwerker während der Arbeit mit den Werkzeugen beobachtet, werden die täglichen Probleme und Themen identifiziert und dann Produkte entwickelt, welche diese Probleme lösen. Schiech will, dass sich seine Organisation auf bahnbrechende Produkte konzentriert, denn »nur wenn Sie mit einem bahnbrechenden Produkt kommen, können sie wirklich spürbar die Spielregeln bei der Aufteilung der Marktanteile ändern«. Für die erfolgreiche Entwicklung bahnbrechender Innovationen konzentriert sich die Firma nicht nur auf Einblicke in die Kundenbedürfnisse, sondern nutzt bei den 40–50 Projekten, die parallel laufen, auch das Rapid Prototyping. Die »First-to-Market«-Strategie war bisher sehr erfolgreich und wird mit einer Kennzahl gemessen, die bei DeWalt Produktvitalität heißt. Diese Produktvitalität ist der Prozentsatz des Umsatzes, der mit Produkten erzielt wird, die in den letzten drei Jahren auf den Markt gebracht wurden. Normalerweise liegt diese Zahl bei DeWalt bei ca. 30 %, in manchen Jahren war sie sogar höher als 50 %.

10.2.2 Das Überwinden der ersten Hürde – Absicht der Nutzung von Hidden Needs

In Abbildung 10.2 wird dargestellt, dass etwas unternommen werden muss, wenn Firmen aufgrund der oben erläuterten Hürden nicht einmal die Absicht haben, die Philosophie der Hidden Needs anzuwenden. Die Tatsache, dass man sich bei der Ideenfindung ausschließlich auf interne Quellen verlässt, kann zum Beispiel überwunden werden, indem man untersucht, ob die Kunden die derzeitigen Produkte der Firma als aufregend bezeichnen oder nicht. Gleichzeitig muss man ein Bewusstsein für die Notwendigkeit von Hidden Needs schaffen, die richtige Kultur in der Organisation bewirken und dafür sorgen, dass die übergeordnete Strategie darauf ausgerichtet ist, bahnbrechende Produkte zu entwickeln. Audi beispielsweise hat hier die passende Kultur in der eigenen Organisation geschaffen. Denn Marktforschung wird als äußerst wichtig eingestuft, so dass jeder leitende Mitarbeiter in diesem Bereich auch eigene Erfahrungen sammeln muss (siehe Fallbeispiel 10.3).

Eine Erklärung für die Frage, warum der Wert des Hidden-Needs-Ansatzes nicht sehr bekannt ist, liegt auch darin begründet, dass Firmen, die bahnbrechende Produkte entwickelt haben, einerseits zwar hohe Umsätze erzielen … andererseits sind sie aber oft zögerlich damit offenzulegen, wie viel interne Ressourcen sie für die Hidden-Needs-Techniken investiert haben oder wie viel genau an Umsatz zurückfließt.

Um diese Wissenslücke zu schließen, muss noch weitere wissenschaftliche Forschung betrieben werden.

Fallbeispiel 10.3

Audi – Vorsprung durch Technik … und Einblicke in den Markt[8]
Die Firma Audi ist bekannt für ihre Innovationskraft und den Werbeslogan »Vorsprung durch Technik«. Weniger bekannt ist die Tatsache, dass Audi sehr großen Wert darauf legt, die eigenen Märkte zu verstehen. Johann Gessler, von der Ausbildung her Maschinenbauer und heute Chef des Testzentrums Motorenentwicklung, führt mehr als 500 Ingenieure, Techniker und Handwerker, die an zwei Standorten in Deutschland Motoren entwickeln. In den meisten Firmen der Automobilindustrie ist die Motorenentwicklung die Königsdisziplin und gefühlt sehr weit vom Endkunden entfernt. Nicht so bei Audi. Im Jahre 2006 verbrachte Gessler im Rahmen eines Weiterbildungsprogramms für Manager zwei Wochen in China, um dort Marktforschung zu betreiben. Zusammen mit 20 anderen Managern von verschiedenen Funktionsbereichen wie Finanzen, Marketing oder F&E, wurde Gessler in die Kunst der cross-kulturellen Beobachtung eingeführt. Und dann vertiefte er sich in den chinesischen Markt: Zusammen mit einem Kollegen und einem Dolmetscher besuchte er Händler, befragte chinesische Familien in ihren Häusern, besuchte Großhändler und Distributeure und begleitete Geschäftsleute auf ihrem Weg zur Arbeit und wieder zurück. Dadurch, dass Gessler und seine Kollegen so viel Zeit mit den Verbrauchern in China verbracht hatten, konnten sie ein tiefes Verständnis des chinesischen Marktes entwickeln. Dies war sehr wichtig für Audi und außerdem sehr hilfreich für die Entwicklung des A8, der am 30. November 2009 eingeführt wurde.
»China zu besuchen und dort Marktforschung zu betreiben, half mir einen unserer größten Märkte besser zu verstehen, zudem konnte ich aus erster Hand erfahren, wie wertvoll Marktforschung in einem intensiv kooperierenden Team sein kann«, erläutert Gessler.
Zwei besonders interessante Aspekte dieses Ansatzes von Audi sollten herausgestellt werden: erstens die Zeit und Mühe, die die Firma dafür investiert hat, um den chinesischen Markt für den A8 zu verstehen. Zweitens ist es überraschend, dass Audi den Kundenkontakt so hoch priorisiert, dass sogar leitende Angestellte aus allen möglichen Funktionsbereichen dazu gebracht werden, eigene Erfahrungen in der Marktforschung zu sammeln. Viele andere Unternehmen sprechen darüber, sich am Markt zu orientieren. Audi aber hat das Verständnis der Märkte als eine Fähigkeit festgehalten, die jeder leitende Mitarbeiter haben muss.

10.2.3 Das Überwinden der zweiten Hürde – effektive Anwendung von Hidden Needs

Wenn die Absicht da ist, die Philosophie der Hidden Needs anzuwenden, gibt es noch eine zweite Hürde, die überwunden werden muss. Wie in Abbildung 10.2 dargestellt, muss die Unterstützung der obersten Führungsebene gewährleistet sein. Darüber hinaus werden sogenannte *Hidden-Needs-Champions* benötigt, also Manager, die sich mit den Techniken auskennen und fähig sind, diese im Unternehmen zu verbreiten und den Veränderungsprozess zu unterstützen. Man muss Zeit und Mühe investieren, um sich Wissen über diese neuen Techniken anzueignen, denn sonst werden ethnographische und andere Studien »durchgehechelt« und man produziert automatisch oberflächliche Ergebnisse. Um möglichst viel von den neuen Methoden zu profitieren, sollte das Team aus Mitgliedern unterschiedlicher Abteilungen und Funktionsbe-

Kategorie	Faktoren	Typische Themen	Maßnahmen zur Überwindung der Hürden
Erste Hürde (Absicht der Nutzung)	Verlass auf intern generierte Ideen für neue Produkte und Dienstleistungen.	■ Unternehmen, die nur interne Ideen nutzen, sind sich vielleicht nicht bewusst, dass sie nur inkrementelle Innovationen entwickeln. ■ Fehlendes Verständnis dafür, dass Kreativität auf verschiedenen Perspektiven beruht.	■ Analyse der Hauptideenquellen für neue Produkte und Dienstleistungen, die in den letzten fünf Jahren eingeführt wurden, und Gegenüberstellen des Erfolgs dieser Produkte. ■ Durchführen einer Wettbewerbsanalyse, um herauszufinden, wie stark sich die eigenen Produkte von denen der Konkurrenz differenzieren. ■ Durchführen einer Kano-Analyse (siehe Kapitel 1), um festzustellen wie viele aktuelle Produkte Begeisterungsmerkmale haben. Versichern Sie sich, dass diese Analyse auf Basis von Kundeninformationen und nicht aus interner Sicht gemacht wird!
	Fehlendes Bewusstsein für Hidden-Needs-Ansätze.	■ Ethnographische Marktforschung, Repertory-Grid-Technik etc. sind nicht sehr bekannt (siehe Kapitel 1). ■ Der kommerzielle Rückfluss (pay-back) für das Investment in Hidden-Needs-Techniken ist nicht klar.	■ Ermuntern der Mitarbeiter zur Teilnahme an Konferenzen, in denen Best Practices in der Innovation vorgestellt werden. ■ Organisieren von Besuchen für Entwicklungsteams aus unterschiedlichen Funktionsbereichen bei führenden Firmen in anderen Branchen. Somit wird gelernt, wie diese es geschafft haben, ein tiefes Verständnis der eigenen Kunden zu erlangen.
	Firmenkultur unterstützt die Hidden-Needs-Philosophie nicht.	■ Der momentane Produktentwicklungsprozess kann dazu führen, dass man sich nur auf die bekannten Ansätze verlässt. ■ Der Marketingbereich empfindet die Hidden-Needs-Philosophie oft als eine Bedrohung ihrer Autorität (bzgl. Kundenbedürfnissen). ■ Alle Abteilungen müssen aktiv darüber nachdenken, wie die Firma ihre Fähigkeiten einsetzen sollte, um Kundenprobleme zu lösen.[9]	■ Pflegen einer Firmenkultur, die neue Ideen offen annimmt, wo ständiges Lernen die Norm ist, und Marktkenntnis hoch eingestuft ist (siehe Fallbeispiel 10.3 über Audi). ■ Sicherstellen, dass sich das Marketing nicht bedroht fühlt, wenn einige Aufgaben bei der Einführung von Hidden-Needs-Techniken an Marketingfachleute übertragen werden. ■ Sicherstellen, dass die Ingenieure dem Einsatz von sozialwissenschaftlichen Methoden nicht zu skeptisch gegenüberstehen[10].
	Unternehmensstrategie ist nicht mit dem Hidden-Needs-Ansatz abgestimmt.	■ Fehlende Dringlichkeit, neue Techniken auszuprobieren. ■ Unternehmensvision beinhaltet keine Innovation. ■ Kein Schwerpunkt auf bahnbrechenden Produkten.	■ Konzentration auf Innovation (siehe Fallbeispiel 10.2 über Black & Decker). ■ Analyse, welcher Entscheidungsträger bzw. welcher Funktionsbereich unterstützt wird und welcher nicht. ■ Anwendung der neuen Ansätze beim nächsten großen Innovationsprojekt. Dieses Projekt muss so erfolgreich sein, dass die Firmenstrategie Innovation als Schlüsselkomponente aufnimmt.

Kategorie	Faktoren	Typische Themen	Maßnahmen zur Überwindung der Hürden
Zweite Hürde (Effektive Anwendung)	Fehlen von Führung und Champions	■ Die Anwendung des Hidden-Needs-Ansatzes ist nicht einfach. ■ Die Art und Weise der Einführung von Hidden Needs hängt von der spezifischen Geschichte und Situation der Firma ab. Unterstützung der Firmenleitung und Hidden-Needs-Champions werden gebraucht.	■ Heterogene Teams sollten in den Techniken geschult werden. ■ Innovation-Champions müssen in den Techniken und ihrer Anwendung zu Experten werden (siehe Fallbeispiel 10.4 über Whirlpool). ■ Firmenleitung muss Unterstützung geben, und ein »Champion« die Verantwortung für die Umsetzung übernehmen. Letzterer muss zum Experte der Techniken werden und pro-aktiv daran arbeiten, die Hürde Zwei zu überwinden.
	Benötigte Zeit und Mühe, um die neuen Ansätze zu erlernen	■ Fast keine Marketingkurse oder MBA-Programme behandeln die neuen Techniken. ■ Marktforschungsagenturen teilen ihr Wissen über die Techniken nicht. ■ Das Management braucht sehr lange, um sich für neue Techniken zu entscheiden und erwartet die Ergebnisse dann quasi über Nacht[11]. ■ Techniken werden weder systematisch noch objektiv angewendet.	■ Es ist wichtig, genügend Ressourcen zur Verfügung zu stellen. Räumen Sie der Erforschungsphase im Produktentwicklungsprozess genügend Zeit ein. ■ Nutzen Sie nicht ausschließlich Agenturen, um Einblicke in den Markt zu bekommen. Verhandeln Sie mit den Agenturen, damit ihre Mitarbeiter in Projekte der Agentur eingebunden werden. Dadurch lernen ihre Mitarbeiter die Techniken kennen und wissen, wie sie angewendet werden sollen.
	Fehlender Einsatz von heterogenen Teams	■ Falls Abteilungen wie z. B. F&E nicht in die Marktforschung eingebunden werden, sind sie den Ergebnissen gegenüber häufig skeptisch eingestellt.	■ Integrieren Sie immer heterogene Teams aus verschiedenen Funktionsbereichen in einem Hidden-Needs-Projekt (die Kreativitätstheorie hat uns gelehrt, dass verschiedene Perspektiven zu innovativen Ideen führen).
	Lücken im Kommunikationsprozess.	■ Die Firmenleitung versäumt es oft zu kommunizieren, warum sie sich auf die Hidden Needs und bahnbrechende Innovationen konzentrieren wollen. ■ Ohne eine adäquate Erklärung werden die Hidden-Needs-Techniken gerne als unnötiger Aufwand ohne klare Regeln empfunden.	■ Identifizieren und Kommunizieren Sie ganz klar die Kosten und Risiken einer Konzentration auf Hidden Needs und bahnbrechende Produkte. ■ Identifizieren und Fördern Sie die Notwendigkeit der (relativ niedrigen) Investitionen, die benötigt werden, um interne Kompetenzen zum Thema Hidden Needs aufzubauen. ■ Messen und diskutieren Sie die Ergebnisse der Investitionen in das Erlernen und das Anwenden der Hidden-Needs-Techniken.

Abbildung 10.2: Hürden bei Anwendung der Hidden-Needs-Philosophie und Maßnahmen zur Überwindung[12]

reiche zusammengestellt werden. Der Erfolg des Hidden-Needs-Ansatzes hängt auch von einer klaren und präzisen Kommunikation ab, denn allen Beteiligten muss klar sein, warum die Methode wichtig ist und wie sie angewendet wird.

Fallbeispiel 10.4

Whirlpool – Innovation Champions[13]
Whirlpool ist ein führender internationaler Hersteller von Hausgeräten, der jedes Jahr mehr als 19 Mrd. US-Dollar Umsätze generiert. Die Firma wurde im Jahre 1911 gegründet, und nachdem unter verschiedenen Markennamen Waschmaschinen produziert wurden, nahm man im Jahr 1949 den Namen Whirlpool Corporation an und die Firma entwickelte sich zu einem führenden Lieferanten von innovativen Produkten. Mitte der 1990er Jahre allerdings, hatte sich der Markt für Hausgeräte quasi zu einem Markt von Gebrauchsgütern gewandelt. Es gab zu viele Hersteller im Markt, die ähnliche Produkte anboten und somit wurde der Preis das wichtigste Entscheidungskriterium. Whirlpool, die eine starke Ingenieurs- und Produktionskultur hatten, konzentrierte sich somit auf Kostenreduzierungen. Ein neuer Vorstandsvorsitzender war dann derjenige, der verstanden hatte, dass eine marktgetriebene Innovation zu Produkten führen kann, die sich abheben. Dieser marktgetriebene Innovationsansatz bedeutete auch den umfangreichen Einsatz von systematischer Beobachtung und anderen Techniken. Whirlpool entwickelte eine Vision namens »Innovation from Everyone Everywhere« und weil die Firma weltweit 70.000 Mitarbeiter hat, war es dementsprechend schwierig, eine Innovationskultur zu etablieren. Sogenannte »Innovation-Champions« wurden zu den wichtigsten Themenfeldern des Innovationsmanagements weitergebildet, aber zusätzlich dazu erhielten auch alle anderen Mitarbeiter eine kurze Einführung in das Thema Innovation. Heute ist die Botschaft auf der Homepage von Whirlpool: »Falten, viel Wäsche, Stromrechnungen, hartnäckige Flecken … wir hören Ihnen zu.«

10.3 Zusammenfassung

Firmen mit einer erfolgreichen Hidden-Needs-Philosophie haben eine offene Einstellung, investieren Zeit und Mühe, um ihre Mitarbeiter in den verschiedenen Techniken zu schulen und stellen Innovationschampions für die Umsetzung der Ideen ein. Dieses Buch hat gezeigt, dass eine Hidden-Needs-Kultur/-Philosophie vier wichtige Bestandteile aufweist:

- die Erkenntnis, dass traditionelle Methoden in der Marktforschung unpassend sind,
- das Wissen, dass neue Techniken in Kombination mit den traditionellen Ansätzen angewendet werden sollten, um wirklich detaillierte Markteinblicke (und verlässlichere Ergebnisse) zu erhalten,
- die Tatsache, dass Einblicke in den Markt immer als Problembeschreibungen aus Sicht des Kunden formuliert sein sollten, für die Lösungen (also bahnbrechende Produkte und Dienstleistungen) gebraucht werden sowie
- das Bewusstsein, dass für die Entwicklung von bahnbrechenden Produkten und Dienstleistungen die richtige Kultur in der Organisation von sehr großer Bedeutung ist.

Darüber hinaus sind die folgenden Aspekte aus diesem Buch nochmals hervorzuheben:

- Die wichtigsten Methoden, um einen detaillierten und tiefen Markteinblick zu erhalten sind die ethnographische Marktforschung (systematische Beobachtung und Kontextinterviews), die Repertory-Grid-Technik und die Einbindung der Anwender. Diese sollten möglichst in Kombination mit Interviews, Fokusgruppen und Umfragen angewendet werden.
- Firmen sollten proaktiv vorgehen, wenn sie vorhaben, Techniken der Hidden-Needs-Philosophie anzuwenden. Das bedeutet unter anderem, dass die Selbstgefälligkeit, immer nur die intern generierten Ideen zu nutzen, gestoppt, ein Bewusstsein für die neuen Methoden und ihre Vorteile entwickelt und die entsprechende Kultur in der Organisation gebildet werden muss sowie eine Strategie erforderlich ist, die bahnbrechende Innovation als Grundsatz bestätigt.
- Wenn eine Firma die Hidden-Needs-Analyse anwenden möchte, sollte die Firmenleitung sie entsprechend unterstützen und die sogenannten »Hidden-Needs-Champions« ausfindig machen. Die heterogenen Teams aus verschiedenen Bereichen müssen in den Techniken ausgebildet werden. Es sollte genügend Zeit eingeräumt werden, damit eine sinnvolle Forschung durchgeführt werden kann, und die Kommunikation des gesamten Prozesses muss professionell abgewickelt werden.
- Die Auswahl des richtigen Projekts, bei dem die Hidden-Needs-Techniken angewendet werden sollen, ist sehr wichtig. Ein erfolgreicher Projektverlauf wird eine positive Botschaft senden und dabei helfen, die Hidden-Needs-Philosophie sehr schnell im gesamten Unternehmen zu verankern.

Die Botschaft des letzten Kapitels ist sehr einfach: Schaffen Sie die Kultur für Innovation, entwickeln Sie ein tiefes Verständnis für ihre Kunden und deren Hidden Needs und setzen Sie diese Einblicke in bahnbrechenden Produkten und Dienstleistungen um. Obwohl die Botschaft simpel ist, wird es in der Praxis nicht immer einfach sein, eine Kultur der Hidden Needs zu erreichen. Deshalb wünschen wir Ihnen und Ihren Firmen alles Gute und viel Erfolg beim Meistern dieser Herausforderungen.

Empfehlungen für die Praxis

- Identifizieren Sie die Faktoren, die derzeit den Einsatz der Hidden-Needs-Techniken blockieren und entwickeln Sie einen Plan, wie Sie mit diesen umgehen (verwenden Sie dazu Tabelle 10.1).
- Wählen Sie ein Schlüsselprojekt aus, an dem Sie die neuen Techniken anwenden.
- Bilden Sie ausgewählte Mitarbeiter sowohl in den einzelnen Techniken, als auch in der parallelen Anwendung der Techniken aus, um verlässlichere Ergebnisse zu bekommen.
- Schaffen Sie eine Kultur der Innovation, in der heterogene Teams, die sich mit den Techniken auskennen, Marktforschung durchführen und bahnbrechende Produkte entwickeln.

10.4 Weiterführende Literatur

1. Tushman, M. L./Anderson, P. (Hrsg.): *Managing Strategic Innovation and Change*, Oxford: Oxford University Press, 1997, ISBN 0-19-510011-5.
   Klassische Sammlung von Vorlesungen zu Kultur, Führung und Innovation. Nicht speziell auf Markteinblicke konzentriert, trotzdem sehr hilfreich.
2. Balogun, J./Hope Hailey, V./Johnson, G./Scholes, K.: *Exploring Strategic Change*, London: Prentice Hall, 1999, ISBN 0-13-263856-8.
   Nützlicher Text, der die wichtigsten Methoden und Techniken für Change Management erläutert.

10.5 Quellenverzeichnis und Notizen

1 Inglehart, R.: *Culture Shift in Advanced Industrial Society*. Princeton University Press: Princeton, New Jersey, 1990, ISBN 0-691-02296-8, S. 428.

2 Fall basiert auf:
- mehreren Besuchen von K. Goffin bei Bosch Crailsheim von 2003–2011.
- Ein MBA Teamprojekt unter Leitung von Hector Martinez und Alejo Ribalta (2003).
- Interviews mit Klaus Ullherr, Klaus Schreiber, Werner Mayer und Markus Kurz durchgeführt von K. Goffin am 28. September 2009.
- Die Bosch Homepage, http://www.boschpackaging.com/boschpackagingworld/eng/index.asp. (aufgerufen im Oktober 2009)

3 Batchelder, C./Pinto, C./Bogg, D./Sharples, C./Hill, A.: *Capturing Best Practice in Establishing Customers' Hidden Needs for Smith and Nephew.* Manchester Business School, International Business Project 2006, Dezember 2006.

4 Ibid S. 58.

5 Für eine detaillierte Erläuterung von Open Innovation siehe Kapitel 4 in: Goffin, K./Mitchell, R.: *Innovation Management: Strategy and Implementation Using the Pentathlon Framework.* Palgrave MacMillan Academic Publishers, 2. Aufl., ISBN 978-0-230-20582-6.

6 Diagramm verbessert und benutzt mit Erlaubnis von: Batchelder, C./Pinto, C./Bogg, D./ Sharples, C./Hill, A.: *Capturing Best Practice in Establishing Customers' Hidden Needs for Smith and Nephew.* Manchester Business School, International Business Project 2006, Dezember 2006, S. 31.

7 Jaruzelski, B./DeHoff, K.: ›The Customer Connection: The Global Innovation 1000‹, *Strategy + Business*. Issue 49, Winter 2007, S. 69–83.

8 Fall basiert auf einem Interview mit Johann Gessler durchgeführt von K. Goffin im Dezember 2009 und http://www.audi.com/com/brand/en.html (aufgerufen Januar 2010).

9 De Young/G. Listen: ›Then Design‹. *Industry Week*. No. 246, Februar 17, S. 76.

10 Leinbach, C.: ›Managing for Breakthroughs: A View from Industrial Design‹. In Squires, S. and Byrne, B. (Hrsg.) *Creating Breakthrough Ideas: The Collaboration of Anthropologists and Designers in the Product Development Industry*. Bergin and Garvey: Westport Connecticut, USA, 2002, ISBN 0-89789-682-3, S. 3–16.

11 An der Cranfield School of Management haben wir vor kurzem mit einer Softwarefirma gearbeitet, die mehr als drei Monate brauchte, um zu entscheiden, ob sie ethnografische Marktforschung und Repertory-Grid-Technik anwenden sollen. Als sie sich dann dafür entschieden hatten, erwarteten Sie die Ergebnisse in unrealistischen vier Wochen.

12 Basiert auf der Arbeit der Autoren mit verschiedenen Organisationen, die in Fallbeispielen in diesem Buch beschrieben sind plus einige vertrauliche Projekte. Cranfield School of Management führt zu diesen Themen nun offizielle Forschungen durch.

13 Basiert auf: Mathew, M./Donepudi, A.: Innovation at Whirlpool: The DNA of Corporate Culture, ICFAI Business School Case Development Centre, 2006, ECCH European Case Clearing House: Cranfield, UK, code 306-504-1, S. 1–12. Und: Information aus http://www.whirlpool.com/

Anhang 1

Formblatt für Beobachtungen, Reflektionen und Analysen der Beobachter bei Fokusgruppen (siehe Kapitel 3)

Fokusgruppe Beobachtungsbogen	
Titel der Untersuchung:	
Datum:	
Name des Moderators:	
Bogen ausgefüllt von:	
Detailinformationen zur Gruppe:	
Anzahl Teilnehmer:	
Beginn der Fokusgruppe:	
Ende der Fokusgruppe:	

Demografie der Teilnehmer: ***Benutzen Sie die von Ihnen gewünschten Spaltentitel***				

Position der Teilnehmer:
Zeichnen Sie ein Diagramm des Tisches und halten Sie die Sitzordnung der Teilnehmer fest.

Diskussion Frage 1	
Daten/Zitate/Beobachtungen (Halten Sie wichtige Zitate fest und notieren Sie die entsprechende Zeit in der rechten Spalte)	Zeit

Diskussion Frage 2	
Daten/Zitate/Beobachtungen (Halten Sie wichtige Zitate fest und notieren Sie die entsprechende Zeit in der rechten Spalte)	Zeit

Diskussion Frage 3	
Daten/Zitate/Beobachtungen (Halten Sie wichtige Zitate fest und notieren Sie die entsprechende Zeit in der rechten Spalte)	Zeit

Zusätzliche Kommentare und Gedanken
Denken Sie daran, die stärksten Einzelmeinungen und die Gruppendynamik festzuhalten.

Anhang 2

Feldnotizen für Ethnographische Marktforschung (siehe Kapitel 4)

Feldnotizen von ________________

Forschungsprojekt:
Fall: #
Ort und Datum:
Beteiligte:

Beobachtungen im Feld:

-
-
-
-
-
-
-
-
-

Erste Reflektionen:

-
-
-

Nicht vergessen!
Notizen sollten folgendes beinhalten: Raum, Akteure, Aktivitäten, Objekte und Hinweise, Ereignisse, Zeitabläufe, Ziele, Gefühle und Erläuterungen

Anhang 3

Repertory Grid für 6 Elemente (siehe Kapitel 6)

Datum: Ziel: Befragter: Band Nr.: Interviewer: Start: Ende:

Reihenfolge der persönlichen Elemente: 5; 1; 6; 4; 3; 2

Sternchen zeigen die Triads

CONSTRUCTS	Element 1	Element 2	Element 3	Element 4	Element 5	Element 6	Gegenpol
1.	*	*	*				
2.				*	*	*	
3.	*		*		*		
4.		*		*		*	
5.	*	*		*			
6.	*			*		*	
7.		*	*		*		
8.			*	*		*	
9.	*				*	*	
10.		*			*	*	
11.			*		*	*	
12.			*	*	*		

Anhang 4

Repertory Grid für 10 Elemente (siehe Kapitel 6)

Datum: Ziel: Befragter: Band Nr.: Interviewer: Start: Ende:

Reihenfolge der persönlichen Elemente: 5; 1; 6; 4; 3; 2

Sternchen zeigen die Triads

CONSTRUCTS	Element 1	Element 2	Element 3	Element 4	Element 5	Element 6	Element 7	Element 8	Element 9	Element 10	GEGENPOL
1.	*	*	*								
2.				*	*	*					
3.							*	*	*		
4.			*			*				*	
5.	*		*						*		
6.		*			*					*	
7.				*		*			*		
8.	*				*		*				
9.				*	*			*			
10.	*						*		*		
11.											
12.											

Stichwortverzeichnis